UNTERWEGS IM
SÜDEN AFRIKAS
DAS GROSSE REISEBUCH

Der Sonnenuntergang
taucht die Landschaft
des Naturreservats
NamibRand in ein
zartes Licht.

UNTERWEGS IM SÜDEN AFRIKAS

DAS GROSSE REISEBUCH

Weil auf dem Schwarz-
markt exorbitante Preise
für ihr Horn gezahlt
werden, hat die Erfolgs-
geschichte der Nashorn-
rettung bislang nur ein
vorläufiges Happy End.

Bei der Wildtierbeob-
achtung in Namibia
heißt es den Blick stets
zu schärfen, denn Tiere
wie die Chamäleons
verschmelzen perfekt
mit ihrer Umgebung.

Die Südspitze Afrikas wird vor allem durch die beiden herrlichen Länder und beliebten Reiseziele Südafrika und Namibia bestimmt. In ihnen warten atemberaubende Canyonlandschaften und eine grandiose Tierwelt auf die Besucher. Flüsse wie der Okavango und der Sambesi sorgen in Botsuana und Sambia saisonal für ein Erwachen der Natur aus ihrem Hitzeschlaf und bedingen nicht nur einen der eindrucksvollsten Wasserfälle, die Victoriafälle, sondern auch die größten Tierwanderungen der Erde, wenn Hunderttausende Gnus und Zebras durch die Steppen ziehen. Das vorliegende Buch präsentiert die schönsten Reiseziele, stellt Traumrouten vor und gibt Detailinformationen zu den großen Nationalparks wieder. Ein umfangreicher Reiseatlas rundet den Band ab.

Tausende von Zebras
versammeln sich auf
dem Höhepunkt der
Trockenzeit an den
letzten Wasserlöchern
von Makgadikgadi.

DIE SCHÖNSTEN REISEZIELE IM SÜDLICHEN AFRIKA   **12**

Sambia, Simbabwe und Botsuana   14
Namibia   54
Südafrika   130
  Unterwegs im Süden und Westen von Südafrika   132
  Unterwegs im Nordosten von Südafrika   196
Swasiland und Lesotho   252

DIE SCHÖNSTEN NATURPARKS   **264**

Victoriafälle   266
Chobe-Nationalpark   267
Okavangodelta   270
Etosha-Nationalpark   274
Namib-Naukluft-Nationalpark   276
iSimangaliso Wetland Park   280
Hluhluwe-iMfolozi Park   281
Krüger-Nationalpark   284

DIE SCHÖNSTEN REISEROUTEN 288

Route 1:
 Namibia und Botsuana: Afrikanisches
 Großwild und Kolonialgeschichte hautnah 290
Route 2:
 Südafrika: Auf der Garden Route durch den
 Garten Eden 294
Route 3:
 Südliches Afrika: Naturwunder im Süden
 des Schwarzen Kontinents 296

REISEATLAS 298

REGISTER 366

BILDNACHWEIS, IMPRESSUM 368

Im letzten Kapitel des Buches werden drei Reiserouten vorgestellt, die durch die grandiosen Naturlandschaften des südlichen Afrika, zu den schönsten Städten und entlang bekannter Ferienstraßen führen. Die Übersichtskarte unten zeigt den Verlauf aller Touren auf einen Blick.

Die Texte zu jeder Tour geben einen Abriss über die Reiseroute und stellen die zu befahrenden Regionen und Provinzen sowie ihre landschaftlichen, historischen und kulturellen Besonderheiten vor. Ergänzt werden die Texte durch detaillierte Tourenkarten, auf denen der Verlauf der jeweiligen Route und ihre

wichtigsten Stationen angegeben sind. Hauptroute und Abstecher sind farblich abgehoben, Piktogramme (siehe unten) symbolisieren die Hauptattraktionen entlang des Weges. Zusätzlich werden herausragende Reiseziele durch Bilder und informative Kurztexte am Rand der Karte hervorgehoben.

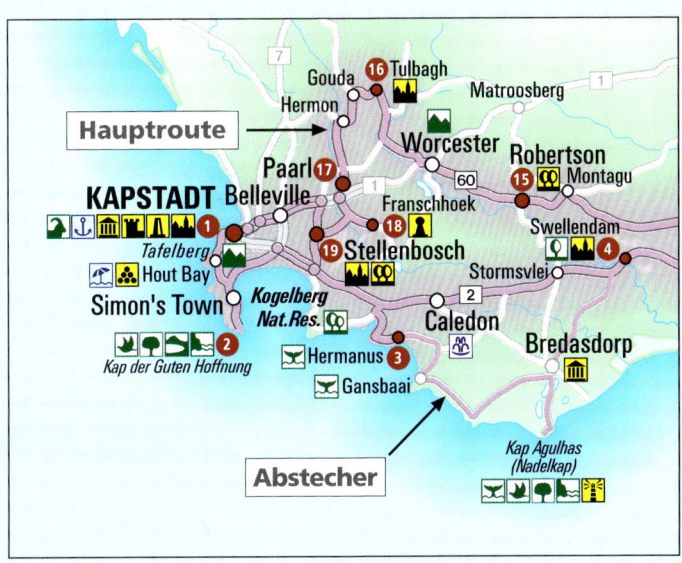

Herausragende Naturlandschaften und Naturmonumente

- Gebirgslandschaft
- Felslandschaft
- Schlucht/Canyon
- Vulkan erloschen
- Höhle
- Flusslandschaft
- Wasserfall/Stromschnelle
- Seenlandschaft
- Wüstenlandschaft
- Fossilienfundstätte
- Naturpark
- Nationalpark (Landschaft)
- Nationalpark (Flora)
- Nationalpark (Fauna)
- Biosphärenreservat
- Wildreservat
- Whale watching
- Schutzgebiet für Robben

- Schutzgebiet für Pinguine
- Zoo/Safaripark
- Küstenlandschaft
- Strand

Herausragende Metropolen, Kulturmonumente und -veranstaltungen

- Vor- und Frühgeschichte
- Prähistorische Felsbilder
- Frühe afrikanische Kulturen
- Christliche Kulturstätte
- Hinduistische Kulturstätte
- Kulturlandschaft
- Historisches Stadtbild
- Burg/Festung/Wehranlage
- Technisches/industr. Monument
- Sehenswerter Leuchtturm
- Herausragende Brücke
- Grabmal

- Kriegsschauplatz/Schlachtfelder
- Denkmal
- Mahnmal
- Markt/Basar
- Feste und Festivals
- Museum
- Theater

Sport- und Freizeitziele

- Wellenreiten
- Kanu/Rafting
- Seehafen
- Badeort
- Mineralbad/Therme
- Freizeitpark
- Hill Resort
- Lodge

Ein mächtiger Löwe ruht in einem Fynbos-Feld und überwacht sein Revier. Bei diesen Raubkatzen gehen fast ausschließlich die Weibchen auf die Jagd.

Die schönsten Reiseziele im südlichen Afrika

Nur wenige Regionen der Welt konfrontieren den Besucher mit einem so überwältigenden Naturerlebnis wie das südliche Afrika. Monumentale Landschaften wie das Dünenmeer des Sossusvlei und die urzeitlichen Felsskulpturen in Namibia, die mit Seerosenteppichen bedeckten Gewässer des Okavangodeltas in Botsuana, die tosenden Victoriafälle in Simbabwe, die majestätischen Gipfel der südafrikanischen Drakensberge und die archaische Schroffheit des Namaqualandes treffen ohne Umwege mitten ins Herz des Betrachters.

Leoparden sind Einzel-
gänger und liegen oft
stundenlang auf der
Lauer. Ihren wachen
Augen aber entgeht
nicht die kleinste
Regung.

Sambia, Simbabwe und Botsuana

Botsuana wird durch seine grandiose Wildnis und seinen Reichtum an Flora und Fauna charakterisiert. Fast 40 Prozent der Gesamtfläche machen Naturreservate aus: Wilde Tiere leben vielerorts ungestört und wandern frei durch ein weites Wunderland. Sambia besitzt atemberaubende Wasserfälle, darunter seinen Anteil an den mächtigen Victoriafällen. Simbabwe, mit der einzigartigen Schönheit seiner Natur und seiner faszinierenden Geschichte, gilt als das kontrastreichste Land.

Sambia

Afrikanische Büffel

Ein kompakter, bis zu 800 Kilogramm schwerer Körper, Hörner, die der charakteristische Knochenwulst verbindet, und geringe Behaarung kennzeich-nen eines der größten und am weitesten verbreiteten Wildtiere Afrikas. Büffel durchstreifen in Herden von 30 bis 60 Tieren ein festes Territorium. Bullen sind oft Einzelgänger und schließen sich den Herden nur zeitweilig

 Sambia

Fläche: 752 600 km²
Bevölkerung: 13,5 Millionen
Hauptstadt: Lusaka
Sprachen: Englisch, Bemba, Tonga, Nyanja
Unabhängig seit: 24. 10. 1964
(ehem. britisches Protektorat)

** Bangweulusümpfe

Es ist der »Ort, an dem das Wasser den Himmel trifft«. So nennen die Menschen auf dem Hochplateau im Norden Sambias ihre Heimat. Denn sie ist ein endloses Sumpfland rund um den Bangweulusee, gewaltige 250 Kilometer lang und 180 Kilometer breit, eine amphibische Welt aus Wasser und Erde. Während der Regenzeit im Winter steigt der Wasserspiegel um zwei Meter. Dann stehen weite Teile des Gebietes unter Wasser und machen aus der Savanne

Erst aus der Luft erschließt sich die grandiose Weite der Bangweulusümpfe im Norden Sambias.

ein Meer. Aber stets ragen wieder große Plateaus aus dem Wasser heraus, auf denen sich die Menschen niedergelassen haben und Landwirtschaft betreiben. Den berühmten Afrikaforscher David Livingstone erinnerten diese Anhöhen an die Burgen der Ameisen. Deswegen nannte er die Sümpfe »ein Land aus Wasser und Ameisenhügeln« – was dem Zauber dieser Wasserwunderwelt, in der es nur Boote und keine Straßen gibt, keinesfalls gerecht wird.

** Kasanka National Park

Kasanka ist privat organisiert und ausschließlich mit Einkünften aus dem Tourismus oder mit Spendengeldern finanziert. Der Park beheimatet viele gefährdete Spezies und eine artenreiche Vogelwelt. Noch außergewöhnlicher ist ein Naturschauspiel, das sonst nur noch mit der Großen Wanderung im Serengeti-Nationalpark vergleichbar ist: Im November und Dezember jean. Die Tiere haben außer dem Menschen so gut wie keine natürlichen Feinde. Löwen schaffen es nur selten, einen Büffel zu reißen, es sei denn, er ist krank und geschwächt oder es gelingt ihnen, sich überraschend ein

Kalb zu schnappen. Wenn Büffel sich in die Enge getrieben oder angegriffen fühlen, reagieren sie extrem aggressiv. Lange Zeit glaubte man, dass Büffel für den Menschen gefährlicher seien als Löwen.

Am frühen Morgen hängen noch leichte Nebelschleier über dem Kasanka-Nationalpark.

den Jahres ziehen Millionen von Flughunden in den Sumpfwald. Dicht aneinandergereiht, kleben sie tagsüber an den Bäumen, deren Äste unter dem Gewicht der Palmenflughunde zu brechen drohen. Dann, bei Anbruch der Dämmerung, ist der Himmel über dem Waldgebiet des Parks eine halbe Stunde lang nur noch schwarz – Millionen Tiere nehmen den gesamten Luftraum ein.

*** Nationalparks South und North Luangwa

Das Luangwa-Tal ist Heimat zweier Nationalparks: des unerschlossenen Nord- und des ausgebauten Südluangwa-Nationalparks. Seit 1987 lebt das Forscherehepaar Owen im nördlichen Teil. Bis zu deren Ankunft war es ungeschützt Wilderern überlassen. Die Owens begannen einen zähen Kampf gegen die Wilderer und bereiteten deren Umtrieben ein Ende. Um das Gebiet touris-

tisch zu nutzen, setzten sie auf Luxustourismus, bei dem die Besucher eingeflogen und in Camps untergebracht werden. Im südlichen Luangwa-Tal werden die Gäste in Lodges und Camps entlang des Flusses bewirtet. In diesem Gebiet ziehen Gnu- und Zebraherden dahin, drängen sich Elefanten und Büffel am Wasser. Auf Sandbänken dösen Krokodile und aus dem Fluss lugen Flusspferde heraus. Auf den Pirschfahrten sieht der Besucher vor allem Löwen, denn Luangwa ist berühmt für seine große Löwenpopulation.

Linke Seite oben: Einmal jährlich fallen die Palmenflughunde einem Heuschreckenschwarm gleich in den Kasanka-Nationalpark ein. Oben: Der Luangwa versorgt das Gebiet mit ausreichend nährstoffreichem Wasser.

Ein Paradies für wilde Tiere
und ein Hotspot der Biodiversität: So präsentieren sich die
beiden Nationalparks Süd-
und Nordluangwa.

Hier streifen nicht nur große Elefantenherden umher (großes Bild), sondern leben auch Karminspinte, Leoparden, Sattelstörche (Bildleiste von oben) und Nilkrokodile (links).

Sambia

Hyänen

Wohl kein anderes Tier hat ein so miserables Image wie die Hyäne: Sie gilt als feige, bösartig und hinterhältig; in afrikanischen Überlieferungen ist sie das Pendant zum bösen Wolf in europäischen Märchen. Dabei tut man Hyänen mit diesen Vorurteilen unrecht. Ihr etwas unproportionierter Körperbau – mit Vorderbeinen, die länger sind als die Hinterbeine –, dem Bärengesicht und den Micky-Maus-Ohren wirken sie fast schon putzig. Nur ihr kreischendes Lachen passt nicht so ganz zum Teddybär-Look. Auch die Tatsache, dass sie sich von Aas ernähren, trägt zu ihrem schlechten Bild bei – dabei essen die meisten Arten neben Fleisch vorwiegend Insekten, Früchte und Pflanzen. Die bekannteste Unterart ist die Tüpfelhyäne, eine begnadete Jägerin, die ihre Beute bis zu beider Erschöpfung verfolgt.

** Kafue National Park

Der älteste und größte Nationalpark Sambias, der Kafue National Park, benannt nach dem mächtigen Fluss, der den Park von Nord nach Süd durchzieht, ist trotz seiner Größe (22 400 Quadratkilometer) und zentralen Lage eher unbekannt und größtenteils noch unerforscht. Den Kafue-Park zeichnet nicht nur eine Vielzahl, sondern vor allem eine enorme Vielfalt von Wildtieren aus: Seltenste Huftiere wie die heute als nahezu ausgestorben geltende Blaubockantilope, die Sumpfantilope, der Letschwe – eine Wasserbockart –, die Rappen-Antilope oder sogar die äußerst raren Stichelhaarigen Pferde findet man noch hier. Auch Leoparden und Geparde sind Bewohner des Gebiets. Wer von den wenigen Besuchern vor allem gern gesucht und auch gefunden wird, ist der Afrikanische Wildhund, von dessen Art der Kafue die größte Population Afrikas beheimatet. Auch für Vogelliebhaber bietet der Park zahlreiche seltene Exemplare.

** Liuwa Plain National Park

Selbst für expeditionserfahrene Reisende ist der Liuwa-Plain-Nationalpark in Sambia ein außergewöhnlich anspruchsvolles Erlebnis: Menschenleere Gegenden, extreme Temperaturen und unwegsames Gelände machen den Park zu etwas ganz Besonderem. Während in der Trockenzeit eine endlose gelbe Steppe zu sehen ist, füllt sich die Fläche in der Regenzeit im November zu einem See von ungeheuren Ausmaßes. Dann wandern auch zahlreiche gigantische Herden von Zebras, Gnus und Antilopen aus dem Nordwesten in den Park. Die Jäger dieser Huftiere – Hyänen, Wildhunde, Löwen und Leoparden – sind dann ebenfalls in großer Zahl anzutreffen. Wenn dann noch ein Gewitter aufzieht, zeigt der starke Kontrast von grünen und goldenen Grasflächen gegen das verhängnisvolle Dunkelblau des Sturmhimmels die Schönheit der Natur von Liuwas Auen in all ihrer außergewöhnlichen Erhabenheit.

Südafrika-Kronenkraniche auf geduldiger Nahrungssuche

Streifengnuweibchen säugen ihre Jungtiere bis zu ein Jahr lang.

Links: Die Kafwala-Stromschnellen im Kafue-Fluss sind eine beliebte Stelle für Wildbeobachtungen im Kafue-Nationalpark. Flusspferde, Krokodile und Warane sind hier anzutreffen. Auch Elefanten gehen gerne baden, dabei benutzen sie ihren Rüssel wie einen Schnorchel.

Sambia

Baobab (Affenbrotbaum) am Ufer des Sambesi

* Lusaka

Gegründet wurde die sambische Hauptstadt im Jahr 1905 als Bahnstation an der Strecke von Victoria Falls nach Nordosten. Heute ist Lusaka eine Großstadt mit modernem Zentrum, um das herum die Siedlungen der Landflüchtigen wuchern. Abgesehen von einigen Museen und dem bereits 1928 angelegten Lumumba Market, gibt es wenig Spektakuläres zu sehen. Lusaka ist aber Ausgangspunkt für den Besuch des Lower Zambezi National Park im Osten der Stadt, den man auf der Leopard Hill Road ansteuert. Die Strecke ist nur mit Geländewagen befahrbar.

** Lower Zambezi National Park

Das Schutzgebiet ist das sambische Pendant zum bekannteren Mana-Pools-Nationalpark in Simbawe. Es weist eine ähnliche Flora und Fauna auf, ist aber noch nicht so stark erschlossen und begeistert durch seine archaische Wildheit. Der Tierbestand ist nicht so groß wie auf simbabwischer Seite – der Naturschutz begann hier später, und heute noch dringen gelegentlich Wilderer ein, um sich die begehrten Trophäen von Elefanten und Nashörnern zu holen. Unterkunft finden Besucher in einigen staatlichen Camps und in privaten Luxuslodges. Die Pisten sind nur mit Geländewagen zu bewältigen. Besonders eindrucksvoll ist die Strecke entlang des Flusses, wo man auf Büffel und Elefanten trifft.

* Livingstone

Das Städtchen an den berühmten Victoria-Wasserfällen empfängt seine Besucher mit Hotels, Restaurants und einer Krokodilranch. Hauptattraktion sind natürlich die Fälle: Der Sambesi stürzt hier auf rund 1700 Metern Länge in eine teils nur 60 Meter schmale, bis zu 110 Meter tiefe Felsspalte. Von Aussichtspunkten gegenüber der Abbruchkante kann man den Anblick der herabrauschenden Wassermassen auf sich wirken lassen. Die Gischt durchnässt alles und jeden binnen kürzester Zeit. An David Livingstone, der die Fälle 1855 entdeckte, erinnert eine Statue.

Rechts: Der Elefant genießt sein Schlammbad im einen der vielen Tümpel im Nationalpark Unterer Sambesi. Das getrocknete Gemisch aus Schlamm und Sand schützt die empfindliche Haut der Dickhäuter vor Sonnenbrand und übermäßiger Hitze.

David Livingstone

»Die Leute reden von einem Opfer, das ich gebracht haben soll, weil ich viele Jahre meines Lebens in Afrika war ... Weg mit solchen Gedanken! ... Sagt lieber, es sei ein großes Glück!« So sprach der bedeutendste Afrikaforscher des 19. Jahrhunderts nach seinen ersten Expeditionen. Dabei hatte Livingstone, 1813 als Sohn einer armen Arbeiterfamilie aus dem schottischen Blantyre geboren, viele Entbehrungen auf seinen Reisen zu erleiden – Krankheiten und den Tod seiner Ehefrau. In missionarischer Tätigkeit war er u. a. entlang der Flüsse Sambesi und Nil unterwegs und entdeckte dabei bisher unerforschtes Land, darunter den Malawisee und die Victoriafälle. Livingstone starb 1873 an den Folgen einer Malariaerkrankung in der Nähe der Bangweulusümpfe.

Der Sambesi ist nach Nil, Kongo und Niger der viertlängste Fluss Afrikas. Von seiner Quelle an der Lundaschwelle im Nordwesten Sambias bis zur Mündung in den Indischen Ozean legt er ca. 2700 Kilometer zurück und durchquert Angola, Namibia und Simbabwe. Im ersten Abschnitt bis zu den Victoriafällen ist er ein träge dahinfließender Fluss, danach beschleunigt er, eingezwängt in das Sambesital, seinen Lauf. Im Karibasee gestaut, versorgt er Kraftwerke in Sambia und Simbabwe. Auch in Mosambik treibt der Sambesi ein Kraftwerk an. Ab dem dort aufgestauten Cabora-Bassa-See ist er bis zum Mündungsdelta schiffbar. Obwohl an den Flussufern zahlreiche Dörfer und Städte liegen, wird der Sambesi von nur fünf Brücken überspannt. Die älteste und spektakulärste Brücke ist die Eisenkonstruktion über die 125 Meter tiefe

Sambesi-Schlucht bei Victoria Falls, die 1905 erbaut wurde. Die meisten Menschen im Einzugsgebiet des Sambesi betreiben Landwirtschaft. Sie teilen sich ihren Lebensraum mit Wildtieren. Flusspferde und Krokodile, die ruhigere Abschnitte bevorzugen, Zebra- und Antilopenherden sowie Elefanten, Löwen und Büffel, die den Fluss als Tränke nutzen, kommen auch außerhalb der Nationalparks vor.

Simbabwe

Simbabwe

Fläche: 390 800 km²
Bevölkerung: 12,1 Millionen
Hauptstadt: Harare
Sprachen: Englisch, Schona, Ndebelle
Unabhängig seit: 18. 4. 1980
(ehem. britische Kolonie Rhodesien)

*** Mana Pools National Park

Ein Jahr nach der Einrichtung des Nationalparks Mana Pools 1963 wurden auch die benachbarten Safarigebiete Sapi und Chewore unter Schutz gestellt. Die drei Areale im Dreiländereck von Simbabwe, Sambia und Mosambik erstrecken sich über eine Fläche von knapp 7000 Quadratkilometern, wobei Chewore etwa die Hälfte einnimmt. Im Norden bildet der Sambesi die natürliche Grenze des Nationalparks. Der Strom überflutet regelmäßig das Grasland und die Waldgebiete der Schutzzonen. In der Sprache der Shona bedeutet »Mana« vier. »Mana Pools« bezeichnet daher die vier Wasserbecken des Sambesi. In dieser fruchtbaren Landschaft ist eine Vielzahl von Tieren beheimatet: 400 Vogelarten bevölkern die Wälder, Tausende von Elefanten streifen durch das Gebiet. Büffel- und Zebraherden verheißen reiche Beute für Raubkatzen wie Leoparden und Geparden.

** Karibasee und Matusadona National Park

Rund 280 Kilometer lang und bis zu 120 Meter tief ist der in den 1960er-Jahren angelegte Stausee des Sambesi an der Grenze zu Sambia. Die Region ist wegen ihres Wild-, Fisch- und Vogelreichtums ein beliebtes Ferienziel. Mehrere Nationalparks und sogenannte »Safari Areas« sind entlang des Südufers des Karibasees

ausgewiesen, von Hausbooten aus lassen sich die Tiere besonders gut beobachten, da man sich mit ihnen nahezu lautlos den Wasserstellen nähern kann. Das Naturschutzgebiet des Matusadona-Nationalparks ist nur im nördlichen Drittel entlang des Seeufers zugänglich. Im Lowveld mit seinen Mopanewäldern leben Elefanten und Afrikanische Büffel; im See haben Flusspferde und Krokodile ihr Habitat. Hier ragen vielerorts die durch Verkalkung weiß gewordenen Kronen von alten Mopanebäumen aus dem Wasser.

*** Hwange National Park

Als das Schutzgebiet, mit 14 000 Quadratkilometern einer der größten Nationalparks des Landes, Ende der 1920er-Jahre eingerichtet wurde, gab es hier kaum noch Wild. Die Region hatte ursprünglich den Ndebele-Herrschern als Jagdrevier gedient und wurde danach von weißen Großwildjägern heimgesucht. Heute sind hier wieder große Herden von Elefanten, Büffeln, Zebras und Giraffen beheimatet, alle südafrikanischen Antilopenarten sind vertreten, und neben Löwen, Leoparden, Geparden und Hyänen erlegen hier auch Wildhunde ihre Beute. Dank der künstlich angelegten Wasserlöcher können Besucher das Wild beim Trinken beobachten. Im südlichen Teil von Hwange sind Wildsichtungen dank der niedrigen Vegetation einfach; in den nördlichen Mopanewäldern finden die Tiere bessere Tarnung. Unterkunft bieten Zeltplätze und Lodges.

Großes Bild: An ruhenden Gewässern und am Ufer des Sambesi tummeln sich die als unberechenbar geltenden Flusspferde in großer Zahl im Mana-Pools-Nationalpark.

Der Nimmersatt ist ein schlanker Vogel aus der Storchenfamilie.

Wasserböcke

Als das Gelände des heutigen Karibasees geflutet wurde, ertranken viele Wildtiere. Mehrere Tausend konnten in der »Operation Noah« von Inseln gerettet werden, auf die sie sich vor den Wassermassen geflüchtet hatten. Sogar Giftschlangen und Nashörner wurden an Land gebracht und in den Nationalparks, vorrangig im Matusadona National Park, angesiedelt. Andere Tierarten wie die Wasserböcke konnten sich selbst retten. Diese 1,30 Meter großen Tiere sind bestens an den sumpfigen und wasserreichen Lebensraum des Karibasees angepasst und können zudem hervorragend schwimmen. Man unterscheidet den Gemeinen Wasserbock in zwei Arten: den Ellipsenwasserbock (im Bild) und den heller gefärbten Defassa-Wasserbock.

Im Hwange-Nationalpark ist Platz für Abertausende Giraffen.

Selten kommt es zu Konflikten zwischen Elefanten und Büffeln.

Der erste Vorbote der gigantischen Victoriafälle ist bereits aus einer Entfernung von rund 20 Kilometern in Form einer bis zu 300 Meter hoch aufsteigenden Sprühnebelwolke auszumachen. Mit ohrenbetäubendem Lärm stürzt der Sambesi, Grenzfluss zwischen Sambia und Simbabwe, ungefähr 110 Meter in die Tiefe. Dieses Naturschauspiel findet seinen Widerhall auch im indigenen Namen der insgesamt fünf Fälle: Mosi-oa-Tunya, »donnernder Dampf«. Im März und April, zur Hochwasserzeit, werden sie zu einem fast zwei Kilometer breiten Wasservorhang (wobei bis zu 10 000 Kubikmeter Wasser pro Sekunde hinabstürzen). Den Rest des Jahres, wenn der Sambesi weniger Wasser führt, differenzieren sich wieder einzelne Fälle aus. Die Rainbow Falls sind die höchsten unter ihnen. Die hohe Luftfeuchtigkeit wirkt sich

noch in einiger Entfernung auf die Vegetation aus, sodass die Fälle von einem grünen Band üppig wuchernder Pflanzen umgeben sind. Das Areal ist Lebensraum zahlreicher Tierarten. Als Erforscher des Sambesi gilt der schottische Missionar David Livingstone, der den Fluss Mitte des 19. Jahrhunderts erkundete und dabei auch auf die Wasserfälle stieß, die er zu Ehren der britischen Königin Victoria benannte.

Simbabwe

Sir Cecil Rhodes

Der 1853 in England geborene John Cecil Rhodes kam 1870 als 17-Jähriger nach Südafrika, wo sein Bruder eine Farm besaß. Zwei Jahre später begann er sei-

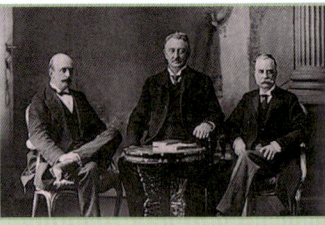

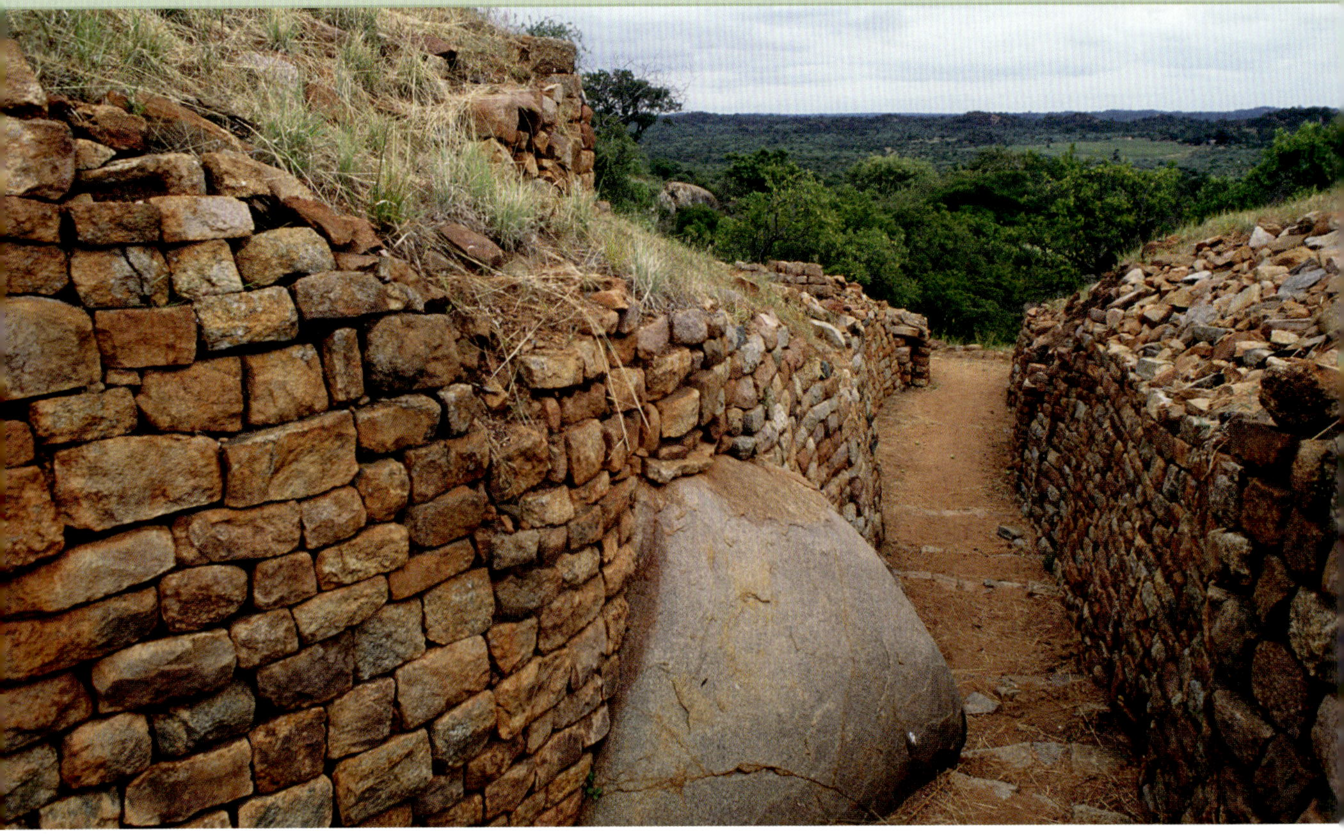

* Harare

Wenn zwischen September und November die Jacaranda-Bäume blühen, entfaltet Simbabwes Hauptstadt Harare ihren größten Charme. Auf rund 1500 Meter Meereshöhe gelegen, herrscht hier das ganze Jahr über ein angenehmes Klima. 1890 gründeten Söldner im Auftrag von Cecil Rhodes Fort Salesbury im Territorium der Shona und der Ndebele. Die Einheimischen reagierten mit einem Aufstand, der »Ersten Chimurenga«, gegen die Besatzer. Erst 1897 war er niedergeworfen. In den Jahren danach entstanden sehenswerte Kolonialbauten, so das Parlament, das alte Lonrho-Gebäude, das Cecil House, The Stables und die Anglikanische Kathedrale. Entlang der Samora Machel Avenue sind weitere historische Häuser zu bewundern. Einen Besuch lohnt auch die Old Market Hall mit dem Gemüsemarkt. Mit der modernen Bildhauerkunst der Shona macht die Ausstellung in der National Art Gallery vertraut.

** Nyanga National Park

Sir Cecil Rhodes fand die Gebirgslandschaft der Eastern Highlands um den Berg Inyangani (2592 Meter) so reizvoll, dass er hier Land erwarb und ein Farmhaus errichtete. In ein Luxushotel umgewandelt, bewacht es den Zugang zu dem archäologisch interessanten Schutzgebiet. Unterirdisch zugängliche Rundbauten aus Steinmauern wurden hier in großer Zahl entdeckt, außerdem Forts auf Anhöhen, die wohl Bestandteile einer Signalanlage waren. Vermutlich stammen diese »pit structures« aus dem 16. Jahrhundert. Hier kommen auch Wanderer auf ihre Kosten.

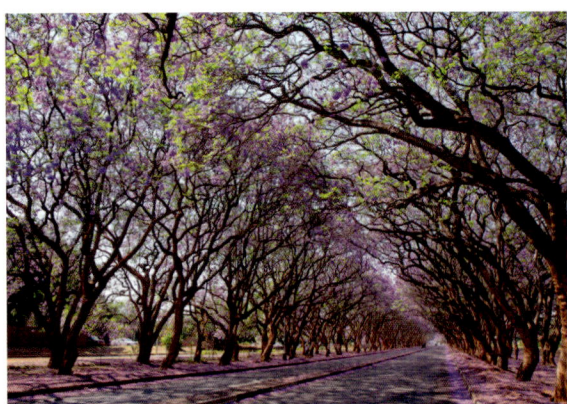

Blühende Jakarandabäume säumen die Milton Avenue in Harare.

* Bulawayo

Rund eine Million Menschen leben in Simbabwes zweitgrößter Metropole, die dank der gut erhaltenen Kolonialarchitektur rund um den Centenary Park im Zentrum und der Kulturbegeisterung ihrer Bewohner eine freundliche Ausstrahlung hat. Allerdings leben hier wegen der schlechten wirtschaftlichen Lage Simbabwes viele Menne Karriere in den Diamantenminen von Kimberley, wo er innerhalb kurzer Zeit ein Vermögen anhäufte. Sein Imperium war die Grundlage für das Handelsmonopol der von ihm gegründeten DeBeers Company. Zugleich wurde Rhodes Abgeordneter im südafrikanischen Parlament, gründete die BSAC, die British South African Company, und ließ 1890, inzwischen zum Premierminister ernannt, seine Truppen gegen das Mashonaland (heute Simbabwe) marschieren. Legendär wurde sein Verhandlungseinsatz in der Ersten Chimurenga: Bei diesem Aufstand der Shona und Ndebele stellte er sich unbewaffnet den in den Matobo Hills verschanzten Ndebele entgegen und überredete sie zur Aufgabe. Dies festigte seinen Ruf als kühner Draufgänger. Rhodes starb 1902 und wurde auf eigenen Wunsch in den Matobo Hills beigesetzt.

schen in großer Armut. Einen Besuch wert sind die National Art Gallery mit Werken einheimischer Künstler, das Museum of Natural History mit einer imposanten Ausstellung der einheimischen Vogelarten und das Zimbabwe National Railway Museum.

** Ruinenstadt Khami

Von großer Bedeutung für die Geschichte Simbabwes sind die Ruinen von Khami. Die im 16. Jahrhundert verlassene Stadt war einst ein wichtiges Handelszentrum. Die zweitgrößte Ruinenstadt in Simbabwe nur wenige Kilometer westlich von Bulawayo wurde nach dem Fluss benannt, an dessen Ufer sie liegt. Die Anlage entstand im 15. Jahrhundert, als Groß-Simbabwe schon wieder verlassen worden war. Khami war für etwa 200 Jahre die Hauptstadt des Torwa-Staates. Als die Rozwi die Macht übernahmen, verlegten sie ihr Herrschaftszentrum ins 80 Kilometer entfernte Danangombe. Die Gebäudereste, darunter ein Palastkomplex, Terrassen und Mauern, die sich über ein Gebiet von über 40 Hektar verteilen, bestehen aus massiven, ohne Mörtel zusammengefügten Steinmauern. Die Grabungen der Archäologen förderten auch Porzellan aus der Regierungszeit des chinesischen Wanli-Kaisers zutage. Die Objekte aus Asien und Europa belegen, dass Khami einst ein wichtiges Handelszentrum war. Es erscheint daher möglich, dass portugiesische Händler zu den Besuchern der Stadt gehörten. Ein riesiges, aus Granitblöcken bestehendes Kreuz legt die Vermutung nahe, dass auch Missionare den Weg nach Khami fanden.

Linke Seite oben: Ruinen der alten Stadt Khami; rechts: Punghwe-Wasserfall im Nyanga-Nationalpark.

Um die Baobabs kreisen zahlreiche Legenden; allen gemeinsam ist die Annahme, dass die Bäume verkehrt herum wachsen. Die San erzählen, dass bei der Erschaffung der Welt jedes Tier vom höchsten Wesen eine Pflanze erhielt. Die Hyäne kam verspätet und bekam den Baobab. Aus Wut steckte sie ihn mit den Ästen voraus in die Erde. Und tatsächlich sehen die Bäume aus, als stünden sie auf dem Kopf. Aus dem massigen Stamm des Baobab *(Adansonia digitata)*, der zur Familie der Wollbaumgewächse gezählt wird, wachsen erstaunlich filigrane Äste und Zweige hervor, die sich im Oktober mit großen, intensiv duftenden Blüten schmücken. Danach reifen die Früchte heran, deren hoher Vitamin-C-Gehalt von keiner anderen bekannten Frucht übertroffen wird. Die frühen Siedler fanden vielseitige Verwendung für den Baobab: Die gerösteten Frucht-

kerne dienten als Kaffeeersatz, und der in Hohlräumen Wasser speichernde Stamm wurde angebohrt, wenn man unterwegs Wasser benötigte. Die 20 bis 25 Meter hohen Baobabs wachsen nur in frostfreien Regionen bis 1000 Meter Höhe, deshalb kommen sie nur in Nordnamibia und in Botsuana und Simbabwe vor. Sie werden bis zu 1000 Jahre alt und können einen Umfang von bis zu 50 Metern erreichen!

** Matobo
National Park

Die Hauptattraktion des Nationalparks, der wegen seiner vielen prähistorischen und historischen Fundstätten zum UNESCO-Weltkulturerbe zählt, ist »View of the World« in der Northern Wild Area, wo Sir Cecil Rhodes seine letzte Ruhestätte fand. Sein Grab befindet sich auf dem Gipfel eines Granithügels und ist umgeben von Riesenmurmeln aus Granit, Ergebnisse der Wollsackerosion. Auch viele andere Erosionsformen können geologisch Interessierte in diesem Teil der Matobo Hills entdecken. Dass die Hügelwelt bereits in der Steinzeit besiedelt war, belegen die zahlreichen Felsbilder, die in den Höhlen der Matobo Hills entdeckt wurden. Der asphaltierte Circular Drive führt zu den Attraktionen der Northern Wild Area. Auch im zentralen Teil der Matobo Hills gibt es faszinierende Felsformationen und Höhlen. Zur Beobachtung lockt die Whovi Wild Area mit ihren Breit- und Spitzmaulnashörnern, die zur Wasseraufnahme an den Mpopoma Dam kommen.

*** Felsbilder Seit der Steinzeit haben unbekannte Künstler die Felswände von Höhlen und Überhängen der Matobo Hills mit Bildern geschmückt. Die frühesten Darstellungen sind 13 000, die jüngsten nur wenige Hundert Jahre alt. Der größte Teil der Bilder sind Felsmalereien. Die Motive – zumeist Wildtiere, häufig auch die sie verfolgenden Jäger – wurden in Erdfarben aufgetragen. Es ist anzunehmen, dass die San, früher abfällig als »Buschmänner« bezeichnet, Urheber der Felsbilder waren. Sie lebten als Jäger und Sammler im südlichen Afrika und wurden von später zugewanderten Völkern wie den Ndebele oder Shona in die Kalahari-Region abgedrängt. Ihre genaue Kenntnis der Natur spiegelt sich in den detaillierten Tierdarstellungen wider, etwa in den exakt abgebildeten Breit- und Spitzmaulnashörnern des White Rhino Shelter im nördlichen Teil des Nationalparks. Sehenswert sind auch die Malereien in der Nswatugi Cave der Central Wild Area. Hier begegnen dem Betrachter Giraffen, Kudus, eine Rappenantilope und die sie verfolgenden Jäger in erstaunlichem Naturalismus. Riesige Elefantenköpfe schmücken die Bambata Cave. Aber auch Fantasie-

San

Um das Volk der San kreisen viele Fragen und Mythen – sind sie tatsächlich Nachkommen der Ureinwohner des südlichen Afrika? Alles, was über die Geschichte der San bekannt ist, stammt aus Aufzeichnungen weißer Jäger, Siedler und Missionare. Die San besitzen keine Schrift, und ihre Herkunft und Vergangenheit überliefern sie in Form von Mythen. Ihre mit Klick- und Schnalzlauten durchsetzte Sprache wird der Khoisan-Gruppe zugerechnet, zu der auch das Nama gehört. Traditionell führen die San ein Leben als halbnomadisierende Jäger und Sammler. Dieses Leben ist in der modernen Zeit kaum noch möglich, denn große Teile der angestammten Jagdgebiete, wie Etosha, Kaudom und Caprivi, stehen heute unter Naturschutz.

gestalten wurden gemalt: In der Mjelele Cave der Northern Wild Area windet sich eine schlangenartige Figur auf der Felswand. Die Matobo Hills galten vielen Völkern als magische Stätte: Die Shona erkoren sie zum Ort ihrer Regenzeremonien, die Ndebele sahen hier die letzte Ruhestätte ihrer Könige und den Sitz der Ahnengeister.

*** Nationaldenkmal Groß-Simbabwe

Die Ruinen der »Akropolis Afrikas« im Südosten Simbabwes, eines für Afrika eher ungewöhnlichen Steinbaus, sind ein bedeutendes Zeugnis der Shona-Kultur. Bereits im Jahr 1552 beschrieb der portugiesische Chronist João de Barros die Ruinen von Groß-Simbabwe als »beeindruckend«. Eine arabische Legende schreibt ihnen biblische Ursprünge zu. Archäologische Untersuchungen ergaben jedoch, dass die Mauern Überreste eines bedeutenden Handelszentrums der Shona-Kultur waren. Diese der Bantusprachgruppe zuzurechnende Ethnie besiedelte die Region zwischen dem 11. und dem 15. Jahrhundert. Die Stadt, die mehr als 10 000 Einwohner zählte, wurde von einem elliptischen Mauerring umschlossen, der mit einer Gesamtlänge von 250 Metern und einer Höhe von über zehn Metern zu den größten aus vorkolonialer Zeit stammenden Bauwerken Schwarzafrikas gehört. Für die Mauer wurden Granitsteine ohne Mörtel fugenlos aufeinandergeschichtet. Innerhalb dieses Rings befindet sich eine parallel verlaufende Mauer, die wohl die Rundhäuser des Herrschers umgab. Funde belegen, dass in Simbabwe bereits damals Gold, Kupfer und Eisen verarbeitet wurden. Nach einer Blütezeit wurde die Stadt um 1450 endgültig verlassen.

Linke Seite oben: Die prähistorischen Felszeichnungen in den Matobo Hills zeigen Tiere und Jagdszenen. Die dargestellten Tiere können heute noch bestimmt werden, darunter zwei Meter hohe Giraffen in der Silozwane-Höhle. Sogar die Struktur von Termitenflügeln wurde bis ins Detail wiedergegeben. Die prähistorischen Höhlen mit ihren Malereien spielen für die ansässige Bevölkerung bis heute eine Rolle als Sakralstätten. Oben: Von der Anlage Groß-Simbabwe ist der elliptische Mauerring am besten erhalten.

Botsuana

Mitten in der Kalahari, im äußersten Nordwesten Botsuanas, finden sich in den Tsodilo Hills etwa 4500 teils jahrtausendealte Felsmalereien der San. Archäologische Funde belegen eine Besiedlung der Region seit der Altsteinzeit. Für die heute noch hier ansässigen San sind die Hügel von Tsodilo eine heilige Stätte, die vom Geist der Ahnen erfüllt ist. Die von den Vor-

Botsuana

Fläche: 581 700 km²
Bevölkerung: 2,02 Millionen
Hauptstadt: Gaborone
Sprachen: Englisch, Tswana
Unabhängig seit: 30. 9. 1966
(ehem. britisches Protektorat)

** Linyantisümpfe
Herrlich klare Wasserläufe, umsäumt von Riedgras und Papyrus – das Linyanti-Reservat im nördlichen Teil des Chobe-Nationalparks ist ein wahres Paradies für Elefanten und Flusspferde, die man hier weitaus öfter antrifft als Zebras, Kudus oder Antilopen. Der Linyanti-Fluss mit seinen zahlreichen Armen versorgt die sonst trockene und dünn bepflanzte Umgebung mit Wasser und bietet neben Elefanten auch Letschwe, Gnus, Impalas, Pavianen, Krokodilen und Büffeln Lebensraum. Wer das Reservat erreichen will, muss sich zunächst durch eine 39 Kilometer lange Tiefsandstrecke arbeiten; vom Savuti-Park aus gelangt man etwas bequemer dorthin. Der mühsame Weg lohnt sich jedoch: Vor allem von Juni bis September begeben sich Elefanten zu Hunderten an die Wasserstellen des Feuchtgebiets. Das botsuanische Reservat bietet eines der imposantesten Wildbeobachtungserlebnisse Afrikas.

*** Chobe National Park
Der Chobe-Nationalpark besteht in seiner heutigen Größe (rund 12 000 Quadratkilometer) seit 1968. Neben der mit dichtem Grün bestandenen Uferböschung gibt es hier lichte Baumsavannen und fast wüstenartig karge Landstriche. Nach dem Ufer des Chobe bieten die Savutisümpfe im Südwesten des Nationalparks das reichste Tierleben. Der Chobe-Fluss säumt die Grenze von Botsuana und Namibia; seine Galeriewälder und die sich südlich anschließende Dornbuschsavanne sind Heimat großer Elefantenherden. Kaum irgendwo in Afrika gibt es noch so viele Elefanten wie im Chobe-Nationalpark. Mehr als 100 000 Tiere sollen dort während der Regenzeit durch die endlose, fast baumlose Buschsavanne ziehen. Sie haben sich so stark vermehrt, dass Chobe die riesigen Herden kaum mehr verkraften kann und unter den enormen Flurschäden leidet, die die Elefanten anrichten.

** Savuti Game Reserve
Das im Südwesten des Chobe-Nationalparks liegende Savuti-

fahren auf den Fels gemalten Tiere wie Nashörner, Giraffen, Antilopen, Löwen, Flusspferde und Fische zeugen vom einstigen Artenreichtum in der Region, in der es früher einen See gegeben haben muss. Die Bilder

zeigen aber auch Gegenstände des täglichen Lebens, etwa Körbe, wie sie die San heute noch flechten, und Menschen. Viele der Felsmalereien datieren aus den Jahren 800 bis 1300, einige sind aber über 24 000 Jahre alt.

Im Chobe-Nationalpark trifft man u. a. auf Flusspferde.

Wildreservat war einst ein Sumpf, seit Ende des 19. Jahrhunderts ist eine Hälfte des Gebiets fast ausgetrocknet. Die Schwemmfächer aus Sediment füllten die Tröge der Erdkruste und bilden heute die kuriose Form einer Hand: die Handfläche, ein stets mit Wasser versorgtes Delta; die Fingerspitzen, jahreszeitenunabhängig vom Okavango geflutete Sümpfe und Überschwemmungsgebiete. Die skurrilen Gubatsa-Hügel, vor 980 Millionen Jahren aus Vulkanbewegungen entstanden, ragen teilweise bis zu 90 Meter hoch aus der sonst sehr flachen Landschaft. Zu den Highlights des Reservats

zählt der seltene Afrikanische Wildhund. Zweimal pro Jahr wandern Zebraherden in Hunderten durch die Prärie, und Rotkopfweber lassen sich beobachten, während der Duft des Salbeibusches die Luft durchströmt.

Der Nimmersatt hält seinen Schnabel regungslos ins flache Wasser und lauert dann auf Beute (linke Seite oben). Außer ihm ist in den Linyantisümpfen vor allem der Afrikanische Wildhund anzutreffen (oben). Allein ein Drittel des weltweiten Bestandes lebt hier.

Seit 1975 leben keine
Menschen mehr im 10 000
Quadratkilometer großen
Chobe-Nationalpark – dafür
aber umso mehr Tiere wie
Leoparden und Elefanten.

Alle Mann in Deckung: Da bleibt auch die Kamera des Fotografen nicht verschont, wenn ein mächtiger Elefantenbulle an einer Wasserstelle genüsslich eine Schlammbad nimmt (unten).

Botsuana

*** Okavangodelta

Gespeist wird das Okavangodelta von dem gleichnamigen,
im angolanischen Hochland
entspringenden Fluss, der nach
seinem Weg durch Namibia
und das nördliche Botsuana in
einem rund 16 000 Quadratkilometer großen Binnendelta
verdunstet und versickert.
Wenn nach der Regenzeit die
Flut des Okavango im Juni
das Delta erreicht, wird die
weitgehend ebene, nur von einigen wenigen Erhebungen
strukturierte Landschaft überschwemmt. Aus den Anhöhen
werden auf diese Weise Inseln,
der rote Sand der Kalahari verwandelt sich in ein üppig-
grünes Paradies. Der Fluss wie
das seinen Fluten zu verdan-
kende Feuchtbiotop ernähren
riesige Herden von Zebras,
Gnus, Büffeln, Antilopen und
Elefanten, denen Löwen, Leoparden, Geparde und andere
Jäger folgen. In den Wasserka-
nälen leben Krokodile und
Flusspferde. Über 480 Vogelarten wurden in diesem Gebiet
gezählt.

*** Moremi
Game Reserve

Ein »Juwel eines Nationalparks« wird das Moremi-Wildreservat zu Recht genannt. Es
ist Afrikas erstes von Ansässigen gegründetes Reservat; wegen der zunehmend unkontrol-
lierten Wilderei wurde es 1963
zum Nationalpark erklärt. Mitten im Okavangodelta gelegen,
besitzt das Gebiet eines der
reichsten und vielfältigsten
Ökosysteme des afrikanischen
Kontinents; ein Mosaik aus

Furchteinflößender Anblick: Maul eines Nilkrokodils

Überschwemmungsgebieten,
Wasserwegen, Lagunen, Grasflächen, Au- und Uferwäldern
macht eine Fahrt durch die vielen Pfade des Moremi sowohl
reizend als auch inspirierend.

Den hier lebenden Wildtieren
kann man sich oft ohne Probleme im Mokoro, dem traditionellen Einbaumboot, nähern.
Auf Chief's Island hat man den
ungestörtesten und exklusivs-

Okavango

Als Cubango entspringt der Fluss auf dem Benguela-Plateau in Angola; er fließt eine Zeitlang entlang der namibischen Genze, passiert dann den Caprivistreifen und erreicht schließlich den Nordrand der Kalahari, wo er sich auffächert und in einem 15 000 Quadratkilometer großen Binnendelta größtenteils verdunstet oder im Sand versickert. In seinem Quellgebiet im angolanischen Hochland von Bihé fallen die Niederschläge zwischen Dezember und Februar. Der Fluss schwillt an, doch erreichen die Wassermassen wegen des geringen Gefälles und der Entfernung von 1800 Kilometern erst im Juni das Binnendelta. Dann wird die weitgehend ebene, von wenigen Erhebungen strukturierte Landschaft überflutet und in ein grünes Paradies verwandelt.

Giraffen gehören zu den Hauptdarstellern im Moremi-Wildreservat.

ten Zugang zu den Wildtieren. Im Gebiet Mopane-Tongue leben die meisten Wildhunde; Xakanaxa zeichnet sich hingegen durch die reichste Artenvielfalt aus.

* Maun

In der lebhaften Kleinstadt leben viele Ausländer, die in Reiseagenturen, Lodges und Camps beschäftigt sind oder als Piloten mit Flügen ins Delta ihr Geld verdienen. Entsprechend befindet sich das eigentliche Zentrum Mauns nicht in der Stadtmitte, sondern konzentriert sich um den Flughafen, wo alle Agenturen residieren. Im Ort selbst kann man sich in gut sortierten Supermärkten und Läden mit Proviant oder sonstiger Ausrüstung versorgen. Das Nhabe-Museum zeigt Interessierten die Kultur Ngamilands, wie dieser Teil Botsuanas heißt. Einziges historisches Bauwerk ist die alte Holzbrücke Old Matlapaneng Bridge, die den Fluss Thamalakane überspannt.

Oben: Eine Mohrenralle stakst grazil zwischen Papyrusstängeln von Seerosenblatt zu Seerosenblatt. Die kleine Sumpfhuhnart ist in den wasserreichen Zeiten im Okavangodelta zu Hause. Am einfachsten ist sie an ihrem taubenähnlichen Gurren zu erkennen.

71 Fisch-, 33 Amphibienarten,
64 Arten von Reptilien und
122 Säugetierarten kommen
hier vor. Zudem gedeiht eine
unglaublich vielfältige Flora.

Großes Bild: Büffelstampede.
Bildleiste von oben: Flusspfer-
de im Okavango, flüchtende
Giraffen, Breitmaulnashörner.

Große und kleine Salzpfannen bilden das Kernstück von Makgadikgadi. Mit 12 000 Quadratkilometern Fläche sind sie nicht nur die größten ihrer Art weltweit, sondern auch die charakteristische Landschaftsform in diesem Teil der Kalahari. Obwohl sie absolut lebensfeindlich wirken, sind die Salzpfannen ein wahres Wildparadies: In ihren Randgebieten lassen sich je nach Jahreszeit Kolonien von Rosaflamingos, Zebra- und Antilopenherden sowie zahlreiche andere Wildarten antreffen. Nach Regenfällen wird die harte Salzkruste weich und verwandelt sich in nicht befahrbaren, tückischen Schlamm. Die rund 165 Kilometer lange »Kubu-Island-Route« durch Makgadikgadi ist deshalb nur in der Trockenzeit passierbar. Nicht weit entfernt lohnt das Vogelschutzgebiet Nata am Nordrand der Sowa Pan einen Be-

such. Hier lassen sich Flamingos, Pelikane, Marabus und Löffler beobachten. Obwohl die Salzpfanne zu den unwirtlichsten Regionen Botsuanas zählt, sind dort große Wildherden zu Hause. Zebras, Gnus und Antilopen weiden nach der Regenzeit das Gras ab. In ihrem Gefolge ziehen Raubtiere zu den Weiden und Salzlecken der Pans und suchen ihre Opfer unter den schwächeren Tieren.

Botsuana

*** Kalahari

Regelmäßig hintereinandergestaffelte und bis zu mehrere Hundert Meter lange Dünen sind die charakteristische Landschaftsform der Kalahari. Doch diese wie mit dem Rechen gezogene Bodenstruktur ist auf den ersten Blick gar nicht zu erkennen. Die Kalahari ist nämlich relativ gut bewachsen, und da vor allem hohe Bäume mit tiefen Wurzeln in den Kalaharisanden Halt und in den darunterliegenden Schichten Wasser finden, sieht die Wüste, die den Osten Namibias bedeckt, vielerorts wie eine Savanne aus.

Giraffen an einer Schirmakazie, eine Oryxantilope auf dem roten Dünenkamm, Kalaharilöwen im Schatten eines Kameldorns – afrikanische Bilderbuchmotive sind hier häufig zu finden. Der namibische Teil der südlichen Kalahari wird als Farm- und Weideland genutzt, in dem vorrangig Schafe, darunter das wegen seines Fells begehrte Karakul, gezüchtet werden.

*** Kgalagadi Transfrontier National Park

Der Kgalagadi-Transfrontier-Nationalpark, entstanden durch

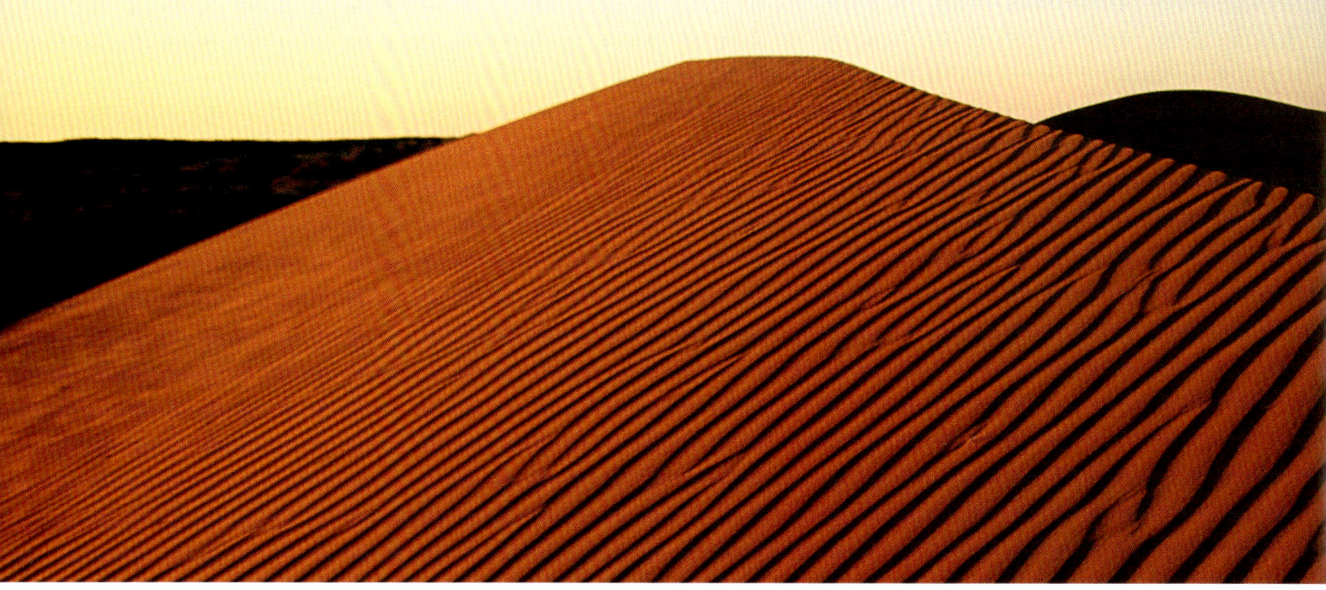

Giraffen

Sie sind die Meister der Anpassung und sogar in der Kalahari heimisch: Mit dem langen Hals und den noch längeren Beinen haben sich die Giraffen die den Zusammenschluss des Kalahari-Gemsbok-Parks mit dem botsuanischen Gemsbok-Nationalpark, war wie der |Ai-|Ais-Richtersveld-Transfrontier-Park eine der ersten grenzüberschreitenden Einrichtungen dieser Art im südlichen Afrika. »Kgalagadi«, »das vertrockne-

oberen Fressetagen der Akazien in den Savannen gesichert. Das höchste Tier, das heute die Erde bewohnt (die Giraffe kommt in mehreren Unterarten nur in Afrika vor), hat wie der Mensch nur sieben Halswirbel. te Land«, nennen die San die Kalahari. Deren rote, parallel zueinander verlaufende Sanddünen sehen so aus, als wären sie mit einer riesigen Harke gezogen worden. In den Dünentälern wurzeln Büsche und Bäume, periodisch gibt es Wasserstellen. Große Wildherden

Mit der 40 Zentimeter langen Greifzunge reißt sie Ästchen mitsamt Blättern und Dornen ab. Giraffen leben in getrennten Herden: Weibchen und Jungtiere auf der einen, Männchen auf der anderen Seite. durchstreifen diese faszinierende Landschaft, darunter viele Oryxantilopen, die als »Überlebenskünstler der Wüste« gelten, weil sie sich so gut an die aride Umgebung angepasst haben. Mit ihrer auffälligen Fellzeichnung und den Hörnern sind sie unverwechselbar.

Zum Trinken müssen die Giraffen ihre Beine weit grätschen. Bei Gefahr rasen sie mit 50 Stundenkilometern im Galopp davon. Gegenüber Löwen setzen sie sich mit manchmal tödlichen Fußtritten zur Wehr. **Die Unendlichkeit der Kalahari mit ihren charakteristischen roten Sanddünen ist so ungeheuerlich wie unvorstellbar (oberes Bild). Die Idee der »Peace Parks«, die Länder verbinden und nicht nur Oryxantilopen (unteres Bild) freie Bahn gewähren, wird in Afrika immer populärer.**

Tierwelt der Kalahari

Wüste und Wildreichtum – geht das? In der Kalahari ist das kein Widerspruch, denn sie wird von Flusssystemen durchkreuzt, die periodisch Wasser führen oder in denen das Wasser unterirdisch fließt. In diesem Teil nennt man die ephemeren, also nur für kurze Zeit existierenden, Flüsse »Omiramba«. Sie scheinen in Verbindung mit dem Okavangodelta zu stehen, aus dem sie in regenarmen Zeiten das Wasser beziehen. Das in der Kalahari lebende Wild hat sich an die ariden Bedingungen entsprechend angepasst: Der Kaharilöwe kann beispielsweise lange Zeit ohne Wasser auskommen, besitzt ein helles Fell, das mit der Umgebung verschmilzt, und meist eine nahezu schwarze Mähne. Auch können häufig Leoparden, Geparde oder Tüpfel- und Schabrackenhyänen, Wildhunde und Honigdachse gesichtet werden. Bekanntes Symboltier der Kalahari

ist die ausdauernde Oryxantilope. Neben vielen weiteren Antilopenarten leben in der Kalahari auch einige Giraffen. Häufig anzutreffen sind die putzigen Erdmännchen und Mungos. Die Kronen der Kameldornbäume sind überzogen mit dem Nestsystem der Siedelweber. Den Strauß sieht man in der Kalahari sowohl in der freien Wildbahn als auch in Gefangenschaft, wo die großen Laufvögel auf Farmen gezüchtet werden.

Botsuana

** Gaborone Game Reserve
Mit einer Fläche von nur fünf Quadratkilometern zählt das Gaborone-Wildreservat zu den kleinsten, aber dennoch meistbesuchten des Landes. Im Jahr 1988 gegründet und inmitten der Hauptstadt angelegt, sollte es ein Bewusstsein für die Erhaltung und den Schutz des Gebiets um Gaborone wecken. Neben den üblichen Wildparkbewohnern wie Impalas, Kudus, Straußenvögeln, Zebras und Antilopen ist das Reservat vor allem für Ornithologen interessant: Prächtige Schlangenadler, purpurrote Rotbauchwürger und lilafarben leuchtende Zwergsultanshühner sieht man in den überschaulichen Weiten des Parks. Große und gefährliche Wildtiere sind wegen der urbanen Lage nicht ansässig.

Der Wildpark eignet sich als kurzer Abstecher in die Natur, wenn man dem Trubel in Botsuanas Hauptstadt mit ihren über 230 000 Einwohner entkommen will.

Hier ist nichts von dem Trubel der Stadt zu merken: Mitten in Gaborone ist ein Wildtierparadies entstanden, in dem sich unter anderem Flamingos (unteres Bild) und Meerkatzen (oberes Bild) wohlfühlen. Daneben gibt es hier auch größere Arten wie Gnus, Warzenschweine und Strauße. Nur gefährliche Raubtiere müssen draußen bleiben.

Geschichte und Politik Botsuanas

Bereits seit 1820 immer wieder von englischen Missionaren bereist, gliederte Großbritannien das bis dahin unwirtliche Betschuana wegen seiner strategisch wichtigen Lage nördlich des Burengebiets und östlich von Deutsch-Südwestafrika im Jahre 1885 dem Empire ein. Bis 1964 wurde das Land vom britischen Botschafter in Süd-afrika verwaltet, 1966 als Republik Botsuana unabhängig. Die Organe der Volksvertretung bestehen aus der Nationalversammlung sowie der 15-köpfigen Kammer der Häuptlinge und Stammesver-treter als beratender Institution (House of Chiefs). Die Bevölkerung besteht zu 75% aus insgesamt acht Bantu-Stämmen, die dieselbe Sprache – Tswana – sprechen. 12% gehören der Ethnie der Shona an.

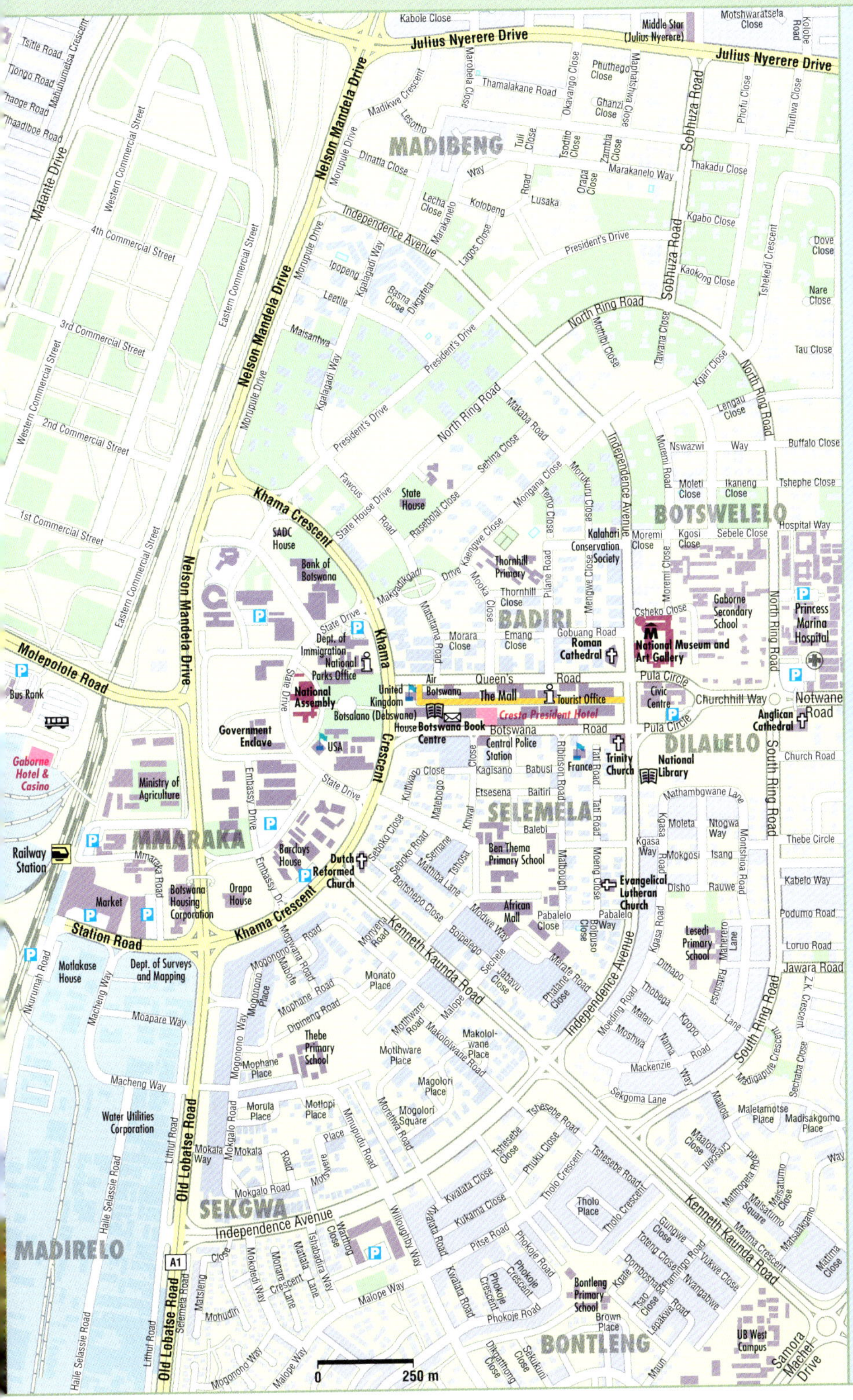

GABORONE

Botsuanas junge Hauptstadt ist ein modernes administratives Zentrum.

Die Stadt ist mit ihren 230 000 Einwohnern die größte des Landes, bietet aber nicht allzu viel historisch interessante Bauten. Regierungsgebäude dominieren die Innenstadt, dazu zahlreiche Einkaufsstraßen und gigantische Shoppingmalls. Größte Touristenattraktion ist das Gaborone Game Reserve (siehe linke Seite). Sehenswert ist in Gaborone vor allem das Nationalmuseum in

In Bronze verewigt: die drei wichtigsten *kgosi* (Häuptlinge) der botsuanischen Geschichte.

der Stadtmitte, das naturkundliche und ethnografische Aspekte des Landes präsentiert. In der angeschlossenen Kunstgalerie stellen aufstrebende und etablierte Künstler ihre Werke aus. Das »Three Dikgosi Monument« zwischen Eastern und Western Commercial Street erinnert an die drei Häuptlinge Bathoen I., Khama II. und Sebele I., die zwar selbst nicht unumstritten sind, Botsuana aber vor dem diktatorischen Regime des Cecil Rhodes bewahrten.

Ginsterkatze

Ein nachtaktiver Bewohner der botsuanischen Wildnis ist die Ginsterkatze, die im Allgemeinen recht scheu ist und sich Menschen nur selten zeigt. Mit ihrem gefleckten Fell und ihrem langen Schwanz hat die Ginsterkatze noch Ähnlichkeit mit unseren Hauskatzen, doch sind, wie bei allen Schleichkatzen, die Beine sehr kurz, der Körper aber ist auffällig lang. Nachts schleicht sie sich – wie in Zeitlupe – sowohl am Boden als auch auf Bäumen an ihre Beute an. Sie frisst kleine Säugetiere und Reptilien, vorwiegend aber Vögel und deren Eier. Die Ginsterkatze kann mit dem Kopf voran elegant an Baumstämmen hinunterklettern. Sie schwimmt gut und ist nicht wasserscheu. In Afrika und Asien ist sie in 14 Unterarten verbreitet, wobei eine Art auch in Südeuropa vorkommt.

** Khutse Game Reserve

Khutse bedeutet so viel wie »der Ort, an dem man sich zum Trinken niederkniet«, wohl weil es hier über 60 saisonal bedingte Wasserpfannen gibt, an denen sich die unzähligen Wildtiere erfrischen. Nach dem Moremi-Wildreservat war Khutse das zweite in Botsuana, das auf dem Land von Ureinwohnern zum Nationalpark erklärt wurde. Auf dem Weg von Botsuanas nahe gelegener Hauptstadt Gaborone zum Reservat befinden sich einige interessante Kalaharidörfer. Der Khutse-Park grenzt an das Central Kalahari Game Reserve an, von dem es sich aber dennoch sehr unterscheidet. Khutses typische Tonpfannen-Savannenlandschaft stammt von einem uralten Flusssystem, dessen Überbleibsel die Trockenflussbetten oder »Pfannen« sind. Der Park eignet sich besonders zum Beobachten von Löwen und hat sich auch bei Hobbyornithologen einen Namen gemacht.

** Tswapong Hills

Dieses tief zerklüftete Bergland gehört zu den bislang noch kaum bekannten Regionen Botsuanas. In den Schluchten der Tswapong Hills sammelt sich Wasser, das in kühnen Kaskaden über die Felsklippen stürzt. Über 300 Vogelarten und seltene Schmetterlinge leben in dieser Gebirgswildnis.

Links: Symbiotische Beziehung: Der Madenhacker säubert das Fell eines Büffels und warnt sein Wirtstier auch vor Fressfeinden. Oben: Sturmwolken über Khutse.

Im grenzübergreifenden Kgalagadi Transfrontier Park gibt es weder für Mensch noch Tier Zoll-kontrollen.

Namibia

Namibia steht schon lange auf der Liste der Lieblingslän-
der Afrikareisender. Kein Wunder: Goldene Dünenkuppen
bis zum Horizont, uralte Ritzzeichnungen, Himba-Hirten
mit Rinderherden, Elefanten im Schlammbad – Namibia
bietet zahllose faszinierende Bilder.

Namibia

Kaokoveld

Das Kaokoveld zählt zu den unberührten Wildnissen im Süden Afrikas: Unglaubliche Gebirgspanoramen und eine weite, leere Landschaft erstrecken sich über knapp 40 000 Quadratkilometer im Norden Namibias. Dort grenzt die Region an den Kunene-Fluss an. Die raue und zerklüftete Landschaft ist der Lebensraum des seltenen Wüstenelefanten, der sich teil-

Namibia

Fläche: 824 100 km²
Bevölkerung: 2,1 Millionen
Hauptstadt: Windhoek
Größte Städte:
Windhoek (323 000 Einwohner)
Walvis Bay (62 000 Einwohner)
Rundu (61 000 Einwohner)
Sprachen: Englisch, Afrikaans,
Deutsch, Herero
Unabhängig seit: 21. 3. 1990
(1884–1915 deutsche Kolonie,
ab 1920 Treuhandgebiet unter
südafrikanischer Verwaltung)

** Kunene River

Der Kunene ist neben dem Oranje ganz im Süden sowie den Flüssen Okavango, Kvando und Sambesi im Nordosten einer der wenigen ganzjährig wasserführenden Flüsse Namibias, und wie die anderen auch markiert er eine Grenze des Landes, nämlich die nördliche zu Angola. Nach der anstrengenden Anfahrt durch das Kaokoveld ist der Anblick der blauen Wassermassen des Kunene und seiner Wasserfälle – im Westen die Epupafälle, weiter östlich die Ruacanafälle – einfach überwältigend. Der im Hochland von Angola entspringende Fluss legt auf seinem Weg zur Mündung in den Atlantik mehr als 1200 Kilometer zurück und durchschneidet auf dem letzten, die namibische Grenze bildenden Teilstück den traditionellen Lebensraum der Himba. Die Galeriewälder beiderseits des Flusses bieten zahllosen Vogelarten einen wichtigen Lebensraum.

*** Marienfluss

Nach der Überwindung des dramatischen Van-Zyl's-Passes im nordwestlichen Kaokoveld eröffnet sich mit dem bis zu zehn Kilometer breiten Tal des Marienflusses ein Idyll. Gesäumt von den Gebirgsketten der Hartmannberge im Westen und der Otjihipaberge im Osten, breitet sich ein mit silbernem Gras und

Die Rinder der Himba finden im Tal des Marienflusses reichlich Nahrung und Lebensraum.

grün belaubten Bäumen bestandenes Tal vor dem Betrachter aus. Die Erde schimmert rötlich; Strauße, Antilopen und Giraffen lassen sich durch vorbeifahrende Autos kaum stören; kreisrunde und völlig vegetationslose »Feenkreise« beflügeln die Fantasie. Rund 300 Himba-Hirten durchstreifen mit ihren Rinder- und Ziegenherden das Tal, das sie als Schutzgebiet »Marienfluss Conservancy« selbst verwalten. Ihre ausgebildeten Wildhüter wachen über die nach Jahrzehnten der Wilderei nun allmählich zurückkehrenden Löwen und Elefanten.

weise im Gebirge in einer Höhe von 5000 Metern aufhält. Um überleben zu können, graben die Tiere tiefe Löcher, aus denen sie Wasser entnehmen. Auch das hier seit Jahrhunderten lebende Nomadenvolk der

Himba hat sich an die extremen Bedingungen angepasst. Die Epupafälle zeigen sich in ihrer reinsten Natur; das Hartmann's Valley und der Marienfluss sind Heimat eines fragilen trockenen Ökosystems.

Die Bergzebras unterscheiden sich von Steppenzebras durch ein Streifengitter auf der Kruppe.

des natürlichen Grenzflusses beginnt Angola. Das Gebirge ist nach Georg Hartmann (1865–1946) benannt, der um die Jahrhundertwende die gesamte Gegend erforschte, ebenso verdanken ihm die Hartmann-Bergzebras ihren Namen. Diese gelten inzwischen als bedrohte Tierart. Schuld daran ist die Konkurrenz der Rinderfarmer, die Zebras legal oder illegal schießen, um Weidegründe für ihr Vieh zu sichern.

** Hartmann Mountains

Der von Nord nach Süd verlaufende Gebirgszug säumt das Marienflusstal im Westen und bildet zugleich die Grenzlinie zwischen der Skelettküste und dem Kaokoveld. Westlich der Hartmannberge, die eine Höhe von 1132 Metern erreichen, ist das Hartmanntal von tiefem Sand geprägt. Und als wollte sich diese einsame, selten besuchte Region völlig abschotten, ist der Ausgang des Tals nach Norden zum Kunene durch eine hohe und extrem steile Düne versperrt. Jenseits

Oben: Wegen der vielen Stromschnellen ist der Kunene-Fluss nicht schiffbar, und auch vom vom Baden sollte man hier lieber absehen, da im Kunene Krokodile leben.

Gemessen an Giganten wie den Viktoriafällen des Sambesi an der Grenze zwischen Simbabwe und Sambia, nehmen sich die Epupafälle des Kunene mit ihren 40 Metern Höhe eher bescheiden aus. Im ariden Landschaftsbild Nordwestnamibias aber wirkt der in verzweigten Armen über Felsstufen fallende Fluss wie eine Fata Morgana. Tiefes Grün mischt sich hier in die allgegenwärtigen Grau- und Brauntöne der Halbwüste; viele Makalani-Palmen bilden Schatten spendende Haine, und die mächtigen Baobabs recken ihre die meiste Zeit des Jahres nackten Äste in die Höhe wie urzeitliche Riesen. In der Sprache der Herero bedeutet *epupa* Dampf und verweist auf die hier aufsteigenden Wasserdampfschwaden. Umstrittene Pläne zum Bau eines Wasserkraftwerks direkt neben den Fällen wurden auf Druck der

Himba und von Naturschützern vereitelt. Neben dem spektakulären Anblick haben die Fälle ein Kapitel Erdgeschichte zu erzählen: Hier durchbricht der Fluss eine Felsstufe aus Millionen Jahre altem Gestein, die vor dem Auseinanderbrechen des Urkontinents Gondwana gebildet wurde. Solche Stufen sind geologisch charakteristisch für die bizarr geformten Reste von Gondwana.

Um das 15./16. Jahrhundert überschritten nomadisierende Volksgruppen aus dem zentralafrikanischen Raum den Kunene und eroberten sich nach und nach die nördliche Hälfte des heutigen Namibia als Weidege-biet für ihre Rinder. Während ein Großteil der Rindernomaden, die heute als Herero längst sesshaft geworden sind, stetig weiter nach Süden drängte, blieb eine Gruppe im nordwestlichen Kaokoveld zurück. Diese Himba ge-nannte Volksgruppe behielt in ihrem harschen, aber von Kolonialdeutschland und Südafrika kaum beachteten Lebensraum das Nomadenleben bei, sie bewahrte ihren traditionellen Glauben und das Brauchtum. Die Zeichen der Moderne fanden in Form von Alkohol und Geld erst spät, durch Straßenbau und Abenteuertourismus, zu den Himba. Deren Traditionsverbundenheit wurde damit aber nicht nachhaltig gestört. Im Mittel-

punkt des Lebens stehen die Rinder: Die Himba pflegen ein persönliches Verhältnis zu ihren Tieren und ahmen in Kleidung, Schmuck und Körperdekor die ästhetischen Vorzüge der Rinder nach. Im rituellen Bereich stehen die Rinder für den symbolischen Kontakt zu den verstorbenen Vorfahren. Wirtschaftlich sind sie (noch) Maßstab für Wohlstand – deshalb wird ein Tier auch nur selten aus rituellen Gründen geschlachtet.

Namibia

** Van Zyl's Pass

Für passionierte Geländewagenfahrer ist dieser Pass eine Legende. Den berüchtigten Van Zyl's Pass zu bezwingen – wenigstens einmal im Leben! – dafür nehmen viele nicht nur schwere Schäden am Fahrzeug in Kauf, sondern auch eine reale Gefahr für Leib und Leben. Einen triftigen oder sachlichen Grund, ausgerechnet über diesen Pass von Osten kommend ins idyllische Tal des Marienflusses zu fahren, gibt es nicht. Nur die Herausforderung zählt. Dabei gibt es höhere und steilere Passstraßen in Namibia – nur keine, die über so raues Terrain führt. Die Piste ist stei-

nig und in einem sehr schlechten Zustand. Die besondere Herausforderung besteht darin, dass der größte Teil der Strecke nicht mit Kies oder Schotter geebnet ist, sondern aus blankem Fels oder großen Steinplatten besteht. Vielleicht ist es der Ausblick von dem Pass oben ins Marienflusstal, der alle Strapazen rechtfertigt.

** Ruacana Falls

Auch die Ruacanafälle überwinden eine urzeitliche Gesteinsstufe und stürzen dabei 120 Meter tief in eine Schlucht – wenn sie Wasser führen. Was an den Epupafällen geplant und mittlerweile hoffentlich

verworfen ist, wurde in den 1970er-Jahren an den Ruacanafällen realisiert: der Bau eines Wasserkraftwerks, das Strom für Namibia liefert. Drei Turbinen decken mit 240 Kilowatt nahezu den kompletten Bedarf des Landes; eine vierte soll Namibia nun völlig unabhängig von Energielieferungen aus Südafrika und zum Stromexporteur machen. Probleme bereiten die stark schwankenden Wassermengen des Kunene, dessen Flut etwa drei Monate nach Beginn der Regenzeit in seinem Quellgebiet die Ruacanafälle erreicht. Fallen die Niederschläge gering aus – die Schwankungen betragen bis zu

50 Prozent der Wassermenge –, kann auch das Kraftwerk nicht auf vollen Touren laufen.

* Opuwo

Im Nomadenland Kaokoveld ist die Kleinstadt Opuwo ein trauriger Anachronismus. Himba, die hier landen, haben meist den sozialen Bezug zu ihrer Verwandtschaftsgruppe verloren, sind entwurzelt, dem Alkohol verfallen oder mit HIV infiziert und krank. Für Touristen ist Opuwo hingegen eine wichtige Anlaufstelle, von der aus sie mit organisierten Jeeptouren oder auf eigene Faust ein Abenteuer starten. Gegründet wurde der Ort unter südafrika-

Zemba

Die kleine Volksgruppe der Zemba kämpfte zusammen mit den mit ihr verwandten Himba gegen die Pläne, an den Epupa-Fällen ein Kraftwerk zu errichten. In einer Deklaration, die sie der namibischen Regierung übermittelten, fordern die Zemba, dass auch ihr traditionelles Oberhaupt anerkannt wird, dass man ihre Landrechte respektiert und sie ihre Belange selbst regeln dürfen. Sie wünschen die offizielle Anerkennung ihrer Sprache, eines Dialekts des Herero, und verlangen die Umbenennung von Ortsnamen gemäß ihren Traditionen. Zemba gehört zur großen Familie der Bantusprachen, die schon zu Zeiten der großen Migrationen vor 2500 bis 3000 Jahren entstanden sind, als Nomaden im östlichen und südlichen Afrika sesshaft wurden.

Himba-Frauen im Supermarkt von Opuwo: Tradition trifft auf Moderne.

nischer Herrschaft als Verwaltungssitz; später wurde er Militärstützpunkt im Kampf gegen die namibische Befreiungsbewegung SWAPO. Viele Himba waren damals gezwungen oder freiwillig bei der Armee beschäftigt, was ihnen die neue politische Elite im unabhängigen Namibia sehr übel nahm. Die daraus resultierende Vernachlässigung hatte einen Vorteil: Die Himba konnten so ihre althergebrachte Kultur bewahren.

Linke Seite oben: Traumroute Van Zyl's Pass. Oben: Wassermassen der Ruacanafälle.

Namibia

** Bwabwata National Park

Den Bwabwata-Nationalpark, zu dem mehrere kleine Schutzgebiete im Caprivi zusammengefasst wurden, begrenzen der Okavango im Westen und der Kvando im Osten. Die dichte Vegetation entlang des Kvando macht Wildbeobachtung schwierig; sie bietet aber auch zahlreichen Vögeln einen vielfältigen Lebensraum. Zusammen mit Naturschutzgebieten in Botsuana, Angola, Sambia und Simbabwe soll hier der größte grenzübergreifende Naturpark Afrikas entstehen. »KAZA«, benannt nach den beiden Flüssen Kavango und Sambesi, wird die Größe Schwedens haben und dem Wild Korridore öffnen, in denen es auf seinen saisonalen Wanderungen auch

Im Bwabwata lassen sich Raritäten wie das Bronzesultanshuhn erblicken.

Landesgrenzen überschreiten darf. Gerade dem Bwabwata-Nationalpark kommt hierbei eine wichtige Rolle zu, fungiert er doch als Herzstück des neuen Naturschutzgebiets und als Transitregion von Nord nach Süd wie von West nach Ost.

** Popa Falls

»Paradishi ghomumbiru«, das kleine Paradies, nennen die Einheimischen die Stromschnellen der Popa Falls des Kavango oder Okavango, wie der Fluss in Botsuana heißt. Der im Hochland von Angola entspringende Strom bildet auf

Caprivizipfel

Den Caprivi-Zipfel, einen zwischen 32 und 90 Kilometer breiten sowie rund 460 Kilometer nach Osten reichenden Streifen zwischen Botsuana im Süden und Angola im Norden, verdankt Namibia einem kolonialen Tauschgeschäft: Der damalige Reichskanzler Graf Leo von Caprivi überließ den Briten 1890 Sansibar und erhielt dafür Helgoland sowie den nach ihm benannten Landkorridor, der Deutsch-Südwestafrika mit den deutschen Kolonien im Osten verbinden sollte. Heute leben hier rund 40 000 Menschen. Der Westen ist die Heimat von Buschleuten (San), im Osten leben Angehörige verschiedener Bantustämme. Die Landschaft ist üppig grün und wasserreich, die Tierwelt der Trockensavanne wird ergänzt durch Flusspferde, Krokodile und Sitatungas.

Das Blaustirn-Blatthuhn baut seine Nester auf dem Wasser.

einer Länge von etwa 400 Kilometern die Grenze zwischen Namibia und Angola, bevor er nach Süden abknickt, die Felsbarriere der Popa Falls überwindet und schließlich in Botsuana in einem Binnendelta verdunstet – über 90 Prozent des vom Okavango mitgeführten Wassers verschwinden durch Verdunstung! In Namibia ist der Okavango noch ein mächtiger, träger Fluss, an dessen Ufer Krokodile lauern und, wie bei den Popa Falls oft zu beobachten, Flusspferde weiden. Sichtbar ist die bis zu vier Meter hohe, aus Quarzit gebildete Felsstufe der Popa Falls nur in der Trockenzeit, wenn der Okavango wenig Wasser führt.

*** Mahango Game Reserve

Das 25 000 Hektar große Schutzgebiet an der Grenze zu Botsuana gehört zum Bwabwata-Nationalpark, der einen großen Teil des Caprivi Strip umfasst. Seringa- und Teakbäume, Akazien und die mächtigen Baobabs mit ihren meist unbelaubten Ästen bilden die charakteristische Vegetation. Entlang des Okavango-Flusses wandern hier regelmäßig große Elefantenherden zwischen Botsuana und Namibia hin und her, und auch Büffel halten sich gerne in der offenen Baumsavanne von Mahango auf. Wegen des Wasserreichtums sind mehrere Antilopenarten beheimatet, die im arideren Namibia nicht vorkommen, so Red Lechwe (Moorantilope), Riedbock und Leierantilope. Im Fluss leben Nilpferde und Krokodile. Zu den mehr als 400 im Mahango vorkommenden Vogelarten zählen auch Schreiseeadler, Klunkerkranich und Eisvogel – eine Zauberwelt für Ornithologen.

Linke Seite oben: Sumpflandschaft im Bwabwata. Oben: Waran im Mahango-Reservat.

65

Namibia

*** Mudumu National Park

Nebenarme des Kvando, Lagunen, Sumpfgebiete, dichter Bewuchs mit Mopanebäumen, hohem Riedgras und Papyrus sowie schlechte Pisten gestalten die Wildbeobachtung im 100 000 Hektar großen Nationalpark am Kvando schwierig. Es braucht Geduld, um das Wild in diesem Labyrinth aus Wasser, Sumpf und Wald zu entdecken. Die meisten Besucher erforschen Mudumu auf Game Drives der Luxuslodges, die am Rande des Parks errichtet wurden. Pirschfahrten werden hier mit dem Auto oder per Boot veranstaltet. Dabei stöbern die Guides mit Glück die seltenen Sitatungas (Sumpfantilopen) auf. In den Gewässern tummeln sich Fleckenhalsotter, Nilkrokodile und Flusspferde. In den Nachtstunden sind das Gebrüll der Löwen und das Gemecker von Tüpfelhyänen zu hören. Auch mehrere Rudel der scheuen Afrikanischen Wildhunde sind in Mudumu heimisch.

** Mamili National Park

Der Mamili-Nationalpark ist Namibias größtes geschütztes Feuchtgebiet. Das 35 000 Hektar umfassende Areal stellt mit seinen Wasseradern, Kanälen, Lagunen, Inseln und Sümpfen eine kleine Ausgabe des Okavango-Deltas im benachbarten Botsuana dar. Geschaffen hat diese Wasserlandschaft der Linyanti-Fluss, der hier in einem scharfen Knick die Grenze zu Botsuana bildet, wo er seinen Lauf dann unter dem Namen Chobe fortsetzt. In der Regenzeit werden drei Viertel des Areals überschwemmt; der Park ist dann nur per Boot zugänglich. Auch in den trockenen Monaten sind Wildbeobachtungsfahrten auf dem Wasser empfehlenswerter als mit dem Auto. Vor allem ein Be-

Elefanten finden in den weiten Grassavannen des Mudumu-Nationalparks ausreichend Grünfutter.

Ovambo

Die größte Volksgruppe Namibias ist heute auch die politisch einflussreichste. Sie stellt etwas über die Hälfte der rund 2,1 Millionen Einwohner des Landes und die deutliche Mehrheit in der Regierungspartei SWAPO wie auch in der Regierung. Wie die Herero wanderten auch die aus sieben Untergruppen bestehenden Ovambo um das 16. Jahrhundert von Nordosten kommend in ihr heutiges Siedlungsgebiet ein. Die meisten ließen sich im von Wasserläufen durchzogenen Ovamboland zwischen Etoshapfanne und Kunene nieder und gründeten dort Königreiche. Wirtschaftlich eben heute noch viele Ovambo von Ackerbau, Fischerei und Viehzucht. Mit der Ankunft der ersten Missionare im 19. Jahrhundert übernahmen die meisten das Christentum.

such im Mokoro, dem traditionellen Einbaum, hält unvergessliche Erlebnisse wie Begegnungen mit Flusspferden oder den seltenen Sitatunga-Antilopen bereit, die hervorragende Schwimmer sind.

* Chobe River

Der Chobe trägt viele Namen: Als Cuando durchfließt er, aus Angola kommend, den schmalen Korridor des Caprivi Strip von Nord nach Süd und nimmt in Namibia zunächst den Namen Kwando an. Auf seinem weiteren Weg nach Osten schlägt er einen kleinen, südwärts gerichteten Haken, verästelt sich zu einer faszinierenden Sumpflandschaft und wird Linyanti genannt. Als solcher bildet er die Grenze zum Nachbarland Botsuana, wo die Einheimischen den Fluss unter dem Namen Chobe kennen. Weiter östlich, nach einem kurzen Intermezzo als Mashi, setzt sich kurz vor seiner Mündung in den Sambesi schließlich auch in Namibia die Bezeichnung Chobe durch. In diesem letzten Abschnitt begrenzt der Chobe den gleichnamigen Nationalpark auf botsuanischer Seite, der berühmt ist für seine großen Elefantenherden. Fast immer sind am Fluss deshalb badende Dickhäuter zu sehen.

Flusspferde gehören zu den Tieren des Caprivi, deren Gefährlichkeit meist unterschätzt wird.

Großes Bild: Abendstimmung am Chobe. Für die Menschen an seinen Ufern ist der große Fluss ein wichtiger Fischlieferant. Von den schmalen Einbäumen, die hier Mokoro heißen, werfen die Fischer ihre Netze aus. Wegen der im Chobe lebenden Flusspferde und Krokodile ist die Arbeit nicht ungefährlich. Die meisten Wildopfer in Namibia gehen auf das Konto dieser beiden Tierarten. Trotzdem werden Flusssafaris organisiert.

Caprivi-Zipfel: Paradies der Vögel

Etwa zwei Drittel aller in Namibia vorkommenden Vögel sind im wasser- und vegetationsreichen Caprivi Strip beheimatet. Vogelbeobachter finden in der vielfältigen Landschaft mit ihren Flussauen, Mopanewäldern, Papyrusgrassümpfen und Baumsavannen eine Vielzahl an Habitaten. Neben den allgegenwärtigen Tokos, deren gellender Ruf die Lodgegäste am frühen Morgen aus den Federn reißt, schätzen auch der unscheinbare Papyrusrohrsänger und der grellbunte Sumpfwürger diesen Lebensraum. Interessant ist die Begegnung mit einem Afrikanischen Grillkuckuck. Bei dieser Art tragen die Weibchen das bunte Federkleid, sie verteidigen das Revier und sind die lauteren Sänger. Auffällig gezeichnet sind die Rubinkehlpieper, auch sie eine endemische Vogelart im südlichen Afrika, die im hohen Gras nistet. Im Wasser gehen Glanzenten, Bronze-

sultanshühner mit blau-grünem Gefieder und Blaustirn-Blatthühnchen auf Futtersuche. Die beste Zeit für die Vogelbeobachtung sind der frühe Morgen und Abend. Wasservögel sind häufig auch noch in den späteren Vormittagsstunden an Flüssen und temporären Wasserlöchern zu finden. Bei den Game Drives der Caprivi-Lodges werden die Gäste von Rangern begleitet, die sich auskennen und die Exoten benennen können.

*** Etosha National Park

Gegründet wurde der Etosha National Park bereits 1907 von dem deutschen Gouverneur von Lindequist. Damals umfasste der Park nahezu den gesamten Nordwesten Namibias und war 90 000 Quadratkilometer groß. 1947 wurde das Kaokoveld als Homeland für Himba und Herero aus dem Naturschutzgebiet ausgegliedert, 1962 wurde der Park ein weiteres Mal verkleinert, um Farmland zu schaffen. Die eigentlichen Bewohner der Etoshapfanne und ihrer Umgebung waren San – Buschmänner vom Volk der Haikom. Ihnen wurde mit der Parkgründung die Ausübung der Jagd und das Nomadisieren in der Region untersagt, als Alternative blieb ihnen nur die Abwanderung ins weiter östlich gelegene »Buschmannland« oder die Arbeit auf den

Große Zebraherden sind häufig in der Nähe von Wasserlöchern auszumachen.

umliegenden Farmen. Rund 22 000 Quadratkilometer Fläche umfasst das eingezäunte Naturschutzgebiet heute. Es gibt drei Zugangstore, neben dem Von Lindequist Gate im Osten sind dies das King Nehale Gate im Norden und das Andersson Gate im Südwesten. Im Park beträgt die zulässige

Höchstgeschwindigkeit 60 Stundenkilometer. Die Pisten können fast alle auch mit dem eigenen Pkw befahren werden, das Verlassen des Fahrzeugs außerhalb der eingezäunten Areale ist jedoch strengstens untersagt.

Etoshas Herzstück bildet eine rund 5000 Quadratkilometer

große Salz-Ton-Pfanne (Etosha Pan), in der je nach Jahreszeit mehr oder weniger Wasser steht. Die Pisten verlaufen am Südrand der Pfanne und führen zu eigens angelegten Wasserstellen, zum Etosha Lookout oder zum »Märchenwald« westlich von Okaukuejo: Die dort stehenden kaum belaub-

Treffpunkt Wasserloch

Mehr als 30 natürliche und künstlich angelegte Wasserstellen locken rund um die Etosha-Pfanne das Wild zur Tränke. Die natürlichen Wasserlöcher werden von artesischen Quellen gespeist; an den Tränken wird das Wasser nach Bedarf an die Oberfläche gepumpt. Entsprechend den Jahreszeiten, bevorzugen einzelne Wildgruppen bestimmte Wasserstellen: Olifantsbad gilt als Treffpunkt der Elefanten. Am beleuchteten Wasserloch des Rastlagers Okaukuejo können Besucher nachts Nashörner sehen. An der Gemsbokvlakte zwischen Okaukuejo und Halali versammeln sich große Herden Antilopen; zu ihnen gesellen sich Gnus, Zebras, Elefanten und Löwen. Diese werden auch bei der reizvoll gelegenen, von Mopane umgebenen Wasserstelle Kalkheuvel gesichtet, und selbst Leoparden kommen zum Trinken.

ten Moringa-Bäume sehen aus wie urzeitliche Riesen. Die Vegetation des Parks ist fast durchweg sehr licht, salzresistente Pflanzen und Büsche umgeben die völlig vegetationslose Salzpfanne. Nach Osten zu wachsen auch Palmen und Mopanebäume, in deren Blattwerk gern Giraffen äsen, nach Westen zu breiten sich Grassavannen aus. Das Wild durchwandert das Parkgelände in Abhängigkeit von den gefallenen Niederschlägen und dem jeweiligen Graswuchs. In der Trockenzeit halten sich die Herden bevorzugt im Süden an den künstlichen Wasserstellen auf, in der Regenzeit ziehen sie gen Norden und Westen und sind weniger zu beobachten.
Zu den in Etosha heimischen Großwildtieren gehören vier der »Big Five«: Elefant, Nashorn, Leopard und Löwe. Büffeln ist das Habitat zu trocken. Man zählt rund 1500 Elefanten und ist besonders stolz auf die 300 Spitzmaulnashörner, die hier besser vor Wilderern geschützt sind als in den Reservaten Ostafrikas. Neben rund 2000 Oryxantilopen äsen hier über 30 000 Springböcke; große Zebra- und Gnuherden, Kudus, Elenantilopen und Giraffen ziehen durch das Grasland. Straußenvögel, Sekretäre, Riesentrappen und Marabus staken durch die Savanne, und auf den Wasserflächen der Pan gründeln Flamingos und Pelikane. Die Zahl der rund 500 Löwen ist eigentlich zu hoch für den Park, sodass diese andere Raubtiere wie Geparde und Leoparden verdrängen. Dennoch wird man mit etwas Glück zumindest Geparde zu sehen bekommen.
Es ist empfehlenswert, zumindest einen ganzen Tag im Park zu verbringen. Die Wasserstellen sind gut markiert, die Karten des Nationalparks erleichtern die Orientierung. Wichtig ist Geduld; an vielen Wasserstellen lohnt es sich durchaus, länger zu warten: So sieht man Löwen dank ihrer guten Tarnung erst, wenn sich das Auge an die graubraune Umgebung gewöhnt hat. Als sicherer Platz für Elefantensichtungen gilt die Wasserstelle Olifantsbad. Löwen halten sich häufig unter den Akazien von Ombika und bei Okondeka auf.

*** Etoshapfanne Die Etoshapfanne ist Teil der Kalahari; die das namibische Hochland wie ein Halbmond von Osten und Norden einrahmt. Die ersten Jäger, die, von Südafrika kommend, Mitte des 19. Jahrhunderts Etosha erreichten, waren von dem Wildreichtum an dieser trockenen, von einer weiß schimmernden Salzkruste überzogenen Senke überrascht. Für die Ovambo, die nördlich der Pfanne siedelten, war der Ort ein wichtiger Salzlieferant, denn mit Salz wurde gehandelt. Früher scheinen auch die Haikom, eine Untergruppe der Buschmänner genannten San, als Jäger und Sammler in der Region gelebt zu haben. Sie erzählen eine Legende von der Entstehung der Pfanne: Etosha war Schauplatz einer grausamen Schlacht, bei der nur die Frauen überlebten. Die Tränen über den Verlust ihrer Kinder füllten einen See, und als dieser austrocknete, blieb die Salzpfanne zurück – heute ein Segen für Tiere.

Linke Seite oben: Mittelpunkt des Etosha-Nationalparks ist eine Salz-Ton-Pfanne. Oben: Etoshas salzhaltiger Schlamm verwandelt die Dickhäuter in gespenstisch aussehende weiße Elefanten, die dank dieser Schutzhülle perfekt mit der Umgebung verschmelzen.

Die Etoshapfanne ist der
Überrest eines Sees, der
austrocknete und dessen
Lehmboden mit einer weißen
Salzschicht überzogen ist.

Dem Wild, das im Umfeld dieser Pfanne lebt, bieten die Salzschicht und das an den Pfannenrändern wachsende Gras und Buschwerk wertvolle Mineralien zur Stärkung seiner Widerstandskräfte.

Angesichts der vegetationsarmen Landschaft des Etosha-Nationalparks mit seinen Zwergbusch-, Gras- und Mopanesavannen überrascht der große Artenreichtum des Tierschutzgebiets. Mit rund 22 000 Quadratkilometern Größe nimmt es nur ein Viertel der Fläche ein, die von der deutschen Kolonialadministration 1907 zum Wildreservat erklärt wurde. Darin leben etwa 1500 Elefanten, deren Bestände durch kontrollierten Abschuss konstant gehalten werden, zudem etwa 300 Spitzmaulnashörner, 2000 Oryxantilopen und 300 Löwen, außerdem fast alle anderen Großwildarten, abgesehen von Krokodil, Flusspferd und Büffel. Ein Netz von Pisten führt am Südrand der Etoshapfanne entlang und steuert Wasserstellen an, an denen sich das Wild zum Trinken versammelt und besonders nachts gut zu beobachten ist. Während der Regenzeit zer-

streuen sich die Herden über ein großes Areal, weil überall ausreichend Wasser und Nahrung zur Verfügung stehen. In der Trockenzeit sammeln sie sich an den Wasserstellen am Südrand der Pfanne, weil sie durch einen 1700 Kilometer langen Zaun am Zug Richtung Norden zum Kunene gehindert werden. 114 Säugetier-, 340 Vogel-, 110 Reptilien- und 16 Amphibienarten hat man an den Wasserstellen gezählt.

Namibia

* Rund um Tsumeb

Unter Mineraliensammlern ist die Fundortangabe »Tsumeb« ein Qualitätsmerkmal. Das Otavi-Bergland rund um die nordostnamibische »Stadt am Kupferdreieck« gilt als eine der spannendsten Mineralienfundstätten weltweit. Über 270 verschiedene Mineralien wurden hier bereits identifiziert. Eine weitere Besonderheit hier sind die beiden Seen Otjikoko und der nur wenige Kilometer entfernte Guinas. Sie sind zwar klein und haben nur einen Durchmesser von 100 und 40 Metern, für die Farmer aber sind die unerschöpflichen Reservoirs ein Gottesgeschenk. Das Wasser des Lake Otjikoko wurde per Dampfmaschine sogar in die nahen Minen von Tsumeb gepumpt. Zu einem ganz anderen Zweck nutzten ihn die abziehenden Soldaten der deutschen Schutztruppe: 1915 versenkten sie nach der Kapitulation ihre schweren Waffen darin.

* Grootfontein

Das hübsche Städtchen zu Füßen einer zinnenbewehrten Kolonialfestung (heute ein Museum) bildet den östlichen Eckpunkt einer Region, die durch intensiven Bergbau und weite Maisfelder gekennzeichnet ist. Die Gesteinsschichten sind zwar reich an Bodenschätzen; dennoch ist der Kupferabbau hier nicht mehr rentabel. Dagegen ermöglicht das im karstigen Untergrund gespeicherte Wasser einen ertragreichen Ackerbau.

** Waterberg National Park

Die Silhouette des massigen Tafelbergs östlich von Otjiwarongo ist schon von Weitem zu erkennen. Wie ein Tisch erhebt sich das Waterberg-Plateau auf einer Länge von knapp 50 Kilometern 200 Meter hoch über die Ebene. Im Gegensatz

Der Waterberg-Nationalpark rund um den Tafelberg wurde 1972 gegründet.

zum westlich gelegenen Erongo-Gebirge besteht der Waterberg aus Sandsteinschichten, in denen Regenwasser versickert und an den Rändern des Plateaus in Quellen austritt. Dieser Tatsache verdankt der Berg seine Fruchtbarkeit. Als Oase in der Halbwüstenlandschaft der Omaheke war der Waterberg begehrtes Farmland; heute steht er unter Naturschutz. 1904 fand hier die verheerende Schlacht am Waterberg zwischen der deutschen Schutztruppe und den Herero statt, die mit Frauen und Kindern in die Omaheke flohen, wo viele verdursteten. Bis heute ist umstritten, wie viele Zehntausende Opfer

Ugab-Rivier

Auf seinem rund 450 Kilometer langen Lauf vom nordnamibischen Hochland bis zur Mündung in den Atlantik liegt der Ugab wie die meisten anderen namibischen Flüsse trocken. Wasser führt er nur für wenige Tage nach Regenfällen im Quellgebiet. Dieses Wasser fließt zunächst mit reißender Wucht, versickert aber nach wenigen Tagen im Flussbett, wird dort gespeichert und von Pflanzen, Tieren und Menschen genutzt. Wie eine unendlich lang gezogene, von Galeriewäldern gesäumte Oase durchquert der Ugab die semiariden und ariden Landschaften des nördlichen Namibia. Diesem mal mehr, mal weniger grünen Band folgt das Wild auf seinen Wanderungen, weil es hier zuverlässig Wasser findet. So kommen Löwen auf ihren Streifzügen durchs Ugab-Tal gelegentlich bis an den Atlantik.

Den Strömungsverhältnissen ist es zu danken, dass die Erosion den Vingerklip stehen ließ.

diert wurden. Wann genau dies geschah, ist für die Wissenschaft von besonderem Interesse, denn wahrscheinlich war dies die letzte Feuchtphase vor Beginn der Wüstenbildung in Namibia. Dem Betrachter mag dies als graue Theorie erscheinen. Wenn die auf- oder untergehende Sonne die Felsen entflammt, verwandelte sich spröde Geologie in einen magischen Skulpturengarten.

Kampf und Flucht unter den Herero gekostet haben.

*** Ugab Valley
Tafelberge und der markante Felsfinger der Vingerklip säumen das Tal des Ugab. Im nördlichen Damaraland hat das Ugab-Rivier eine Landschaft ins Gestein gegraben, die an das Monument Valley in den USA erinnert. Geologen sind sich darin einig, dass diese Formationen auf Ablagerungen von Sedimentgestein zurückgehen, die vor etwa 30 Millionen Jahren im Tertiär das Flussbett auffüllten und in einer darauffolgenden, feuchteren Periode durch das Wasser zu ihrer heutigen Gestalt erodiert wurden.

Oben: Immer wieder faszinierend ist die Weite der namibischen Landschaften, über denen der Himmel ganz tief zu hängen scheint. Dass hier im Ugab Valley ein Fluss Sedimente vor sich herschob, ist angesichts des ariden Klimas kaum vorstellbar.

Namibia

** Petrified Forest

Der Urkontinent Gondwana war im Gebiet des heutigen Nordwestnamibia vor rund 300 Millionen Jahren von dichten Nadelwäldern bedeckt – davon zeugen die versteinerten Baumstämme des Petrified Forest westlich von Khorixas. Reißende Flüsse müssen die bis zu 30 Meter hohen Stämme an ihren heutigen Standort geschwemmt haben, wo sie, von Schlamm und Sand luftdicht eingeschlossen, versteinerten. Schließlich trug die Erosion die darüberliegenden Gesteinsschichten ab und legte die Bäume frei. Im Park findet man aber nicht nur fossiles

Die Struktur der Rinde und die Jahresringe hat die Versteinerung auf den Stämmen erhalten.

Damaraland

Das überwiegend von dem Volk der Damara bewohnte Land ist sehr spärlich besiedelt, karg und ausgedörrt. In der grandiosen Landschaft mit bizarren Bergformationen und Hügelketten trifft man nur selten auf Menschen; an den Trockenflüssen halten sich vereinzelt Wüstenelefanten, Spitzmaulnashörner und Bergzebras auf. Die Region ist bekannt für ihre gigantischen Inselberge, die vor Millionen von Jahren durch enorme vulkanische Aktivität geformt wurden und aus der Ferne wie massive Festungen wirken. Unter ihnen ist der Brandberg, Namibias höchster Berg, mit der mittlerweile fast verschwundenen Felszeichnung »Weiße Dame« wohl am berühmtesten. Bei Twyfelfontein hat man die Gelegenheit, Afrikas größte Freiluft-Kunstgalerie mit Felsgravuren aus der Zeit um 3300 v. Chr. zu besichtigen.

Holz, der Boden gibt auch immer wieder die versteinerten Skelette von urzeitlichen Lebewesen wie Dinosauriern frei. Daneben gibt es hier noch unzählige Felsmalereien und die Überreste früherer Besiedlung wie Ruinen oder Tonscherben. Solche Feinheiten findet man aber am ehesten bei einer geführten Tour.

* Organ Pipes

Die geologischen Formationen in der Region Khorixas sind ein Lehrbuch erdgeschichtlicher Prozesse: Die Basaltsäulen, die »Orgelpfeifen« genannt werden, entstanden vor 130 Millionen Jahren, als flüssiges Magma in Gesteinsräume eindrang und dort erkaltete. Dabei bildete es Vielecke, die nun, nachdem das umgebende, weichere Gestein erodiert ist, streng geometrisch aufgebaut und ausgerichtet den Eindruck erwecken, von Menschenhand geschaffen worden zu sein. Auch wenn die Felsformation sich über eine überschaubare Fläche erstreckt, lohnt sich ein Ausflug zur Besichtigung, um einen faszinierenden Blick in die Geschichte der Erde werfen zu können. Insgesamt ergibt sich eine symmetrische Anordnung, wie ein Steinbruch mit regelmäßigen Abstufungen, obwohl die einzelnen Steine in der Größe variieren; einige sind bis zu fünf Meter lang.

* Huab-Rivier

Wie der weiter südlich verlaufende Ugab entwässert der Huab das nördliche Hochland und mündet nach einem rund 300 Kilometer langen Lauf im Atlantik. Dass in seinem Flussbett ein- bis zweimal im Jahr tatsächlich Wasser fließt, der Huab also »abkommt«, wie die Namibier sagen, beweist die erstaunlich üppige Vegetation an seinen Ufern. In der von bizarr erodierten Felsskulpturen geprägten Landschaft des nördlichen Damaralands ist die relative Fruchtbarkeit entlang des Huab-Riviers ein Segen für Mensch und Natur. Wo im Hochland die Niederschläge für die Viehwirtschaft ausreichen, liegen zahlreiche kommerzielle Farmen in seinem Einzugsgebiet. Die Region weiter westlich, die für die Landwirtschaft ungeeignet ist, wurde unter südafrikanischer Verwaltung zum Homeland der Damara deklariert und ist heute kommunales Land mit kleinen Siedlungen.

Linke Seite oben: Geologen nennen das Tal der Orgelpfeifen ganz prosaisch einen Dolerit-Lagergang. Oben: Huab-Rivier.

Namibia

*** Twyfelfontein

Rund 2000 Darstellungen von Menschen und Tieren schmücken die Felswände rund um die »Zweifelhafte Quelle«: Twyfelfontein. Ob der Farmer David Levine die Bedeutung dieser Stätte erkannte, als er sich etwas skeptisch ob des mageren Rinnsals, das ihn und sein Vieh mit Wasser versorgen sollte, 1946 hier niederließ, ist nicht überliefert. Bereits sechs Jahre später wurde die Felsbildgalerie zum Nationaldenkmal erklärt. Mit der Aufnahme ins UNESCO-Weltkulturerbe erklomm Twyfelfontein im Jahr 2007 den Gipfel internationaler Anerkennung. Dem darauf-

hin über die Welterbestätte hereinbrechenden Besucherstrom begegnete Namibia mit Schutzmaßnahmen für die kostbaren Felsbilder: Die bis dahin frei zugänglichen Wanderwege durch das Felsenrund wurden gesperrt, besonders kostbare Bilder durch Barrieren geschützt und Aussichtsplattformen errichtet.

* Burnt Mountain

Zum »Verbrannten Berg« ist es von Twyfelfontein nur ein Abstecher von ungefähr zehn Kilometern. Vor über 80 Millionen Jahren floss hier ein Lavastrom den Vulkanberg hinab. 1000 Grad heißes Magma

drückte sich aus dem Erdinnern eruptiv hervor und erkaltete schließlich. Eine Kontaktmetamorphose nennen Geologen die Prozesse, die eine solche Gesteinsbildung an dem Burnt Mountain hervorgebracht haben. Als ein Wunder empfinden es alle Besucher, die erleben, wenn der Berg entflammt, wenn ihn also die schräg stehende Sonne morgens oder abends so trifft, dass seine tagsüber tiefschwarz erscheinende äußere Hülle plötzlich in schillernden Violett- und Rottönen leuchtet. Was zu anderen Tageszeiten wie eine unscheinbare Bergerhebung von 200 Metern erscheint, erglüht

plötzlich zu einem Kunstwerk der Natur.

* Uniab Valley

Ein in fünf Arme verästeltes Delta bezeichnet die Mündung des Uniab-Rivers in den Ozean. Wenn der am Grootberg entspringende, ephemere Fluss Wasser führt, hat er aber meist nur die Kraft, einen dieser Arme zu füllen. Doch das so geschaffene kleine Feuchtgebiet der Uniab-Mündung bleibt das ganze Jahr über bestehen und lockt gefiederte Besucher wie Regenpfeifer, Steinwälzer und Strandläufer an. Ein regelmäßiger Gast an der Uniab-Mündung ist die Schabrackenhyä-

Rückkehr des Spitzmaulnashorns

Anfang der 1980er-Jahre schienen Nashörner in Namibia endgültig ausgerottet: Im Kaoko- und Damaraland zählten die Naturschutzbehörden knapp 50 überlebende Rhinos. In ganz Afrika waren 90 Prozent des Nashornbestands der Gier nach dem Horn zum Opfer gefallen. Doch mit der Gründung des »Save the Rhino Trust« 1982 wendete sich das Blatt. Patrouillen erschwerten Wilderern ihr blutiges Handwerk. In einer drastischen Maßnahme wurden Nashörner sogar betäubt und enthornt, um Wilderern den Anreiz zu nehmen. Der wichtigste Schritt aber war, dass die lokale Bevölkerung begriff, welchen Wert ein lebendes Nashorn hatte – es zog zahlende Touristen an. Die Population erholte sich und ist heute mit 1500 Tieren stabil.

ne, die sich gerne über unvorsichtige Robbenjungen hermacht und auf Afrikaans »Strandwolf« genannt wird. Wie die anderen Trockenflüsse Nordwestnamibias bildet auch der Uniab einen wichtigen Ost-West-Korridor für die saisonalen Wanderungen von Wildtieren wie Oryxantilopen, Springböcken und Schakalen. Seltener werden an seinen Ufern auch Löwen oder Wüstenelefanten gesichtet.

Linke Seite oben: Felsritzungen von Twyfelfontein. Oben: Abgestorbene Akazien vor dem Burnt Mountain.

Kleiner Canyon, den der Uniab kurz vor dem Atlantik in den roséfarbenen Sandstein gegraben hat

Namibia

** Hoanib-Rivier

Der 270 Kilometer lange Hoanib-Trockenfluss markiert die Grenze zwischen den Regionen Damaraland und Kaokoveld, die heute in der Verwaltungsregion Kunene zusammengefasst sind. Von seinem Quellgebiet südöstlich der Etoshapfanne schlägt er einen südwärts gerichteten Bogen und mündet dann im Skeleton-Coast-Nationalpark. Wegen der unterirdischen Wasservorkommen gilt der Hoanib als eines der Trockenflusstäler Nordnamibias, in denen Elefanten, Löwen oder Giraffen leben können. Deshalb gehört er zu den am häufigsten befahrenen und besuchten Revieren des Landes. Für die Tiere haben die Pirschfahrten in lauten Geländefahrzeugen dramatische Folgen: Elefanten reagieren sehr nervös auf Störungen und ziehen sich immer weiter aus dem Flussbett zurück, und auch Hoanib-Löwen werden immer seltener gesichtet.

** Palmwag Concession

Im harschen Nordwesten Namibias steht der Name Palmwag als Synonym fürs Paradies. Im ariden Kommunalland der Damara stellt diese komfortable Lodge, deren Swimmingpools von Makalani-Palmen beschattet sind, eine wahre Luxusoase dar. Palmwag heißt auch das 300 000 Hektar große Konzessionsgebiet, dessen Eingangstor die Lodge bildet. Konzessionen werden vom Staat für einen bestimmten Zeitraum vergeben und erlauben es dem Pächter,

Mondlandschaft des Hoarusib-Riviers mit Galerievegetation

das Land in Übereinstimmung mit den Erfordernissen des Naturschutzes touristisch zu nutzen. So werden von der Palmwag Lodge aus Pirschfahrten und Trekkingtouren durch das Gebiet organisiert, dessen Artenreichtum überrascht: Auf Palmwag gibt es die größte frei lebende Population von Spitzmaulnashörnern in Afrika; Wüstenelefanten sind regelmäßig zu Gast, und auch Löwen lassen sich blicken.

Sukkulenten

Die meisten Pflanzen in den ariden Zonen Namibias sind Sukkulenten, das heißt, sie besitzen die Fähigkeit, Wasser entweder in ihren Blättern, im Stamm oder im Wurzelwerk zu speichern. Ihre bekanntesten Vertreter sind Aloen wie der Köcherbaum sowie Wolfsmilchgewächse, von denen einige Kakteen zum Verwechseln ähnlich sehen. Die kargen Felslandschaften in Namibias Süden bieten diesen genügsamen Pflanzen ein ideales Habitat. Alle Euphorbienarten besitzen einen milchigen Saft, der ätzend und giftig ist und sogar tödlich wirken kann. Die Region des Sukkulenten-Karoo im Südwesten Namibias, weltberühmt für seine Blütenpracht nach Regenfällen in August und September, gehört zu den Biodiversitäts-Hotspots der Erde und ist ein wahres Paradies für Botaniker.

Für die pferdegroßen Oryxantilopen ist das Gebiet der Palmwag-Konzession eine Oase.

* Hoarusib und Khumib

Hoarusib und Khumib nördlich und südlich von Moewe Bay sind zwei von zwölf Trockenflüssen, die das Landschaftsrelief der Kunene-Region von Nordost nach Südwest durchschneiden. Die Bildung der Trockenflussbetten führt weit zurück in die Entstehungsgeschichte der Kontinente: Als der Urkontinent Gondwana vor etwa 150 Millionen Jahren auseinanderbrach und die Erdteile Afrika und Südamerika entstanden, hatte dies gigantische vulkanische Aktivitäten zur Folge, die das Land mit einem Schild aus Lava bedeckten. Dies wurde in Jahrmillionen durch Erosion abgetragen. Mächtige Flüsse gruben sich ein und legten die uralten Gesteinsschichten frei. Deshalb findet man in den offen liegenden Schichten entlang der Trockenflüsse Gesteine aus der »Kinderstube« der Erde. Wenn die Riviere Wasser führen, überziehen sich ihre Ufer mit lichtem Grün.

Die über Jahrzehnte stabile Population von 57 im Hoanib (oben) wandernden Elefanten ist heute auf 24 Tiere geschrumpft. Auch die Hoanib-Löwen sind weniger geworden. Aber Vorsicht: Begegnungen mit den Dickhäutern sind nicht ungefährlich. Die Hoanib-Elefanten sind aggressiver als ihre Artgenossen in Etosha.

In den Trockengebieten im Nordwesten Namibias werden Wüstenelefanten regelmäßig bei ihren Wanderungen durch die Riviere gesichtet, die Damaraland und Kaokoveld von Ost nach West durchschneiden und im Atlantik münden. Diese Trockenflussbetten bieten den Tieren, die im übrigen Afrika in regenreicheren Regionen leben, mitten in der Namibwüste ein Minimum an Wasser. Wie viele andere Bewohner der Namib entziehen die Wüstenelefanten einen Teil der benötigten Flüssigkeit ihrer Nahrung, den Gräsern, Büschen und Blättern. Diese wiederum nehmen Wasser durch tief reichende Wurzeln aus unterirdischen Schichten oder aus der Feuchtigkeit der Morgennebel auf. Die Elefanten sind in der Lage, mit dem Rüssel im sandigen Flussbett nach Wasser zu graben, und sie können im Notfall sogar mehrere Tage ohne Trinken auskom-

men. Die harten Lebensbedingungen sind auch am Körperbau sichtbar: Die Elefanten haben längere Beine und eine größere Fußauflagefläche, dank der sie nicht so leicht im weichen Sand der Riviere versinken. Auch sind sie kleiner und leichter als ihrer Artgenossen, die vom Überfluss profitieren. In Afrika gibt es nur eine weitere Gruppe von wüstenangepassten Elefanten: Sie lebt in Westafrika, im Norden Malis.

Namibia

** Brandberg Mountain

Mit dem 2574 Meter hohen Königstein besitzt das Brandbergmassiv im Damaraland den höchsten Gipfel Namibias. An der Entstehung der Gebirgsformation vor rund 180 Millionen Jahren waren vulkanische Kräfte beteiligt. Das die Ebene um rund 2000 Meter überragende Gebirge bildet eine klimatische Nische in der Halbwüste Zentralnamibias: Vom Atlantik heranziehende Wolken regnen hier ab und schaffen die Voraussetzungen für das Überleben von Pflanzen, Tieren und Menschen. Diese haben hier schon vor mehreren Tausend Jahren gelebt und gejagt. Ihre Felsbilder dokumentieren den Wildreichtum jener Zeit und Rituale, die zur Jagd ausgeführt wur-

Den Namen Brandberg verdankt das Massiv seinem rötlichen Granitgestein.

den. Das Gebirgsmassiv wurde auch von später zugewanderten Volksgruppen als mystischer Ort angesehen. Die Herero nennen ihn »Berg der Götter«, die Damara »Verbrannter Berg«.

** Spitzkoppe

Ihrem charakteristischen pyramidenförmigen Gipfel verdankt die Spitzkoppe den Beinamen »Namibias Matterhorn«. Der 1728 Meter hohe Berg über-

ragt die Namibwüste um etwa 800 Meter und wirkt ungemein schroff. Entstanden ist er durch vulkanische Ringintrusion, bei der Magma in andere Gesteinsschichten eindrang und nach

Steinzeitkünstler vom Brandberg

Bis zu 200 000 Felsbilder werden im Brandbergmassiv vermutet. Die Aufnahme der Felsgravuren und -malereien ist noch lange nicht abgeschlossen, wenngleich ein knappes Jahrhundert seit der Entdeckung der »White Lady« 1918 durch den Landvermesser Reinhard Maack vergangen ist. Die rätselhafte »Weiße Dame« regte zu verschiedensten Interpretationen an. Einig waren sie sich darin: Eine so qualitätsvolle Malerei kann unmöglich von den indigenen Völkern geschaffen worden sein. Heute deuten die Forscher die Gestalt mit dem auffällig-weißen Unterkörper als Darstellung eines Schamanen. Wer die Motive, bei denen es sich vorrangig um Wild handelt, auf den Felswänden verewigt hat, ist unbekannt. Wahrscheinlich waren es nomadisierende Jäger.

Eiförmig erodierte Granitfelsen der Erongo-Berge.

dem Erkalten durch die Kräfte der Erosion wieder freigelegt wurde. Für Kletterer sind die Spitzkoppe und ihr rund 200 Meter niedrigerer Nachbargipfel Kleine Spitzkoppe eine Herausforderung, denn die Granitoberfläche schuppt durch die extremen Temperaturunterschiede zwischen Tag und Nacht ab, was einen festen Halt erschwert. Auch dieser Inselberg diente den San als Standort für die Jagd, woran einige nur noch schwach erkennbare Felsbilder in einer Kuhle namens Bushman's Paradise erinnern.

*** Erongo Mountains

Wie Spitzkoppe und Brandberg ist auch das Erongogebirge vulkanischen Ursprungs. Im Luftbild sind die Kraterränder noch deutlich zu erkennen. Dramatisch erhebt sich der Inselberg über die ebene Landschaft des südlichen Damaralands zwischen Usakos und Omaruru. Auch von diesem günstig gelegenen Ausguck aus haben urzeitliche Jäger das Wild in der Ebene beobachtet und es in Felsbildern verewigt. Berühmt sind aber nicht nur Felsbilder wie der »Weiße Elefant«; im Erongo betätigten sich auch die Kräfte der Erosion als Künstler und formten den rötlich gelben Granit zu bizarren Skulpturen. Anders als Brandberg und Spitzkoppe, die zur Zeit der Apartheid geografisch zu Homelands der alteingesessenen Bevölkerung gehörten, befand sich das Erongogebiet im Privatbesitz der Weißen und ist heute noch in Farmen unterteilt.

Oben: Erosionsformen aus dem Lehrbuch der Geologie: An der Spitzkoppe haben Hitze, Kälte, Wind und Wasser die Wollsackgranite und Felsenbögen geformt. Beim Wandern lassen sich immer neue Skulpturen entdecken.

Für die Jäger der San war das Massiv ein idealer Ort: Von seinen Anhöhen aus überblickten sie die umliegenden Ebenen und konnten die Wanderungen des Wildes verfolgen.

Beim Wandern durch das Felslabyrinth der Spitzkoppe begegnet man Formen der Natur, die die Fantasie beflügeln.

Namibia

* Erindi Game Reserve

Gert Joubert, Miteigentümer des 7000 Hektar großen Erindi Game Reserve östlich von Omaruru, war noch vor wenigen Jahren leidenschaftlicher Jäger, und seine Wildfarm war ausschließlich Waidmännern vorbehalten. Um seinen Kunden ein möglichst breites Trophäenspektrum zu bieten, hatte Joubert auf Erindi sogar Löwen, Krokodile und Flusspferde angesiedelt. Was den Saulus zum Paulus bekehrte, ist nicht verbrieft – im Jahr 2007 wandelte er Erindi in ein privates Naturschutzgebiet um, ließ eine Luxuslodge errichten und setzte fortan auf die Jagd mit der Kamera. Besonderen Wert legt Joubert darauf, dass sich die artenreiche Tierwelt in seinem Reservat im natürlichen Gleichgewicht entwickeln kann, vor allem die Leoparden. Und auch die durch jahrzehntelangen Raubbau ihres ursprünglichen Pflanzenkleids beraubte Flora soll wieder grünen und erblühen.

** Mount Etjo

Auf dem Gelände der Mount Etjo Safari Lodge wurde 1989 Geschichte geschrieben. Hier erarbeiteten Vertreter der UN die Bedingungen für die Unabhängigkeit Namibias. Zudem ist der markante Tafelberg Etjo Namensgeber für eine Gesteinsschicht aus Namibias uralter geologischer Vergangenheit, den Etjo-Sandstein. Die Farm am Fuß des rund 2100 Meter hohen Berges ist seit vielen Jahren als privates Wildreservat mit großer Artenvielfalt berühmt. Auf dem über 30 000 Hektar großen Gelände wurden Elefanten, Löwen, Giraffen, Breit- und Spitzmaulnashörner, Pferde- und Rappenantilopen und viele andere Wildarten angesiedelt, die durch die Farmwirtschaft verdrängt worden waren. Stolz ist man auf Mount Etjo auf das Zucht- und Auswil-

derungsprogramm für Spitzmaulnashörner, das in Zusammenarbeit mit der namibischen Regierung durchgeführt wird.

* Otjihaenamaparero

Im Weiler Kalkfeld folgt man der Piste D 2414 und der davon abgehenden Farmstraße bis zu der etwa 30 Kilometer entfernten Otjihaenamaparero Farm. Zu Fuß ist es dann nur noch ein kurzer Weg durch Buschland zu einer schräg liegenden Steinplatte, auf der man die dreizehigen Klauenabdrücke von mehreren Dinosauriern deutlich erkennen kann. Die längste Spur lässt sich über mehr als 28 Meter verfolgen. Entstanden sind sie in der Jurazeit vor etwa 150 Millionen Jahren.

* Omaruru

Auch dieses Städtchen überrascht nach einer langen Fahrt durch die trockene Savanne mit dichtem Grün, denn hier sorgt ein Rivier für ausreichend Feuchtigkeit. Der Ort war ein traditioneller Weideplatz der Herero. 1872 ließen sich hier Abgesandte der Rheinischen Mission nieder und gründeten eine kleine Siedlung, die während der Aufstände 1904 von Herero-Kriegern eingeschlossen und belagert wurde. Der aus dem rund 600 Kilometer entfernten Gibeon in Gewaltmärschen herbeigeeilte Hauptmann Franke konnte Omaruru zurückerobern. 1907 wurde der Franke-Turm südlich des Trockenflusses als Signalturm errichtet, um bei einem neuerlichen Aufstand schneller Hilfe holen zu können.

Bei Beobachtungsfahrten am Mount Etjo erleben Gäste die faszinierende Tierwelt in der weiten, mit hohem Gras bestandenen Savannenlandschaft aus nächster Nähe, wie Buntböcke (großes Bild) und Zebras.

Dinosaurierabdruck bei Otjihaenamaparero

Herero

Um das 16. Jahrhundert wanderten Rinder züchtende Völker aus dem heutigen Angola in Namibia ein. Ein Teil der Nomaden blieb im Nordwesten, wo ihre Nachfahren, die Himba, bis heute ein sehr traditionelles Leben führen. Die Herero dagegen besiedelten Zentralnamibia und lieferten sich erbitterte Kriege mit den Nama. Ab Mitte des 19. Jahrhunderts kamen die Herero, die sich in drei Gruppen (Zeraoua, Maharero, Mbanderu) unterteilen, mit christlichen Missionaren in Kontakt. Die viktorianische Kleidung der Missionarsfrauen wurde Vorbild für die Matronentracht der Herero-Frauen, die Uniformen der Kolonialtruppen standen Pate bei der Kleidung der Männer. Unter Häuptling Maharero erhoben sich die Herero 1904 gegen die deutsche Kolonialmacht – nur knapp 30 000 Herero überlebten.

Erindi besitzt eine größere Population von Nashörnern, gibt ihre genaue Zahl aber nicht bekannt, um Wilderer abzulenken.

Namibia

*** Skeleton Coast National Park

Eine der lebensfeindlichsten Landschaften Namibias ist zugleich eine ihrer faszinierendsten: An der Skelettküste, so benannt nach den vielen hier gestrandeten Schiffen, deren Besatzungen an diesem Küstenstreifen ums Leben kamen, bildet die Namibwüste einen Sperrriegel zum Hochland, den zu überwinden früher kaum jemandem gelang. Entlang der 500 Kilometer langen Küste reichen die Dünen der Namib bis an den Atlantik; Süßwasser gibt es nur, wenn die ins Meer mündenden Trockenflüsse kurzzeitig Wasser führen. Hier bildete sich ein Ökosystem heraus, das den extremen Bedingungen optimal angepasst ist. Zu dessen herausragendsten Vertretern zäh-

len insbesondere Flechten, eine Symbiose aus Alge und Pilz, die den erosionsanfälligen Wüstenboden stabilisieren. Wie die endemischen Welwitschien entziehen sie die benötigte Feuchtigkeit dem Küstennebel.

*** Cape Cross

Ob der Portugiese Diego Cão enttäuscht war, als er nach seiner Entdeckungsfahrt entlang der westafrikanischen Küste 1486 beim Kreuzkap an Land ging? Was er und seine Männer sahen, war eine düstere, unwirtliche Küste, die in karges Wüstenland überging. Der Kapitän tat seine Pflicht, nahm das Land für die portugiesische Krone in Besitz und ließ ein Symbol der neuen Herrschaft über Felsbrocken und Wüstensand, ein »padraõ«, aufstellen. Dass die-

Dünen bis ans Meer: Namibias Skelettküste

ses Kreuz heute Ziel vieler Besucher ist, ist jedoch den Pelzrobben zu danken, die hier in einer Kolonie von bis zu 150 000 Tieren die Küstenfelsen bevölkern. Der Anblick der dösenden, spie-

lenden und pfeilschnell durchs Wasser jagenden Tiere ist einfach atemberaubend, der Gestank der Kolonie allerdings auch. Über 20 solcher Robbentreffpunkte gibt es an der Küste

Salzgewinnung

Können industrielle Salzgewinnung und Naturschutz nebeneinander bestehen? Die Salt Works an der Lagune von Walvis Bay beweisen, dass es funktioniert.

Als sie 1964 ihre Produktion aufnahmen, war von Naturschutz noch keine Rede. Obwohl die Küstenregion um das Mündungsdelta des Kuiseb Riviers zu den bedeutendsten Feuchtgebieten des südlichen Afrika zählt und hier jedes Jahr 100 000 Zugvögel Station machen, wurde ein 3500 Hektar großes Areal für die Salzgewinnung abgetrennt. Meerwasser wird in Becken geleitet, wo es verdunstet. Zurück bleibt eine kristalline Schicht, die dann abgetragen, gewaschen und getrocknet wird. Erstaunlicherweise hat der Eingriff der Salzwerke dem Ökosystem nicht geschadet. Die Zahl der hier rastenden Vögel, vor allem der Rosaflamingos, hat sich sogar erhöht!

Die gebleichten Knochen verendeter Wale im Kies illustrieren den Namen Skelettküste.

Brackwasser bieten im Sommer bis zu 150 000 Zugvögeln Rast und Futter; in den Wintermonaten halten sich durchschnittlich 50 000 Watvögel und Rosaflamingos in der Region auf. Erst 1991 proklamierte die Administration die damals noch südafrikanische Enklave zum Walvis Bay Nature Reserve, doch bereits 1994, mit der Übergabe in namibische Hände, wurde der Status aufgehoben. Seit dem Jahr 2010 ist das ehemalige Naturschutzgebiet Teil des neu geschaffenen Dorob-Nationalparks.

Südwestafrikas – Cape Cross ist dabei der größte davon.

** Dorob National Park

Die Küste um Walvis Bay ist geprägt von Lagunen, Salzpfannen und Sandzungen, deren Formen ständigen Veränderungen unterworfen sind. Die Strömungen des Atlantiks und durch den Kuiseb angeschwemmtes Geröll sind die gestalterischen Kräfte in dem 12 000 Hektar großen Areal, das seit 1995 zu den durch die Ramsar-Konvention geschützten Feuchtgebieten zählt. Die nährstoff- und fischreichen

Pelzrobben, so weit das Auge reicht: Am Cape Cross liegt die größte Kolonie dieser Tiere in Afrika (beide Bilder oben).

Überall dort, wo von Westen nahe an die Küste reichende Granitstöcke den Wind brechen, lagert sich der Sand zu großen Dünen ab.

Wie mit dem Rechen gezogen staffeln sich die Dünen der Namib hintereinander bis ans Meer.

»Gestrandet«

Das Zugangstor zum Skelettküsten-Nationalpark signalisiert mit den beiden überdimensionalen Totenköpfen: Wer hier hindurchfährt, kommt möglicherweise nicht lebend zurück. Zahllose Skelette sollen entlang des schmalen Küstenstreifens zwischen Ugab- und Kunenemündung im Sand der Namib-Wüste bleichen. Opfer von Hunger und Durst, von Hyänen oder sagenhaften Wüstenlöwen, Ertrunkene, Gestrandete. Um die oft von Nebelschwaden verdüsterte Skeleton Coast kreisen viele namibische Mythen. Tatsächlich ist dieser Teil der afrikanischen Küste gefürchtet: Zu den unberechenbaren Strömungsverhältnissen gesellt sich häufig Nebel, der die Sicht behindert. Fischerbooten, Küstenschiffen, aber auch großen Passagier- und Frachtdampfern wurde die Skelettküste zum Verhängnis. Wer es von den untergehenden Schif-

fen an Land schaffte, hatte mit wilden Tieren, Durst und Hunger zu kämpfen. Rettungsaktionen blieben oft erfolglos: Die starke Brandung verhinderte die Bergung von der See aus, den Weg über Land erschwerten die hintereinandergestaffelten Dünengürtel der Namib-Wüste, und Flugzeuge fanden keine Landemöglichkeit. Die rostenden Schiffsskelette haben mittlerweile die Seevögel besetzt.

Namibia

*** Swakopmund

Die Wahl des Standorts für die Gründung von Swakopmund war nicht gerade ideal: Die Brandung war heftig und die Küste zu flach. Die Schiffe konnten nur weit draußen ankern, Waren und Menschen mussten mit Landungsbooten zum Ufer transportiert werden. Ein Steg machte die Landungsboote zwar bald überflüssig, konnte jedoch den Sturz des Ortes in die Bedeutungslosigkeit nicht aufhalten: 1919 wurde der Hafen schließlich geschlossen. In den folgenden Jahrzehnten entwickelte sich Swakopmund jedoch zu einer attraktiven Sommerfrische, und noch heute ist das Städtchen ein beliebtes Ferienziel der Hochlandnamibier. Die zahlreichen Kolonialbauten wurden restauriert und verleihen dem Ort ein nostalgisches Flair. Zwischen Palmen leuchtet der rot-weiß gestrichene Leuchtturm hervor, im alten Jugendstilbahnhof ist ein Luxushotel untergebracht, und das Kaiserliche Bezirksgericht dient als Präsidentenpalais. Beim Spaziergang durch die Straßen sieht man das Hohenzollernhaus mit einem die Erdkugel stemmenden Atlas am Giebel, das Woermann-Haus, von dessen Turm aus der Reeder seine Schiffe beobachtete, und das Prinzessin-Rupprecht-Heim, ein ehemaliges Lazarett. Nach ausgiebigem Einkaufsbummel durch Swakopmunds Straßen lohnt zum Abschluss noch ein Besuch im Museum. Danach lockt das Café Anton mit deutschem Apfelkuchen.

** Living Desert Snake Park

Über 70 Schlangenarten gibt es in Namibia, darunter auch zahlreiche giftige Spezies wie Speikobras, Puffottern, Schwarze Mambas und die dekorative, bis zu zwei Meter lange Boomslang (Afrikanische Baumschlange). Da die Reptilien Menschen eher scheuen, kommt es nur selten zu Begegnungen oder gar Bissen. Wie die gefährlichen Wüsten- und Steppenbewohner aussehen, die sich während der heißen Stunden des Tages unter Steinen oder Sand getarnt für das menschliche Auge unsichtbar machen, zeigt der Living Desert Snake Park in Swakopmund. Die Tiere werden in Terrarien gehalten, die ihrem natürlichen Lebensraum nachempfunden sind. Selbst durch die Glasscheibe betrachtet wirken Zebraschlange, Korallenschlange oder Hornviper überaus kraftvoll. Neben den Giftschlangen sind im Snake Park auch zahlreiche harmlose Tiere wie Geckos und Chamäleons zu sehen.

Koloniale Architektur

Das auffälligste Relikt der deutschkolonialen Ära in Namibia sind Häuser, deren wilhelminische, von Erkern, Ziergiebeln und Türmchen geprägte Architektur den namibischen Städten einen besonderen Charakter verleiht. Ein Schmuckstück des kolonialen Bauens ist zweifelsohne Swakopmund, wo mit dem ab 1901 errichteten Bahnhof das herausragendste Beispiel für diesen Baustil steht. Vom schlichten Alten Amtsgericht bis zur zinnengeschmückten Alten Kaserne sind in Swakopmund alle Baustile vertreten, die zeitgleich auch im Mutterland populär waren. Allerdings ließen sich deutsche Bautraditionen nicht direkt nach Südwest übertragen. Die in Kolonialkatalogen verkauften Fertighäuser aus Holz wurden schnell Opfer von Termiten, sodass die Siedler Bruchsteinfundamente aufmauern mussten.

Hornviper im Living Desert Snake Park

** Walvis Bay

Der einzige natürliche Tiefseehafen an der namibischen Küste gehört erst seit 1994 zu Namibia. An der Walfischbucht bestand ab dem 18. Jahrhundert eine temporäre Niederlassung von Walfischjägern und Händlern. Mitte des 19. Jahrhunderts von den Briten annektiert, wurde Walvis Bay nach dem deutschen Intermezzo 1910 südafrikanisch. Die Rückgabe an Namibia eröffnete dem jungen Staat die Handelswege über den Atlantik und Einkünfte aus der Fischerei. Bis heute unterscheidet sich Walvis Bay mit seinem von Bungalows und Gärten geprägten Ortsbild deutlich von anderen namibischen Städten. Die 1880 aus Fertigteilen gebaute Holzkirche der Rheinischen Mission ist das einzige historische Gebäude der Stadt. Namibier und Südafrikaner schätzen Walvis Bay als Urlaubsort mit Freizeitaktivitäten wie Angeln, Wassersport, und Quadbikefahren der in der Namib-Wüste.

Der Rückgriff auf architektonische Traditionen der deutschen Heimat prägt das Erscheinungsbild von Swakopmunds Bahnhof (oben) und dem Hohenzollernhaus (linke Seite oben) bis heute.

Namibia

* Khomas-Hochland

Das zentralnamibische Khomas-Hochland erhebt sich durchschnittlich 1700 Meter hoch über die umliegenden Wüsten: die Namib im Westen, zu der es in einem schroffen Felsabbruch, dem Escarpment, bis zu 1000 Meter tief abfällt, und die Kalahari im Osten. Im regenarmen Namibia zählt das Khomas-Hochland mit seinen Bergdorn- und Dornbuschsavannen zu den fruchtbarsten Regionen des Landes. Hohes Weidegras, Dornbüsche und vereinzelte Akazien bilden die charakteristische Vegetation. Bis zur weißen Landnahme nomadisierten hier die Volksgruppen der Nama und Herero mit ihren Schaf- und Rinderherden. Später ließen sich die ersten Siedler im Khomas-Hochland nieder und gründeten Farmen, deren Zäune die Region wie ein Spinnennetz überziehen. Um ein Rind auf diesen kargen Böden zu ernähren, benötigen die Farmer pro Tier rund sechs Hektar Grund.

* Okahandja

Mit überraschendem Grün empfängt das Städtchen Okahandja seine Gäste. Ein von Galeriewäldern gesäumtes Rivier (Flussbett) führt die meiste Zeit des Jahres nur unterirdisch Wasser, doch versorgt es Felder und Gärten mit ausreichend Feuchtigkeit. Holzschnitzer und Schreiner haben an beiden Ortsausgängen einen großen Holzmarkt aufgebaut. Historische Sehenswürdigkeiten der Stadt sind der 1901 erbaute Bahnhof und die 1876 errichtete Kirche der Rheinischen Mission, auf deren Gottesacker mehrere Angehörige der deutschen Schutztruppe beigesetzt sind. Die bedeutenden Herero-Häuptlinge Tjamuaha, dessen Sohn Maharero und Enkel Samuel Maharero ruhen auf einem etwas abseits der Heroe's Street gele-

genen Friedhof. Zum alljährlichen Ahnengedenktag Ende August pilgern Herero aus ganz Namibia an diesen für sie historisch wie religiös wichtigen Ort.

** Duesternbrook Private Game Reserve

Leoparden zu beobachten und zu fotografieren gelingt in freier Wildbahn in Namibia nur recht selten. Dieses spannende Erlebnis bieten die Wildbeobachtungsfahrten der Gäste- und Jagdfarm Duesternbrook nordwestlich von Windhoek. Die Farm, 1962 als erste Gästefarm des Landes gegründet, ist die Wiege des Tourismus in Namibia. Da die Rinderzucht immer weniger Geld einbrachte und anfällig für Dürren war, beschloss Marga Vaatz, den Wildreichtum ihrer Farm touristisch zu nutzen. Wie bei vielen weiteren Gäste- und Jagdfarmen in Namibia zog die Umstellung von Rindern auf Wild nicht nur zahlende Gäste an; sie hatte auch positive ökologische Auswirkungen. Das überweidete Farmland konnte sich erholen; durch die Rinderzucht verdrängte Wildarten – darunter die Raubkatzen, die davor rücksichtslos geschossen wurden, um das Vieh zu schützen – kehrten zurück.

Die ersten weißen Jäger, die das Khomas-Hochland um das heutige Windhoek erreichten, berichteten von riesigen Wildherden. Durch die Farmwirtschaft wurde der Lebensraum der Tiere aber beschnitten, sodass Reisenden heute nur gelegentlich einmal Kudus, feixende Paviane oder flüchtende Warzenschweine begegnen. Geparde sind mittlerweile wieder auf mehreren Wildfarmen beheimatet (rechts). Einige bieten auch Spaziergänge mit den Raubkatzen an.

Leoparden

Nicht nur sein auffallend ge-flecktes Fell hebt den Leoparden heraus. Er präsentiert sich auch als der vielseitigste Jäger. Zum einen ist er nicht wählerisch, was seine Beute anbelangt – Antilopen, Paviane, Schakale, Reptilien und Vögel zählen dazu. Auf der anderen Seite hält er sich bei der Jagd nicht an bestimmte Tages- oder Nachtzeiten. Unübertroffen ist die Gelassenheit, mit der dieser geschmeidige Kletterer auf einem Baum lauert, bis sich ein Beutetier in seine unmittelbare Nähe verirrt. Ebenso eindrucksvoll ist die Ausdauer, die er beim Anschleichen an den Tag legt. Kilometerweit kann er seinem Opfer folgen. Er versucht, so nahe wie möglich an seine Beute heranzukommen. Denn der Leopard erreicht zwar Spitzengeschwindigkeiten von rund 60 Stundenkilometern, jedoch nur auf sehr kurze Distanz.

Leben auf der Farm

Rund 44 Prozent Prozent der Landesfläche werden von ca. 5000 kommerziellen Farmen genutzt, die entweder Rinder oder im Süden auch Karakulschafe

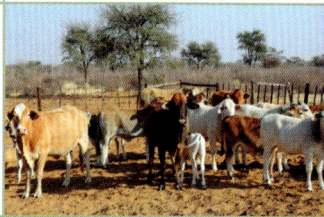

WINDHOEK

Die namibische Hauptstadt und das Zentrum des Landes präsentiert sich als schmuckes Kleinod mit einigen Spuren deutscher Kolonialgeschichte.

Eine »windige Ecke« soll die von den Gebirgszügen des Khomas-Hochlands und der Eros-Berge eingerahmte Hochebene von Windhoek gewesen sein, als sich um 1840 Gruppen vom Volk der Nama unter ihrem Anführer Jonker Afrikaner an den heißen Quellen niederließen, die hier sprudelten. Doch als offizielles Gründungsdatum galt lange Zeit der Bau der Alten Feste 1890 durch den Befehlshaber der deutschen Schutztruppe Curt von François. Windhoek ist eine schnell wachsende Metropole mit einer modernen Skyline, die ihrer Lage auf rund 1700 Meter Höhe ein besonderes, fast durchscheinendes Licht verdankt. Zwar ist die unter dem Apartheidsregime eingeführte Trennung von Wohngebieten der Weißen und der Farbigen noch nicht ganz aufgehoben, doch im Stadtzentrum scheint die Vision eines multikulturellen Namibia bereits Wirklichkeit zu werden.

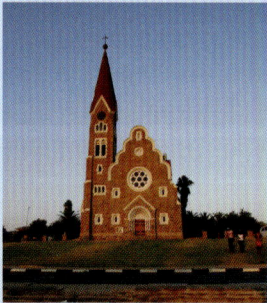

Zum Schmuck der aus namibischem Quarzsandstein erbauten Christuskirche spendete Kaiser Wilhelm II. deutsche Glasfenster.

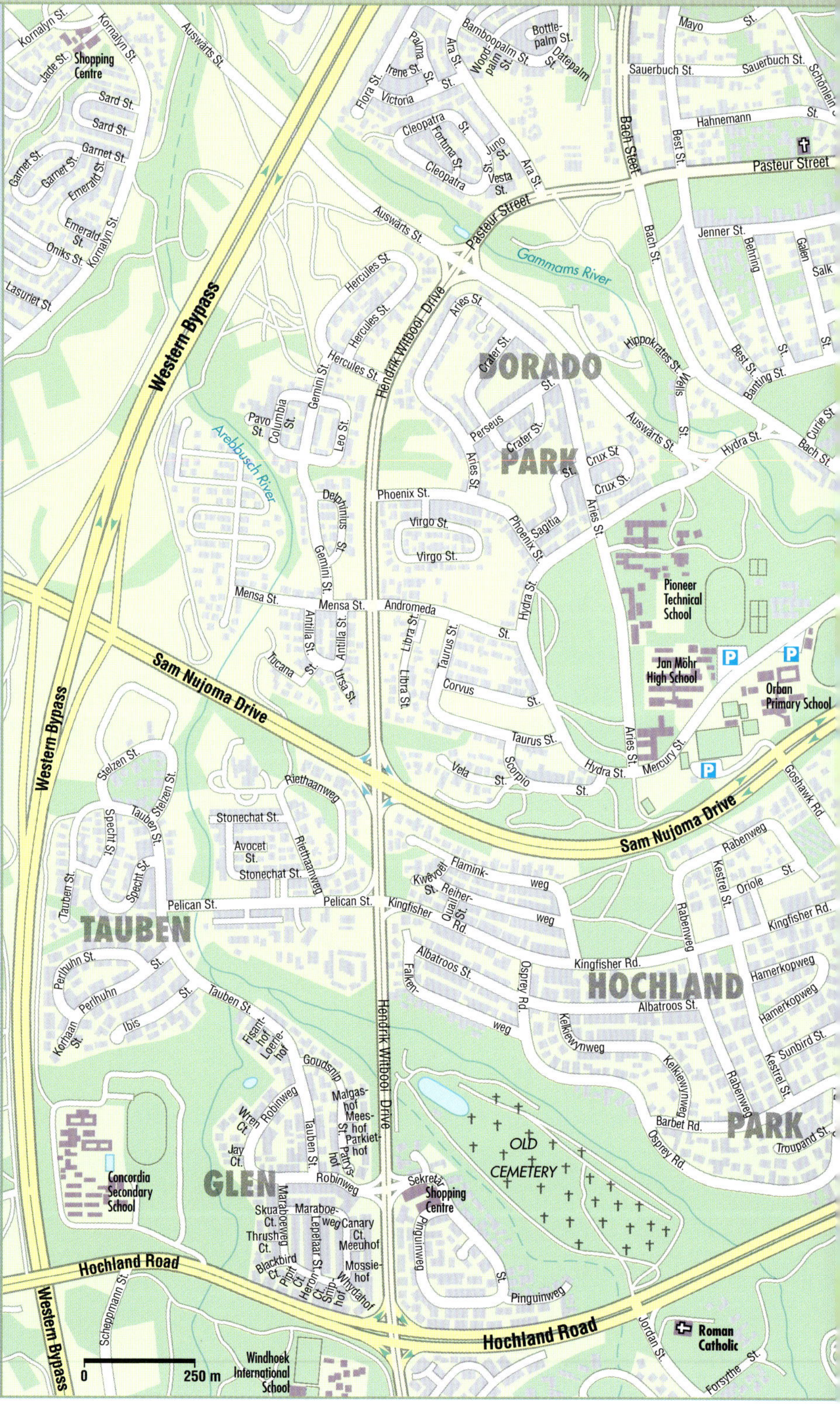

züchten. Die meisten dieser Farmen gehören Weißen deutscher oder südafrikanischer Herkunft. Viele Farmerfamilien leben seit Generationen im Land; einige können ihre Geschichte bis zu den ersten Siedlern der Kolonialzeit zurückverfolgen. Abhängig von der Region, in der sich ein landwirtschaftlicher Betrieb befindet, muss er zwischen einigen Tausend und mehreren Zehntausend Hektar groß sein, um Gewinn zu erwirtschaften: Ein Rind benötigt in diesem ariden Land zwischen fünf und 20 Hektar Weide. Die Farmer besitzen also viel Grund, sind aber keineswegs reich. Viele versuchen, als Gastgeber dazuzuverdienen. Das bietet Reisenden die einmalige Chance, den Farmalltag kennenzulernen. Bei gemeinsamen Ausflügen und Wanderungen erfahren sie Interessantes über das Land und knüpfen oft freundschaftliche Kontakte.

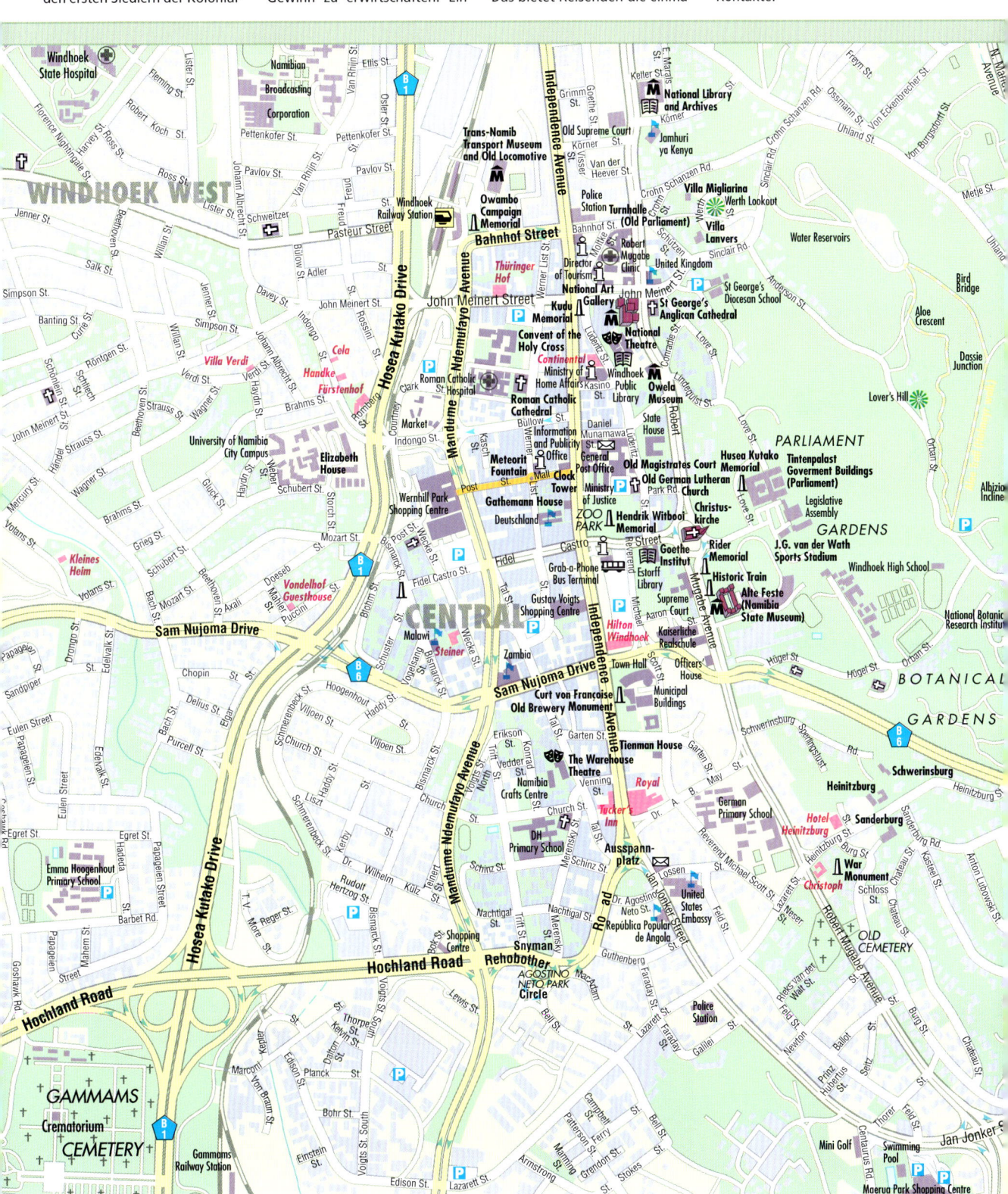

103

Namibia
Windhoek

** **Christuskirche** Die wenigen architektonischen Spuren der deutschen Vergangenheit wie Christuskirche und Alte Feste stehen wie Fremdkörper im modernen Stadtbild der namibischen Hauptstadt Windhoek. Die 1910 eingeweihte Kirche ist ein Symbol der deutschen Kolonialpolitik: Tatsächlich sollte sie den endgültigen Sieg über Nama und Herero feiern und laut ihrem damaligen Pfarrer Wilhelm Anz »mit der Wucht ihres Baues die vielen bescheidenen Backsteinkirchlein der Mission überdauern und ein Wahrzeichen von der Würde des siegreichen deutschen Reiches werden«.

Heute Ort des namibischen Nationalmuseums: Alte Feste von Windhoek

Desert Express

Namibias Schienennetz ist ein Erbe der deutschen Kolonial- und der späteren südafrikanischen Mandatszeit. Die erste Eisenbahnverbindung wurde 1902 zwischen Swakopmund und Windhoek aufgenommen; weitere Linien wie die über Kolmanskop nach Lüderitzbucht oder die Nordbahn nach Grootfontein folgten später. Vorrangiger Zweck der Bahn war die Anbindung von Bergbaugebieten wie des Kupferdreiecks an die Häfen, über die verschifft wurde. Erst Ende der 1990er-Jahre wurde das touristische Potenzial der durch die Namib-Wüste führenden Bahnlinie erkannt. Seither befördert der Desert Express zweimal in der Woche zahlungskräftige Fahrgäste zwischen Windhoek und Swakopmund in luxuriösen Zwei-Personen-Abteilen und verwöhnt sie mit Champagnerdinner und Austern.

Bis heute genießt das Gotteshaus einen Sonderstatus als Versammlungsort der deutschstämmigen evangelischen Christen Namibias. Gleich neben der Kirche und sie deutlich überragend, eröffnete im Jahr 2014 das monumentale Independence Memorial Museum, das die Nationalgeschichte Namibias vermittelt.

* Alte Feste Die 1890 errichtete Alte Feste war nur einer von mehreren Militärstützpunkten in Deutsch-Südwestafrika. Da die mit vier Ecktürmen bewehrte Festung aber günstig zwischen nördlicher und südlicher Landeshälfte gelegen und durch den Baaiweg mit den Atlantikhäfen Walvis Bay und später Swakopmund verbunden war, übernahm sie bald die Funktion des Verwaltungssitzes der deutschen Kolonie. So idyllisch, wie sich der strahlend weiße Bau unter Palmen heute präsentiert, wirkte die Alte Feste damals nicht: Schießscharten verliehen ihr einen wehrhaften Charakter, den sie allerdings nicht unter Beweis stellen musste – sie wurde nie angegriffen. Die tiefen Veranden, die die Feste heute anstelle der Schießscharten einrahmen, sind charakteristische Architekturelemente des Südwester Baustils: Der auf die Mauern fallende Schatten hielt die Innenräume kühl.

Katatura Katutura, »der Ort, an dem wir nicht leben wollen«, so nannten die dunkelhäutigen Bewohner Windhoeks jenen Stadtteil, in den sie ab 1959 vom südafrikanischen Apartheidsregime umgesiedelt wurden. Die Township sollte die Lebensbereiche von Schwarzen und Weißen endgültig trennen und bestand aus uniformen Reihen von Standardhütten ohne Wasseranschluss oder Strom. Die früher um das Zentrum Windhoeks wohnenden Nama, Herero, Ovambo und andere wurden gezwungen, nach Volksgruppen getrennt in die triste Siedlung an der Peripherie umzuziehen. Bis heute ist Katutura der Ort, an dem die meisten schwarzen Windhoeker leben. Aber es hat sich einiges verändert. Straßen wurden asphaltiert, Stromleitungen gelegt, Märkte eröffnet, und das Nachtleben gilt als weitaus attraktiver, wenn auch gefährlicher als das in der Innenstadt.

Linke Seite oben: Jeden Morgen breiten Verkäufer ihre Souvenirs in der Post Street Mall im Stadtzentrum aus. **Oben:** Soziale Projekte fördern die Schulbildung in Katatura.

»Das Land der wasserlosen Flüsse« nannte der deutschsprachige Schriftsteller Giselher W. Hoffmann seine namibische Heimat. Tatsächlich liegen die meisten Flüsse Namibias den größten Teil des Jahres trocken.

Auch der Kuiseb ist ein Rivier, wie ein Fluss in Afrikaans genannt wird, der nur nach Regenfällen kurze Zeit Wasser führt, sich dann aber in einen reißenden Strom verwandeln kann. Im Hochland entspringend, überwindet er die Randstufe zur Namib in einem spektakulären Canyon und erreicht in guten Regenjahren sogar den Atlantik. Auch wenn ein Rivier trockenfällt, hält sein Flussbett unterirdisch gespeichertes Wasser für Flora und Fauna bereit. Wüstenangepasste Tiere wie die Oryxantilope (Afrikaans: Gemsbok) graben im Flusssand, bis sie auf Wasser stoßen. Pflanzen bilden tiefe Wurzeln aus, die in die wasserführenden

Schichten reichen. In der Namib markiert der Kuiseb die Grenze zwischen Dünen- und Felswüste. Die stetig von Süden nach Norden wandernden Sandberge können sein Flussbett (noch) nicht überwinden. Es ist aber durchaus vorstellbar, dass sie nach einer längeren Trockenperiode, in der gerade der Kuiseb kein Wasser führt, sein Bett unter Sand begraben, wie es schon bei manch anderen Flüssen in der Namib geschehen ist.

Namibia

* Tsondab Valley

Der Tsondab, einer der vielen nur gelegentlich Wasser führenden Flüsse Namibias, entspringt in den Remhoogte-Bergen der Großen Randstufe, durchquert auf seinem Weg nach Westen das Naukluft-Gebirge in einer schmalen Schlucht und versandet schließlich im Dünenmeer der Namib, wo sich wie beim weiter nördlich verlaufenden Tsauchab ein Vlei gebildet hat. In einem feuchteren Erdzeitalter flossen diese Riviere bis zum Atlantik. Durch Trockenperioden und Wüstenbildung hatten sie dann irgendwann nicht mehr die Kraft, die Barriere der Dünen zu durchbrechen. Heute lassen sich unter der Namib-Wüste Rinnen nachweisen, in denen Grundwasser des Tsondab in Richtung Meer abfließt. Im Gegensatz zum Tsauchab, der regelmäßig »abkommt« und das Sossusvlei mit Wasser füllt, liegt das Tsondabvlei schon lange trocken, wie die Baumskelette von Akazien belegen.

** Naukluft-Gebirge

Für die im Süden Namibias lebende Volksgruppe der Nama hat das Naukluft-Gebirge eine besondere Bedeutung: In dem von tiefen Klüften zerschnittenen Bergmassiv trotzten aufständische Nama unter ihrem Führer Hendrik Witbooi 1893/94 knapp ein Jahr lang der Verfolgung und Belagerung durch deutsche Truppen. Dies war hier am Rande der Namib-Wüste nur möglich, weil das Gebirge eine Oase im ariden Umfeld ist: Sein Wasserreichtum ernährt eine vielfältige Flora und Fauna und sicherte auch Witboois Truppe das Überleben. Die vielseitige Natur der Naukluft-Berge erschließt sich am intensivsten bei einer Wanderung: Weißdorn-, Balsam- und Köcherbäume säumen die Trockenflussbetten, die sich nach Regen in reißende Wildbäche verwandeln können; Klippspringer, Kudus und Steinböckchen, ja manchmal sogar seltene Bergzebras kreuzen hier den Weg.

** Mountain Zebra Park

Ein Hartmann-Bergzebra von einem Steppenzebra zu unterscheiden erfordert genaues Hinsehen. Am einfachsten erkennt man es an dem Streifenmuster im Fell. Und wenn das Zebra wiehert wie ein Pferd, ist die Identifizierung komplett – der Ruf der Steppenzebras klingt wie trockenes Gebell. Benannt ist das Bergzebra nach dem Forscher Georg Hartmann (1865 bis 1946), der es bei seinen Erkundungsreisen durch Deutsch-Südwestafrika als Unterart erkannte. Wie das mit ihm verwandte Kapbergzebra in Südafrika stand das genügsame, an die schroffe Bergwelt

Nama

Die vor allem in der Südhälfte Namibias beheimateten Nama gehören zur Volksgruppe der Khoikhoi, die zu den ältesten Bewohnern des südlichen Afrikas zählt. Sprache und Aussehen lassen eine Verwandtschaft mit den San vermuten, doch während diese als Jäger lebten, waren die Nama halbnomadisierende Viehzüchter. Im 19. Jahrhundert gerieten die Nama mit den Herero immer wieder in heftige Konflikte um Weideland und Wasserstellen, die die deutsche Kolonialverwaltung für sich zu nutzen wusste. Bis zur Niederschlagung des Herero-Aufstands 1904 waren die Nama zeitweise sogar mit den Kolonialherren gegen die Herero verbündet. Allerdings rief ihr Kaptein Hendrik Witbooi nach der Schlacht am Waterberg seine Leute selbst zur Revolte, weil er ein ähnlich dramatisches Schicksal für sein Volk fürchtete.

angepasste Tier kurz vor der Ausrottung, als sein wichtigster Lebensraum, das Naukluft-Gebirge, im Jahr 1968 endlich unter Schutz gestellt und dem Namib-Naukluft-Nationalpark zugeschlagen wurde. In diesem ursprünglich Mountain Zebra Park genannten Gebiet erholten sich die Bestände relativ schnell.

Wanderer finden in der Naukluft gut markierte Wege unterschiedlicher Länge und einen einwöchigen Trail. Schwindelfreiheit und Erfahrung im Klettersteiggehen sind Voraussetzung für die lange Tour (oben). Linke Seite oben: Tsondab Valley.

Das Bergzebra trägt deutlich breitere schwarze Streifen, die den Unterbauch frei, also weiß lassen.

Namibia
Namib-Naukluft National Park

Die Düneneidechse kühlt sich durch einen seltsamen Tanz.

*** Namib

Die Namib zählt zu den trockensten Wüsten der Welt und birgt trotzdem überraschend viel Leben. Ihre Existenz verdankt sie dem sehr kalten Benguelastrom, der ununterbrochen antarktische Wassermassen parallel zur Küste nordwärts transportiert. Durch die Überlagerung warmer subtropischer Luftmassen mit kalter Meeresluft entsteht eine stabile Inversionslage, die das Aufsteigen feuchter Luft – und damit die Bildung von Regenwolken – verhindert. Auf der Unterseite der Inversionsschicht bildet sich regelmäßig Nebel, der in der Nacht über die Dünen landeinwärts zieht und sich als feuchter Schleier auf die Dünen legt. Pflanzen und Tiere haben Strategien entwickelt, die Nebeltröpfchen zum Überleben zu nutzen. Doch schon gegen 10 Uhr früh löst sich der Nebel auf. Die Zahl der Nebeltage liegt bei rund 200, der Jahresniederschlag summiert sich auf lediglich acht Millimeter. Geformt wurde diese Landschaft vor rund zwei Millionen Jahren, doch ihr Untergrund ist wesentlich älter – es sind Dünenrücken, die sich zu Sandstein verfestigt haben. Unter der jungen Namib liegen also Dünen einer zweiten, weitaus älteren Wüste verborgen, deren Entstehung 30 Millionen Jahre zurückliegt. Und mit diesen fossilen Dünen aus Tsondab-Sandstein erringt die Namib am Sossusvlei einen rekordverdächtigen Wert: Keine Wüste weltweit ist älter als sie.

*** Namib-Naukluft National Park

Sanddünen, Wüstengebirge, Kiesebenen und Lagunen sind nur einige der vielen eindrucksvollen Landschaftsformen dieses Nationalparks, der zu den größten Naturschutzgebieten der Erde zählt. Er präsentiert die Wüste Namib als ein Landschaftskunstwerk mit imposanten Höhepunkten wie den Dünen um das Sossusvlei und der Gebirgswildnis der Naukluft, zeigt zugleich aber auch die weniger spektakulären Gesichter der Wüste wie die Welwitschia-Ebene bei Swakopmund. Eingerichtet wurde das Naturschutzgebiet bereits 1907 von der deutschen Kolonialadministration. Durch die Schaffung des Dorob-Nationalparks um Walvis Bay und Swakopmund wurde Namib-Naukluft mit dem nördlichen Skelettküstenpark verbunden und bildet nun zusammen mit dem südlich angrenzenden Sperrgebiet den Namib-Skelettküsten-Nationalpark.

Rechts: Die nach dem Trockenfallen des Tsauchab zurückbleibenden weißen Sand- und Schlammablagerungen heben sich markant von den gelbroten Sterndünen ab.

Die höchsten Dünen der Welt?

Der Streit um die Höhe der Dünen rund um das Sossusvlei und deren Verhältnis zu anderen weltweit wird wahrscheinlich nie endgültig beigelegt werden. Tatsache ist zumindest die relative Höhe des höchsten Dünenkamms zum Untergrund, in diesem Fall dem Trockenbett des Tsauchab-Flusses: Sie beträgt 375 Meter. Damit ist der Titel der »höchsten Düne der Welt« auch schon verloren, verglichen mit dem Biluthu genannten Sandberg, der in der chinesischen Wüste Badain Jaran 520 Meter erreicht. Doch die Dünen um das Sossusvlei und ihr »Big Daddy« genannter höchster Punkt sind zumindest die höchsten Sterndünen unserer Erde. Eine Sterndüne entsteht dann, wenn der Wind aus wechselnden Richtungen bläst und die Dünen dabei mehrere Kämme bilden.

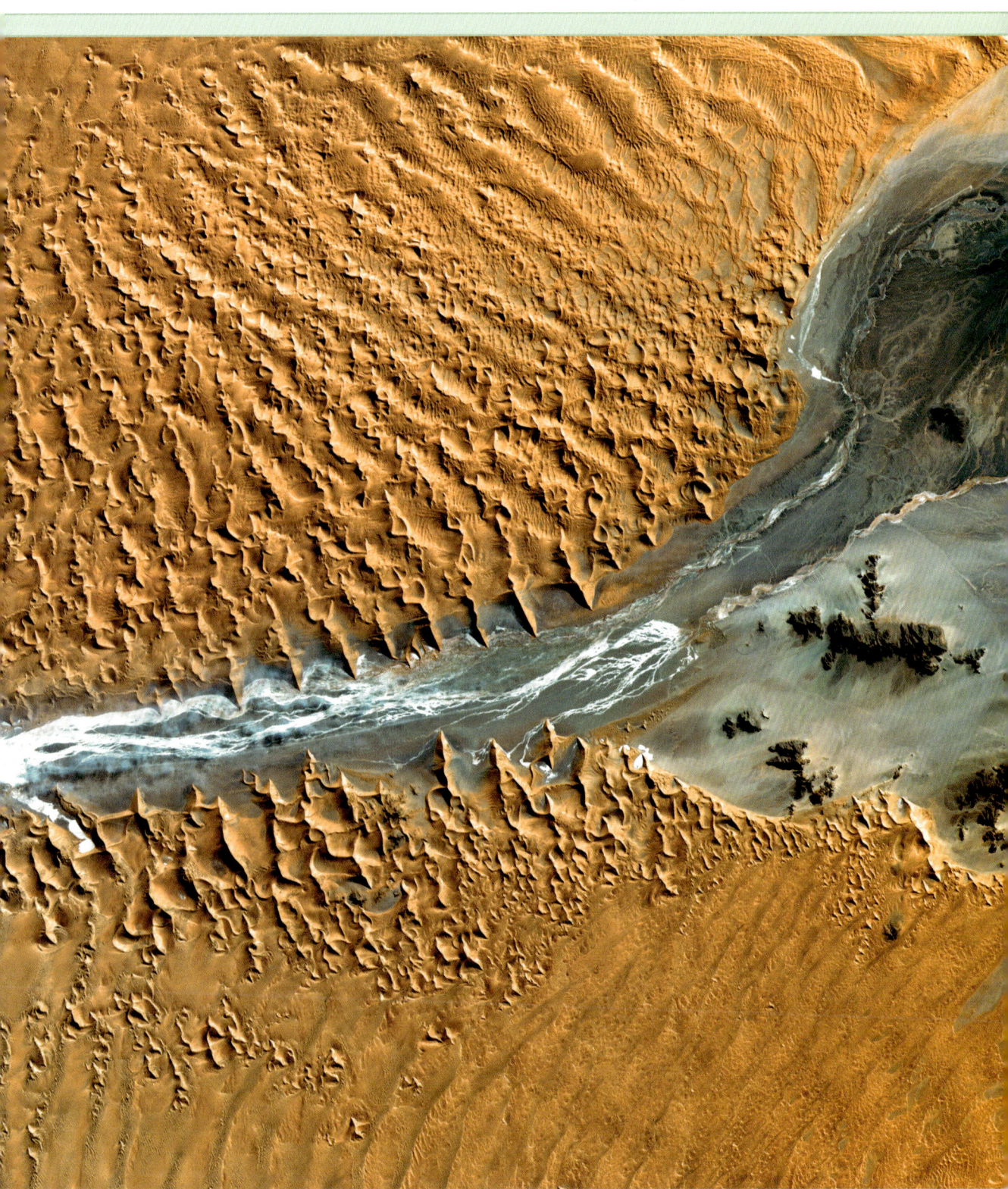

Selbst in völlig arider Umgebung finden Tiere noch
Nahrung. Die Springbockher-
de knabbert am struppigen
Dünengras, das am Dünen-
kamm Wurzeln fassen konnte.

Weil die Winde in diesem Teil der Namib aus verschiedenen Richtungen wehen, haben sich Sterndünen mit mehreren »Armen« zu fantasievollen Sandreliefen gebildet.

Welwitschien

Die Welwitschie ist nicht gerade eine Schönheit. Vielmehr gleicht sie einem willkürlich zusammengekehrten Haufen aus frischen und abgestorbenen Blättern. Die eigenartige Pflanze, die nur in küstennahen Regionen der Kieswüste wächst, wurde gleich zweimal entdeckt: Ungefähr zeitgleich stolperten 1859 der österreichische Botaniker Friedrich Welwitsch und der britische Maler Thomas Baines über den skurrilen Blätterhaufen, Ersterer in Südangola, Letzterer im namibischen Swakop-Rivier. Friedrich Welwitsch beschrieb die Begegnung mit dem Gewächs folgendermaßen: »Ich konnte nicht anders, als niederzuknien und sie anzustarren, und ich fürchtete, dass jeder Versuch, sie zu berühren, enthüllen könnte, dass es sich um Einbildung handele.« Schon bald hatte die nach ihrem österreichischen Entdecker benannte Welwitschie den Ruf, die hässlichste Pflanze der Erde zu

sein. Eine der faszinierendsten ist sie mit Sicherheit: Sie besteht aus einer Pfahlwurzel und einem kurzen Stamm, an dem zwei Blätter wachsen, die sich durch den Einfluss der Witterung spalten, teils vertrocknen, teils abrei-ßen. Die verschiedenen Arme der beiden Hauptblätter bilden ein im Umkreis von bis zu zwei Metern verteiltes Gewirr auf dem Wüstenboden, dem unterirdisch ein Geflecht feinster Wurzeln entspricht.

Namibia
Namib-Naukluft National Park

*** Sossusvlei Eine der wenigen Möglichkeiten, als Tagestourist einen Eindruck von dem endlosen Sandmeer der Namib zu erhalten, ist das Sossusvlei (»Sossus« = »blinder Fluss«). Die Salz-Lehmpfanne liegt zusammen mit weiteren Vleis am Ende des Flusslaufs des Tsauchab. Etwa alle zehn Jahre führt der Tsauchab so viel Wasser, dass er im Sossusvlei einen kleinen See bildet. Die blau schimmernde Wasserfläche inmitten hoher Dünenberge ist dann für einige Wochen eine ganz besondere Attraktion für die Besucher der Namib. Das Ereignis macht zugleich anschaulich, wie es zur Bildung des Sossus- und der anderen Vleis, also Ton-Pfannen, gekommen ist. Der Tsauchab, der auf seinem Weg vom Hochland in den Atlantik im Dünenmeer der Namib wohl mehrmals seinen Weg geändert hat, verlor im Lauf von Jahrmillionen an Kraft, die Dünengürtel zu durchbrechen. An der Sandbarriere verzweigte er sich zu mehreren Armen und versickerte schließlich im porösen Untergrund. Das Ergebnis dieses Prozesses sind die sogenannten Vleis.

*** Dead Vlei Während das Sossusvlei ab und an mit Wasser versorgt wird, bleibt die

Die Wüste blüht

Nur wenige Tropfen Wasser genügen, und das graubraune Geflecht am Wegesrand beginnt in strahlenden Farben zu leuchten. Flechten sind eine von den vielen Überlebenskünstlern in der Namib. Wie die Welwitschien beziehen sie ihre Feuchtigkeit aus dem Küstennebel, der sie zugleich vor Hitze schützt. Bleibt die Feuchtigkeit aus, verdorren sie und können in diesem Zustand jahrelang auf Wasser warten. Andere Pflanzen, wie der Talerbusch und die gedrungene Buschmannkerze, besitzen große Speicherkapazitäten. Auch die endemische, melonenähnliche Nara ist eine richtige Feuchtigkeitsbombe. Wie viele Samen im Wüstenboden auf ihre große Chance warten, ist erstaunlich. Ein Regenschauer, und die Namib ist mit den goldgelben Blüten des Morgensterns oder mit silbrigem Gras überzogen.

Wasserzufuhr am Dead Vlei gänzlich aus, weil die Dünen den Zugang inzwischen blockieren. Die hiesigen Baumskelette der Kameldornbäume sind rund 500 Jahre alt und stumme Zeugen der Stelle, wo der Tsauchab einst ursprünglich endete. Die Zahl der Vleis westlich von Sosssusvlei ist ein Indiz dafür, dass der Tsauchab früher einmal bis zum Atlantik geflossen ist. Wanderdünen haben ihm vor vielen Tausend Jahren den Weg versperrt – als er nicht mehr mit ausreichender Wasserkraft die Dünen aus dem Weg räumen konnte. Wind lagert den Sand der Dünen unablässig um. Auf der flachen Luvseite treibt er die Sandkörner aufwärts bis zum Dünenkamm, wo sie auf der steileren Leeseite herunterfallen. Die Rotfärbung der Dünen erklärt sich durch die Eisenpartikel, die im Sand liegen und oxidieren. Je älter die Dünen, umso leuchtender ist deren Farbe.

Die intensive Rotfärbung an den Sossusvlei-Dünen verdanken die Sandkörner hier ihrem hohen Anteil an Eisenoxid (oberes Bild). Abgestorbene Akazien markieren den Weg des trockenen Tsauchab-Riviers durch die Namib-Wüste am Dead Vlei (unteres Bild).

Am frühen Morgen sind die Zeugnisse des Lebens in der Namib an den Dünenhängen deutlich ablesbar: Eine Vielzahl Spuren führt kreuz und quer über den goldenen Sand. Die übereinanderliegenden s-förmigen Muster stammen von einer Zwergpuffotter, die sich in seitlichen Verwindungen auf dem losen Sand fortbewegt. Raupenähnliche Spuren stanzen die »Tok-Tokkies«, die Tenebriokäfer, in den Sand. Pfotenabdrücke hinterlässt der Schabrackenschakal. Und auch Antilopen wandern am Fuß der Dünen entlang. Alle Bewohner der Namib sind perfekt auf die besonderen Umweltbedingungen eingestellt. Da es kein Oberflächenwasser gibt und kaum regnet, regulieren viele ihren Wasserhaushalt mithilfe des Nebels, der am Morgen von der Atlantikküste landeinwärts zieht. Der Nebeltrinkerkäfer stellt sich dem Nebel im Kopfstand entgegen, damit ihm die

auf seinem Körper kondensierenden Wassertropfen direkt ins Mäulchen laufen; die Zwergpuffotter leckt die Feuchtigkeit von ihrem Rücken. Auch der Hitze begegnen die Tiere auf vielerlei Art: Die Düneneidechse scheint auf dem Sand einen Tanz aufzuführen, wenn sie abwechselnd ein Vorder- und Hinterbeinchen hebt, um sie zu kühlen. Eine nur hier vorkommende Mausart schützt sich clever durch mit Fell bewachsene Pfoten.

Namibia

Zu den schönsten Erlebnissen im NamibRand zählt eine Heißluftballonfahrt, bei der man Tierherden von oben beobachten kann.

Oryxantilope

Sie ist das Wappentier Namibias, und das nicht nur ihrer Schönheit und Eleganz wegen. Die Oryxantilope, auch Gemsbok oder Spießbock genannt, wird von vielen Namibiern als Symbol für jene Eigenschaften gesehen, die Tiere wie Menschen in der harschen Umwelt Namibias benötigen: Ausdauer, Angepasstheit an die Umgebung, Mut. Ihr Lebensraum sind offene Savannen.

Die pferdegroße Antilope mit ihren bis zu einem Meter langen Hörnern und der schwarzen Gesichtsmaske hat in der Namib Anpassungsmechanismen entwickelt, die an jene von Kamelen erinnern: Sie ist in der Lage, eine Körpertemperatur von bis zu 45 °C zu überleben, weil ein verästeltes Netz von Blutgefäßen das ins Hirn fließende Blut kühlt. Wo es kein Wasser gibt, bezieht sie die Feuchtigkeit aus der Nahrung, etwa aus der Nara-Frucht.

** Nubib-Berge

Hellgolden schimmerndes Gras, rötliche Dünenzungen, die dunkle Silhouette aus der Wüstenebene aufsteigender Berge – das Landschaftsbild im südlichen Teil der Namib kann unendlich trostlos wirken oder aber absolut faszinierend. Sonne und Wolken tauchen es in immer neues Licht, und vor allem zu Beginn der Regenzeit, die Pflanzen und Tieren hier Niederschläge von höchstens 100 Millimetern beschert, scheint der Himmel über der Wüste ganz tief zu hängen. Die Nubib-Berge sind wie die Naukluft nördlich und die Tiras-Berge, die südlich anschließen, Teil der Großen Randstufe: Dieser Übergang von der Namib-Wüste zum zentralnamibischen Hochland vollzieht sich im Norden in mehreren Stufen, im Süden hingegen in schroffen Gebirgsformationen, die wie Barrieren die Wüste begrenzen. Spektakuläre Passstraßen mit abenteuerlichen Passagen überwinden bis zu 1000 Meter Höhenunterschied.

*** NamibRand Nature Reserve

Dieses private Naturschutzgebiet – eines der größten Afrikas – ist ein Vorzeigeprojekt dafür, dass sich selbst schwer geschädigte Natur erholen kann. Gegründet wurde es von einem Windhoeker Geschäftsmann, der mehrere Schaffarmen am Rand der Namibwüste aufkaufte, die durch Überweidung unrentabel geworden waren. So kamen im Laufe der Zeit 172 000 Hektar Grund zusammen. Die alten Weidezäune wurden abgerissen, in der Namib heimische Tiere ausgewildert und die Natur sonst weitgehend sich selbst überlassen. Die Finanzierung des Projekts stellten eine Luxuslodge und mehrere Camps sicher, in denen Gäste die nun wieder jungfräuliche Namib und ihre Tierwelt – darunter über 3000 Oryxantilopen, 12 000 Springböckchen und Raubkatzen wie Leopard und Karakal – in absoluter Ruhe und Abgeschiedenheit erleben können.

Oben: NamibRands unvergleichliche Landschaften gleichen förmlich einem Bilderbuch der Wüste: Weite, nach Regen mit Gras bestandene Kiesebenen wechseln sich mit roten Dünenfeldern ab; Inselberge werfen dunkle Schatten über Dornbuschsavannen; die Erosionsskulpturen des Granits sind ebenso vielfältig wie die wüstenangepasste Flora und Fauna.

Das Spiel von Licht und Schatten verleiht der Landschaft einen ganz besonderen Zauber.

Unendlich sind die Weiten im Naturreservat, von zahlreichen Hügeln aus bieten sich herrliche Fernsichten.

Namibia

* Maltahöhe und Duwisib Castle

Eine Ritterburg am Rand der Namib-Wüste? Für den schneidigen Hauptmann der Schutztruppe Hansheinrich von Wolf und seine junge amerikanische Frau Jayta wurde dieser Traum 1909 Wirklichkeit. Nach knapp zweijähriger Bauzeit konnten sie Schloss Duwisib 80 Kilometer südlich der Siedlung Maltahöhe beziehen. Die Möbel kamen aus der Heimat und wurden auf Ochsenkarren vom Hafen Lüderitzbucht durch die Namib transportiert. Von Wolf züchtete Pferde, und man nimmt an, dass seine Rösser die Vorfahren der wilden Namib-Pferde waren. 1914 wurden die Wolfs während einer Reise vom Ausbruch des Ersten Weltkriegs überrascht. Der Hauptmann tat seine Pflicht, meldete sich zur Armee und fiel zwei Wochen später in der Schlacht an der Somme. Frau Jayta hatte wenig Lust auf die einsame Burg in Südwest, blieb in Europa, und Schloss Duwisib wurde verkauft.

Die Felsenkirche von Lüderitz erinnert an die deutschen Wurzeln der Kleinstadt.

** Lüderitz

Ein unwirtlicher Ort, aufgebaut aus dunklem, fast schwarzem Fels und umspült von einem meist eisblauen Atlantik, im Rücken die Wüste Namib – an dieser windigen, abgelegenen Bucht begann Deutschlands koloniales Abenteuer Südwest-

Kreisrunde, vegetationslose Flächen mit Durchmessern von fünf bis acht Metern reihen sich entlang der Namib-Wüste aneinander. Seit den 1970er-Jahren wird die Entstehung dieser »Feenkreise« erforscht. Mit immer neuen Methoden versucht die Wissenschaft, das Phänomen zu erhellen – bislang ohne Erfolg. Lange Zeit galt die Theorie als wahrscheinlich, nach der eine bestimmte Wolfsmilchart an der Unfruchtbarkeit schuld sei. Untersuchungen bewiesen das Gegenteil. Auch die eine Zeit lang favorisierte These von Radioaktivität im Boden oder jene von Erdgasvorkommen wurden widerlegt. Bleibt die These von den Erntetermiten: Diese würden die Fläche über ihren unterirdisch angelegten Bauten so nachhaltig beernten, dass kein Pflanzenwachstum mehr möglich sei. Auch hierfür fehlt ein Beweis.

Kolmanskop wirkt trotz des Verfalls noch feudal.

afrika. Heute ist Lüderitzbucht oder Lüderitz, wie die meisten es salopp nennen, eine ansehnliche Kleinstadt mit einem geschäftigen Fischereihafen. Nicht weit entfernt ging knapp 400 Jahre vor den Deutschen 1487 der Portugiese Bartolomeu Diaz an Land. Er sollte als erster Europäer das Kap der Guten Hoffnung erreichen und stellte, wie es portugiesischer Brauch war, auf dem Rückweg ein »padrão«, ein Steinkreuz, in der Bucht auf. Das Kreuz gibt es heute noch, ebenso das unübersehbare deutsche Erbe in Gestalt von Villen, Denkmälern und Bahnhof, die die Bucht in ein koloniales Schmuckstück verwandeln.

*** Kolmanskop

Nur knapp zehn Kilometer von Lüderitzbucht landeinwärts versinkt die Geisterstadt Kolmanskop im Wüstensand. Nachdem ein schwarzer Eisenbahnarbeiter 1908 unweit von Lüderitzbucht einen Diamanten gefunden und ihn bei seinem weißen Arbeitgeber abgeliefert hatte, grassierte um Kolmanskop das Diamantenfieber. Man musste die kostbaren Steine in der Wüste nur auflesen. 1930 waren die Lager erschöpft, die Schürfer zogen weiter, und Kolmanskop versank im Wüstensand. Der Landstrich südlich der Hauptstraße von Aus nach Lüderitzbucht heißt nicht umsonst »Diamantensperrgebiet«; der Zutritt ist Unbefugten bis heute verboten. Inzwischen werden Diamanten in Namibia vor allem offshore geschürft, wo immer neue Lagerstätten entdeckt werden. Kolmanskop dient als Museum. Nach Jahren des Verfalls wurden einige Häuser renoviert.

Linke Seite oben: Pläne für die Burg Duwisib stammten von dem in Südwest viel beschäftigten Architekten Wilhelm Sande. Oben: Kolmanskop versinkt im Sand.

Namibia

*** Kokerboomwoud

Die Ansammlung von rund 250 Köcherbäumen unweit des »Spielplatz der Riesen« ist der berühmteste Wald dieser seltsamen, dabei aber ungemein dekorativen Pflanze, die eigentlich lieber alleine wächst. Der Köcherbaum liebt felsigen Untergrund und trockenes Klima und ist deshalb in wüstenhaften Bergregionen zu finden. Sein gerader Stamm entfaltet in relativ geringer Höhe eine nahezu symmetrisch geformte, runde Krone, deren Äste in harten, spitzen Blättern enden. Im Frühjahr schmücken sich diese Blattstände mit leuchtend gelben Blüten, die

Extreme Temperaturunterschiede sorgten für das Auseinanderbrechen des Dolerit-Gesteins.

Aloen

Der Köcherbaum ist Namibias berühmteste Aloenart, doch sind in den ariden Gebieten der Namib viele weitere Aloen beheimatet. Dabei machen sich einige Spezies die besonderen klimatischen Bedingungen zunutze, die der von Westen tief landeinwärts ziehende Küstennebel bietet: Die Raublättrige Aloe wächst häufig am Fuß von Felsen, wo sie durch den am Gestein kondensierenden Nebel zu Wasser kommt. Auch *Aloe pearsonii* ist eine markante Wüstenbewohnerin – sie bevorzugt felsigen Untergrund, wie ihn Namib- und Richtersveld-Nationalpark bieten. An ihren Blättern lässt sich unschwer ablesen, wann es zuletzt geregnet hat, denn dann wirken sie prall und saftig grün. Einige Aloenarten werden in der traditionellen Medizin der namibischen Völker als Heilmittel verwendet.

Vögel und Insekten anziehen. Köcherbäume speichern wie andere Aloen auch das Wasser in den Fasern von Stamm und Ästen. Die San nutzten diese Äste ausgehöhlt als Pfeilköcher; die Nama bewahrten in ihnen Wasser auf. Auf vielen archaischen Felsbildern ist die charakteristische Pflanzenform deutlich zu erkennen.

* Keetmanshoop
Die Siedlung wurde 1866 als Missionsstation der Rheinischen Mission gegründet. Keetmanshoop besitzt mit dem Kaiserlichen Postamt und der ebenfalls aus dunklem Granit erbauten Klipkerk einige schöne Beispiele deutscher Kolonialarchitektur. Die hübsche Kleinstadt (16 000 Einwohner) ist Verwaltungszentrum des südlichen Namibia und Hauptort der hier lebenden Nama.

* Bethanie
In dem verschlafenen Örtchen lohnt ein Stopp am Schmelenhaus. Es wurde 1814 vom Missionar Heinrich Schmelen erbaut, der hier unter den Nama lebte und sie zu bekehren versuchte.

*** Giants' Playground
Wie viele markante geologische Formationen Namibias entstand auch der »Spielplatz der Riesen« in der Nähe des Städtchens Keetmanshoop nach dem Auseinanderbrechen des Urkontinents Gondwana. Dies hatte vulkanische Aktivitäten zur Folge, bei denen das flüssige Magma nicht als Lava an die Erdoberfläche gedrückt wurde, sondern in Gängen und Klüften des darüberliegenden Gesteins eindrang und dort erkaltete. Die Kräfte der Erosion legten schließlich das zu Dolerit erstarrte Magma frei, das viel härter und widerstandsfähiger war als die Gesteine, die es umhüllten. Dann setzten sie ihr Werk am Dolerit fort und schufen einen bizarren Skulpturenpark. Auffällig sind vor allem die vielen Wollsack-Verwitterungen, die wie Riesenmurmeln aussehen. An anderen Stellen wirkt es, als hätten tatsächlich Giganten mit Bauklötzchen aus Felsbrocken Türme gebaut.

Oben: Tief im Süden Nambias, nicht weit von der Grenze nach Südafrika, zeigt sich die Natur von ihrer originellsten Seite. Besonders typisch für die Gegend sind die kuriosen Köcherbäume, dank ihrer spärlichen Krone und der goldgelben Rinde nicht zu verwechseln.

Namibia

*** Fish River Canyon (Visrivier Canyon)

Die Wahrnehmung muss sich gründlich umstellen, wenn man Namibias größter Schlucht entgegentritt. Nichts ist bei der Anfahrt durch wüstes, flaches Land zu sehen, kein Canyon weit und breit. Erst am ersten Aussichtspunkt wird deutlich: Die rund 550 Meter tiefe und 90 Kilometer lange Schlucht liegt nicht vor, sondern unterhalb des Betrachters. Ein Zusammenspiel tektonischer und erosiver Kräfte hat dieses Naturwunder geschaffen. Nach dem amerikanischen Grand Canyon ist sie die zweitgrößte Schlucht der Welt. Den Beginn der Prozesse, die zur Entstehung des Canyons führten, datieren die Geologen auf einen Zeitraum vor 350 Millionen Jahren. Was faszinierender ist: Die Gesteine, die dieser Prozess freilegte, sind bis zu 1,6 Milliarden Jahre alt und erlauben einen Blick in die Entstehungsgeschichte der Erde, so überwältigend wie auch mystisch.

* Oranje

Neben den Flüssen, die Namibias Nordgrenze bilden, ist der Oranje oder Orange River eines der wenigen Gewässer des Landes, das ganzjährig Wasser führt. Inmitten der Halbwüstenlandschaft des südafrikanischen Richtersveld und des namibischen Sperrgebiets bietet der Anblick des strömenden Flusses ein ungewöhnliches Bild. Der Oranje entspringt in den südafrikanischen Drakensbergen und legt bis zu seiner Mündung in den Atlantik eine über 2000 Kilometer lange Reise zurück. Den namibischen Abschnitt zwischen Noordoewer und der Diamanten-Retortenstadt Oranjemund am Atlantik durchquert er als ruhiger, ja träger Strom, der gerne mit Paddel- oder Schlauchbooten befahren wird. Dunkle,

Der Oranje ist für Namibias Diamantenreichtum verantwortlich.

Jäger der Wüste

Ein literarisches Denkmal hat der südafrikanische Schriftsteller Laurens van der Post den San mit seinem dokumentarischen Werk »Die verlorene Welt der Kalahari« errichtet. Bereits im Jahr 1958, als das Buch geschrieben wurde, schien die Kultur der San unwiederbringlich verloren. Auch das Heer von Ethnologen, das sich in der zweiten Hälfte des 20. Jahrhunderts daranmachte, zu erforschen, was noch nicht vergessen oder zerstört war, konnte nur noch Fragmente über diese einzigartige Gesellschaft aufzeichnen. Eine besondere Rolle spielt heute noch der Schamanismus: In Trancetänzen beschwört die Gemeinschaft das Jagdglück oder bittet Regen herbei. Vom traditionellen Leben als Jäger und Sammler haben sich die meisten San durch den Kontakt mit der Zivilisation weit entfernt.

schroff erodierte Gebirgshänge wechseln sich an seinen Ufern mit pastellfarbenen Dünenfeldern ab, und hier und da, wo Menschen sein Wasser auf Felder leiten, ergrünen richtige Oasen.

* Diamantenküste

Dass Namibia zu den Exporteuren der besten Schmuckdiamanten weltweit gehört, hat das Land dem Oranje zu danken: Der Fluss wusch in der Kreidezeit die wertvollen Steine aus ihren Lagerstätten im heutigen Südafrika und transportierte sie durch die Namib bis in den Atlantik. Hier verteilten sich die Diamanten mit den Strömungen entlang der Küste nach Norden, lagerten sich ab oder wurden von der Brandung wieder an Land geworfen. Man musste sie wie um Kolmanskop nur aufsammeln. Ab 1930 verschob sich die Produktion an andere Fundorte im Sperrgebiet, wie Elizabeth Bay oder Bogenfels. In den 1950er-Jahren entdeckte Prospektor Reüning im Auftrag der südafrikanischen Minengesellschaft CDM Diamanten nördlich der Mündung des Oranje. Seither werden die Steine sowohl onshore, in Minen auf dem Festland, als auch im Atlantik offshore abgebaut.

Zu den größten sportlichen Herausforderungen für Wanderer in Namibia zählt die viertägige, rund 85 Kilometer lange Tour durch den Fish River Canyon (großes Bild), die aufgrund der sommerlichen Hitze nur in den kühlen Wintermonaten unternommen werden darf. Am Ende des Weges, der, den Fluss immer wieder querend, zwischen hohen Felswänden den Mäandern des Fish River folgt, belohnt das Thermalbad an den heißen Quellen von |Ai-|Ais.

Auch Felsgravuren als Zeugnisse früherer Bewohner sind an der Diamantenküste zu sehen.

Mit 507 Metern Höhe
ist der Muizenberg Peak
die höchste Erhebung
über der gleichnamigen
Stadt. Er gehört zum
Nationalpark Tafelberg.

Südafrika

Die Kulturen der Regenbogennation prägen Südafrika, und mindestens ebenso faszinierend sind die Vielfalt der Landschaften und die Fülle der Naturwunder. Besucher sind besonders vom Wildreichtum Südafrikas beeindruckt. Antilopen, Nashörner, Elefanten, Leoparden, Löwen und viele andere Tiere bevölkern Savannen, Wüsten und Urwaldgebiete der großen Nationalparks wie des Kruger National Park und die vielen kleinen Schutzgebiete.

Die wohl größte
Bergfynbos-Vegetation
der Welt bietet das
Biosphärenreservat
Kogelberg.

Unterwegs im Süden und Westen von Südafrika

Karges Land mit schier endlosen Wüstenebenen und zu Skulpturen erodierten Felsgebirgen prägt die nördliche Kapprovinz. Das Westkap erstreckt sich nur über eine kleine Fläche des Riesenlandes Südafrika, besitzt dabei aber eine Fülle von Attraktionen: Das lebhafte Kapstadt, die nostalgischen Güter des Weinlands und die bezaubernden Städtchen entlang der Garden Route sind nur einige der vielen Natur- und Kulturschönheiten. Eine zerklüftete, von Mangrovensümpfen und Urwäldern gesäumte Küste und das ländliche Grasland der ehemaligen Transkei prägen das Ostkap mit den beiden Hafenstädten East London und Port Elizabeth.

Südafrika
Northern Cape

Diamanten

1866 hatte ein 15-Jähriger im Oranje den ersten Diamanten entdeckt, der »Eureka« genannt wurde und 21 Karat hatte. Echtes Diamantenfieber setzte aber erst ein, als man drei Jahre später die Kimberley-Schlote fand: Die kostbaren Steine waren in erstarrtem Magma eingeschlossen – in Kimberlit, dessen Adern sich tief bis unter die Erde erstreckten. Mit dem Einstieg von Cecil Rhodes

Südafrika

Fläche: 1 220 000 km²
Bevölkerung: 51,8 Millionen
Hauptstadt: Pretoria
Größte Städte:
Johannesburg (4,43 Mio. Einwohner)
Kapstadt (3,74 Mio. Einwohner)
Durban (3,44 Mio. Einwohner)
Sprachen: Afrikaans, Englisch, Süd-Ndebele, isiXhosa, isiZulu, Nord-Sotho, Sesotho, Setswana, Siswati, Tshivenda, Xitsonga

*** |Ai-|Ais Richtersveld Transfrontier Park

Rund 160 000 Hektar Halbwüste und Wüste bilden die Vegetationszonen des Richtersveld National Park, der seit 2003 mit dem namibischen |Ai-|Ais/Fish River National Park als |Ai-|Ais Richtersveld Transfrontier Park eines der ersten grenzüberschreitenden Schutzgebiete des südlichen Afrika bildet und 2007 zum UNESCO-Welterbe erklärt wurde. Karge Landschaften und viele endemische Sukkulenten sind charakteristisch für die im Nordwesten an den Oranje-Fluss grenzende Region. Bis heute trotzen hier kleine Nama-Gruppen als Halbnomaden den Klimaschwankungen mit heißen Sommern und eisigen Winternächten. Als Wahrzeichen des Richtersveld gilt der Köcherbaum, eine Aloe mit filigran verzweigter Krone und goldglänzender Rinde. Früher höhlten die San die Äste aus und benutzten sie als Köcher für ihre Giftpfeile, daher auch der Name.

Nur widerstandsfähige Pflanzen überleben im Richtersveld.

** Augrabies Falls National Park

Der im Jahr 1967 gegründete Nationalpark umfasst neben den Wasserfällen Augrabies Falls ein rund 900 Quadratkilometer großes Gebiet extrem arider Landschaft, in der die Vegetation hauptsächlich aus Köcherbäumen, Dornbüschen und Opuntien (eine Kakteenart) besteht. Trotz der trocke-

in das Diamantengeschäft setzte ab 1880 der Konzentrationsprozess ein, elf Jahre später gehörten seiner Firma »De Beers Consolidated Mines« bereits 90 Prozent der damals bekannten Diamantenvorkommen welt-

weit. Bald dominierten Diamanten aus Südafrika den Weltmarkt. Allerdings steht das Land heute nicht mehr an erster Stelle im Diamantenexport – Angola, Russland und Botsuana haben ihm den Rang abgelaufen.

»Big Hole« in Kimberley ist das größte gegrabene Loch der Welt.

nen Umgebung ließ sich in den Galeriewäldern entlang des Oranje eine bunte Vogelwelt nieder. Zur Fauna zählen an die Wüste angepasste Gazellen, Paviane, Stachelschweine und

einige Spitzmaulnashörner, die hierher ausgewildert wurden. Eine Hauptattraktion sind die Wasserfälle des Oranje, die auf einer Breite von rund 150 Metern bis zu 56 Meter tief in die

Schlucht stürzen. Ein anderes, ganz eigenes Naturphänomen kann man nicht weit von hier bei Griquatown bewundern: Wenn sich die Sanddünen, vom Wind angetrieben, bewegen, entsteht ein rollendes, unheimliches Geräusch.

* Kimberley

Die Diamantenfundstätten um Kimberley liegen nicht oberirdisch in Flussläufen wie in anderen Regionen, sondern eingeschlossen in einen erstarrten vulkanischen Schlot, in Kimberlit-Gestein. 1869 wurden die Vorkommen entdeckt, daraufhin entwickelte sich Kimberley zu einer Stadt mit 10 000 Einwohnern, die in ihren Claims dem Glück nachjagten. Der englische Abenteurer und Vater Rhodesiens, Cecil Rhodes,

gründete 1880 die »De Beers Consolidated Mines«, benannt nach der Familie, deren Claims er aufgekauft hatte. Acht Jahre später hatte er seinen größten Konkurrenten Barnato geschluckt und die De Beers Consolidated Mines geschaffen, bis heute Quasi-Monopolist im südlichen Afrika. Zum Firmenkonglomerat gehört auch Finsch, eines der modernsten Bergwerke der Welt. Aber das den Boom auslösende »Big Hole« wurde schon 1914 mangels Rentabilität geschlossen.

Linke Seite oben: In steinigen Wüsten wie im |Ai-|Ais Richtersveld Transfrontier Park fühlt sich der Köcherbaum am wohlsten. Oben: Augrabiesfälle.

Als habe ein böser Geist den
Stein in Brand gesteckt,
sodass er jetzt glüht wie eine
Wand aus Lava: Köcherbäume
vor spektakulärer Kulisse.

Köcherbäume sind perfekte Wasserspeicher: Ihre Wurzeln können in kurzer Zeit selbst kleinste Mengen an Flüssigkeit aufnehmen.

** Namaqualand

Namaqualand prägen Höhenzüge, die von weiten, teils sandigen Ebenen wie zum Beispiel im Goegap Nature Reserve bei Springbok unterbrochen werden. Für spektakuläre Farbspiele sorgt in dieser ariden Region die jährliche Wildblumenblüte: Zwischen Juli und September überzieht diese die sonst graugelbe Landschaft mit einem kunterbunten Blütenteppich, der zahlreiche Insekten anzieht. Mit geübtem Auge lassen sich dann Tiere wie das Wüstenchamäleon beobachten, das im Gegensatz zu seinen auf Bäumen lebenden Artgenossen ein reiner Bodenbewohner ist. Die winzige Namaqualand-Flachschildkröte zählt mit kaum zehn Zentimetern Größe zu den kleinsten Schildkröten weltweit. Dass auch diese Region in früheren Zeiten von nomadisierenden Volksgruppen durchstreift wurde, belegen eindrucksvoll die Felsmalereien in den südlich angrenzenden Zederbergen.

** Namaqua National Park

Vor allem zur Wildblumenblüte im Frühjahr der Südhalbkugel bietet der Nationalpark einen spektakulären Anblick. Er ist Teil der Sukkulenten-Karoo, deren Artenvielfalt einmalig ist für eine so aride Region. Über 3000 verschiedene Pflanzen, darunter 1000 Endemiten, leben einen Großteil des Jahres nur von der Feuchtigkeit der Nebelbänke, die vom Atlantik landeinwärts ziehen, oder von in Stamm, Wurzel oder Blättern gespeichertem Wasser, um dann nach den Winterregen in einem Blütenmeer zu explodieren. Neben den Blumenteppichen beherrschen die prägnanten Silhouetten der Köcherbäume das Landschaftsbild. Ebenso vielfältig ist der Reichtum an Insekten und Rep-

tilien, darunter die kleine Namaqualand-Flachschildkröte. Unter den acht verzeichneten Schlangenarten sind so gefährliche Exemplare wie Puffotter und Kapkobra, die beide hochgradig giftig sind.

* Goegap Nature Reserve

Goegap, in der Sprache der Nama die »Quelle«, hat sich aus einem aufgelassenen Kupferabbaugebiet entwickelt und ist damit ein gutes Beispiel für die Selbstheilungskräfte der Natur – vorausgesetzt, sie wird geschützt. Das rund 16 000 Hektar große Areal östlich des Städtchens Springbok besteht aus wüstenhafter Berglandschaft mit weiten Tälern, in denen Wasserlöcher dem Wild das überlebensnotwendige Nass bereitstellen. Der Trockenheit angepasste Tiere wie der majestätische Gemsbok, Springböcke, Hartmannsche Bergzebras und Strauße zeigen sich ohne Scheu den Besuchern, die das Areal auf einem der Geländewagen vorbehaltenen Trails erkunden. Vegetationslose Berghänge, zu fantastischen Figuren erodierte Granitskulpturen, dazwischen wurzelnde Köcherbäume und der von den Nama als Halbmensch bezeichnete *Pachypodium namaquanum* prägen das Landschaftsbild.

Wenige Millimeter Regen im Juli und August reichen aus, um aus der sonst trostlosen Ödnis des Namaqualands ein Fest der Farben zu machen (großes Bild). Es ist ein gieriger Lebensrausch der Pflanzenwelt, dem ein langer Kater folgen wird. In den wenigen Monaten der Regenzeit sprudelt die Natur geradezu vor Artenvielfalt über, bis das lange Warten auf Regen Jahr für Jahr erneut einsetzt.

Kegelkopfschrecke im bunten Farbenkleid

UNESCO-Welterbe Richtersveld

Das Richtersveld im äußersten Nordwesten Südafrikas ist eine spektakuläre Bergwüstenlandschaft mit ungewöhnlicher Sukkulentenflora. Hier leben seit zwei Jahrtausenden die halbnomadischen Viehzüchter der Nama. Die Nama gelten als der letzte überlebende Zweig der Khoi Khoi, die neben den San die Ureinwohner des südlichen Afrika darstellen. Die Nama konnten hier im abgelegenen Richtersveld bis auf den heutigen Tag überleben. Hier können sie ihre halbnomadische Lebensweise praktizieren, zu der die saisonale Wanderung zu jahreszeitlich wechselnden Weidegebieten gehört – eine bereits 2000 Jahre währende Tradition. Ihre transportablen Kuppelhütten – »haru oms« genannt – bestehen aus sich überschneidenden Holzreifen.

Käfer auf einer Hyazinthenart

Köcherbaum im steinigen Goegap-Naturreservat

Südafrika
Northern Cape

** Cederberg Mountains

Bis zu einer Höhe von 2000 Metern erheben sich die zerklüfteten Zederberge. Die Gebirgsinsel voller dicht bewaldeter Schluchten sowie bizarr erodierter Felsbrücken und Steinpfeiler inmitten der Ebenen des Sandvelds diente den nomadischen Jagdgruppen der San – von den holländischen Siedlern abschätzig Buschmänner genannt – als Jagdgebiet. An den Felswänden der Höhlen, in denen sie Unterschlupf fanden, haben die San zahllose Felsbilder hinterlassen. In dem als Nationalpark geschützten Gebiet leben verschiedene An-tilopenarten wie Buntbock und Oryx sowie Bergzebras. Leoparden und Karakals gehen in den steinigen Höhen auf Jagd, und natürlich schätzen auch mehrere, teils giftige Schlangenarten die harsche Umgebung. Die namensgebende und hier endemisch vorkommende Clanwilliam-Zeder hat nur noch in wenigen, isoliert wachsenden Exemplaren überlebt.

* Bakkrans Nature Reserve

Mit der Einrichtung des Bakkrans Nature Reserve gingen mehrere private Landbesitzer im Gebiet der Zederberge ei-

»Lots Frau« heißt diese Steinformation in den Zederbergen.

Felsbilder der San in den Zederbergen

Die ältesten Felsbilder Südafrikas werden auf die Zeit vor 28 000 Jahren datiert. Die über 2500 Malereien unter Überhängen oder in Höhlen der Zederberge sind nach Schätzungen der Archäologen vor 200 bis 8000 Jahren entstanden. Die meisten Malereien zeigen Jagdwild, aber auch Raubtiere und Schlangen. Menschen sind in Reihen hintereinander stehend oder gehend bei der Jagd oder beim Sammeln von Veldkost dargestellt. Viele Motive sind rätselhaft, so die sonderbaren Mischwesen zwischen Mensch und Tier. Lange war es umstritten, wer diese Bilder anfertigte, denn die San, die als Jäger und Sammler im südlichen Afrika lebten, behaupteten, die Felstableaus stammten von den Göttern. Inzwischen gilt aber als gesichert, dass die Vorfahren der San die Schöpfer waren.

Ein Gebänderter Gürtelschweif im Bakkrans-Naturreservat

nen mutigen Schritt hin zum Schutz bedrohter Tier- und Pflanzenarten. Die Farmer gaben 1997 die Nutztierhaltung auf, die das empfindliche ökologische Gleichgewicht der ariden Region stark geschädigt hatte, schlossen sich zusammen und rissen die trennenden Zäune zwischen ihren Besitzungen ab, um dem Wild so großräumigere Wanderungen zu ermöglichen. Wichtigstes Anliegen war und ist die Rettung der bedrohten Bergzebras, von denen nur noch 37 Exemplare auf dem Gebiet des Nature Reserve lebten. Ein Teil des Naturschutzgebietes ist heute exklusivem, dabei aber nachhaltigem Tourismus vorbehalten, in anderen Regionen wird die Hegegemeinschaft umsichtig mit neuem Wild bestückt, das den früheren Artenreichtum wiederherstellen soll.

Oben: Regenbogen im Tal bei der Mooiberg-Farm, die wie die Bakkrans-Farm in das Naturreservat integriert wurde. Zu erreichen sind beide über Schotterstraßen durch die kleinen Orte Op-die-Berg und Wupperthal, deren Ursprünge unschwer an ihren deutschen Namen zu erkennen sind.

** Lamberts Bay

Der Fischerort an der Westküste hat einen überregionalen Ruf als Zentrum des Langustenfangs. Viele der delikaten Krebstiere landen gleich nach dem Fang in den Küchen der zahlreichen die Bucht säumenden Restaurants. Fast ebenso berühmt ist die Qualität der Kartoffeln, die in den sandigen Böden des Sandveld gedeihen. Wie die meisten anderen Siedlungen an der Westcoast ist auch Lamberts Bay trotz seiner einladenden Strände kein Ziel für den Badeurlaub. Der Atlantik erreicht selten Temperaturen über 16 °C. Vogelbeobachter kommen voll auf ihre Kosten, denn auf der vorgelagerten Insel Bird Island lebt eine Kolonie von über 25 000 Kaptölpeln. Neben den blauäugigen Tölpeln segeln Kormorane und Möwen durch die Luft. Auch Brillenpinguine leben am Strand. Früher wurde auf Bird Island Guano abgebaut; heute steht die Insel unter Naturschutz.

** West Coast National Park

Der 27 000 Hektar große West Coast National Park wurde 1985 eingerichtet, um die hier besonders artenreiche Vogelwelt zu schützen. Sein Kerngebiet ist die von Marschland und Salzpfannen umgebene Langebaan-Lagune. Das etwa 6000 Hektar große Feuchtgebiet wurde zum beliebten Rastplatz für heimische Wat- wie paläarktische Zugvögel. Solche finden sich im September nach ihrer Reise gen Süden im Nationalpark ein; dann bevölkern bis zu 37 000 gefiederte Gäste die ganze Lagune. Im März sammeln sich große Schwärme für den Heimflug nach Norden. Der Nationalpark liegt im Winterregengebiet; die Niederschläge in der kalten Jahreszeit sind gering. Die Pflanzenwelt bezieht die von ihr benötigte Feuchtigkeit aus den Morgennebeln. An die harten Umweltbedingungen ist die charakteristische Fynbos-Vegetation des Strandveld hervorragend angepasst.

* Swartland

Als der Forschungsreisende Cieter Cruyhos 1652 von einer Erkundung des Landesinneren nach Kapstadt zurückkehrte, berichtete er dem Kolonieverwalter Jan van Riebeeck, das Land dort sei schwarz. Die Farbe verdankt die deshalb Swartland benannte Region der dunklen, fruchtbaren Erde, auf der die Siedler zunächst Weizen pflanzten. Erst seit Ende der Apartheid wird im Swartland auch im großen Stil Wein angebaut. Heute gedeihen hier einige der besten Tropfen Südafrikas, denen die kühleren klimatischen Bedingungen besonders zusagen. Unter den Swartland-Winzern sind viele »junge Wilde«, die experimentierfreudige Tropfen produzieren, so etwa das Familienunternehmen Mullineux. Aber auch Traditionsbetriebe wie Allesverloren sind ansässig. Die Familienlegende erzählt, dass der erste Besitzer dieses Guts 1806 eine böse Überraschung erlebte, als er von einer Reise nach Kapstadt heimkehrte: Hof und Kellerei waren abgebrannt.

* Tulbagh

Von ausgedehnten Obst- und Weingärten umrahmt, wurde Tulbagh 1969 von einem Erdbeben verheert und hernach mustergültig rekonstruiert. Das Zentrum um die Church Street gilt als einheitlichstes Ensemble kapholländischer Architektur im Land. Das älteste Gebäude des Städtchens ist die 1743 errichtete Oude Kerk (Alte Kirche).

Rechte Seite: Kaptölpel an der Lamberts Bay (oben) und ein Flughuhn im West Coast National Park (unten).

Die trockene Westküste ist Heimat einer besonderen, ...

... artenreichen Pflanzengesellschaft, des »Fynbos«.

Kuhreiher im West Coast National Park

Dank der dunklen Erde zeigt sich das Swartland fruchtbar.

Südafrikas Westküste

Die Küstenlinie von Kapstadt nach Nordwesten ist ein arider, oft nur durch Nebelfeuchtigkeit gespeister Landstrich und Heimat einer besonders artenreichen Pflanzengesellschaft, die Fynbos genannt wird. Über 850 verschiedene Spezies wurden nachgewiesen. Ebenso spektaktulär ist der Vogelreichtum, den man hier immer wieder an vielen verschiedenen Orten bewundern kann: Dazu gehören Kormorane, Möwen und Flamingos, Pinguine kommen zum Brüten hierher an die Küste, im Sommer gesellen sich Zehntausende von Zugvögeln zu ihnen. Die Fischer an der lang gestreckten Bucht von Paternoster sorgen für eine andere – eine geschmackliche – Sensation: Sie holen köstliche Langusten aus dem kalten Atlantikwasser, das durch den Benguelastrom besonders nährstoffreich ist.

Südafrika
Western Cape

** Great Karoo

Die Faszination einer Halbwüste erschließt sich besonders im Spiel von Licht und Schatten, wenn die aufgehende Sonne am Morgen bizarr verwachsene Sukkulenten in geheimnisvolle Wesen verwandelt oder die von widerstandsfähigem, bräunlichem Gras bestandenen Ebenen mit goldenem Licht überzieht. Als »Land des Durstes« bezeichneten die khoisprachigen Rinder- und Schafzüchter die Große Karoo. Es gibt nur wenige natürliche Wasserstellen, und Regenfälle sind selten. Trotzdem siedelten sich in der Halbwüste Farmer an. Sie pumpten das Wasser aus tieferen Erdschichten mit Windrädern nach oben und ließen genügsame Schafe und Ziegen weiden. Dass die Karoo gar nicht so unfruchtbar ist, wie es auf den ersten Blick erscheint, wird nach Regenfällen deutlich. Die Pflanzen erwachen aus ihrem Trockenheitsschlaf und überziehen die Wüste mit einem farbenfrohen Blütenmeer.

** Karoo National Park

Dem Schutz der besonderen Flora der Karoo und der Wiedereinführung früher hier lebender Wildarten hat sich der im Jahr 1979 gegründete Karoo-Nationalpark bei Beaufort West verschrieben. Die extensive Weidewirtschaft der Schaf- und Ziegenfarmer hatte das empfindliche ökologische Gleichgewicht der Großen Karoo so stark geschädigt, dass sie sich in Wüste zu wandeln drohte. Im Nationalpark haben Sukkulenten und die charakteristischen Bossies, die Karoo-Büsche, die Möglichkeit, sich von der Beweidung zu erholen. Auf rund 80 000 Hektar finden sich verschiedene Vegetationsformen, wie sie für die tiefer gelegenen Ebenen, aber auch für die bis 1911 Meter hohen Nuweveldberge typisch sind. Kuhantilopen,

Zähe Tiere wie die Klippspringer fühlen sich in der Karoo wohl.

Bontebok National Park

Südafrikas kleinster National-park wurde 1931 in der Nähe von Swellendam südlich der Swartberg Nature Reserve eingerichtet, um die vom Ausster-ben bedrohten Buntböcke zu schützen und ihre Population zu stabilisieren. Gestartet wur-de das 3500 Hektar große Re-servat mit einem Bestand von 30 Tieren; heute durchstreifen rund 160 der auffällig mit wei-ßer Blesse gezeichneten Anti-lopen das Areal. Bekannt ist der Park auch für seinen Vogel-reichtum. Von den vielen Beob-achtungsplätzen aus ist es ein Leichtes, Seeadler, Paradies-kraniche, Sekretäre, Würge-schnäpper und Haubenzwerg-fischer zu sehen. Die Lebens-ader des Parks ist der entlang seiner Südgrenze mäandernde Breede River, an dessen Ufer mehrere Aussichtspunkte lie-gen.

Pantherschildkröte im Swartberg-Naturreservat

Weißschwanzgnus, Elands, Ku-dus, Oryxantilopen, Springbö-cke und Steppen- sowie Berg-zebras sind im spärlich be-wachsenen Land leicht zu er-spähen.

** Swartberg Nature Reserve

Den ersten Siedlern in der Grenzregion zwischen Kleiner und Großer Karoo erschien die bis 2325 Meter Höhe empor-wachsende und 200 Kilometer lange Gebirgskette schwarz; sie nannten sie Groot Swart-berg, Großer Schwarzberg. Aus der Nähe betrachtet erweisen sich die Swartberge allerdings eher als von rötlichem Gestein und dunkler Fynbos-Vegetation geprägt. Wegen des charak-teristischen Pflanzenkleides, das der Kapflora zugerechnet wird, zählen die Swartberge zum UNESCO-Weltnaturerbe. Eine in kühnen Serpentinen geführ-te, aussichtsreiche und nur zum Teil asphaltierte Straße überquert die Berge. Scheitel-punkt der Ende des 19. Jahr-hunderts angelegten Trans-versalen ist der 1568 Meter hoch gelegene Swartberg Pass. Zeugnisse der San, die lange vor den europäischen Siedlern das Gebirge durchstreiften, sind zahlreiche Felsbilder in Höhlen und unter geschützten Überhängen.

Oben: Inselberge wie der mar-kante Spandaukop, skulptur-artige Erosionsformen wie bei Beaufort West, mit Dornbü-schen bestandene Ebenen und immer wieder grüne, wasser-reiche Täler – all das prägt die faszinierende Landschaft der Großen Karoo. Wechseln-de Licht- und Wetterstimmun-gen tun ein Übriges, um der endlos scheinenden Land-schaft immer wieder neue Ansichten zu bescheren. Die Halbwüste, deren Name sich passenderweise vom Wort der San für »trocken« ableitet, ist Heimat für einige besonders anpassungsfähige Tierarten.

145

Atlantic Ocean

Green Point Lighthouse
The Blue Train
Metropolitan Golf Course
Metropolitan Golf Course
Cape Town Stadium
Fo Wynar
GREEN POINT
Stephan Way
Dolts House
Beach Road
Serendipity Maze
GREEN POINT COMMON
Cricket Oval
Rugby
Green Point Track
GREEN POINT PARK
Three Anchor Bay
Stanley Pl.
Bill Peters Dr.
Three Anchor Bay Sports Ground
Tennis Club
Bill Peters Dr.
Rocklands Bay
Civic Center
Western Boulevard
Western Boulevard
ROCKLANDS BEACH
Beach Road
Seapoint Clinic
The Carneby Backpacker
Main Road
Protea Hotel Cape Castle
Main Road
N.S.R.I.
Main Road
Cape Royal Residence
THREE ANCHOR BAY
Ritz
Ellerton Primary School
The Oae 8 Hotel
Romney Park
DysArt
De Goede Verwachting
Cape Diem
Villa Zest
Winchester Mansions
Sea Point High School
Three Anchor Bay Baptist Church
High Level Road
St. Margaret Mary Catholic Church
Christian Brother's College Green Point
High Level Road
Graaff's Swimming Pool
Adelphi Shopping
Sea Point Boys Primary School
Joubert
Ocean View Dr.
Joubert Rd.
OLD MAL CEMENTE
The Cape Manor
Le Vendome
Royal Atlantic
Springbok Rd.
Noon Gun
Milton's Swimming Pool
Bickley House
BO-KAA
Boat Bay
The Dons Seapoint
Tafelberg Training Center
Protea Hotel Sea Point
Ellerslie Girls High School
Signal Hill 350
Lion's Rump
Karos Arthur's Seat
Winchester Mansions
SEA POINT
Sweet Ocean View
308
Schotscheklo Satellite School
Bo-Kaa Museu
Sea Point Swimming Pools
Sea Point Pavilion
Sea Point Fire Station
Sea Point Clinic
Table Mountain
National Park
Galleria
Herzlia Weizmann School
Atlantic Affair Boutique Hotel
Signal Hill Rd.
SCHOTSCHEKLOOF
Regent Road
Palm Garden
St. Mary's Maternity
The Cape Milner
Fresnaye Sports Club
275
Buitengracht Street
Varsity College
St. Martini Church
FRESNAYE
Mildene Steps
Military Rd.
Military Rd.
The Walden Suites
TAMBOERSKLOOF
Cape Town German School
Hippo
L. Jan van Riebeeck School
Tamboerskloof Prim. School
Bertram House

0   250 m

146

Kap-Halbinsel

1998 wurde die Kap-Halbinsel mit ihrer besonderen Flora und den hier lebenden Tieren unter Naturschutz gestellt, seit 2004 zählt sie zum UNESCO-Weltna-turerbe. Zahlreiche Proteen blühen am Wegesrand, zudringliche Paviane und scheue Böckchen, Warzenschweine, Strauße und Bergzebras kann man in dem felsigen Gelände vom Auto aus oder auf einem der vielen markierten Wander-wege erspähen. Höhepunkte der Wildbeobachtung sind allerdings Wale und Delfine, die zu bestimmten Jahreszeiten in großen Verbänden die False Bay aufsuchen. Durchaus adre-nalinsteigernden Fahrspaß und einzigartige Panoramen hält der kühn in den Fels des Chapman's Peak geschlagene Straßenabschnitt bereit. Park-buchten ermöglichen den Blick auf die Hout Bay.

*** KAPSTADT

Dank der einzigartigen Lage am Fuß des Tafelbergs gilt Kapstadt als eine der reiz-vollsten Metropolen der Welt.

Diese Attraktivität lockt nicht nur immer mehr Touristen an die Südspitze Afrikas, sie spiegelt sich auch im rasanten Wachstum des Foreshore genannten Finanzdistrikts zwischen Hafen und Tafelberg, in dem sich namhafte Unternehmen, Bankinstitute und Kanzleien niederlassen. Viele Kapstädter fürchten, dass die bislang so lässige und lebensfrohe Stadt durch diese Entwicklung

Gesichter einer Stadt: Victoria & Alfred Waterfront und Trubel auf der Long Street

leiden könnte. Doch noch bildet die glitzernde Skyline von Foreshore nur eine kleine Insel im Meer der niedrigen, teils noch aus der Kolonialzeit stammenden Häuser, die Kapstadt sein charakteristisches Gesicht verleihen. In Vierteln wie Bo-Kaap oder den Straßen rund um die Long Street ist das lebensfrohe, multikulturelle Kapstadt noch überaus lebendig.

Abends strahlt die Stadt ein warmes Licht aus. Am Horizont kann man die Tafelbucht erahnen, die für Schiffe bei Sturm schon oft Schutz bot.

Wenn man die Hochhäuser und den modernen Hafen betrachtet, ist es schwer vorstellbar, dass hier erst im 17. Jahrhundert holländische Siedler eine Versorgungsstation errichteten.

Südafrika
Kapstadt

Geschichte Kapstadts

Als am 7. April 1652 der Niederländer Jan van Riebeeck im Auftrag der Ostindien-Kompagnie in der Table Bay vor Anker ging, waren er und sein Häuflein Pioniere die ersten Weißen vor Ort, begrüßt ausschließlich von Khoikhoi (»Hottentotten«) und San (»Buschmännern«). Das Fort am Kap wurde im Nu zur »Taverne der Meere«, der häufig lebensrettenden Zuflucht und Ver-

** Castle of Good Hope Als Jan van Riebeeck 1652 mit 72 Männern und acht Frauen am Kap landete, galt die erste Sorge der Kolonisten einer sicheren Unterkunft. Eine erste aus Holz errichtete Bastion wurde in den Jahren 1666 bis 1679 durch einen massiven Steinbau ersetzt, für den man sogar Holzbalken aus Skandinavien heranschaffte. Das Castle of Good Hope gilt als Südafrikas ältestes Steingebäude. Die Festung hat die Form eines Fünfecks und ist durch mächtige Mauern und Wassergräben geschützt. Bis heute blieb ihre militärische Funktion erhalten: Hier residiert das oberste Kom-

mando der Kapprovinz. In einem Teil der Räumlichkeiten zeigt die William Fehr Collection of Africana in Form von Antiquitäten, Porzellan und Gemälden, wie wohlhabende Kolonisten damals lebten. Besonders schön anzusehen ist der Balkon mit seiner Freitreppe, dessen Baldachin von kannelierten Holzsäulen getragen wird.

*** South African Museum Das 1825 gegründete South African Museum in einem historischen Bau an den Company's Gardens lädt zu einer spannenden Reise in die Geschichte Südafrikas ein. Angefangen bei

über 700 Millionen Jahre alten Fossilien von Insekten und Fischen über erste menschliche Zeugnisse aus einer Zeit vor 120 000 Jahren, schlägt das Museum einen Bogen bis zur heutigen Kultur der San, die als Nachkommen der Ureinwohner Südafrikas gelten. Interessant sind vor allem die umfangreiche Sammlung archäologischer Funde und die Präsentation von Natur und Tierwelt, so der unterseeischen Flora und Fauna am Beispiel eines Kelpwaldes. Diese mächtigen Algenwälder bilden die typische Unterwasservegetation an der Küste der Cape Peninsula. Sonderausstellungen wandern auf Spuren der

afrikanischen Dinosaurier oder folgen den Routen der Wale um die Südspitze Afrikas.

*** Long Street Kapstadts quirlige, multikulturelle Arterie durchquert das Stadtzentrum und endet heute kurz vor dem Hafenbereich – früher führte die Long Street bis ans Wasser. Gesäumt von teils wunderbar restaurierten, viktorianischen Häusern mit schmiedeeisernen Balkonen gilt sie als Aushängeschild der Kapmetropole. Hier residieren Edelboutiquen neben Läden mit Heilkräutern und magischen Pülverchen, Schnellimbisse neben Gourmetrestaurants, schicke Hotels neben

sorgungsstation für Seefahrer auf dem Weg zwischen Europa und Ostasien. Nach dem Ruin der Ostindien-Kompagnie übernahmen die britischen Kolonialherren ab 1814 die Macht in der Kapkolonie, die erst 1910 in der Südafrikanischen Union aufging. Die grausame Rassentrennung der Apartheid prägte bis 1990 das Stadtbild, seither setzte ein Umschwung ein, und Kapstadt zeigt ein heterogenes, modernes Gesicht.

Wie schön ein bunter Mix aus allen Kulturen sein kann, erlebt man auf der Long Street.

billigen Absteigen. An der im 17. Jahrhundert angelegten Straße eröffnete 1809 das erste Einzelhandelsgeschäft. Bereits in der Apartheidära stand die Long Street für Toleranz und Zusammenleben der unterschiedlichsten Volksgruppen. Keine Frage, dass auch Cape Towns berühmtester Festumzug, die »Cape Minstrels Second New Years Street Parade«, einige Tage nach Neujahr ihren Weg durch die Long Street nimmt.

Linke Seite: Wachablösung am Castle of Good Hope; oben: Darstellung der San im South African Museum.

Südafrika
Kapstadt

Wenn das Wasser abends im Hafen sanft glitzert, lohnt es sich, an der V&A Waterfront noch ein wenig entlangzuspazieren.

Nelson Mandela

Nelson Mandela zählte zu den charismatischsten Persönlichkeiten unserer Zeit. Er war Symbol des Widerstands gegen rassistische Unterdrückung und des friedlichen Miteinanders der Völker. 1993 erhielt er den Friedensnobelpreis zusammen mit Willem de Klerk, dem weißen Präsidenten Südafrikas, der die Zeichen der Zeit erkannt und die Freilassung Mandelas verfügt hatte – nach annähernd drei Jahrzehnten Haftstrafe. 1964 war er wegen Hochverrats zu lebenslanger Haft verurteilt worden – er wurde zum Wortführer der unterdrückten Mehrheit in Südafrika und zum berühmtesten politischen Gefangenen der Welt. Doch erst 1990 fruchteten die internationalen Forderungen nach seiner Freilassung. 1994 wurde er zum ersten schwarzen Präsidenten Südafrikas gewählt. Mandela verstarb 2013.

*** Bo-Kaap Bo-Kaap ist eines der malerischsten Stadtviertel von Kapstadt. Steile, schmale Gassen werden von niedrigen, in Pastelltönen gestrichenen Häusern gesäumt; hier und da erblickt man das Minarett einer Moschee. In Bo-Kaap leben die Nachfahren von Sklaven, die im 17. und 18. Jahrhundert aus Indonesien, Sri Lanka, Indien und Malaysia verschleppt wurden. Die meisten sind muslimischen Glaubens und bewahrten Sprache wie Kultur ihrer Heimatländer. Als Instrument der Verständigung über Volks- und Sprachgrenzen hinweg entwickelte sich hier das Afrikaans, die Verkehrssprache des südlichen Afrika. Der alljährlich am 2. Januar gefeierte Coon Carnival erinnert an den einzigen arbeitsfreien Tag des Jahres, der den Sklaven damals zugestanden wurde. In knallbunten Anzügen mit Frack und Zylinder paradieren die Bo-Kaaper dann durch Kapstadts Innenstadt.

*** Victoria & Alfred Waterfront Wo heute an der Waterfront Touristen und Einheimische ein Vergnügungsviertel mit Cafés, Restaurants und vielen weiteren Attraktionen genießen, lag früher Kapstadts quirliger Hafen. Zwischen den Jahren 1860 und 1920 wurde der Hafen mit zwei nach Königin Victoria und ihrem Sohn Prinz Alfred benannten Hafenbecken ausgebaut. Als diese um die Mitte des 20. Jahrhunderts für den modernen Containerschiffsverkehr zu klein geworden waren, verlegte man den Industriehafen. Lange Zeit verrotteten Anlagen und Gebäude, bis Anfang der 1990er-Jahre das Projekt »Waterfront« geboren wurde. Heute bildet die mittlerweile restaurierte Industriearchitektur des ausgehenden 19. Jahrhunderts einen stimmungsvollen Rahmen für Konzerte und Veranstaltungen. Dass es nach wie vor einen Hafenbetrieb mit Jachten und Ausflugsbooten gibt, verleiht der Waterfront Authentizität.

Abbildungen oben: Wer behauptet, Kapstadt sei grau und eintönig, war noch nicht in Bo-Kaap. Typisch für das am Fuß des Signal Hill zwischen Rose, Wale, Chiappini und Shortmarket Street gelegene Stadtviertel sind seine bunten Häuser und die abschüssigen Straßen. Ob die Bewohner bei dem Anstreichen ihrer leuchtenden Häuser den Spruch »Ich male mir die Welt, wie sie mir gefällt« im Kopf hatten?

Majestätisch beherrscht der
Tafelberg die abendliche
Waterfront. Die Einkaufspas-
sagen versprechen ungetrüb-
tes Shoppingvergnügen.

Der Tag neigt sich dem Ende zu, doch wer denkt, dass Kapstadt dann menschenleer ist, hat sich geirrt. Die V&A Waterfront mit ihrem Riesenrad lädt zum Bummeln ein.

Südafrika
Kapstadt

* Victoria Wharf Mall »Shop 'til you drop« – Einkaufen bis zum Umfallen – scheint das Motto an Kapstadts Waterfront zu sein. Eine der schönsten und größten Möglichkeiten hierzu bietet die Shoppingmall Victoria Wharf, direkt gegenüber vom Clock Tower errichtet. Von Adidas bis Zara sind hier alle bekannten Modemarken vertreten, dazu noch Buchhandlungen, Elektronikmärkte und vor allem viele kleine Juweliere. Food Courts und Restaurants sorgen für das leibliche Wohl der gestressten Powershopper. In Workshops können Besucher die Tradition des afrikanischen Kunsthandwerks erlernen. Anfang der 1990er-Jahre vollendet, überzeugt das Center aber nicht nur durch seine Läden, sondern auch durch seine Architektur, die von einem südafrikanischen Architekturbüro entworfen wurde. Elegant gelang hier eine Mischung aus viktorianischem Stil und buntafrikanischer Lebensfreude.

** Two Oceans Aquarium Die Unterwasserwelt beider Ozeane, des Indischen wie des Atlantischen, präsentiert das Two Oceans Aquarium an der Waterfront in seinen Wassertanks. Spektakuläres Herzstück der Anlage ist der zwei Millionen Liter Wasser fassende und über mehrere Stockwerke reichende Open Ocean Tank, in dem Haie und Rochen ihre Bahnen ziehen. Als bewegter Unterwasser-Urwald entpuppt sich der Kelpwald, der die küstennahen Gewässer prägt und

Aug' in Aug' mit dem Raubtier: Sandtigerhai im Aquarium

einer erstaunlichen Artenvielfalt Nahrung und Schutz bietet. Didaktisch hervorragend aufbereitet ist das Diorama, in dem Besucher den Weg eines Flusses von der Quelle bis zur Mündung ins Meer verfolgen können. Einen putzigen Anblick bieten die Felsenpinguine, die eigentlich nicht in Afrika zuhause sind, am künstlichen Sandstrand, an dem

Robben Island

Die sechs Quadratkilometer große Felseninsel vor Kapstadt diente seit Beginn der Kolonisierung als Gefängnisinsel – portugiesische Sträflinge hielt man hier ebenso unter Verschluss wie schwarze Sklaven und schließlich die politischen Gefangenen der Apartheidzeit. Nelson Mandela, Häftling Nr. 466/64, wurde 1964 zu lebenslanger Freiheitsstrafe verurteilt. Bis April 1982 war er auf Robben Island, danach im Hochsicherheitsgefängnis Pollsmoor bei Kapstadt und schließlich ab Dezember 1988 im Victor-Verster-Gefängnis bei Paarl inhaftiert, ehe er am 11. Februar 1990 endlich aus der Haft entlassen wurde. Heute erkunden Besucher das Museum wie den Gefängnistrakt und erhalten während einer Rundfahrt auch Erläuterungen über die Tierwelt der Insel, die seit 1999 zum UNESCO-Welterbe zählt.

Ausgefallene Architektur: Victoria Wharf Mall

Ebbe und Flut simuliert werden. Nicht nur Touristen besuchen das Two Oceans, auch zahlreiche Schulklassen lernen in ihm die maritime Umwelt kennen.

*** Tafelberg Das einheimische Nomadenvolk der Khoikhoi nannte ihn »hoeri kwaggo«, was »Seeberg« bedeutet; seinen heute gebräuchlichen Namen verdankt der Tafelberg seinem europäischen Erstbesteiger: dem Portugiesen António de Saldanha, der ihn 1503 »Taboa do Cabo« (»Tafel des Kaps«) taufte. Zu Fuß muss das imposante Massiv mittlerweile niemand mehr erklimmen: Eine bequeme Gondelbahn bringt Besucher hinauf. Eine Reihe weiterer markanter Gipfel rahmt den Berg und die Stadt ein, darunter Lion's Head und Signal Hill im Nordwesten sowie die Zwölf Apostel im Südwesten. Das Panorama mit der Millionenmetropole, der tiefblauen False Bay und den weit ins Meer hinauswachsenden Felszacken der Kaphalbinsel ist atemberaubend. Für Ablenkung sorgen die zutraulichen, Murmeltieren ähnelnden Klippschliefer, die auf dem Tafelberg um Futter betteln.

Er ist das bekannteste Wahrzeichen Südafrikas. Und das völlig zu Recht: Denn egal ob in den frühen Morgenstunden (oben) oder zum Sonnenuntergang – der 1087 Meter hohe Tafelberg ist zu jeder Tageszeit schön anzusehen. Sein markantes Plateau versinkt unter dem bekannten »Tischtuch«, einer dicken Wolkendecke, wenn der »Kapdoktor« genannte Südostwind weht. Beliebtes Ausflugsziel ist der Botanische Garten. Alleine seine Lage am Fuß des Tafelbergs sorgt für spektakuläre Perspektiven. Die Blüte der Königsproteen sowie der pinkfarbenen Watsonia sind die Höhepunkte im Jahreslauf. Ganzjährig blühen hier zahlreiche Orchideenarten.

Typische Vertreter der südafrikanischen Flora gedeihen auf dem 528 Hektar großen Areal der National Botanic Gardens am Osthang des Tafelbergs. Davon sind nur 36 Hektar kultiviert, das übrige Gelände ist einer wild wachsenden Fynbos-Vegetation überlassen. Wegen des feuchten Klimas am Kap werden Pflanzen aus warmen Trockengebieten in Gewächshäusern gezogen. Zu den Attraktionen zählt der Steingarten mit 15 verschiedenen Proteenarten, die zwischen Mai und Oktober blühen. Ein Dufterlebnis erwartet den Besucher im Kräutergarten. Historische Bedeutung hat die 1660 von Jan van Riebeeck gepflanzte Hecke aus wilden Mandelbäumen. Auch die von Cecil Rhodes im Jahr 1898 angelegte Allee aus Kampferbäumen wird aus historischen Gründen erhalten; beide Baumarten gehören nicht zur autochthonen südafrikanischen

Flora, auf die der Botanische Garten sonst ausschließlich spezialisiert ist. Unter einer mächtigen marokkanischen Atlaszeder befindet sich das Grab des ersten Direktors von Kirstenbosch, Harold Pearson. Besucher genießen in Kirstenbosch aber nicht nur die bunte Pflanzenvielfalt: In den Sommermonaten unterhalten abendliche Konzerte zum Sonnenuntergang, gelegentlich werden hier Kunsthandwerksmärkte veranstaltet.

Südafrika
Western Cape

Kapstadts Wasserratten haben die Qual der Wahl zwischen den Stränden auf der Atlantikseite der Kaphalbinsel und jenen entlang der False Bay, die zwar ebenfalls zum Atlantik gehört, vom kalten Benguelastrom aber nicht berührt wird. Diese von der Antarktis kommende Strömung kühlt die Gewässer entlang der Westküste auf empfindliche 12 bis 15 °C ab, in der False Bay

** Clifton

Das südlich an Kapstadt anschließende Clifton wurde als Siedlung für Soldaten gegründet, die aus dem Ersten Weltkrieg zurückkehrten. Heute gilt der Ort an der von vier Traumstränden gesäumten Bucht als eines der teuersten Pflaster Südafrikas. Die Grundrisse der winzigen Häuschen aus früherer Zeit bestimmen bis heute den Zuschnitt der Neubauten. Viele Villen stehen malerisch auf Klippen über der Clifton Bay, denn der über dem Ort aufragende Lion's Head steigt relativ steil aus dem Meer und lässt entlang der Strandlinie nur wenig Raum für Bebauung. Obwohl das Wasser des Atlantiks selten Temperaturen von mehr als 18 °C erreicht, kommen im Sommer zahlreiche Kapstädter nach Clifton, um zu baden oder Wassersport zu treiben. Dies allerdings streng nach Interessensgruppen geordnet, denn jeder Strand wird von einer bestimmten Gesellschaftsschicht bevorzugt.

*** Twelve Apostles und Camps Bay

Nach Südwesten zu, dem Verlauf der Panoramastraße um die Kaphalbinsel folgend, schließt die Bergkette der Zwölf Apostel an den Tafelberg an. Ihre zackenförmig erodierten Gipfel ragen wie rostrote Sägezähne über dem Kapstädter Vorort Camps Bay empor. Seinen Namen verdankt dieser Bergzug dem britischen Gouverneur Rufane Donkin, der glaubte, in jedem der zwölf

Exklusive Wohngegend: Villen direkt am Meer vor Clifton

steilen Zacken einen bestimmten Apostel zu erkennen. Die Bucht mit ihren puderfeinen weißen Stränden ist bei den Kapstädtern vor allem am Wochenende ein beliebtes Ausflugziel, auch wenn der hier dank des antarktisch geprägten Benguelastroms deutlich eisgekühlte südatlantische Ozean nur die Mutigsten zum Sprung ins Wasser animiert.

hingegen kann sich das Meer an warmen Sommertagen durchaus auf milde 20 °C erwärmen. Surfer und Windsurfer suchen im Atlantik vorrangig den Thrill mächtiger Wellenberge an den Stränden von Noordhoek und Long Beach. Wer es weniger sportlich mag, der wählt entlang der False Bay traditionelle Badeorte wie Muizenberg, wo im 19. Jahrhundert am breiten Sandstrand viktorianisch-prüde gebadet wurde.

Einer der wenigen Big-Wave-Surfspots der Welt: Hout Bay

Restaurants, Cafés und Diskotheken bieten den Feriengästen die gewünschte Unterhaltung, und die spektakulären Berge präsentieren sich als Wanderparadies.

** Hout Bay

Der Fischerort Hout Bay ist der nördliche Ausgangs- bzw. Endpunkt der spektakulären Küstenstraße Chapman's Peak Drive und ein bedeutender Ha-fen für den Fisch- und Langustenfang. Die von den Hügeln The Sentinel und Karbonkelberg eingerahmte Bucht erweckte die Aufmerksamkeit des Koloniegründers Jan van Riebeeck, weil sie so dicht bewaldet war; ihr Name »Hout« (holländisch = Holz) Bay verweist auf diesen Umstand. Ab Ende des 19. Jahrhunderts begann man, den Fischreichtum vor der Küste auch industriell zu verwerten – mit dem Bau der Konservenfabrik konnte der Fang nun auch entlegene Landesteile erreichen. Heute spielt neben der Fischerei der Tourismus eine wichtige Rolle im Alltag der Kleinstadt. Auf der vorgelagerten Insel Duiker Island tummeln sich bis zu 8000 Kap-Pelzrobben. Der Besuch der Kolonie ist ein ebenso faszinierendes wie geruchsintensives Erlebnis.

Oben: Der Bergrücken der Zwölf Apostel beschert dem Kapstädter Ferienvorort Camps Bay ein einzigartiges Panorama. Auch hier ist gelegentlich ein ähnlicher Effekt wie auf dem Tafelberg zu beobachten: Der »Kapdoktor« weht eine Wolkenschicht wie ein Tischtuch über das Plateau. Als Wanderregion erfreuen sich die Zwölf Apostel großer Beliebtheit. In fünf Stunden kann man von hier bis zum Tafelberg laufen. Schnelle Wetterumschwünge sind hier keine Seltenheit und erschweren eine Wanderung. Dafür entschädigen dramatische Anblicke.

Die Bergkette der Zwölf Apostel bildet eine eindrucksvolle Kulisse für Camps Bay, einen Vorort von Kapstadt.

Vom Lion's Head aus bieten sich die schönsten Ausblicke auf die Felsformation der Twelve Apostles.

Südafrika
Western Cape

* Kommetjie

Der südlichste Punkt des afrikanischen Kontinents ist bei Kommetjie zwar nicht erreicht, aber die Landschaft an diesem windumtosten Ort wirkt durchaus wie das Ende der Welt. Die kleine, gerade einmal 3000 Einwohner zählende Gemeinde zeigt sich besonders engagiert für den Erhalt einer intakten Umgebung. Noch vor 100 Jahren, zur Zeit der Ortsgründung, bestand das Umland aus Marschgebieten, in denen seltene Pflanzen heimisch waren. Zahlreiche Wasservögel suchten dieses feuchte Paradies auf, und bei den Familien aus der Umgebung war es üblich, zur Weihnachtszeit einige Tage beim Campen in den Wetlands zu verbringen. Bis heute lassen sich an den Brackwassern und auf Felssträenden um Kommetjie Rosaflamingos und Robben beobachten; von den dichten Milkwoodwäldern sind allerdings nur wenige Bäume erhalten.

* Kap der Guten Hoffnung

Der Portugiese Bartolomeo Diaz war 1488 der erste Europäer, von dessen gelungener Umseglung der Südspitze Afrikas die Nachwelt erfuhr – denn er kehrte auf dem gleichen Weg zurück. Da ihm am Kap jedes Mal Unwetter zusetzten, nannte er es »Kap der Stürme«. Später wurde »Kap der Guten Hoffnung« daraus, angeblich auf Anregung des portugiesischen Königs Johann II. Die Portugiesen waren aber sicher nicht die Ersten in diesem Teil der Weltmeere: Antiken Quellen zufolge umrundete bereits eine Expedition des Karthagers Hanno im 6. Jahrhundert v. Chr. Afrika. Auch stammten die Informationen, die den portugiesischen Entdeckungsfahrten zugrunde lagen, wohl von anderen Seefahrern, die diese Reisen zuvor unter-

Wegen der Meeresströmungen wurde in Kommetjie 1919 das Slangkop Point Lighthouse gebaut.

Chapman's Peak Drive

Die 1922 eröffnete, neun Kilometer lange Panoramastraße zwischen Hout Bay und Noordhoek mäandert in 114 Kurven und teils schwindelerregender Höhe entlang der Flanke des 592 Meter hohen Chapman's Peak. Sieben Jahre dauerte der Bau, den damals viele für unmöglich hielten. Hinter jeder Kurve eröffnen sich neue Ausblicke auf die steile Gebirgslandschaft und den Atlantik. Die vor allem bei Touristen beliebte Route war wegen Felsstürzen immer wieder gesperrt; ab 2000 durfte sie wegen Steinschlaggefahr nicht mehr befahren werden. Darauf übernahm ein privates Konsortium die Sicherung der Küstenstraße und erhebt seit ihrer Fertigstellung 2003 eine Mautgebühr. Doch auch jetzt ist das Befahren des Chapman's Peak Drive nicht immer möglich; nach Regenfällen ist die Straße oft gesperrt.

nommen hatten. Auf Diaz folgten Vasco da Gama und viele andere, doch erst deren Landsmann Antonio do Saldanha ankerte 1503 schließlich in der False Bay.

** Cape of Good Hope Nature Reserve

Die Südspitze der Kaphalbinsel steht als Table Mountain National Park unter Naturschutz. Den südlichsten Teil des 8000 Hektar großen Areals nimmt das Cape of Good Hope Nature Reserve ein. In ihm leben Paviane, Strauße, verschiedene Antilopenarten, Bergzebras und Robben; im Wasser können mit Glück Wale gesichtet werden. Die typische Kapflora ist u. a. mit strahlend schönen Proteen vertreten, die bunte Tupfer in die karge Landschaft setzen. Spazierwege erschließen diesen etwas unwirtlich, zugleich aber auch sehr faszinierend wirkenden Ort. Nur die teils richtig aggressiv um Nahrung bettelnden Paviane trüben das Vergnügen, im Naturschutzgebiet zu wandern. Beim windumtosten Cape Point, einer 249 Meter hohen Anhöhe, ist schließlich der südwestlichste Zipfel Afrikas erreicht. Zwei Leuchttürme weisen hier den das Kap der Guten Hoffnung umrundenden Schiffen den Weg.

Großes Bild: Auch für Seefahrer gilt die Küste vor dem Kap der Guten Hoffnung als eine der schönsten – allerdings auch tückischsten – der Erde. Seit dem 15. Jahrhundert gab es Tausende dokumentierte Schiffsunglücke vor der Südspitze Afrikas, die unbekannten Schicksale früherer Zeiten einmal außer Acht gelassen. Turbulent zeigt sich die See auch heute noch an den meisten Tagen. Wind und Wellen peitschen die hohe Gischt über die Felsen.

Strauße zählen – neben Pavianen – zu den häufigsten Vertretern der Kapfauna.

Brillenpinguine

Pinguine in Afrika? Die Natur ist immer wieder für eine Überraschung gut. Auch wenn man Pinguine allgemein mit der kalten Umgebung der eisigen Antarktis assoziiert, gibt es dennoch einige Unterarten, die in Äquatornähe brüten, etwa der Galápagospinguin auf den gleichnamigen Inseln. Brillenpinguine, wie sie am Boulders Beach vorkommen, sind die einzige Pinguinart, die auf dem afrikanischen Kontinent und einigen vorgelagerten Inseln zu finden sind. In großen Gruppen brüten sie an Land und gehen auch gemeinsam auf Fischjagd im kalten Wasser des Südatlantiks. Die Tiere, die bis zu 70 Zentimeter groß werden, gelten mittlerweile als in ihrem Bestand gefährdet, was vor allem an der Meeresverschmutzung und dem daraus resultierenden Mangel an Beutefischen liegt.

»Blouberg« wird der Strand genannt, weil der Tafelberg hier oft in bläulichem Licht erscheint.

Auch zahlreiche Südafrikaner zieht es zum Kite- und Windsurfen nach Blouberg Beach.

*** Boulders Beach

Den riesigen, von Wind und Meer fast sinnlich rund abgeschliffenen Felsbrocken verdankt Boulders Beach in Simon's Town seinen Namen. Die eigentliche Attraktion aber sind die Brillenpinguine, die in mehreren Kolonien an den drei Stränden des Städtchens leben. Eine ungewöhnliche Ortswahl für die possierlichen Vögel, die normalerweise abgelegene Felszungen oder Inseln bevorzugen. Brillenpinguine gelten als bedrohte Tierart, ihr Bestand ging innerhalb von 50 Jahren um 80 Prozent auf heute rund 25 000 Brutpaare zurück. In Boulders watscheln durchschnittlich 2000 Pinguine die Strände entlang. Auf eigens angelegten Plankenwegen dürfen sich Besucher den Tieren nähern und sie beobachten; es ist allerdings streng verboten, die Plattformen zu verlassen. Auch an den anderen Stränden von Simon's Town sind gelegentlich Pinguine zu sehen. Dort können menschliche Gäste auch sonnenbaden oder schwimmen.

** Blouberg Beach

Perlweiße Sandstrände und der atemberaubende Blick auf Kapstadt, den Tafelberg und Robben Island sind das Kapital des Bade- und Surfmekkas Blouberg Beach. Während englischsprachige Kapstädter den Stränden von Camps Bay den Vorzug geben, sind Blouberg Beachs sichelförmige Buchten Big Bay und Little Bay an den Wochenenden vor allem von Buren gut besucht. An den Surfspots der Big Bay finden regelmäßig internationale Wettkämpfe der Wind- und Kitesurfer statt, da der Wind hier beständig und zuverlässig weht. Die heute weitgehend moderne Ansiedlung entstand zu Beginn des 19. Jahrhunderts; ihr Name erinnert an eine der ersten unter Europäern ausgetragenen Schlachten auf südafrikanischem Boden am 8. Januar 1806. Die Battle of Blaauwberg leitete die britische Eroberung der niederländischen Kolonie ein.

Links: Mit vieren fing es 1982 an, heute leben über 3000 Pinguine am Boulders Beach.

Südafrika
Western Cape

** Betty's Bay

Betty's Bay zählt zu den unbekannteren Sommerfrischen an der Westküste. Der an sich unspektakuläre Ort lockt mit einer entspannten Atmosphäre und einer großen Attraktion: der Pinguinkolonie am Stoney Point. Hervorgegangen ist Betty's Bay aus einer früher ebenfalls am Stoney Point angesiedelten Walfangstation; ab 1930 entwickelte sich ein Ferienort, den ein gewisser Harold Porter gründete und nach der Tochter seines Chefs benannte. Porter selbst wiederum war Namensgeber des sehenswerten Botanischen Gartens, der sich von den Flanken des 917 Meter hohen Platbergs bis zum Ort erstreckt und eine repräsentative Auswahl der charakteristischen Fynbos-Flora, also Erika und Proteen, präsentiert. Betty's Bay ist zudem Teil des Kogelberg Nature Reserve. Die Bewohner von Betty's Bay achten besonders genau darauf, dass Besucher die Umwelt durch ihr Verhalten nicht schädigen.

** Hermanus

Der Mitte des 19. Jahrhunderts gegründete Ort Hermanus östlich von Kapstadt ist das Mekka der Walbeobachtung. Zwischen Juli und Dezember suchen große Schulen Südlicher Glattwale die Walker Bay auf, bis zu 150 Tiere versammeln sich an manchen Tagen in der Bucht. Damit niemand eine Walsichtung verpasst, bezahlt Hermanus seit Anfang der 1990er-Jahre einen Whale Crier, der mit seinem speziellen, aus Kelp und Tang geformten Horn mittels einem eigenen Signalcode die Position der Wale angibt. Hermanus selbst lebte lange Zeit vom Walfang, doch auch der Tourismus setzte sehr früh ein; bereits 1891 eröffnete das erste Hotel. Heute sind Ferienhaussiedlungen und Pensionen zu einer einzigen, lang gezogenen Agglomeration zusammengewachsen, in der der historische Ortskern am Alten Hafen kaum noch auszumachen ist. Der zwölf Kilometer lange Cliff Path folgt der Küstenlinie durch herrliche Fynbos-Vegetation vom Neuen Hafen bis zum Grotto Beach und eröffnet immer neue Ausblicke auf den Atlantik. Von ihm aus lassen sich auch die mächtigen Wale sehr gut beobachten.

** Kogelberg Biosphere Reserve

Das Naturschutzgebiet ist das erste von der Unesco deklarierte Biosphärenreservat Südafrikas und umfasst eine rund 100 000 Hektar große Region zwischen dem bis zu 1890 Meter hohen Gebirgszug des Kogelberg und der Küste. Geschützt ist außerdem das unterseeische Gebiet in bis zu 7,5 Kilometer Entfernung von der Küste, in dem u. a. mächtige Kelpwälder gedeihen. Die Region gilt als Hotspot der Artenvielfalt – so verzeichneten Botaniker über 77 endemische Arten. Sie sind Teil der Kapflora, die mit über 1300 Pflanzenarten auf einer Fläche von 10 000 Quadratkilometern einen größeren Reichtum aufweist als der brasilianische Amazonasurwald mit nur 400. Gemäß der Intention von Biosphärenreservaten wird der Mensch nicht ausgesperrt – Landwirte und Fischer dürfen im Schutzgebiet ihren Lebensunterhalt verdienen. Allerdings genießt Nachhaltigkeit oberste Priorität.

Großes Bild: Die zerklüfteten Felsen der Kogelberg Mountains stoßen direkt an die tosenden Fluten des Atlantischen Ozeans. Die wohl größte Bergfynbos-Vegetation der Welt bietet das Biosphärenreservat Kogelberg.

Brillenpinguine tummeln sich am Stoney Point vor Betty's Bay.

Whale Watching

Südafrika gilt als eine der besten Destinationen für die Walbeobachtung. Vor allem Südliche Glatt- und Buckelwale schwimmen zwischen Juni und November aus ihrem Lebensraum in antarktischen Gewässern an die südafrikanische Küste, um sich zu paaren und zu kalben. Außerdem lassen sich weitere Arten wie Zwergglattwale und Zahnwale, manchmal sogar Orcas blicken. Die besten Beobachtungsorte liegen entlang der Südspitze Afrikas zwischen der Dooring Bay bei Kapstadt über die Plettenberg Bay an der Garden Route bis hinauf nach St. Lucia. Die Tiere kommen dabei an manchen Stellen, wie beispielsweise bei Hermanus, der Küste so nahe, dass man sie bequem vom Festland aus beobachten kann und keine turbulenten Schiffstouren unternehmen muss.

An der Felsenküste in der Nähe vom Grotto Beach, dem Stadtstrand von Hermanus, krachen die Wellen heftig an Land.

Südafrika
Western Cape

*** Stellenbosch

Stellenbosch ist nach Kapstadt die älteste europäische Siedlung Südafrikas. Mächtige Eichen, die Stadtgründer Simon van der Stel im 17. Jahrhundert pflanzen ließ, spenden Häusern in kapholländischem und viktorianischem Stil Schatten. Am ehemaligen Paradeplatz Braak blieb mit dem Burgerhuis ein besonders schmuckes Beispiel niederländischer Bauweise in Südafrika erhalten. Auf die zweite Hälfte des 19. Jahrhunderts geht die wissenschaftliche Tradition Stellenboschs zurück: Aus einem Gymnasium entwickelte sich im Jahr 1887 das Queen-Victoria-College und 1918 die erste Universität Südafrikas. Da die Stadt auch Mittelpunkt eines bedeutenden Weinbaugebiets

ist, besitzt die akademische Stätte ein önologisches Institut. In der Umgebung liegen viele private Weingüter, die Keller von Winzergenossenschaften und ein paar der bemerkenswertesten Gutshäuser des Landes.

** Franschhoek

Die beiden historischen Städtchen Franschhoek und Paarl im Weinland am Kap nahmen eine ähnliche Entwicklung: Im 17. Jahrhundert von Holländern gegründet, boten sie kurze Zeit später Hugenotten Zuflucht, die ihre Heimat Frankreich aus religiösen Gründen hatten verlassen müssen. Die Zuwanderer erkannten, wie gut die von hohen Bergen geschützte und vom küstennah verlaufenden Benguelastrom beeinflusste Region

Weingut in der Umgebung von Paarl

für den Weinbau geeignet war, und legten die ersten Rebenpflanzungen an. Im Namen Franschhoek, »Französisches Eck«, ist die Erinnerung an die Einwanderer noch lebendig. Ein

Denkmal in der Ortsmitte erinnert an die Religionsgemeinschaft. Zugleich ist die Region auch stark mit dem Afrikaans, der Sprache der holländischstämmigen Buren, verbunden.

Cape Winelands

Trockene Böden und heiße Sommer sind das Erfolgsrezept, das südafrikanischen Weinen regelmäßig Spitzenplätze in internationalen Rankings beschert. Bereits 1632 erntete Jan van Riebeeck am Kap die ersten Trauben. Gouverneur Simon van der Stel gründete 1679 Stellenbosch und legte ein paar Jahre später den Grundstein für eines der bekanntesten Weingüter, Constantia. Dessen im kapholländischen Stil erbautem Gutshaus folgten viele Kellereien, die allerdings bis 1994 fest in weißer Hand waren. Erst als nach dem Ende der Apartheid die Handelsbeschränkungen aufgehoben wurden, begann der Siegeszug der feinen Tropfen vom Kap. Mittlerweile haben sich auch einige schwarzafrikanische Winzer wie Thandi bei Paarl mit Spitzenweinen einen internationalen Namen gemacht.

Oberhalb von Paarl steht seit 1975 das »Taalmonument«, das die Sprache Afrikaans ehrt.

** Paarl

Die Kleinstadt am Berg River ist das industrielle Zentrum der Weinregion und Sitz der im Jahr 1918 gegründeten Winzer-Kooperative KWV, die über 5000 Einzelbetriebe betreut. Auf ihrem Areal lagern über 300 Mio. Liter Wein – zur Erntezeit wird jedoch mehr als die dreifache Menge verarbeitet. Im Rahmen von Führungen bekommt man auch die fünf angeblich größten Fässer der Welt gezeigt. Jedes einzelne fasst über 200 000 Liter, wurde ohne Nägel gebaut und wiegt 25 Tonnen. Benannt ist die Stadt nach den »Perlen« (»De Paarl«) – riesigen Granitkuppen, die nach jedem Regen spektakulär im Sonnenlicht glitzern. Auf einem Abhang des 600 m hohen Paarlbergs erinnert das Taal Monument, eine imposante Granitnadel, an die Entwicklung und Verbreitung der Burensprache Afrikaans. In Paarl selbst, wo das Afrikaans erstmals schriftlich gefasst wurde, dokumentiert ein Museum die Entstehung und Verbreitung der Sprache. Weingüter der Umgebung wie Nederburg, Rhebokskloof, Fairview, Backsberg oder Kanonkop gelten unter Conaisseuren als allerbeste Adressen.

Oben: Stellenbosch verfügt über rund ein Siebtel der südafrikanischen Rebfläche von knapp 102 000 Hektar.

Der Weinbau in Südafrika kann auf eine rund 300 Jahre alte Tradition zurückblicken. Jan van Riebeeck, der erste Verwalter der niederländischen Kapprovinz, bestellte sich für seine Handelsniederlassung auch ein paar Weinreben. Im Jahr 1654 konnte er die erste Ernte einbringen und den daraus gekelterten Muscadet verkosten. An europäischen Königshöfen wurde Wein aus Südafrika bald durchaus goutiert. Die idyllisch und sehr europäisch wirkende Weinbauregion nordöstlich von Kapstadt ist ein beliebtes Reiseziel. Wären die ersten Siedler um Stellenbosch beim ursprünglich gepflanzten Weizen geblieben – Südafrika hätte eine große Attraktion weniger, und die Welt müsste auf hervorragende Weine verzichten. Heute verfügt Stellenbosch über etwa ein Siebtel der südafrikanischen Weinbaufläche; das Anbaugebiet ist berühmt

für seine Cabernet-Sauvignon-, Merlot-, Pinotage- und Shiraz-Weine. Die Stellenbosch Wine Routes setzen sich aus fünf Routen – Greater Simonsberg, Stellenbosch Berg, Helderberg, Stellenbosch Hills und Bottlera-

ry Hills – zusammen und führen zu rund 150 idyllisch in den Weinbergen gelegenen Gütern und fünf Winzergenossenschaf-ten, darunter so illustre Namen wie Morgenhof, Neethlingshof und Overgaauw.

* Robertson

Das Städtchen wurde von der Natur mit einem herrlich milden Klima und extrem fruchtbarer Erde gesegnet. Apfel, Aprikosen und vor allem Trauben gedeihen in seiner Umgebung in rauen Mengen und hoher Qualität. Rosensträucher, alte Eichen und Jacarandabäume säumen seine Straßen. Entlang dem Fluss verströmt ein langer Sandstrand vertable Riviera-Atmosphäre. Ferienappartements wie auch Campingplätze bieten die nötige Infrastruktur. Ein Muss für Hobbybotaniker ist der Sheilam Cactus Garden. Er liegt acht Kilometer außerhalb der Stadt und gilt als einer der weltweit am besten bestückten Kakteengärten. Nächs-

ter Hauptort ist Worcester, ein mit Ausnahme seines Botanischen Gartens und des Kleinplasie Farm Museum, das zu einer berührenden Zeitreise in den bäuerlichen Alltag des 18. Jahrhunderts einlädt, wenig attraktives Städtchen.

*** Swellendam

Wunderbar erhaltene kapholländische und viktorianische Architektur verströmt in Swellendam das Flair vergangener Jahrhunderte. Die Stadt wurde bereits 1745 von der Holländisch-Ostindischen Gesellschaft am Fuß der Langeberg Mountains gegründet. Als Mittelpunkt einer Schafzuchtregion entwickelte sich der Ort bis zur Mitte des 19. Jahrhunderts zu einem Zentrum der Wollverar-

beitung. Auf den Flussschiffen des Breede River gelangten die Waren zur Küste. Als klassisches Beispiel für den kapholländischen Baustil gilt die

Junge Kapkobra im Naturschutzgebiet De Hoop

1747 errichtete Drostdy, der damalige Sitz des Landvogts. Zusammen mit mehreren anderen restaurierten Bauten bildet sie heute einen sehenswer-

wale an diesen Teil der Küste kommen, um zu kalben. Mit zahlreichen Antilopenarten wie dem scheuen Eland, Buntböcken und Kuhantilopen besitzt De Hoop auch eine interessante Population an Landsäugetieren.

Auf den Weingütern der Region rund um Swellendam können Besucher die in diesem Ursprungsgebiet angebauten Weine verkosten, in Restaurants speisen und zum Teil auch in Hotels übernachten. **Das Drostdy-Museum (oben)** vermittelt nicht nur architektonisch einen Einblick in die Geschichte der Region. **Es ist in einem Gebäude aus dem Jahr 1747 untergebracht.**

** De Hoop Nature Reserve

Weiße Sanddünen und dunkler Fels prägen die Küstenlinie des De Hoop Nature Reserve, das ab Mitte der 1950er-Jahre durch den Ankauf von Farmland geschaffen und auf seine heutige Größe von 34 000 Hektar erweitert wurde. Da das Reservat einen Teil des von der Unesco geschützten Cape Floral Kingdom mit seiner FynbosVegetation umfasst, zählt es zum Weltnaturerbe. Auch maritime Gebiete vor der rund 70 Kilometer langen Küstenlinie, in denen sich regelmäßig Delfine aufhalten, gehören zum Naturschutzgebiet. De Hoop gilt als ausgezeichneter Platz für die Walbeobachtung, da jedes Jahr über 100 Südliche Glatt-

ten Museumskomplex. Vom Beginn des 20. Jahrhunderts stammt das strahlend weiße Gotteshaus der niederländisch-reformierten Kirche. Zum reizenden Stadtbild tragen auch die vielen Grünflächen und die Schatten spendenden Bäume, darunter zahlreiche Jakarandas, bei.

Schillernd schön zeigt sich der Malachit-Nektarvogel.

hat eine besondere Naturattraktion: eine riesige, vom Meer aus dem Fels gewaschene Höhle, die nur bei Ebbe zugänglich ist. Neben Wasservögeln, darunter auch Pelikane, kann man hier Wale beobachten.

den Küstenabschnitt und die einsamen weißen Strände um das Kap. Hotagterklip ist beinahe so etwas wie ein Künstlerdörfchen mit seinen reetgedeckten Steinhäuschen. Die Kapmalaieneinsiedlung Arniston

umtosten Küste ein martialisches Aussehen verleihen. Das Klima und die Landschaft sind so unwirtlich, dass man fast meint, die Antarktis als Silhouette am Horizont zu erkennen. Mehrere Fischerorte teilen sich

Cape Agulhas

»Kap der Nadeln« nannten die Portugiesen den südlichsten Punkt Afrikas, vermutlich wegen der spitzen Felsen, die das Kap säumen und der sturm-

Little Karoo

Kuru, trocken, war die Karoo für die Jäger und Sammlergemeinschaften der San, die sich die Halbwüste mit den Rinder und Schafe züchtenden Nama teilten. Beide Gruppen führten ein Leben als Halbnomaden

und blieben in diesem harrschen Lebensraum relativ lange unbehelligt von anderen Völkern. Erst zu Beginn des 19. Jahrhunderts zeigten Siedler Interesse an der Region, weil sie sich gut für die Schafzucht

eignete. Geografisch unterscheidet man zwischen Großer Karoo, die sich im Westen Südafrikas nach Norden bis Namibia erstreckt, und der Kleinen Karoo nördlich der Outeniqua-Berge. Hier fällt in den

Wintermonaten ausreichend Regen für den Anbau von Getreide, Obst und sogar Wein. In der sanft gewellten und von Gebirgszügen eingerahmten Landschaft vermitteln historische Farmhäuser und verschlafene Städtchen das Bild längst vergangener Zeiten. Die einsame Gegend ist ein Paradies für Astronomen. Hier haben sie meist einen klaren Himmel, müssen sich mit keiner Lichtverschmutzung pla-

gen und haben freien Blick ins All. Auch Paläontologen werden hier fündig: Zahlreiche Fossilienfunde belegen eine große Anzahl an Dinosauriern, die hier diesen Teil von Gondwana einst bevölkerten.

* Stilbaai

Die »stille Bucht«, die schon von prähistorischen Fischern als günstiges Fangrevier geschätzt und besiedelt wurde, wartet mit schier endlosen Sandstränden auf. Heute repräsentiert sie das klassische Beispiel eines Urlauberresorts – neun Monate im Jahr liegen die vielfach auf Pfählen errichteten Ferienhäuschen entlang dem sandig-flachen Ufer verlassen da. Mit Ende des Schuljahres hingegen sind sie gleichsam über Nacht mit Leben erfüllt.

** Mossel Bay

Nach der meist stürmischen Umseglung des Kaps der Guten Hoffnung muss die »Muschelbucht« den frühen Seefahrern als rettender Hafen erschienen sein. Viele, angefangen bei Bartolomeu Diaz, der die Bucht 1488 entdeckte, bis hin zu Vasco da Gama, setzten hier Anker. Mossel Bay markiert den östlichen Punkt der Garden Route und ist ein beliebtes Feriestädtchen. Vor allem das interessant gestaltete Museum zur Geschichte des Ortes, in dem ein Nachbau der Diaz-Karavelle zu sehen ist, zieht viele Besucher an. Der mächtige Milkwoodbaum im Garten dahinter diente den Schiffsbesatzungen als Briefkasten. Wer von West nach Ost segelte, hinterließ am Baum seine Post; Besatzungen in Gegenrichtung nahmen sie mit. Seit 1864 weist der St.-Blaize-Leuchtturm auf dem Felskap The Point Schiffen den Weg. Von ihm aus lassen sich Wale und Delfine vor der Küste beobachten.

Der St.-Blaize-Leuchtturm in exponierter Lage über Mossel Bay

** Knsyna

Im Rücken die grün bewachsenen Outeniqua-Berge, vor sich eine weit verzweigte Lagune, die zwei markante Felsen, die Knysna Heads, vom Meer abgrenzen: Knysnas Lage ist einzigartig. Umso erstaunlicher, dass der Ort erst relativ spät, zu Beginn des 19. Jahrhunderts, gegründet wurde. Maßgeblich an der Entwick-

Outeniqua Choo-Tjoe

Vier Jahre, von 1924 bis 1928, dauerte der Bau der 68 Kilometer langen Schmalspurtrasse von George nach Knysna. Sie verläuft teils in atemberaubender Höhe entlang der Küste und parallel zur Garden Route und überquert auf der kurzen Strecke sieben Schluchten. Für Reisende bedeutete die Eröffnung der Bahnlinie eine Erleichterung, war doch die Straße zwischen den beiden Orten wegen Überschwemmungen häufig nicht passierbar. Seit 1992 beförderte der Outeniqua Choo-Tjoe, so benannt nach dem Schnaufen seiner Dampflokomotive, allerdings nur noch Touristen. Der Museumsumzug war beliebt, bot die Fahrt doch fantastische Ausblicke auf die Küste. 2006 kam das vorläufige Aus für die Attraktion. Ein Erdrutsch unterbrach die Strecke, die seither nicht wiederhergestellt werden konnte.

Üppiges Dickicht des Knysna Forest mit Farnen und Steineiben

lung Knysnas beteiligt war der geheimnisvolle Geschäftsmann George Rex, der ab 1803 Land aufkaufte und investierte. Hartnäckig halten sich Legenden, er sei ein unehelicher Sohn des englischen Königs Georg III. gewesen. Rex ist der Ausbau des Hafens zu danken, über den die Ostindien-Kompanie Baumstämme, die in den damals noch dichten Küstenwäldern geschlagen wurden, abtransportierte. Mit Eröffnung der Outeniqua-Bahnlinie wurde der Hafen überflüssig und 1954 endgültig geschlossen. Seither setzt man in Knysna auf Austernzucht und Tourismus.

*** Knysna Forest

Als sich die ersten Siedler um die Bucht von Knysna niederließen, war die Region dicht mit Urwäldern bestanden, die große Elefantenherden durchstreiften. Abholzung und Brände haben schließlich dazu geführt, dass man die ihres ursprünglichen Pflanzenkleides beraubte Küste aufforsten musste. Deshalb besteht der größte Teil des Knysna Forest heute aus Monokulturen, vornehmlich mit Eukalyptus und Pinie. Dort, wo der alte Baumbestand gerettet werden konnte, sind mehrere Hundert Jahre alte, mit Moosen und Lianen bewachsene Yellow- und Stinkwood-Baumriesen und Baumfarne Zeugen der einstigen Pflanzenvielfalt. Im Forst leben auch seltene Vogelarten wie der scheue, saphirblaue Helmturako; durch das Unterholz streifen Antilopen, und es heißt, dass man mit Glück auch einem der Waldelefanten begegnen kann, die dem Abschuss durch Wilderer entkommen sind.

Oben: Der Zugang vom Meer zur friedlichen Knysna Lagoon wird von den Knysna Heads, zwei gigantischen Sandsteinklippen, abgeschirmt.

179

Im Auto von Kapstadt nach Port Elizabeth zu fahren gilt als Krönung jeder selbst organisierten Südafrikareise. Südafrikas berühmteste und landschaftlich reizvollste Straße, die Garden Route (Afrikaans: Tuinroete), verläuft rund 200 Kilometer zwischen Mossel Bay und Storms River entlang der buchtenreichen Küste des Indischen Ozeans. Zu den Sehenswürdigkeiten am Wegesrand gehört die Lagune um Knysna; von der Felsanhöhe des Knysna Head bietet sich ein fantastischer Blick auf sie. Der Knysna Forest im Hinterland ist Südafrikas größtes Waldgebiet und Heimat von bis zu 800 Jahre alten Stein-eiben sowie der nahezu ausgerotteten Waldelefanten. Plettenberg Bay ist das bekannteste Strandbad an der Garden Route; Ferienhotels und elegante Strandvillen säumen die puderweißen Strände

der Bucht. Im Südwinter (Ende Mai bis Anfang November) kommen Wale hierher, um ihre Jungen zu gebären. Ganz im Zeichen der mächtigen Tiere steht auch die Kleinstadt Hermanus mit ihrem berühmten Walschreier, der immer zu wissen scheint, wo die nächste Walschule auftauchen wird. Im Tsitsikamma National Park steht ein Abschnitt der mit Urwäldern bestandenen Küste unter Naturschutz.

Südafrika
Western Cape

* Wilderness National Park

Der Bade- und Erholungsort Wilderness, der 12 Kilometer östlich der tiefen Schlucht des Kaaimans River liegt, wird aufgrund der vielen Ferienhäuschen und Hotels seinem Namen zwar nicht mehr ganz gerecht. Doch mit seinem hellen, feinen Sandstrand und dem üppig grünen Hinterland ist er allemal eine Augenweide. Der angrenzende Wilderness National Park, ein etwa 20 Kilometer langer Küstenstreifen, durchsetzt mit zahlreichen Lagunen und Seen und umkränzt von dichten Wäldern, bildet ein Naturparadies par excellence. Vor allem Liebhaber von Wasservögeln, aber auch Angler, Surfer, Kanu- und Bootfahrer kommen hier voll auf ihre Kosten. Der Kingfisher Trail verspricht eine erlebnisreiche Tageswanderung, etwa durch das Mündungsgebiet des Touw.

* George

Die »inoffizielle« Hauptstadt der Garden Route liegt 50 Kilometer weiter, ein Stück landeinwärts am Fuße der Outeniqua-Berge. An den Abhängen dieser knapp 1600 Meter hohen Kette, deren Name soviel wie »mit Honig beladener Mann« bedeutet, regnet sich die feuchte Seeluft ab. Dementsprechend üppig sind ganzjährig die Niederschläge und die Vegetation. Wälder und zum Meer hin parkähnliche Landschaft umgeben George. In dem überwiegend von kapholländischer und klassizistischer Architektur geprägten Stadtzentrum sind das älteste katholische Gotteshaus des Landes, genannt »Moederkerk«, mit seinen schönen Holzarbeiten und jene fast 200 Jahre alte Eiche von Interesse, an der einst zum Verkauf anstehende Sklaven angekettet waren.

** Plettenberg Bay

»Bahia formosa« – »schöne Bucht« – nannten die portugiesischen Seefahrer, die im 15. Jahrhundert erstmals das Kap der Guten Hoffnung umrundeten, den heutigen, malerischen Ort Plettenberg Bay. Er wurde im 17. Jahrhundert als Verladestation von im Hinterland geschlagenem Holz gegründet. Obwohl sicherlich bereits damals regelmäßig Wale diesen Teil der südafrikanischen Küste aufsuchten, ist eine professionell betriebene Walfangstation hier erst für Anfang des 20. Jahrhunderts dokumentiert. Allerdings war ihr kein großer Erfolg beschieden – ein Segen für die Tierwelt. Heute ziert sich Plettenberg Bay mit dem Titel einer »Wal-Hauptstadt der Welt«, und tatsächlich sind die Möglichkeiten der Beobachtung der mächtigen Tiere hier ungewöhnlich gut. Brydewale und die saisonal auftauchenden Südlichen Glattwale und Buckelwale lassen sich bequem vom Strand aus beobachten.

* Oudtshoorn

Das 50 000 Einwohner zählende Provinzstädtchen und »urbane« Zentrum der Little Karoo bildete – es ist heute schwer vorstellbar – gegen Ende des 19. Jahrhunderts einen Brennpunkt der Modewelt. Findige Farmer hatten damals in der trockenen Tallandschaft im großen Stil mit der Zucht von Straußen begonnen und die feine Gesellschaft zwischen Wien, Paris und New York dazu gebracht, eine Boa, ein Cape oder einen Fächer aus den weichen Federn als Nonplusultra an Eleganz zu empfinden. Auf dem Höhepunkt des Booms lieferten eine Dreiviertelmillion Vögel 500 Tonnen Federn pro Jahr. Über Nacht immens reich geworden, errichteten die »Barone«, wie sich die Viehzüchter

Plettenberg Bay lockt mit seinen schönen Sandstränden ...

nunmehr nannten, monumentale Villen aus Stein und Gusseisen, die sogenannten »Federpaläste«. Nach Jahrzehnten des Niedergangs ist das Geschäft mit Straußen in letzter Zeit wieder in Gang gekommen. Neuerdings werden auch das rötliche, cholesterinarme Fleisch der Vögel und ihr Leder en masse exportiert. Auf einigen Farmen kann man Spe-

Auf der Straußenfarm

Immer mehr Farmer steigen von den anspruchsvollen Rindern auf die relativ einfach zu haltenden Strauße um. In Südafrika schätzt man die Zahl der Zuchtstrauße auf eine Viertelmillion. In der afrikanischen Mythologie spielt der Strauß meist die Rolle des etwas überheblichen, dummen Tieres. Die San verstehen es, seine Verhaltensweisen geschickt nachzuahmen. So locken sie Straußenmütter mühelos von ihren Nestern, indem sie vorgeben, ein verirrtes Junges zu sein. Ist die Henne abgelenkt, werden die Eier geplündert. Gefürchtet ist die Kampfstärke des Tieres. Die bis zu drei Meter großen Strauße können im Sprint Geschwindigkeiten von bis zu 70 Stundenkilometern erreichen und mit einem Schlag ihrer mit messerscharfen Krallen bewehrten Füße einen erwachsenen Menschen töten.

... im Südsommer (Dezember bis März) viele Sonnenanbeter an die Küste.

zialitäten wie Straußensteaks oder Omelettes aus den Rieseneiern verkosten, Straußenrennen verfolgen und selbst einen Ritt auf dem großen Vogel wagen.

*** Cango Caves

Das Höhlensystem der Cango Caves gehört schon lange Zeit zu den bedeutendsten touristischen Attraktionen Südafrikas. Es wurde bereits im Jahr 1820 unter Naturschutz gestellt und hatte als erste Sehenswürdigkeit des Landes ab dem Jahr 1891 einen eigens dafür angestellten Fremdenführer. Diesem Johnnie van Wassenaar sind auch zahlreiche Entdeckungen von Nebenhallen und -gängen im Höhlensystem zu verdanken, von dem mittlerweile etwa fünf Kilometer erforscht sind. Werkzeugfunde belegen, dass die Cango Caves seit rund 80 000 Jahren von Menschen genutzt werden. Eine seltsame Höhlenmalerei, die, einander überlagernd, eine Elenantilope und einen Elefanten darstellt, aber in völliger Finsternis angebracht wurde, gibt bis heute ebenso Rätsel auf wie der Fund dreier Ginsterkatzenskelette tief unter der Erde und die Entdeckung von im Kalkstein eingeschlossenen Fledermäusen.

Oben: Die Cango Caves zählen zu den größten Schauhöhlen der Welt.

Algoa Bay

Als erster Europäer ankerte der Portugiese Bartolomeu Diaz 1488 in der weiten Algoa Bay und nannte sie Bahia de Lagoa, Lagunenbucht. Seine Weiterfahrt nach Osten verhinderte eine Meuterei der Mannschaft, die sich sicher war, am Rande der Welt angekommen zu sein. Aus den ersten Siedlungen, die in den 1820er-Jahren an der Algoa Bay entstanden, entwickelte sich die bedeutende Hafenstadt Port Elizabeth. Im Gegensatz zu der weitgehend bebauten Küstenlinie sind die flachen und felsigen Inselgruppen in der Bucht Naturparadiese: Auf ihnen leben Brillenpinguine und Kapscharben (St. Croix), Kaptölpel brüten in großer Zahl auf Bird Island, Antipodenseeschwalben, Dominikanermöwen und Schwarze Austernfischer sind ebenfalls zu beobachten.

*** Garden Route National Park (Tsitsikamma National Park)

»Klares Wasser« – »Tsitsikamma« – nannten die Khoikhoi den Küstenabschnitt, der sich von Plettenberg Bay rund 80 Kilometer nach Osten erstreckt. Seit 1964 stehen die unzugängliche Küste und die reiche Unterwasserwelt zwischen den Sandbuchten von Nature's Bay und der Mündung des Storms River unter Schutz – bis 2009 als eigenständiger Nationalpark, nun als Bestandteil des neu gegründeten Garden Route National Park, für den das geschützte Gebiet mit weiteren (Wilderness, Knysna Lake) zusammengelegt wurde. In Küstennähe findet man Fynbos mit farbenprächtigen Proteen; in einigen Tälern steht noch richtiger Urwald mit mächtigen Steineiben. Ein ganz besonderes Erlebnis sind Canopy-Touren – Wanderungen durch die Kronen der Urwaldriesen, die mittels Lianen und Hängebrücken miteinander verbunden wurden.

* Cape St. Francis

Der kleine Ort an der Landspitze mit seinen weißen Häuschen verströmt einen ganz eigenen Charme. Die kilometerlangen Strände Richtung Oyster Bay wie auch Richtung Jeffrey's Bay zählen zu den schönsten Südafrikas.

Wind und Wellen (links) und dazu Zwergchamäleon und Fiskalwürger (Bilder oben) – Impressionen aus dem Garden Route National Park.

Südafrika
Eastern Cape

** Port Elizabeth

Die Stadt an der Ostküste des Kaps ist eine noch relativ junge: Im Jahr 1820 gründeten britische Auswanderer an der Algoa Bay jene Siedlung, die Gouverneur Rufane Donkin dann nach seiner Frau benannte. Obwohl in PE, wie die Einheimischen Port Elizabeth nennen, zahlreiche viktorianische Bauten – wie Rathaus, Bibliothek und die sogenannten Donkin Street Houses – erhalten blieben, befriedigt die Stadt mit ihrer modernen Hochhaussilhouette auf den ersten Blick nicht eben Nostalgiebedürfnisse. Neben seiner Bedeutung als wichtigster Standort von Südafrikas Automobilindustrie ist Port Elizabeth ein beliebter Bade- und Ferienort. Denn hier am Indischen Ozean erweisen sich die Wassertemperaturen als wesentlich angenehmer als die des kühleren Atlantiks etwa bei Kapstadt. Die weitläufigen Sandstrände südlich des Zentrums sind im Sommer immer gut besucht.

*** Addo Elephant National Park

Die Elefanten des Addo Elephant National Park gelten als die am südlichsten lebenden Dickhäuter Afrikas. Ihr eingeschränkter Genpool ist dafür verantwortlich, dass die Tiere etwas kleiner sind als ihre weiter nördlich lebenden Artgenossen und auch deutlich schwächere Stoßzähne haben. Bei einigen Weibchen sind diese kaum zu erkennen. Kap-Büffel, Spitzmaulnashörner, Elenantilopen, Kudus und Ducker lassen sich am besten an den Wasserstellen beobachten. Die erst 2003 ausgewilderten Löwen und Tüpfelhyänen haben sich gut eingelebt. Seit 1995 gehört das Zuurberg-Gebiet mit seinem Bestand an Bergzebras und Leoparden zum Nationalpark. Dank der Einbeziehung eines Meeresschutzgebiets mit den Inselgruppen St. Croix und Bird Island ist Addo nicht nur Heimat der »Big Five«, sondern der »Big Seven«, also auch von Walen und Weißen Haien.

*** Shamwari Game Reserve

Das mit Preisen für Nachhaltigkeit und Qualität ausgezeichnete, 250 Quadratkilometer große Wildschutzgebiet Shamwari (»Freund« auf Shona) kann seit seiner Gründung im Jahr 1992 auf große Erfolge verweisen. Das ehemalige Farmland, das seines natürlichen Pflanzenkleides beraubt war, ist heute wieder dicht mit Busch und lichten Wäldern be-

Elefanten

Kaum vorstellbar: Die größten lebenden Landsäugetiere ernähren sich ausschließlich von Gras und Laub, von denen sie etwa 300 Kilogramm am Tag zu sich nehmen. Sie durchstreifen die Savanne in Herden von bis zu zehn Kühen mit ihren Jungtieren. Eine erfahrene Leitkuh führt sie an. Die Bullen sind Einzelgänger, gelegentlich schließen sie sich zu Verbänden zusammen. Da Elfenbein zur Schmuckherstellung und als Material für Skulpturen in Ostasien sehr geschätzt ist, sind Elefanten einer konstanten Bedrohung durch Wilderer ausgesetzt. Von drei bis fünf Millionen Elefanten in den 1960er-Jahren sind heute nur noch etwa 700 000 übrig. Dabei ist die Population nicht gleichmäßig verteilt – in einigen Regionen schwinden die Bestände weiter, während das südliche Afrika teils unter zu vielen Elefanten leidet.

Mit viel Glück sieht man in Shamwari auch Leoparden.

standen, die eine erstaunliche Artenvielfalt beherbergen. Ausgewilderte Tiere wie Spitzmaulnashörner, Bergzebras und Löwen durchstreifen die Savanne, und in zwei Rehabilitierungszentren haben Wildtiere eine Heimat gefunden, die aus Zoos oder Zirkussen gerettet werden konnten. Ein besonderes Augenmerk legt Shamwari auf den Schutz seiner Nashörner. Da die Zahl der wegen ihres Horns gewilderten Rhinos in Südafrika dramatisch angestiegen ist, werden die vom Aussterben bedrohten Tiere rund um die Uhr überwacht und die Zäune streng kontrolliert.

Linke Seite: Das Rathaus am Market Square bildet das Zentrum der Innenstadt von Port Elizabeth, gegenüber der City Hall stehen die Bibliothek und die St. Marys Church. Der gesamte Komplex wurde nach einer Umgestaltung im Jahr 1977 zur Fußgängerzone deklariert. Oben: Neben Löwen und Leoparden gilt der Schutz in Shamwari vor allem den Spitzmaulnashörnern. Urlauber können hier nicht nur auf Fotosafari gehen, sondern sich auch freiwillig engagieren. Die »Conservation Experience« bietet die Möglichkeit, bis zu ein Jahr lang im Reservat zu leben.

Berühmt ist der Nationalpark
für seine Kap-Elefanten. Im
Jahr 1931 lebten hier nur noch
elf Exemplare. Heute ist der
Bestand auf rund 500 Tiere
angewachsen.

Mehr als nur Elefanten: Auch Meerkatzen, Dorfweber (links), Erdmännchen, Schakale, Karakale und Kuhantilopen sind hier heimisch (Bildleiste von oben).

*** Camdeboo National Park und das Valley of Desolation

Auch dieser Nationalpark schützt die empfindliche Karoo-Flora und das Wild, das vor Ankunft der Schaffarmer in großen Herden durch die Halbwüste streifte und nun wiedereingeführt wurde. Das knapp 20 000 Hektar große Schutzgebiet umschließt das Karoo-Städtchen Graaff-Reinet nahezu vollständig und reicht im Norden bis an die Hänge der Sneeuberge. Langfristig soll es mit dem benachbarten Mountain Zebra Park zu einem einzigen, großen Schutzareal zusammengefasst werden. Eine besondere landschaftliche Attraktion stellt das Valley of Desolation dar. In der schroffen Schlucht haben die Kräfte der Erosion Gesteinsschichten abgetragen und deren harte Doleritkerne freigelegt, die das Tal wie ein Wald von 90 bis 120 Meter hohen Säulen säumen. Von verschiedenen Aussichtspunkten über dem Valley reicht der Blick in die schier endlose Weite der Großen Karoo.

** Mountain Zebra National Park

Das Schutzgebiet für eine Unterart des Bergzebras, des Kap-Bergzebras, wurde 1937 eingerichtet, als in der Region nur noch eine Handvoll dieser seltenen Tiere lebte. Heute ist die Population auf rund 700 Exemplare angewachsen. Kenntlich sind Bergzebras an ihrer Fellzeichnung – die Streifen verlaufen, anders als bei ihren in der Steppe lebenden Verwandten, nur an den Beinen quer zur Streifenrichtung am Rücken. Sie sind außerdem breiter und dunkler als beim Steppenzebra, die hellen Abstände dazwischen sind kleiner und der Bauch ist weiß und streifenfrei. Bergzebras gelten als gute Kletterer und leben bevorzugt in felsigen Regionen. Neben Berg-

Kap-Bergzebras sind eine Unterart der Bergzebras. Bei diesen sind die dunklen Streifen ...

Zebras

Mehrere Zebra-Arten sind in Afrika verbreitet: Das Steppen-, das Grevy- sowie das seltene Bergzebra. Alle diese Arten und ihre Unterarten gehören zu den Pferdeartigen, oder vereinfacht gesagt: Es sind die Wildpferde Afrikas, die sich bis heute jedem Zähmungsversuch widersetzt haben. Sie bilden untereinander gemischte Herden und ziehen häufig mit Straußen und Gnus umher. Die charakteristischen Streifen der Zebras sind eine wirksame Tarnfärbung in der Savanne – aus einiger Entfernung löst sich die Kontur des Tieres im Auge des Betrachters völlig auf. Neuere Untersuchungen haben außerdem ergeben, dass zwischen dem weißen Fell und den schwarzen Streifen eine kühlende Luftzirkulation entsteht – die Streifen wirken wie eine Klimaanlage.

... meist breiter als beim Steppenzebra, daher wirkt es insgesamt dunkler.

zebras wurden Spitzmaulnashörner, Büffel, Geparde und vor Kurzem auch Löwen im Nationalpark ausgewildert. In der hauptsächlich mit niedrigem Busch und Gras bestandenen Karoolandschaft sind die Tiere gut zu beobachten.

Oben: Das Valley of Desolation (Tal der Trostlosigkeit) hört heute besser auf seinen Spitznamen »Kathedrale der Berge«, denn die Landschaft wirkt alles andere als trostlos. Die Felsnadeln schmiegen sich hufeisenförmig an den Sundays River, der sie aus dem Stein gewaschen hat.

Südafrika
Eastern Cape

* East London

Deutsche und britische Söldner, die sich 1857 an der Mündung des Buffalo River in den Indischen Ozean niederließen, gelten als die Gründungsväter East Londons. Das deutsche Element ist in der Stadt bis heute präsent: So wird wöchentlich ein German Market abgehalten und Mercedes-Benz unterhält hier ein Fertigungswerk für seine südafrikanischen Fahrzeuge. Einige historische Bauten, darunter die markante Town Hall, verleihen dem Stadtzentrum ein nostalgisches Flair. Im East London Museum ist ein präparierter *Coelacanthus* zu sehen: Der Quastenflosser galt als vor 65 Millionen Jahren ausgestorben, bis ein Fischer 1938 ein Exemplar im Chalumna River fing. Seine große Anziehungskraft als Ferienort verdankt East London den herrlichen Sandstränden, an denen Surfer wie Schwimmer nahezu das ganze Jahr über ins Wasser gehen können.

** Nahoon Beach

Die Bucht von East London bietet Wassersportlern das ganze Jahr über ideale Bedingungen

Rathaus von East London mit Reiterdenkmal

Xhosa

Die Xhosa gehören der großen Sprachgruppe der Bantu an, die, in mehreren Wanderzügen ab dem 11. Jahrhundert von Norden kommend, nach Südafrika einwanderte. Mit der Kolonialisierung kam es zu bewaffneten Konflikten der viehzüchtenden Xhosa mit Buren um Weiderechte, in deren Verlauf die Xhosa immer weiter nach Süden abgedrängt wurden. Von Nordosten gerieten die Xhosa durch das expandierende Reich der Zulu unter Druck. Heute leben die meisten Xhosa in Eastern Cape. Riten wie die Initiation der jungen Männer, »Ulwaluko« genannt, werden bis heute durchgeführt. Dabei ziehen sich die Jugendlichen nach der Beschneidung bis zu mehrere Wochen in den Busch zurück. Ihre Körper reiben sie zum Zeichen des Übergangs mit weißer Farbe ein.

– das Klima ist mild, und der Indische Ozean lockt mit warmen Temperaturen um 28 °C selbst empfindliche Naturen ins Meer. Der beliebteste Strand East Londons schmiegt sich acht Kilometer nördlich der Stadt als perfekte Sichel hellen Sandes um eine Lagune an der Mündung des Nahoon River und ist dadurch vor heftigem Seegang geschützt. Surfer schätzen die sich davor an einem Riff brechenden Wellen, die allerdings sicheres Können erfordern – schließlich werden hier auch internationale Wettbewerbe abgehalten. Profis vergleichen die Surfbedingungen am Nahoon Beach gerne mit dem legendären Sunset Beach auf Hawaii. Der einzige Wermutstropfen sind die zahlreichen Haie: Die Wellenreiter achten mindestens so aufmerksam auf Haiflossen wie auf die heranrollenden Wellen.

** Transkei

Das ehemalige Homeland der Xhosa galt seit dem Jahr 1976 als von Südafrika unabhängiger Staat mit eigener Regierung; erst mit dem Ende der Apartheid kehrte die Transkei als Teil der Provinz Ostkap zum Mutterland zurück. Landwirtschaft, Viehzucht und die finanziellen Zuwendungen von Arbeitsemigranten bilden das wirtschaftliche Standbein. Noch immer ziehen die hier lebenden Xhosa ihre althergebrachten Rundhütten, die zu einem Kraal, einer kreisförmigen Siedlung, gruppiert zusammenstehen, modernen Wohnhäusern vor. Den Oberhäuptern und den Heilern kommt in der Gesellschaft eine wichtige Rolle zu. Selbst die ehemalige Homeland-Hauptstadt Mthatha (Umtata) besitzt ein sehr ländliches und afrikanisches Flair. Hier erinnert ein Museum an den berühmtesten Sohn der Transkei, den Führer des ANC und langjährigen Präsidenten Südafrikas, Friedensnobelpreisträger Nelson Mandela.

Oben: Blick vom Mount Thesiger bei Port St. Johns auf die Mündung des Umzimvubu: Die sanfte, grüne Hügellandschaft der Transkei hat einen ganz eigenen Charme.

Weiße Haie

Die direkten Vorfahren der heutigen Haie lebten vor 400 Millionen Jahren. Seither haben sich die Haie wenig verändert, anders als ihre Umwelt: Menschen dringen in ihr Revier ein, um sie zu jagen, zu beobachten oder auch nur um darin zu schwimmen und zu surfen. Südafrikas Küsten, besonders die Gewässer um Kapstadt und um Durban, sind berühmt für ihre Weißen Haie. Das größte hier aufgetauchte Tier soll 6,60 Meter lang und 3285 Kilogramm schwer gewesen sein. Heute bleiben die Tiere deutlich unter solchen Werten. Gemessen an der Häufigkeit der Begegnungen, kommen Angriffe auf Menschen selten vor. Jährlich gibt es zwischen fünf und sieben Attacken an der südafrikanischen Küste, von denen mindestens eine tödlich endet.

Strandabschnitt im Dwesa-Cwebe-Naturreservat

** Wild Coast

Schroffe, felsige Abschnitte wechseln sich entlang der gesamten Wilden Küste zwischen East London und dem knapp 300 Kilometer entfernten Port Edward mit weich geschwungenen Sandbuchten, türkisblauen Lagunen und verzweigten Flussdeltas ab. Mangrovensümpfe und Regenwald gehen in die grüne, gleichmäßig gewellte Hügellandschaft der Transkei über. Seinen Namen verdankt dieser Küstenabschnitt allerdings nicht der landschaftlichen Vielfalt, sondern der Tatsache, dass hier wegen tückischer Strömungs- und Windverhältnisse zahlreiche Schiffe verunglückten. Für Wanderer wurden mehrere Hiking Trails eingerichtet, die in insgesamt 14 Tagesetappen die Küstenlinie erschließen. Bedroht ist dieses Naturparadies durch Pläne eines australischen Bergbaukonzerns, titaneisenerzhaltigen Dünensand abzubauen. Unter der Xhosa-Bevölkerung regt sich dagegen massiver Widerstand.

*** Dwesa-Cwebe Marine Protected Area

Die Schutzgebiete Dwesa und Cwebe erstrecken sich an der Mündung des Mbashe in den Indischen Ozean und repräsentieren die typischen Landschaftsformen der Wild Coast auf kleinem Raum. Watt, Mangrovensümpfe, Dünenküste, offenes Grasland, Akazienbusch und lichte Wälder sind Lebensraum von über 290 Vogelarten, weshalb sie als Paradiese für die Vogelbeobachtung gelten. Wild, das die Region früher durchstreifte, wurde wieder eingeführt, etwa Kuhantilopen, Blessböcke und Weißschwanzgnus. Auch Büffel, Elenantilopen und Warzenschweine können beobachtet werden, im Flusswasser lauern Krokodile. Dwesa und Cwebe stehen unter der Verwaltung lokaler Xhosa-Gemeinschaften. Die Menschen dürfen die Ressourcen wie Holz, Muscheln, Wild und Fisch in beschränktem Rahmen nachhaltig nutzen, wie es ihre Vorfahren seit Hunderten von Jahren getan haben.

Links: Auch solche Bilder gehören zum ursprünglichen Naturerlebnis, das das kleine Dwesa-Cwebe-Naturreservat Besuchern bietet: Eine Natal-Buschschlange verschlingt einen Natal-Waldsteigerfrosch; dafür hängt sie geschickt ihren Kiefer aus, sodass sie ihre Beute auf einmal herunterschlucken kann. Lieblicher zeigen sich die hübschen Küstenabschnitte, die zum geschützten Meeresbereich führen. Akazienbäume säumen vielerorts die kurzen Strandabschnitte.

Mpumalanga, die ehemalige Provinz Ost-Transvaal, besteht vor allem aus hoch gelegenem Grasland, dem Highveld. Einige der ältesten Gesteinschichten der Erdgeschichte sind hier zu finden.

Unterwegs im Nordosten von Südafrika

Der Große Treck, Schlachten mit Zulu, Kampf gegen das Apartheidsregime – in Südafrikas Geschichte spielen die Provinzen Gauteng, Nordwest und Freistaat eine besondere Rolle. Aber auch dieser Teil Südafrikas geizt nicht mit Naturschönheiten. Die Regionen Mpumalanga und Limpopo präsentieren sich vielseitig: die majestätische Gebirgskette der Drakensberge und das mit Busch bestandene Tiefland als Heimat des Krüger-Nationalparks. Dramatische landschaftliche Kontraste, großer Wildreichtum und die Kultur der Zulu prägen Südafrikas nordöstlichste Provinz KwaZulu-Natal.

*** Golden Gate Highlands National Park

Mit sanft gewellten Hügeln und schroffen Sandsteinklippen bieten die Maluti Mountains einen faszinierenden Rahmen für den artenreichen, dabei aber selten besuchten Nationalpark im Eastern Free State. Dank der nur mit Gras und vereinzelten Akazien bestandenen Hänge und Täler ist das Wild schon von Weitem auszumachen. Besonders viele Antilopenarten sind im Grasland beheimatet, darunter Blessbock, Oribi, Eland und Bergriedbock. Auch Steppenzebras und Warzenschweine lassen sich gut beobachten. Obwohl der Vogelreichtum bei Weitem nicht mit Naturschutzgebieten im Tiefland vergleichbar ist, haben zwei besonders seltene Spezies im Golden Gate ihren Lebensraum: der Bartgeier und der Waldrapp. Auf gut angelegten Wanderwegen kommen Besucher der Tierwelt nahe und erkunden die vielen Höhlen und Unterstände, in denen San Felsbilder hinterlassen haben.

Golden Gate Highlands: Sandsteinfelsen und weite Ebenen

Eastern Free State

Ländliches Idyll empfängt den Besucher im Eastern Free State. In Farmerstädtchen wie Ficksburg oder Fouriesburg scheint sich seit deren Gründung Ende des 19. Jahrhunderts kaum etwas verändert zu haben. Historische Sandsteinbauten prägen das Ortsbild, und die Menschen pflegen bäuerliche Traditionen wie das alljährliche Kirschenfest im November. Zu eigenwilligen Formen erodierte Sandsteinfelsen verleihen dem weiten, landwirtschaftlich genutzten Becken nördlich des Hochlands von Lesotho einen besonderen Reiz. Obwohl die Region auf den ersten Blick so friedlich wirkt, ist sie ein Ausflugsziel für Aktivsportler, die in den Gebirgszügen von Rooi- und Wittenbergen wandern oder klettern. Wildwasserfahrer messen ihr Können an den Stromschnellen des Ash River.

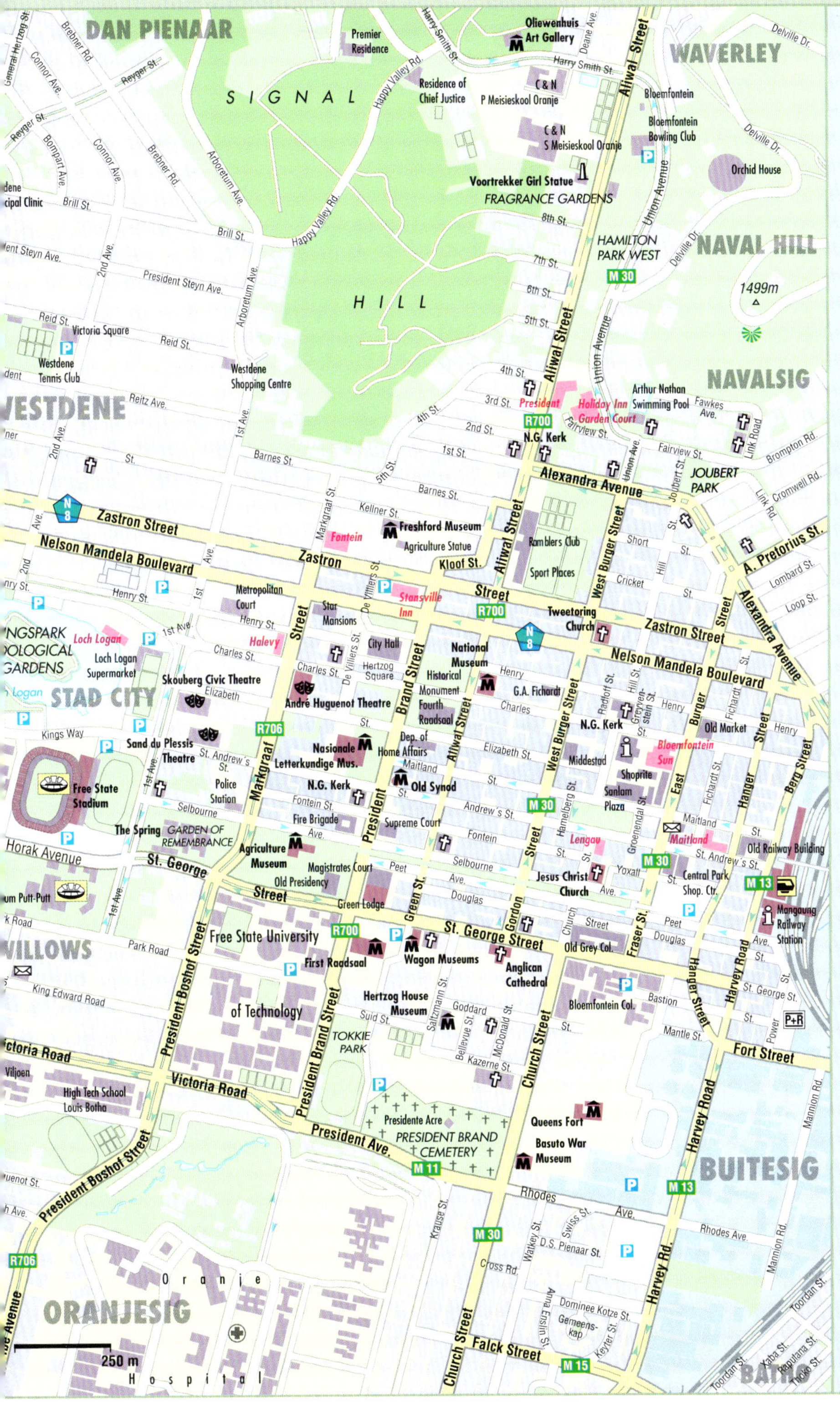

BLOEMFONTEIN

Bloemfontein (»Blumenquelle«) liegt zentral im Hochveld auf einer Höhe von 1392 Metern.

Die Kapitale der Provinz Free State wurde um das Jahr 1840 als Farm gegründet. Sehr schnell, 1854, wurde die entstandene Siedlung Hauptstadt des Oranje-Freistaats und war deshalb im Zweiten Burenkrieg (1899–1902) stark umkämpft. Zur Abwendung weiterer Zerstörungen erklärten die Bürger Bloemfontein 1900 zur »offenen Stadt« und ließen die belagernden Engländer ein. Se-

Burendenkmal des Generals Christiaan de Wet vor dem Fourth Raadsaal

henswerte Museen und historische Bauten sorgen für Bloemfonteins Anziehungskraft. Diese hängt auch damit zusammen, dass hier 1892 J. R. R. Tolkien geboren wurde, der mit seinem weltberühmten Roman »Der Herr der Ringe« einen Klassiker des Fantasygenres geschaffen hat. Ihm zu Ehren veranstaltet die Stadt jährlich ein Tolkien-Festival; im »Hobbit Hotel« schmücken Romanmotive die Räume.

Südafrika
North West

Vredefort Dome

Der Meteoritenkrater von Vredefort rund 120 Kilometer südwestlich von Johannesburg gilt bislang als ältester und größter seiner Art. Er ist knapp über zwei Milliarden Jahre alt, sein Durchmesser beträgt 190 Kilometer. Meteoriteneinschläge waren die größten Katastrophen der Erdgeschichte. Man nimmt heute an, dass sie die Evolution beeinflussten und die Dinosaurier aufgrund der Folgen eines Einschlags ausgestorben sind. Wie der Gesteinsbrocken ausgesehen hat, der in Südafrika niedersauste, ist nicht mehr festzustellen. Eventuell war es ein Asteroid mit zwölf Kilometern Durchmesser, der mit 20 Kilometern pro Sekunde unterwegs war, oder aber der Kopf eines Kometen. Der Nachweis solcher Krater ist schwierig, da sie durch die Verwitterung eingeebnet werden können.

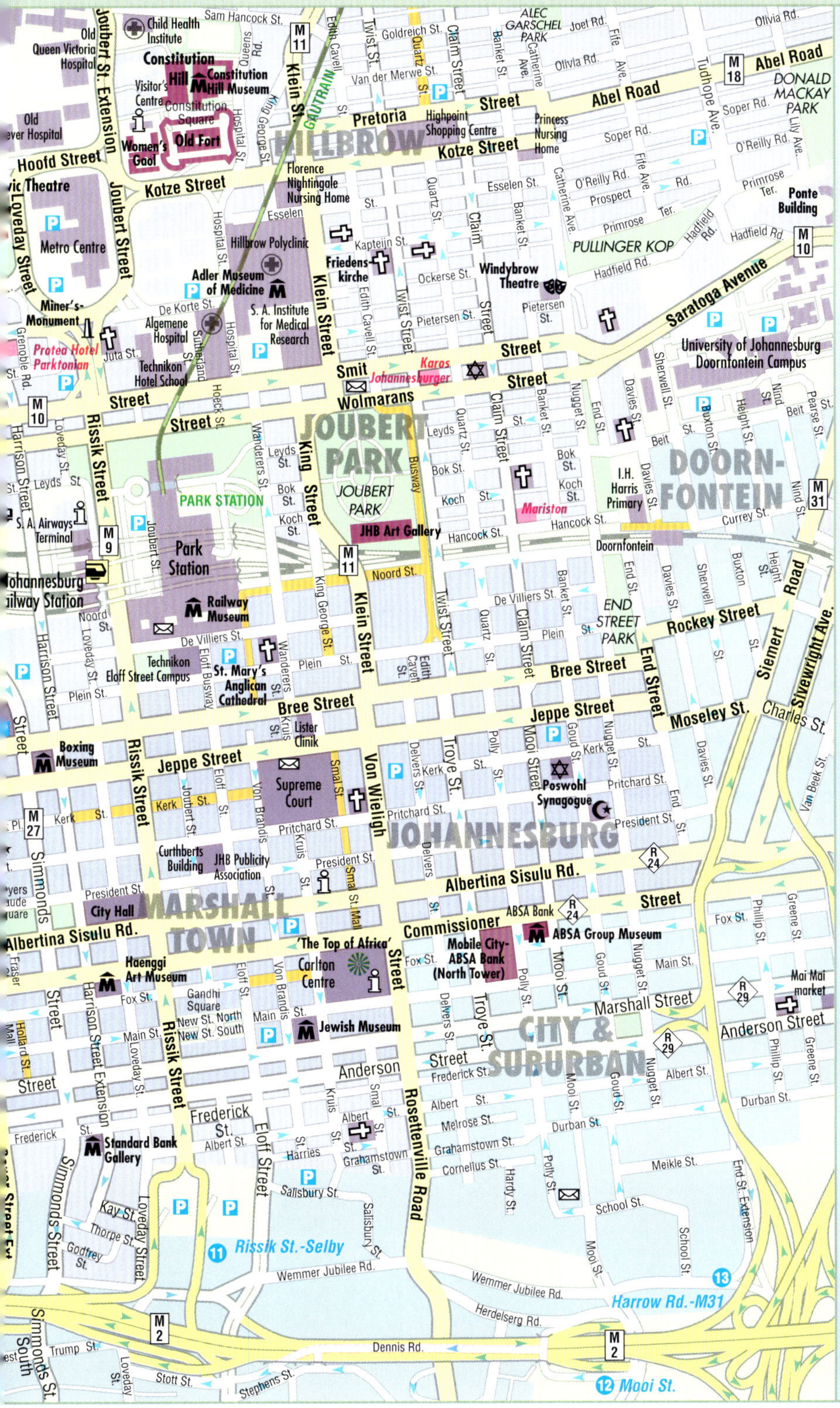

JOHANNESBURG

Der Ort wurde 1886 nach der Entdeckung ergiebiger Goldadern am Witwatersrand im südafrikanischen Hochland gegründet. Heute ist die Stadt zu einer Wirtschafts- und Industriemetropole angewachsen.

Niemand weiß genau, wie viele Menschen in Johannesburg leben. Die letzte Volkszählung ergab eine Zahl von rund 4,4 Millionen Menschen, aber wenn man das gesamte Einzugsgebiet mit den ehemaligen Townships in der nahen Umgebung hinzurechnet, dürfte die Zahl um ein Vielfaches höher sein. Die einheimischen Weißen nennen die Stadt kurz »Jo'burg«, die Schwarzen hingegen »e'Goli« (»Stadt des

Moderne Skyline von Downtown mit der Nelson Mandela Bridge im Vordergrund

Goldes«). Die Boomzeit begann 1886, als am Witwatersrand Goldvorkommen entdeckt wurden und binnen weniger Jahre eine Kleinstadt mit Theater, Schule und Krankenhaus entstand. Anfang des 20. Jahrhunderts lebten bereits rund 150 000 Weiße hier. Bis zum Ende des 20. Jahrhunderts wurden viele Goldminen direkt im Stadtgebiet ausgebeutet. Heute entwickelte sich Johannesburg von der alten Goldgräberstadt zur Finanzmetropole Südafrikas.

Südafrika
North West

Townships

Obwohl es in der heutigen, offiziellen Sprachregelung Townships nicht mehr gibt und jedem Bewohner Südafrikas das Recht zusteht, sich niederzulassen, wo er möchte, gehören zu so gut wie jeder Stadt nach wie vor Siedlungen, in denen vorrangig Schwarze wohnen. Die Voraussetzungen für die Townships schuf der 1945 verabschiedete Natives Urban Areas

*** Museen Viele Museen in Johannesburg widmen sich der jüngeren Geschichte Südafrikas: Der Komplex MuseuMAfricA nähert sich Themen wie Apartheid, Lebensbedingungen und Arbeitswelt der Schwarzen auf beklemmende Weise und versetzt den Besucher zum Beispiel durch Film- und Hördokumente in die bedrückende Atmosphäre der Gerichtsverhandlungen gegen ANC-Führer. »The Road to Democracy« beschreibt Nelson Mandelas Lebensweg. Einen ganz anderen Aspekt beleuchtet die Ausstellung »Sounds of the City«, in der die Musikkultur der 1950er-Jahre in einer nachgebauten Kneipe, shebeen, lebendig wird. Apartheid und der Kampf gegen die Ideologie der Rassentrennung sind ebenfalls Thema des Apartheidmuseums am Stadtrand. Auch hier werden die Brutalität des Polizeiapparats und die alle Bereiche durchdringende Ideologie anschaulich dargestellt.

* Soweto

Mit dem Namen Soweto verbindet sich eines der dramatischsten Ereignisse während des Apartheidregimes: Hier fand am 16. Juni 1976 jene Schülerdemonstration statt, die den ersten Aufstand der unterdrückten schwarzen Mehrheit auslöste. Bis zu 200 Jugendliche kamen bei den Auseinan-

Ausstellung im Apartheidmuseum von Johannesburg

Consolidation Act, in dem festgelegt wurde, dass nicht weiße Bevölkerungsgruppen getrennt von den Weißen leben mussten. Er hatte den Bau von Siedlungen zur Folge, in denen Schwarze, nach Ethnien grup-

piert, an die Peripherie der weißen Städte gezwungen wurden. Es gibt aber innerhalb der ehemaligen Townships auch Stadtviertel, in denen sich gut situierte Bewohner komfortable Villen errichten ließen.

Konterfei von Nelson Mandela und Parteigenossen in Soweto

dersetzungen ums Leben, blutig niedergeschlagen von der Polizei. Dieses Ereignis bedeutete einen wichtigen Wendepunkt im Kampf um Gleichberechtigung und Freiheit. Nach dem – das Ende der Apartheid markierenden – Sieg des African National Congress (ANC) bei den ersten freien Wahlen in Südafrika im April 1994 hat sich auch das Leben in der rund 15 Kilometer südwestlich vom Zentrum Johannesburg entfernt liegenden, aus etwa 50 kleineren Siedlungen zu einer riesigen Vorstadt zusammengewachsenen »South Western Township« (abgekürzt: »Soweto«) verändert. Vielfach zum Positiven, auch

wenn es immer noch viele Probleme gibt. Zur Fußball-WM 2010 wurde das hier gelegene Fußballstadion, Soccer City genannt, ausgebaut. Als größtes Fußballstadion der Welt mit knapp 95 000 Plätzen fanden hier nicht nur Eröffnungs- und Finalspiel statt, es wird auch für Konzerte genutzt. Nelson Mandela hielt die erste Rede nach seiner Freilassung in dem Rund, und auch der Gedenkgottesdienst nach seinem Tod wurde hier gefeiert.

Oben: Johannesburg ist nach Kairo und Alexandria die drittgrößte Stadt des afrikanischen Kontinents.

Südafrika
North West

PRETORIA

Südafrikas Hauptstadt ist keine besonders quirlige, sondern eher eine »gemessen« wirkende Metropole.

Als Sitz des Parlaments, das in den historischen Union Buildings tagt, fungiert sie auch nur die Hälfte des Jahres; die restliche Zeit übernimmt dann Kapstadt diese Funktion. Gegründet wurde die Stadt im traditionellen Siedlungsbereich der Ndebele Mitte des 19. Jahrhunderts. Benannt ist sie nach General Pretorius, der in der

Die koloniale Ära ist noch in den Bauten rund um den Church Square lebendig.

Gärten der Union Buildings auf der Meintjieskop-Anhöhe mit Blick auf das Zentrum

Schlacht am Blood River über die Zulu siegte. Dass die jetzige Regierung ihre Hauptstadt umbenennen will, ist verständlich. Der neue Name Tshwane konnte sich allerdings bis jetzt noch nicht richtig durchsetzen. Obwohl Pretoria auf den ersten Blick ziemlich modern wirkt, sind auch noch zahlreiche Bauten aus der Gründungszeit ab Mitte des 19. Jahrhunderts erhalten, so zum Beispiel das verspielt wirkende Melrose House.

Buren

Buren sind die Nachfahren jener holländischen Siedler, die ab 1652 am Kap Handelsstützpunkte errichteten und die Landnahme vorantrieben. Als überzeugte Calvinisten meinten sie, durch Unterwerfung der Schwarzen ein gottgefälliges Werk zu tun. Im 18. Jahrhundert erweiterten die Buren ihren Einflussbereich immer weiter nach Nordosten und stießen 1778 mit dem einheimischen Volk der Xhosa militärisch zusammen. Dem ersten »Kaffernkrieg« folgten bis 1878 acht weitere. Als Großbritannien 1806 die Kapkolonie besetzte und die Sklaverei verbot, suchten viele Buren ihr Heil im Großen Treck: In mehreren Auswanderungsschüben zog man in bislang noch nicht von Weißen besiedelte Regionen nördlich des Oranje und in das Gebiet der Zulu, mit denen es zu blutigen Gefechten kam.

** Voortrekker Monument

Das monumentale Denkmal auf einem Hügel am Stadtrand von Pretoria erinnert an die etwa 6000 Buren, die Mitte des 19. Jahrhunderts aus dem britisch besetzten Kapland flohen, um eine eigenständige Republik zu gründen. Viele Auswanderer kamen bei diesem »Großen« und den vielen folgenden kleineren Trecks bei Kämpfen mit Ndebele und Zulu, durch Raubtiere oder Hunger und Krankheit um. Die Ecken des 40 Meter hohen Granitbaus schmücken Statuen berühmter Voortrekker-Führer wie Andries Pretorius. Im Inneren erzählen 27 Marmortafeln die Geschichte des Großen Trecks. Eingerahmt ist das Monument von Steinreliefs der Ochsenwagen, die eine Wagenburg symbolisieren. Bedeutung hat das Monument auch als Gedenkort für die Schlacht am Blood River, bei der 470 Voortrekker dank ihrer überlegenen Bewaffnung eine deutliche Übermacht von 12500 Zulu besiegten.

** Ditsong National Museum of Natural History

Die 1892 gegründete, altehrwürdige Institution besitzt umfangreiche Sammlungen präparierter Säugetiere, Amphibien, Fische und Reptilien nicht nur aus dem südlichen Afrika, sondern aus allen Teilen der Welt. Besonders interessant sind die archäologischen Funde, die Anthropologen in der UNESCO-Welterbestätte »Wiege der Menschheit«, den Sterkfontein Caves bei Johannesburg, entdeckt haben. Darunter befindet sich »Mrs. Ples«, der ungewöhnlich gut erhaltene Schädel eines Australopithecus, der vor ca. 2,5 Mio. Jahren gelebt hat und als weitläufiger Vorfahr des Homo sapiens gilt – ob es

Naturgeschichte hautnah im Ditsong National Museum

sich dabei tatsächlich um eine Frau handelt, ist umstritten. Sehenswert ist auch die ornithologische Sammlung, von deren über 50000 Exponaten nur ein Bruchteil gezeigt werden kann und die einen hervorragenden Überblick über den Vogelreichtum Südafrikas bietet.

Oben: Das monumentale Voortrekker Monument von Pretoria, das der südafrikanische Architekt Gerard Moerdijk 1835 bis 1854 errichten ließ, erinnert in Optik und Ausmaßen an das Leipziger Völkerschlachtdenkmal.

Südafrika
North West

** Hartbeespoort Dam Reservoir

Der zu Beginn des 20. Jahrhunderts angelegte Stausee unweit von Pretoria zählt zusammen mit dem ihn umgebenden Wildschutzgebiet zu den beliebten Ausflugszielen der Hauptstädter. Bootfahren, Windsurfen, Parasailing und Jetskifahren sind nur einige der Sportarten, die Aktive auf seiner Oberfläche ausüben; Wagemutige betrachten die Szenerie des türkis zwischen den Margaliesbergen glitzernden Sees vom Heißluftballon oder gar vom Gleitschirm aus. Eine Seilbahn bringt Fahrgäste auf die Margaliesberge in rund 1800 Meter Höhe, von wo aus sich faszinierende Panoramen eröffnen. Das Wasser der aufgestauten Magalies und Crocodile River dient zur Bewässerung des umliegenden Landes; es ist allerdings durch Phosphate und Abwässer, die im Einzugsgebiet der beiden Flüsse eingeschwemmt werden, sehr stark belastet. Dieser Belastung verdanken die Flüsse auch ihre leuchtend oder besser »giftgrüne« Farbe.

* Sun City

Die afrikanische Antwort auf Las Vegas heißt Sun City. Nicht zufällig wurde die im Jahr 1977 erbaute Fantasiestadt im Nordwesten von Johannesburg in der zeitgleich für unabhängig erklärten Republik Bophuthatswana, einem ehemaligen Homeland, errichtet. Hier galten liberalere Gesetze für das Glücksspiel, auch die Apartheid betreffend. So wurde Sun City nicht nur zum Spielerparadies, sondern auch ein Fluchtpunkt für multikulturelle Paare, die ihre Beziehung hier ganz offen leben konnten. Im Jahr 1992 wurde der Glücksspiel- und Hotelkomplex schließlich noch durch »Lost City« erweitert, das in Disneyland-Manier die Kulturen Afrikas vorstellt. Ein – vom Tonband – mit Tierstimmen beschallter Regenwald sowie eine paradiesische Meereslagune komplettieren das Klischeebild vom Schwarzen Kontinent rund um das luxuriöse Hotel »The Palace«.

*** Pilanesberg National Park & Game Reserve

Die Gründung des Pilanesberg National Park Ende der 1970er-Jahre war ein Vorbild für viele andere Schutzgebiete: Ausgelaugtes Farmland wurde vom Staat aufgekauft, das Areal wildsicher eingezäunt und mittels Straßen und Lodges erschlossen. Im Rahmen der »Operation Genesis« wurden 6000 Tiere nach Pilanesberg

»Wiege der Menschheit«

Die Höhlen von Sterkfontein, Swartkrans, Kromdraai und Umgebung gehören zu den bedeutendsten paläoanthropologischen Fundstätten der Erde und zählen seit 1999 zum UNESCO-Welterbe. Die Funde geben aufschlussreiche Einblicke in die Entwicklungsgeschichte des Menschen. Der Australopithecus africanus war der erste menschliche Vorfahr, der vorwiegend aufrecht ging. Vor über drei Millionen Jahren bevölkerten diese Hominiden, von denen es neben dem Australopithecus africanus noch weitere Arten gab, das südliche Afrika und den Ostafrikanischen Graben. Der erste erhaltene Schädel dieser Gattung wurde 1924 von dem südafrikanischen Forscher Raymond Dart entdeckt und weltweit unter dem Namen »Kind von Taung« bekannt.

gebracht. Game Drives durch den Park haben häufig den Mankwe Dam zum Ziel, einen künstlich angelegten See, an dem sich das Wild zum Trinken versammelt. An seinem Ufer sind Elefanten, Wasserböcke, Gnus, Zebras und Impalas bestens zu beobachten. Zum Wildbestand des Reservats zählen auch Löwen, Leoparden, Büffel und Nashörner sowie Afrikanische Wildhunde.

Linke Seite: Hartbeesport Dam mit 59 Meter hoher Staumauer; oben: Poolbereich des prunkvollen Hotels »The Palace« in Sun City.

Einer der größten Vulkane der Erde: Der Pilanesberg hat einen Durchmesser von 25 Kilometern.

Madikwe, im Norden der Provinz Nordwest an der Grenze zu Botsuana gelegen, wurde erst im Jahr 1991 auf ehemaligem Farmland eingerichtet und zählt zu den – zu Unrecht – wenig bekannten Schutzgebieten Südafrikas. In der Region geht das Bushveld in die Kalahari über, sodass hier sowohl Buschbewohner als auch wüstenangepasste Tiere leben können. In einer aufsehenerregenden, sieben Jahre dauernden Umsiedlungsaktion wurde damals Wild aus anderen Naturschutzgebieten und aus den Nachbarländern in das neue Game Reserve gebracht – 180 Elefanten kamen aus Simbabwe, die Löwen aus dem Etosha-Nationalpark in Namibia. Heute zählt Madikwe rund 12 000 Tiere, darunter Vertreter der »Big Five« sowie mehrere Horden der äußerst seltenen und vom Aussterben bedrohten Afrikanischen Wild-

hunde, deren Sichtung zu den Höhepunkten einer Pirschfahrt oder eines Bushwalks durch das Game Reserve zählt. Unterkünfte gibt es hier zur Genüge – von der einfachen Holzhütte bis hin zur hochprei-sigen Luxuslodge mit offenem Kamin, Swimmingpools und Butlerservice. Vor der Natur und der Demut gebietenden Landschaft sind aber alle gleich: Arm und Reich, Tier und Mensch.

Südafrika
Limpopo

Kulturlandschaft Mapungubwe

Mapungubwe ist heute eine ausgedehnte offene Savannenlandschaft am Zusammenfluss von Limpopo und Shashe. Ab 900 entstand dort das Zentrum eines mächtigen Königreichs, dessen Bewohner Träger einer hoch differenzierten Kultur waren. Händler aus Mapungubwe tauschten mit arabischen Kaufleuten Gold, Elfenbein und Erze gegen Glasperlen und Stoffe aus Indien sowie Porzellan aus China. Die Grundlage für den Wohlstand Mapungubwes bildeten Landwirtschaft und Baumwollanbau. Klimatische Veränderungen führten ab dem 14. Jahrhundert zum Niedergang des ersten südafrikanischen Königreichs. Zu den wichtigsten archäologischen Funden zählen die Ruinen der Stadtzentren mit ihren Palästen sowie kunstvoll gearbeiteter Goldschmuck.

Wasserbockweibchen und sein Jungtier im Mapungubwe-Park

** Marakele National Park

Der 1994 eingerichtete, relativ unbekannte Nationalpark geriet 1999 in den Fokus der südafrikanischen Öffentlichkeit. Damals kämpften Tierschutzorganisationen gegen einen professionellen Wildfänger und -makler, der 30 in Botsuana gefangene Jungelefanten erworben und unter unzumutbaren Bedingungen in Südafrika untergebracht hatte, um sie weiterzuverkaufen. Sieben dieser Tiere gingen an deutsche und Schweizer Zoos, und weitere 14 waren bei verschiedenen Safariveranstaltern gelandet, bevor das Oberste Gericht in Pretoria den Tierschützern Recht gab und den Händler wegen Verstößen gegen den Artenschutz verurteilte. Die verbliebenen 14 Elefanten wurden in Marakele ausgewildert. Mit seinen Grassavannen und den mit Yellowwood, Zedern und mächtigen Palmfarnen bestandenen Tälern am Fuß der Waterberge stellt es ein ideales Habitat für die Grauen Riesen dar.

*** Mapungubwe National Park

Den Mapungubwe-Nationalpark zeichnen Artenreichtum, landschaftliche Schönheit und hohe kulturelle Bedeutung aus. Seinen Kern bildet der Hügel der zum UNESCO-Weltkulturerbe erklärten Königsstadt Mapungubwe, die zwischen dem 11. und 13. Jahrhundert Mittelpunkt eines mächtigen Reiches mit bis nach Asien reichenden Handelsbeziehungen war und dem Park den Namen gab. Sandsteinhügel, Mopanebaum-Savanne, gigantische Baobabs und tiefgrüne Galeriewälder entlang des Limpopo- und des Shashe-Flusses bieten verschiedensten Tierarten einen Lebensraum. Krokodile und Flusspferde suhlen sich in Wasserlöchern und -läufen, Breitmaulnashörner, Elefanten, Giraffen und Großantilopen wie Elen, Kudu oder Spießbock durchstreifen die Savanne. Leoparden, Löwen und Hyänen gehen in dem 30 000 Hektar großen Areal auf Jagd.

Links: Der ganze Reigen der afrikanischen Wildtiere ist im Marakele-Nationalpark zu beobachten. Und zu den Stars des Parks gehören unzweifelhaft die vielen Elefanten. Beeindruckende Zahlen: Bis zu fünf Tonnen schwer und fast vier Meter hoch wird der Afrikanische Elefant, dessen Stoßzähne drei Meter lang und zwei Zentner schwer werden.

Südafrika
Limpopo

Giraffen gehören zur artenreichen Tierwelt im Makalai-Reservat.

* Makalali Game Reserve

Makalali ist eines der vielen privaten Game Reserves im Umkreis des Krüger-Nationalparks. In der charakteristischen Landschaft des Lowvelds leben bis auf Büffel alle Großwildarten, die auch im Krüger beobachtet werden können. Eine Besonderheit des Game Reserve ist seine Familienfreundlichkeit: Während in den meisten anderen privaten Schutzgebieten Kinder unter zwölf Jahren nicht aufgenommen werden, unterhält Makalali seine kleinen Gäste mit einem besonderen Betreuungsangebot. Engagiert zeigt sich das Unternehmen auch in der Ausbildung von Volunteers: In einem einwöchigen Programm trainieren Freiwillige das Verhalten in der freien Wildbahn und den Umgang mit den Tieren. Sie nehmen auch an Projekten wie Wildzählungen oder Verhaltensbeobachtung teil und erleben so die arbeitsreiche Realität, die touristische Wildbeobachtung erst möglich macht.

** Magoebaskloof

Benannt ist der Magoebaskloof nach einem Zulu-Führer, der burischen Verbänden lange die Stirn bot, bevor diese ihn im Jahr 1895 in der Schlucht stell-ten und töteten. Besondere klimatische Bedingungen und häufiger Nebel begünstigen in der Gebirgsregion der nordöstlichen Drakensberge eine üppige, fast urwaldartige Vegetation. Im eher kargen Bushveld der Provinz Limpopo gelegen, beherbergt die von kristallklaren Bächen durchflossene Oase eine artenreiche Vogelwelt. Gelbstreifenbülbül, Bergbussard und Olivwürger sind nur einige der hier vorkommenden Arten. Zahlreiche Wanderwege führen durch die von Lianen und Farnen überwucherten Täler und zu den Wasserfällen Debegeni Falls. Besonders abenteuerlich ist eine Canopy-Tour mit dem Flying Fox, dessen Drahtseil über insgesamt 13 Plattformen kreuz und quer über das Tal und den Groot Letaba River führt.

Rechts: Die Feuchtigkeit der vielen Nebel hat im Magoebaskloof einen üppigen afromontanen Wald geschaffen, der eine abwechslungsreiche grüne Oase im trockenen Bushveld Limpopos bildet. Der endemische Wald zeigt sich dicht und verworren, voller Lianen, Pilze und Farne und durch kristallklare Bäche verwoben, die sich in natürlichen Becken stauen.

Ndebele

Etwa im 16. Jahrhundert wanderten die Ndebele in ihre südafrikanischen Siedlungsgebiete ein. Unter der Knute der Apartheid wurde ihnen das Homeland Kwa Ndebele nördlich der Hauptstadt Pretoria zugewiesen. Dort leben viele der rund 400 000 Ndebele noch heute. Die meisten Dörfer sind nur von Frauen, Kindern und Alten bewohnt – die Männer müssen auch im neuen Südafrika zur Arbeit in die Industriezentren ziehen. Doch trotz der Einschränkung des Lebensraumes haben die Traditionen der Ndebele – vor allem ihre Liebe zu kunstvoll-grafischem Körper- und Wandschmuck – in den Enklaven alle Veränderungen überdauert. Die Tradition der Fassadenmalerei ist so alt wie das Volk, manche Muster wurden von Generation zu Generation weitergegeben.

Eine Baumkronen-Tour lässt
die grüne Welt von Magoe-
baskloof hautnah von oben
erleben.

»Land des Silbernebels« wird die waldreiche Region Magoebaskloof auch genannt, weil sie viele Tage des Jahres in einen sanften Nebelschleier gehüllt ist.

Südafrika
Kruger National Park

*** Kruger National Park

Der Krüger-Nationalpark ist das beliebteste Touristenziel Südafrikas und ein wichtiger Devisenbringer: Im Jahr 1898 wurde das vielleicht tierreichste Schutzgebiet des Schwarzen Kontinents eingerichtet; etwa 2000 Kilometer Pisten und Teerstraßen erschließen die knapp 20 000 Quadratkilometer große Wildnis, mehr als 20 »Rest Camps« – vom einfachen Zeltlager bis zum Luxuscamp – bieten Unterkunft. Von den Dornbuschsavannen des Nordens wird die Vegetation nach Süden hin immer dichter: Mopanewälder, weite, grasbestandene Ebenen und dichte Akazienhaine sind der Lebensraum von Breit- und Spitzmaulnashörnern, Elefanten, 17 verschiedenen Antilopenarten und 1500 Löwen. Büffel wandern durch den Busch, Giraffen knabbern an den Blättern einer Schirmakazie und die mit mehr als 500 Arten überaus reiche Vogelwelt sorgt für ein unterhaltsames Konzert.

**** Lanner Gorge** Die elf Kilometer lange und 150 Meter tiefe Schlucht im wenig besuchten Norden des Krüger-Nationalparks wurde durch die erosive Kraft des Luvuvhu River geformt. Ihre Gesteinsschichten stammen aus der Kinder-

Nyalaantilopen bevölkern den Krüger-Park in großer Zahl.

Kapama Game Reserve

Auch das Kapama Game Reserve zählt zu den vielen privaten Schutzgebieten in der Nähe des Krüger-Nationalparks. Das Reservat entwickelte sich ab 1986 auf dem Gelände mehrerer Farmen, die sich nicht zur Rinderzucht eigneten. Auf dem 13 000 Hektar großen Areal leben mit Elefanten, Nashörnern, Büffeln, Löwen und Leoparden die »Big Five«, außerdem zeigen sich Hyänen, der seltene Erdwolf und Geparde. Neben den normalen Pirschfahrten im offenen Geländewagen, nächtlichen Game Drives und begleiteten Wildniswanderungen können Gäste auch Wildbeobachtungsritte auf Elefanten unternehmen – eine ungewöhnliche Erfahrung, denn Afrikanische Elefanten gelten als nur schwer zähmbar. Gelenkt werden sie von erfahrenen Rangern, die jede Laune ihres Tieres genau kennen.

stube der Erde, wie in den Wänden entdeckte Dinosaurierfossilien und Sandrosen zeigen. Aus Kieselsteinen gearbeitete Werkzeuge wie Faustkeile und Steinäxte sind Zeugnisse der Besiedlung in der Altsteinzeit. Da ältere Funde fehlen, nimmt die Wissenschaft an, dass die Schlucht vor etwa zwei Millionen Jahren entstanden ist. Das Flusstal ist stellenweise so schmal, dass größere Säugetiere sich darin nicht aufhalten können – Elefanten und Büffeln begegnet man bei einer Wildniswanderung deshalb nur am Schluchtein- und -ausgang. Eine Gefahr für Wanderer stellen die Flussquerungen dar, denn im Luvuvhu leben Krokodile und Flusspferde.

** **Letaba River** Der Letaba River zählt zu den größeren und das ganze Jahr über Wasser führenden Flüssen im Krüger-Nationalpark. An seinen Ufern lassen sich die Tiere besonders gut beobachten, weshalb eines der ersten Camps im Nationalpark, Letaba, auf einer Anhöhe oberhalb einer Flussschleife errichtet wurde. Regelmäßig kommen große Elefanten- und Büffelherden an den Fluss, um zu trinken und sich im Wasser zu suhlen, argwöhnisch beäugt von Krokodilen und Flusspferden. Auch Giraffen, Impalas und Zebras laben sich am kühlen Nass und sind vom Camp aus zwischen den lichten Mopanebäumen zu sehen. Ein besonderes Erlebnis ist die Sichtung eines der 15 großen Elefantenbullen, die die Ranger des Krüger-Nationalparks wegen ihrer imposanten Stoßzähne besonders genau überwachen. Masthulele, der »Ruhige«, lässt sich gelegentlich sogar in der Nähe des Restaurantbereichs blicken.

Löwen (links) und Leoparden (rechts) sieht man im Krüger-Nationalpark.

Die Begegnung mit Löwen zählt zu den Höhepunkten der Wildbeobachtung in Südafrika, doch macht der König der Tiere die meiste Zeit des Tages einen trägen Eindruck. Am liebsten ruht er im Schatten oder verschafft sich müde blinzelnd von einer kleinen Anhöhe aus einen Überblick über das Geschehen um ihn herum. Das dominante Männchen ist dabei meist von seinem Weibchenrudel begleitet. Doch selbst in diesem Zustand machen die Raubtiere einen überaus imposanten Eindruck. Auf Jagd begeben sich Löwen in der Dämmerung. Dann kreisen die Weibchen das Wild ein, trennen es von seiner Herde und erlegen es mit einem Biss in den Hals oder einem erstickendem Biss in die Nüstern. Ob und wie häufig auch die Männchen jagen, ist je nach Region unterschiedlich. Anders als die meisten Raubkatzen leben Löwen in größeren Rudelgemeinschaften, zu denen Weib-

chen mit ihren Jungen sowie ein oder mehrere Männchen zählen. Lebensraum der Löwen sind Gras- und Baumsavannen, allerdings gibt es auch Untergattungen, die sich besonderen Umweltbedingungen angepasst haben. Zu diesen zählen die in der Kalahari lebenden Löwen. Sie sind kleiner als ihre Artgenossen aus der Savanne, weisen eine helle, fast sandfarbene Fellfärbung auf und tragen eine mächtige dunkle Mähne.

Südafrika
Kruger National Park

*** Lepelle River und Olifants Rest Camp Als sich die ersten Siedler Mitte des 19. Jahrhunderts im Gebiet des Olifants River niederließen, lebten an seinen Ufern so große Elefantenherden, dass der Fluss nach den Elefanten, im Afrikaans olifant, benannt wurde. Seit 2006 wird er mit seinem Sotho-Namen Lepelle bezeichnet. Der Fluss durchquert den Krüger-Nationalpark und vereinigt sich mit dem Letaba, bevor er in Mosambik in den Limpopo mündet. Hoch über seinem Tal erhebt sich im Nationalpark das Olifants Rest Camp auf einer Granitklippe mit fantastischer Fernsicht über das mit Mopanebäumen und Dornbusch bewachsene Lowveld. Das Rastlager zählt zu den am schönsten gelegenen im Krüger-Nationalpark. Schon von den komfortabel eingerichteten Bungalows aus lassen sich mit dem bloßen Auge die Tiere erspähen, die sich unten am Flussufer aufhalten.

*** Südlicher Teil des Parks Die Südhälfte des keilförmigen, 350 Kilometer langen Nationalparks ist durch

»The Kill«

Friedlich grasen Springböcke, Zebras und Giraffen an einer Wasserstelle. Doch der entspannte Anschein täuscht. Immer wieder hebt eines der Tiere witternd den Kopf, beäugt die Umgebung. Zur Mittagszeit, wenn die Räuber – Löwen, Geparde oder Leoparden – Siesta halten, sind die Wildherden relativ sicher; in den frühen Morgen- und späten Nachmittagsstunden hingegen ist das Risiko groß. Dann steigt auch die Chance, bei einer Pirschfahrt einen »Kill« zu erleben. Dass ein Raubtier in der Nähe ist, erkennen Wildbeobachter am Verhalten des Jagdwilds – die Tiere sind nervös, sie schließen sich enger zusammen. Löwen bilden ein Jagdteam, Geparde nutzen ihre Sprintfähigkeit. Der »Kill« läuft blitzschnell ab und ist meist schon vorüber, wenn der menschliche Zuschauer die Situation realisiert hat.

Straßen und Camps sehr gut erschlossen. Im hügeligen Bushveld leben große Tierherden, sodass spektakuläre Wildsichtungen garantiert sind. Vor allem entlang des Letaba River und an den nie versiegenden künstlichen Wasserstellen treffen Besucher auf Zebras, Antilopen, Elefanten, Nashörner, Giraffen und Büffel. Raubkatzen wie Löwe oder Gepard sind am frühen Morgen und abends gut zu beobachten, wenn sie auf Jagd gehen; die heißen Stunden verbringen die Tiere dösend im Schatten. Reisende dürfen die Fahrzeuge nur an eigens dafür eingerichteten und gesicherten Plätzen verlassen. Unterkunft bieten gut ausgestattete Camps oder private Lodges. Bar jeglichen Komforts, dafür aber in engstem Kontakt mit der Wildnis sind die Übernachtungsplätze in den Buschcamps.

Zu den sich immer wieder am Flussufer zeigenden Tieren gehören Elefanten, Nashörner, Löwen, Flusspferde und Nilkrokodile. Friedlich dösend und mit grünen Algen und Schlamm zugedeckt, wirken sie gutmütig. Doch ihre Sinne sind stets hellwach.

Ankunft nach einer langen Fahrt durch den Busch: Mitten in der Wildnis, weit ab von der Zivilisation, öffnen sich die Tore zu einer wahren Oase – Bungalows im Baustil afrikanischer Rundhütten, ein üppig blühender, angenehm duftender Garten, der türkisblau schimmernde Pool. Und schon eilen dienstfertige Geister herbei, begrüßen den Gast, bringen das Gepäck aufs Zimmer, servieren einen Willkommensdrink. Im Busch zwitschern Vogelstimmen, kreischen Affen, ein tiefes Löwenbrüllen erfüllt die Luft: Lodgealltag für diejenigen, die hier arbeiten – ein unvergessliches Erlebnis für den Gast. Es gibt unzählige Lodges in Südafrika. Und keine gleicht der anderen. Sie finden sich auf Kalahari-Dünen oder im Urwald, an den Ufern rauschender Flüsse oder auf Granitkuppen, sie können ganz schlicht, einfach und rudimentär ausgestattet oder luxuriös eingerichtet

sein – nur eines haben sie gemeinsam: Der Gast ist in jeder Lodge der Natur so nahe wie möglich. Viele Lodges haben die ohnehin nie wirklich sicheren Zäune einfach abgebaut und lassen das Wild herein. So kann es durchaus passieren, dass zum Frühstück ein neugieriges Warzenschwein vorbeikommt. Dass auch Elefanten und, zumeist nachts, Raubtiere auf Stippvisite durchs Gelände streifen, gehört mit zum Abenteuer.

Südafrika
Limpopo

Die Rock Lodge in Ulusaba ist um einen Felsen gruppiert.

** Timbavati Game Reserve

Das heute über 50 000 Hektar große Game Reserve an der Westgrenze des Krüger-Nationalparks hat sich aus der Initiative mehrerer Farmer entwickelt, die sich Mitte der 1950er-Jahre zusammenschlossen, um das ausgelaugte Farmland zu renaturieren und das verdrängte Wild wieder einzusetzen. Heute verfügt das Schutzgebiet über eine faszinierende Vegetation und Artenvielfalt. Vor einigen Jahren wurde der trennende Zaun zum Nationalpark entfernt, damit die Tiere frei wandern können. Heute besteht der Trägerverein aus 50 Mitgliedern; sie kümmern sich nicht nur um das ökologische Gleichgewicht, sondern versuchen auch, die soziale Lage der Bevölkerung zu verbessern. Für eine Sensation sorgte in den 1970er-Jahren die Entdeckung weißer Löwenjungen in dem Reserve. Dieser Leuzismus genannte Gendefekt ähnelt dem Albinismus, doch sind hierbei die Augen pigmentiert und dunkel.

*** Ulusaba Game Reserve

Einen fantastischen Fernblick von der Hügelkuppe eines koppje über das Bushveld genießen die Gäste der Lodges des Ulusaba Game Reserve. Das kleine Naturschutzgebiet ist ein Teil des Sabi Sands Game Reserve südwestlich des Krüger-Nationalparks und profitiert von dessen Artenreichtum – regelmäßig werden die »Big Five« gesichtet. Ulusaba gehört dem britischen Plattenlabel-Milliardär Sir Richard Branson und ist mit hoch luxuriösen Unterkünften, einem eleganten Spa und jedem nur erdenklichen Komfort ausgestattet. Zum Freizeitangebot gehören nicht nur die üblichen Game Drives und Wildniswanderungen, sondern auch Besuche in umliegenden Dörfern. Die Lodge unterstützt die lokalen Gemeinschaften durch den Bau von Brunnen, Schulhäusern, durch Übernahme von Schulkosten der Kinder und durch Vergabe von Mikrokrediten an Jungunternehmer.

Afrikanische Wildhunde sind Jäger mit einem ganz besonders ausgeprägten Sozialverhalten. Nach erfolgreicher Jagd, die das gesamte Rudel als Hetzjagd gestaltet, bei der immense Strecken zurückgelegt werden können, erhalten zuerst kranke Tiere und der Nachwuchs ihre Anteile an der Beute (rechts).

Feste Ordnung

Die jahreszeitlichen Wanderungen der großen Herden faszinieren nicht nur durch ihre Dimensionen, sondern auch im Hinblick auf eine komplexe Abfolge des Fressens und Gefressenwerdens. So gibt es unter den Huftieren eine »sinnvolle« Reihenfolge beim Fressen: Zuerst äsen die größeren Arten. Nachdem sie das lange Gras niedergetrampelt haben, können kleinere Tiere an die unteren Grasschichten gelangen. Von den Halmen nehmen sich die Zebras nur die harten obersten Pflanzenteile, Weißbartgnus fressen die blattreiche Mittelschicht und Gazellen Samen. Zu diesem perfekten System der Nahrungsverwertung zählen auch die Raubtiere. An ihrer Spitze stehen die großen Raubkatzen: Löwe, Leopard und Gepard. Was übrig bleibt, nehmen sich Aasfresser wie Hyänen, Schakale, Geier und Marabus.

Südafrika
Mpumalanga

Nilkrokodile

Das Nilkrokodil ist im Nil weitgehend verschwunden. Es bewohnt andere Flüsse und Seen und hat sogar über das Meer die Inseln vor Afrikas Küste besiedelt. Das Reptil wird 7 Meter lang, sofern es die kritische Jugendzeit lebend übersteht. Denn sowohl die Eier als auch die geschlüpften Jungen sind vielen Gefahren ausgesetzt: Nilwarane und Reiher, Störche und Marabus ma-

** Sabie River

Der Sabie River entspringt auf 1100 Metern Höhe in den Drakensbergen, fließt von dort nach Osten ins Lowveld, durchquert den Süden des Krüger-Nationalparks, wo er sich mit dem Sand River vereinigt, und mündet in Mosambik in den Komati. Das 1898 proklamierte Sabi Reserve, Vorgänger des Krüger-Nationalparks, wurde nach ihm benannt. Der ständig Wasser führende Fluss nährt eine artenreiche Flora und Fauna. Nicht umsonst nannten die Tswana den Fluss sabi, Gefahr: Im Wasser wimmelte es von gefährlichen Krokodilen und Flusspferden. In den Tierschutzgebieten, die er durchquert, versammeln sich große Herden von Dickhäutern, Antilopen und Zebras an den Flussufern. Die »Sabie2Kruger Birding Route« folgt dem Lauf des Flusses von der Quelle bis zum Nationalpark und erschließt Interessierten die vielen und farbenfrohen Vogelarten in seinen Galeriewäldern.

*** Sabi Sabi Game Reserve

Mit Sabi Sabi, einem der exklusiven Schutzgebiete innerhalb des Sabi Sand Game Reserve, ist eine amüsante Anekdote verbunden: Durch das Reservat verlief in den 1920er-Jahren die Selati Railway, auf der Gold von Nord-Transvaal an die Grenze zu Mosambik transportiert wurde. Auf der Linie fuhr auch ein Touristenzug, von dem aus die Passagiere das Wild beobachten und den sie an Haltepunkten für eine Safari auch verlassen konnten. An der Station Newington unweit des heutigen Selati Camps soll sich

Exklusive Londolozi Lodge im grünen Ambiente des Sabi Sands

Folgendes zugetragen haben: Der Zug passierte die Bahnstation nach Einbruch der Dunkelheit, und weil der Lokführer keine Wartenden sah, fuhr er ohne Halt weiter. Die Passagiere jedoch saßen in den Bäumen, wohin sie vor einer Horde Löwen geflohen waren. Seit diesem Vorfall ließ die Eisenbahngesellschaft Leitern an die Bäume lehnen, damit die Touristen im Notfall schneller Schutz fanden.

chen sich darüber her. Die Weibchen bewachen das Gelege, das von der Sonne ausgebrütet wird, deshalb mit Argusaugen und führen die geschlüpften Jungen fürsorglich ans Wasser. Die ausgewachsenen Krokodile lauern

nachts unbeweglich im Wasser. Nähert sich eine Beute, dann schießen sie mit enormer Geschwindigkeit ans Ufer und schnappen zu. Meist ertränken sie ihre Beute, um sie dann mit ihren Zähnen zu zerfleischen.

Safaritouristen im Sabi Sabi werden mit Jeeps durch das Gelände gefahren.

*** Sabi Sands Game Reserve

Bevor 1934 der Vorläufer des heutigen, 60 000 Hektar großen Sabi Sands Game Reserve gegründet wurde, nutzten Farmer das Land für die Vieh-

zucht. Mit Einrichtung des Krüger-Nationalparks und dem Gewinn versprechenden Safaritourismus entschieden sie sich, in direkter Nachbarschaft ein privates Schutzgebiet auf eigenem Land einzurichten.

Die vielen ursprünglich für das Nutzvieh angelegten Wasserstellen dienten fortan als Tränke für Elefanten, Antilopen oder Raubtiere. Der Wasserreichtum von Sabi Sand zieht große Wildherden an. Mit

ziemlicher Sicherheit sind während eines Game Drive alle »Big Five« zu sehen; sogar Leoparden, die sich besonders gut tarnen, können die Ranger ihren Gästen regelmäßig zeigen. Dies nicht zuletzt deshalb, weil sie, anders als im benachbarten Krüger-Nationalpark, die Pisten verlassen dürfen und dem aufgespürten Tier querfeldein folgen können. Das Ganze hat aber durchaus seinen Preis: Die Lodges in Sabi Sands zählen zu den teuersten Safari-Unterkünften.

Oben: Auch für Elefanten ist die Überquerung des Sabie River nicht immer ein leichtes Spiel; besonders die Jungtiere müssen sich vor Krokodilen und tückischen Strömungen in Acht nehmen.

227

Angesichts der großen Wildherden wird der immense Vogelreichtum Südafrikas leicht übersehen. Über 850 ständig hier lebende Arten und zahlreiche Saisongäste aus Europa schätzen das ausgeglichene Klima und die vielfältigen Lebensräume. Zu den markanten Vertretern gehören neben dem Bartgeier der elegante Schreiseeadler, der Schlangenhalsvogel und der Sattelstorch, die alle Feuchtgebiete bevorzugen. Ein gutes Auge benötigt man, um im dichten Gestrüpp kleine Kostbarkeiten wie den Bienenfresser, den Eisvogel und den mit dem Kanarienvogel verwandten Mosambikgirlitz auszumachen. Bodenbewohner sind die Hornraben, die ihre bis zu vier Kilo schweren Körper nur mit Mühe in die Lüfte erheben. Ihre Nester bauen sie am liebsten in Baobabs. Der an einen Storch erinnernde Nimmersatt heißt wissenschaftlich *Mycteria*

ibis, weil Linné ihn mit dem heiligen Ibis verwechselte. Allgemein ist die Tierwelt Südafrikas reich an Superlativen: Hier leben das größte Landsäugetier (Elefant), das höchste (Giraffe), das schnellste (Gepard), das kleinste (Etruskische Spitzmaus), der größte Vogel (Strauß), der größte fliegende Vogel (Riesentrappe) sowie das größte Reptil (Lederschildkröte). Und vor den Küsten zieht das größte Säugetier vorbei, der Blauwal.

Südafrika
Mpumalanga

*** Blyde River Canyon Nature Reserve

Der Blyde River entspringt bei der alten Goldgräbersiedlung Pilgrim's Rest, fließt nach Norden, vereinigt sich vor dem Blyde River Canyon mit dem Treur River und übergibt schließlich sein Wasser dem Olifants River. Nach dem US-amerikanischen Grand Canyon und dem namibischen Fischfluss-Canyon ist seine Schlucht die drittgrößte der Welt. Diese wunderbare Landschaft fasziniert nicht nur wegen der vielfältigen Erosionsformen, von denen sie geprägt ist, sondern auch wegen der völlig unterschiedlichen Vegetation, die vom tropischen Regenwald bis zur Trockensavanne in dem nur 500 Meer hoch gelegenen Lowveld

Wie eine Vorstellung von Garten Eden mutet das Panorama vom Aussichtspunkt God's Window an.

reicht. Die Panoramastraße am Canyon entlang führt den Reisenden zu beeindruckenden Aussichtspunkten, etwa auf die Three Rondavels – rund abgeschliffene Felskegel, die so aussehen wie die traditionellen Rundhütten der Xhosa.

*** God's Window

Einer der spektakulärsten Aussichtspunkte auf der Panoramaroute entlang des Blyde River Canyon ist God's Window. Nahezu senkrecht fallen die grün bewachsenen Hänge 700 Meter zum Lowveld ab und eröffnen einen atemberaubenden Blick nach

Berlin Falls

Nirgendwo in Südafrika gibt es so viele Wasserfälle wie in der Umgebung des Blyde River Canyon und des Städtchens Sabie. Eine Themenroute, die Sabie Waterfall Route, verbindet die unterschiedlich breiten und hohen Kaskaden miteinander. Die höchsten Fälle der Region sind mit 92 Metern die Lisbon Falls. Als ungewöhnlichste Fälle aber dürften die Berlin Falls gelten, denn die geologischen Gegebenheiten haben ihnen die Form einer Kerze verliehen. Das Wasser eines Gebirgsbachs zwängt sich an der Abbruchkante durch einen Spalt und fällt zunächst als schmaler Arm über den Fels. Dann weitet sich die Rinne, das Wasser schießt über einen Vorsprung und der Fall wird breiter. Von der Aussichtsplattform gegenüber sieht er deshalb aus wie eine 45 Meter hohe Kerze.

In den roten Sandstein gefräst: Bourke's Luck Potholes

ter« führt ein Pfad über Stufen einige Hundert Meter bergan in ein mit Regenwald bestandenes Areal, in dem Lianen und Farne verkrüppelte Steineiben umschlingen. Der 1750 Meter hohe Gipfel wartet mit weiteren, von vielen als noch eindrucksvoller beschriebenen Panoramen auf.

** Bourke's Luck Potholes
Am Beginn des Blyde River Canyon mündet der Treur River (Afrikaans für »Trauerfluss«) in den Blyde, dabei entstehen besondere Strömungsverhältnisse und Wirbel, in denen mitgeführte Steine und Sand seit Jahrtausenden ihr Werk der Erosion verrichten. Das Ergebnis sind tiefe, zylinderförmige Strudellöcher, »potholes«, im Flussbett, die dank des mehrfarbig geäderten Sandsteins je nach Lichteinfall und Wasserstand aussehen, als hätte ein Künstler hier ein überaus ästhetisch marmoriertes Werk vollbracht. Ein Werk der Natur, das sich ständig verändert, denn Lochwände brechen ein oder wachsen mit anderen zusammen und bilden neue, faszinierende Formationen. Von Stegen und Brücken aus lassen sich die Potholes wunderbar beobachten, zudem bekommen Besucher hier auch einen ersten Eindruck vom Canyon des Blyde River.

Oben: Der Blyde River strömt durch eine bis zu 800 Meter tiefe Schlucht, die er in Jahrmillionen in die Drakensberge gegraben hat.

Osten über den Krüger-Nationalpark und an klaren Tagen bis zu den Lebombo-Bergen an der Grenze zu Mosambik. Nur an wenigen Stellen ist die Große Randstufe zwischen dem Tiefland und dem zentralen Hochland des südlichen Afrika so ausgeprägt wahrnehmbar wie hier, denn meist flacht sie in mehreren Bergketten zum Lowveld ab. Vom »Gottesfens-

231

Orangerot glüht die aufsteige-
ne Sonne, die die morgendli-
chen Nebelschwaden über
dem Blyde River Canyon
verdrängt.

Ein Besuch lässt sich gut bei der Fahrt auf dem Weg von Johannesburg zum Krüger-Nationalpark einplanen. Allerdings sollte man mindestens zwei Tage Zeit nehmen.

Südafrika
KwaZulu-Natal

** Pietermaritzburg

Mit seinen viktorianischen Backsteinbauten erinnert der einstige Hauptort der Burenrepublik Natal an eine britische Provinzstadt. Gegründet im Jahr 1838 nach der Schlacht am Blood River, bei der die Buren die Zulu besiegten, wurde die heutige Hauptstadt der Provinz KwaZulu-Natal nach Pieter Mauritz Retief benannt, einem Führer der Voortrekker. Allerdings währte die Ära der Burenrepublik nicht lange. 1843 annektierten die Engländer das Land und setzten ihre Verwaltung ein. Die meisten Buren verließen Natal und zogen weiter. Ihre Geschichte und die ihrer Republik dokumentiert das Msunduzi Museum.

Oben: Im Jahr 1956 wurde der Umhlanga-Leuchtturm an Durbans Küste errichtet, der ersetzte damit den viel älteren Leuchtturm von Durban's Bluff. Einen Leuchtturmwärter gibt es hier allerding keinen mehr, die Lichtanlage wird von einem nahe gelegenen Hotel gesteuert.

Rathaus von Pietermaritzburg mit dem hohen Glockenturm

Durbans Beachfront

Zwischen Blue Lagoon im Norden und Addington Beach im Süden säumen acht Kilometer feinster Sandstrände die Küstenlinie der Millionenstadt Durban. Die Promenade entlang der Golden Mile, des glamourösen Mittelstücks der Beachfront, ist Fußgängern und den beliebten Fahrradrikschas vorbehalten und von schicken Hotel- und Apartmentkomplexen gesäumt. Eine viel besuchte Sehenswürdigkeit im Süden ist die uShaka Marine World. Dem riesigen Aquarium sind ein Delfinarium und ein Wasservergnügungspark angeschlossen. Seit der Fußball-WM 2010 dominiert das Moses-Mabhida-Stadion als unübersehbare Landmarke den nördlichen Teil der Beachfront. Die Hauptattraktion bilden aber die Strände. Im Wasser verankerte Netze schützen Schwimmer und Surfer vor Haiattacken.

DURBAN

Durban – in der Sprache der Zulu »eThekwini« genannt – ist Südafrikas drittgrößte Stadt, eine wichtige Industrie- und Finanzmetropole sowie ein bedeutender Hafen, vor allem aber ein Ort des Vergnügens und des Sports.

Ihr kosmopolitisches Flair verdankt die Metropole am Indischen Ozean der ethnischen Vielfalt. Unter anderem leben hier rund 400 000 Inder, deren orientalisch anmutende Tempel, Restaurants und Märkte Durban einen Ruf als Südafrikas heimliche asiatische Hauptstadt einbrachten. Durbans Bucht wurde bereits 1497

Das weitläufig angelegte Zentrum von Durban beginnt gleich hinter dem Hafen mit der hübschen Marina.

durch Vasco da Gama entdeckt. Mitte des 19. Jahrhunderts entwickelte sich Durban zum Mittelpunkt einer Zuckerrohrindustrie. Für die Arbeit auf den Feldern wurden Inder angeworben. Hauptsehenswürdigkeiten sind die Beachfront mit der Skyline, das indische Viertel mit dem lebhaften Victoria Market und die gut erhaltenen Kolonialbauten im Zentrum.

Die höchsten Berge des südlichen Afrika und die atemberaubendsten noch dazu: An Dramatik der Verbindung von schwindelerregenden Hochplateaus mit höllentiefen Abgründen sind die Drakensberge nicht zu überbieten. Auf einer Länge von mehr als 1000 Kilometern bilden sie den Übergang vom südafrikanischen Binnenhochland zur Ostküste. Ihr nördlicher Teil, die Transvaal-Drakensberge, stehen als »Blyde River Canyon Nature Reserve« unter Naturschutz; die südliche Region heißt »Natal-Drakensberge« und fasziniert mit imposanten, über 3000 Meter hohen Bergriesen und verschwiegenen Seen, die seit dem Jahr 2000 zum UNESCO-Weltnaturerbe zählen. Unter dem Namen »uKhahlamba Drakensberg Park« wurden sie zum Nationalpark erklärt. Die stille, majestätische Bergwelt der Dra-

kensberge bietet Elenantilopen sowie den selten gewordenen Bart- und Kapgeiern ein Zuhause. Ihr größter Schatz sind die Felsbilder der San. Mehr als 35 000 Gravuren und Malereien wurden bislang entdeckt. Das Kerngebiet ihrer Kunst ist das Giant's Castle Game Reserve: Über 500 Darstellungen von Wild, Jagdszenen, aber auch von schamanistischen Zeremonien entdeckte man allein an einer Fundstätte.

Südafrika
KwaZulu-Natal

*** uKhahlamba-Drakensberg Park

Der Zulu-Name »Wall der erhobenen Speere« bringt den Eindruck, den das mächtige Gebirge im Osten KwaZulu-Natals erweckt, auf den Punkt. Seine Ostwände steigen bis zu 1000 Meter nahezu senkrecht aus der Ebene auf, nach Westen umrahmt es das Hochland von Lesotho, eine schier unbezwingbare, natürliche Festung. Nach der Ernennung der Drakensberge zum UNESCO-Welterbe fassten die südafrikanischen Behörden die im Gebirge ausgewiesenen Schutzgebiete zu einem rund 180 Kilometer langen und bis zu 20 Kilometer breiten Park zusammen, der an der Grenze zu Lesotho verläuft. Er dient vorrangig der Bewahrung der über 20 000 Felsbilder, die das Jägervolk der San hinterlassen hat, aber auch dem Schutz lokaler Flora und Fauna. Fußpfade erschließen die herbe Gebirgsregion mit ihren markanten Gipfeln Champagne Castle (3377 Meter) oder Cathedral Peak (3004 Meter).

** Giant's Castle Game Reserve

Das Schutzgebiet rund um den majestätischen Giant's Castle (3315 Meter) wurde bereits 1903 eingerichtet, um den Bestand der in den Bergen lebenden Elenantilopen zu sichern. Ein weiteres Anliegen war der Schutz von Kap- und Lämmergeiern, die in der zerklüfteten Berglandschaft noch in ansehnlicher Zahl nisten. Daneben sind auch verschiedene Adlerarten in Giant's Castle beheimatet. Im Herzen des Reservats befinden sich Sandsteinhöhlen mit ausdrucksstarken Felsmalereien der San. Die Drakensberge waren mindestens 2000 Jahre lang Lebensraum der Jäger und Sammler, die zu den ältesten Bevölkerungsgruppen Südafrikas zählen. Die Zuwanderung viehzüchtender Völker und der Druck durch die immer weiter

Adulte Kapgeier und ihre Jungvögel in den Drakensbergen

Felsmalereien der San in den Drakensbergen

In Höhlen und unter Felsüberhängen stieß man auf großartige Felsmalereien. Viele von ihnen stammen aus den letzten 300 Jahren, überlagern aber bis zu 4000 Jahre alte Pigmentschichten. Gruppierungen der San lebten in diesem Gebiet bis in die zweite Hälfte des 19. Jahrhunderts als Jäger und Sammler, und heute sind sich die Forscher darüber einig, dass die Felsbilder von diesem Volk stammen. Sie selbst glauben übrigens, dass die Felsmalereien von den Göttern stammen. Abgebildet ist das Wild, auf das Jagd gemacht wurde. Wie vertraut die San mit den besonderen Charakteristika der Tiere waren, zeigt die erstaunliche Detailgenauigkeit. Menschen dagegen werden geradezu abstrakt dargestellt – stolze Jäger als Strichmännchen.

In der Abenddämmerung übergießt die Natur die Drakensberge mit einer Prachtbeleuchtung.

landeinwärts drängenden burischen Siedler hat die San aus den Drakensbergen vertrieben. Zu Beginn der 1880er-Jahre lebte nur noch ein einziger San in der Region.

★★ Cathedral Peak »Central Berg« nennen die Südafrikaner die zentrale Region der Drakensberge rund um den mächtigen Cathedral Peak (3004 Meter) mit seinem auffällig geformten Gipfel. Umgeben ist er von drei weiteren Basalt-Dreitausendern, dem Bell, dem Outer und dem Inner Horn. Das waldreiche Cathedral Peak Mountain Reserve ist ein wunderschönes Wanderrevier mit einfachen bis sehr anspruchsvollen Routen. Die Wanderung auf den Cathedral Peak selbst, dessen Erstbesteigung 1917 gelang, ist sehr kräftezehrend und erfordert Trittsicherheit. Als landschaftliches Idyll entpuppt sich das Mlambonja-Tal. Üppig mit Proteen bewachsen, breitet es sich wie ein grüner Teppich am Fuß der vier Gipfel aus und bietet Pavianen und Bergriedböcken einen geschützten Lebensraum. In Höhlen des Didima Valley sind die Felswände mit geheimnisvollen Felsmalereien der San geschmückt.

Oben: Die Natur hat sich hier in den Drakensbergen ein steinernes Amphitheater gebaut.

Das gesamte Gebiet des Giant's Castle Game Reserve gilt als Wanderparadies mit nicht allzu anspruchsvollen Pfaden, die auf eigene Faust erkundet werden können.

Ein früher Aufbruch vor Sonnenaufgang lohnt sich nicht nur allein wegen der Lichtstimmungen in den Vormittagsstunden, sondern auch wegen der niedrigeren Temperaturen.

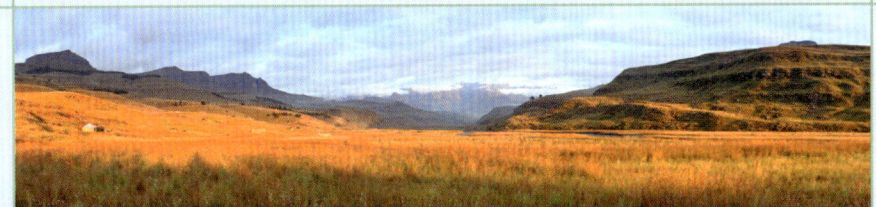

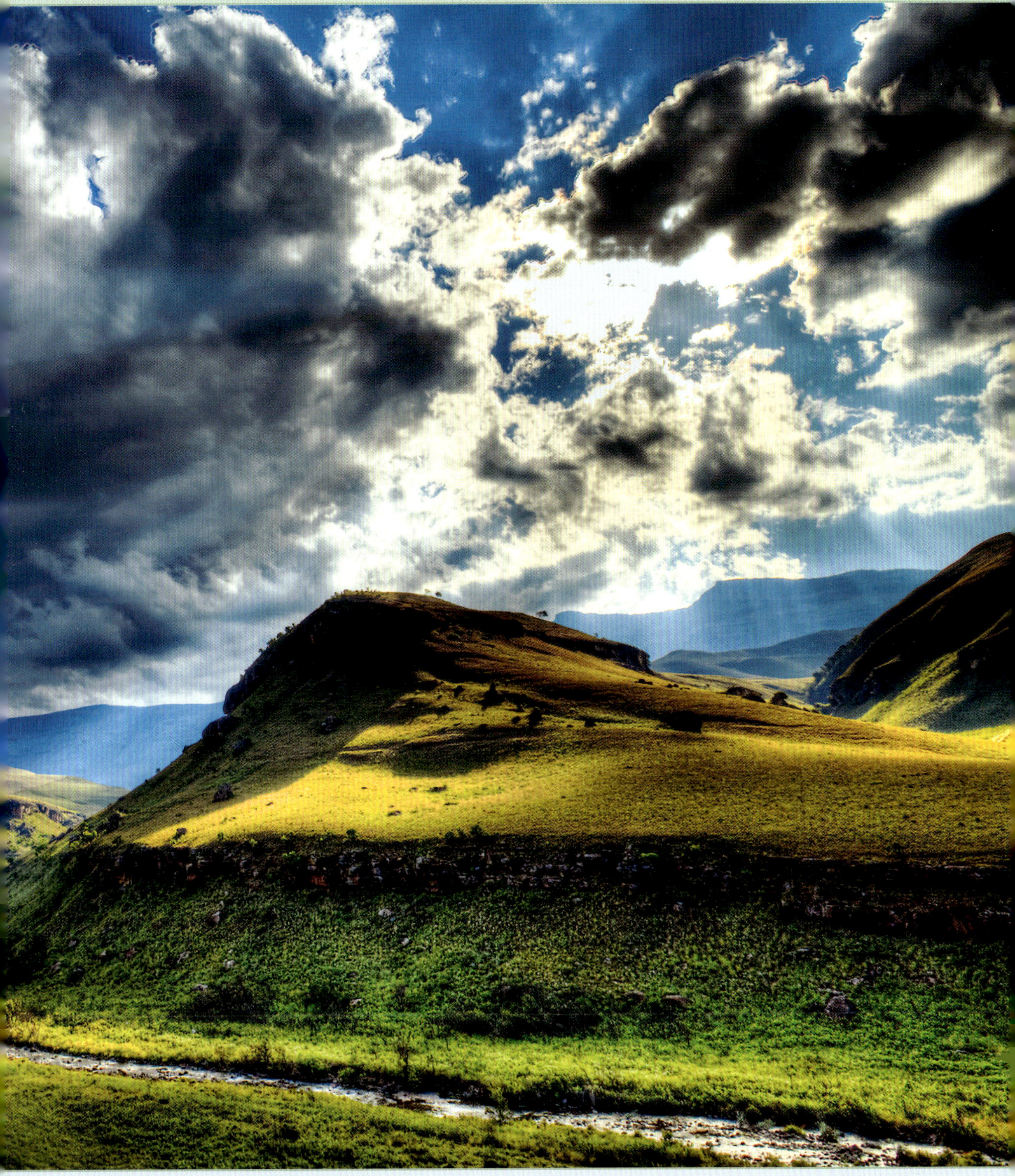

Südafrika
KwaZulu-Natal

** Royal Natal National Park

Der nördliche Teil der Drakensberge wurde bereits 1907 unter Naturschutz gestellt und 1916 zum Nationalpark erklärt. Das 8800 Hektar große Gebiet wird beherrscht von der fünf Kilometer langen, etwa 500 Meter steil abfallenden Felswand des Amphitheaters, eines Hochplateaus, über das sich der kantige Gipfel des Mont-AuxSources (3282 Meter) erhebt. Der Nationalpark ist die Heimat von Bergriedböcken, Klippspringern, Rehantilopen, Pavianen und einer vielfältigen Vogelwelt, zu deren spektakulärsten Vertretern Kapgeier, Kaffernadler und Felsenbussarde zählen. Das Attribut »königlich« erhielt das Schutzgebiet anlässlich des Besuchs der britischen Königsfamilie

Wuchtige Felswände der Drakensberge prägen auch den Royal-Natal-Nationalpark.

1947. Die hohen Herrschaften stiegen damals im Royal Natal National Park Hotel ab, wo Prinzessin Elizabeth ihren 21. Geburtstag feierte. Heute liegt das ehrwürdige Hotel in Trümmern.

** Rugged Glen Nature Reserve

Das kleine Naturreservat wird oft zum Royal Natal National Park gerechnet, an den es nördlich anschließt. Auch hier

überbietet sich die Natur mit reizvollen Bergszenerien: Die Hänge sind mit seltenen Proteenarten bewachsen, und das weite Grasland verwandelt sich im Frühling in ein Blütenmeer.

Zulu

Die knapp elf Millionen Zulu bilden die größte schwarze Volksgruppe Südafrikas. Sie leben in der Region KwaZulu-Natal sowie um Johannesburg. Anfang des 19. Jahrhunderts führte sie König Shaka in einen Kriegszug, bei dem weite Teile des südlichen Afrika erobert, Völker unterworfen und teils auch vertrieben oder ausgelöscht wurden. Shaka stand einem streng hierarchisch organisierten Militärstaat vor. In der legendären Schlacht am Blood River (1838) besiegte der Burengeneral Martinus Wessel Pretorius, Namensgeber der Hauptstadt, mit 500 Mann eine Armee von 12 500 Zulu-Kriegern. 3000 Zulu fanden dabei den Tod. In KwaZulu-Natal erinnern mehrere als Touristenattraktionen eingerichtete Zulu-Kraals wie »Shakaland« an die kriegerische Geschichte und die Traditionen dieses Volkes.

In einigen Hütten in Shakaland können Besucher übernachten.

Rugged Glen ist aus der gleichnamigen Farm hervorgegangen, die wegen der ausgelaugten Böden aufgegeben und von der Wildnis zurückerobert wurde. Beliebt ist das Schutzgebiet unter Anglern, die in den vielen glasklaren Bächen und Flüssen die Rute nach Forellen auswerfen. Zwei kurze, aussichtsreiche Wanderwege, Forest Walk und Camel's Hump, erschließen unter anderem den Kamelhöcker genannten Gipfel, von dem der Blick weit über das Nature Reserve reicht. Wenn der Natal-Honigstrauch sein leuchtendes Rot zeigt, sieht die Landschaft besonders malerisch aus.

* Shakaland

Als Museumsdorf der Zulu-Kultur wurde Shakaland in den Entembeni-Hügeln nicht gegründet – vielmehr diente es 1986 als Filmset bei den Dreharbeiten zu der Fernsehserie »Shaka Zulu«. Das aus 55 traditionellen Hütten bestehende Dorf fungierte im Film als historischer Kraal des Zulu-Häuptlings Senzangakhona, dessen Sohn Shaka das in viele Untergruppen zersplitterte Volk der Nguni zu Beginn des 19. Jahrhunderts mit harter Hand und großer Brutalität zur Zulu-Nation vereinte und weite Teile des heutigen Südafrika beherrschte. Bei Vorführungen erleben Besucher die kraftvollen Tänze der Zulu, sie können bei handwerklichen Arbeiten wie Töpfern oder Perlenstickerei zusehen oder einen *inyanga*, einen Heiler, konsultieren. Einen tiefen Eindruck hinterlässt die Demonstration verschiedener Kampftechniken der Zulu-Krieger.

Oben: Die Felsbarriere der Drakensberge wirkt wie eine von Riesenhand errichtete Staumauer. Auf einer Länge von fünf Kilometern scheint sie den Zugang zur Landschaft dahinter abzuschneiden.

Der idyllischste Teil der Drakensberge: Das Naturschutzgebiet Rugged Glen in KwaZulu-Natal gilt nicht nur als Paradies für Wanderer, sondern auch für Vogelbeobachter und Forellenfischer.

Die grausame Geschichte, die dieses Land erleben musste, sieht man ihm glücklicherweise nicht mehr an. Viele Generationen lang haben sich hier Zulus, Briten und Buren bis aufs Blut bekämpft.

Südafrika
KwaZulu-Natal

** Ithala
Game Reserve

Das Ithala Game Reserve im Norden KwaZulu-Natals umfasst ganz unterschiedliche Landschaftstypen und bietet so verschiedensten Pflanzen und Tieren einen Lebensraum. Die Bandbreite reicht vom Buschland des Lowvelds über Galeriewälder entlang der Flussläufe bis hin zu offenen Grassavannen in höheren Gebirgslagen, wo einige der ältesten Gesteine stehen, die weltweit entdeckt wurden. Ihr Alter schätzen Geologen auf drei Milliarden Jahre. Die Spuren menschlicher Besiedlung reichen bis in die Jungsteinzeit; Ende des 19. Jahrhunderts ließen sich burische Farmer nieder, und 1972, bei Gründung des Schutzgebiets, war das Land überweidet und das Wild weitgehend ausgerottet. Heute durchstreifen wieder jede Menge Elefanten, Breit- und Spitzmaulnashörner, Afrikanische Büffel, Kudus, Gnus, Zebras und Giraffen die Savannen.

** Hluhluwe-iMfolozi
Park

Die beiden vergleichsweise kleinen Schutzgebiete nördlich von Durban, Hluhluwe und iMfolozi, wurden bereits im Jahr 1895 eingerichtet. Zusammen messen sie knapp 1000 Quadratkilometer vorwiegend dicht bewachsener, von Wasserläufen durchzogener Hügellandschaft. Büffel, Antilopen, Elefanten und Zebras leben hier auf recht engem Raum mit Löwen, Leoparden und einer Vielzahl seltener, teils sogar endemischer Vögel. Die eleganten Nyalas (eine Antilopenart) können hier besonders gut beobachtet werden, ebenso Löffelhunde und Breitmaulnashörner *(Ceratotherium simum)*, deren Bestand in den 1960er-Jahren mit nur noch 20 Exemplaren kurz vor dem Aussterben war. Im Gegensatz zu den Spitz-

maulnashörnern *(Diceros bicornis)* sind ihre Lippen fast quadratisch. Beide Arten haben zwei Hörner. Mehrere gut markierte Wanderwege führen durch das Schutzgebiet.

*** Phinda
Game Reserve

Das 23000 Hektar große, private Schutzgebiet unweit des iSimangaliso Wetland Park wirkt wie eine üppige Oase. Eine der sieben hier vorkommenden Vegetationszonen ist der eigenwillige, auf Sanddünen wachsende Wald. Phinda beherbergt mit über 400 Arten einen außerordentlichen Vogelreichtum. Die »Big Five« Elefant, Nashorn, Büffel, Löwe und Leopard lassen sich auf dem Gelände gut beobachten, aber auch seltenere Tiere wie die scheuen Geparde werden regelmäßig bei den Game Drives gesichtet. Dies war nicht immer so – erst die Operation »Phinda Izilwane«, die »Rückkehr der Tiere«, legte mit der Wiedereinführung der durch Landwirtschaft verdrängten Arten den Grundstein für den heutigen Wildreichtum. Beim Schnorcheln oder Tauchen am Korallenriff der nahen Sodwana Bay begegnet man zudem Delfinen, Meeresschildkröten und einer Vielzahl leuchtend bunter Riffbewohner.

Kein Wunder, dass der Name des exklusiven Privatreservats Phinda »zurück zur Wildnis« bedeutet. Bei Pirschfahrten kommen die Gäste den Tieren ganz nah. Giraffen (rechts) sind dabei ebenso häufig anzutreffen wie Geparden und Löwen. Liebevoll kümmert sich hier ein Muttertier um ihr Junges. Tägliche Fellpflege durch die raue Zunge gehört dabei zum Ritual. Auch ein kleiner Madenhacker hat es sich auf der kleinen Giraffe bequem gemacht.

Geparde

Geparde lassen sich durch ihre markante Gesichtszeichnung von Leoparden unterscheiden, zudem sind sie kleiner und flinker als ihre Raubkatzenverwandten. Als schnellstes Landsäugetier erreicht der Gepard auf kurzen Strecken nicht nur bis zu 120 km/h, sondern er kann auch innerhalb von fünf Sekunden von 0 auf 100 km/h beschleunigen. Selbst Haken schlagende Gazellen entkommen ihm nicht, denn der Gepard kann einen eventuell notwendigen Zickzackspurt mit seinem langen Schwanz aussteuern. Nach meist nur 20 Sekunden hat er seine Beute erwischt, mit einem Schlag der Pfote umgeworfen und mit einem Biss in die Kehle getötet. Danach schlingt er meist sein Mahl extrem schnell hinunter, damit es ihm nicht durch Löwen oder Hyänen entrissen wird.

Der Naturpark gilt als Geburtsstätte der Bemühungen um die Arterhaltung der Breitmaulnashörner.

Ein Bärenpavian versucht mit seinem Gebiss zu beeindrucken. Das ebenfalls hier vorkommende Burchell-Zebra, eine Unterart des Steppenzebras, weist an den Beinen kaum noch Streifen auf (links).

Südafrika
KwaZulu-Natal

Ndumo Game Reserve

Wasserläufe, Seen und temporäre Vleis (Tonpfannen) prägen die Landschaft des 10 000 Hektar großen Schutzgebiets an der Grenze zu Mosambik. Feigenbäume und Fieberakazien säumen den Lauf der Flüsse Usutho und Pongola und bieten zusammen mit Dünenwäldern und Buschland über 430 Vogelarten ein Habitat. Damit besitzt Ndumo die höchste Vogelvielfalt

*** iSimangaliso Wetland Park

Das Kernstück des 2500 Quadratkilometer großen Nationalparks an der Nordostküste von KwaZulu-Natal ist der rund 380 Quadratkilometer messende flache St.-Lucia-See, den ein Dünengürtel vom Indischen Ozean trennt. Gespeist von mehreren Flüssen, erhält der See bei Flut auch Meerwasser. Der niedrige Salzgehalt lockt eine Vielzahl von Vogelarten an, die im flachen Brackwasser einen reich gedeckten Tisch vorfinden. Rosaflamingos, Pelikane, Stelzenläufer, Schlangenhalsvögel und Klunkerkraniche geben sich am See und entlang der Meeresküste, die ebenfalls unter Naturschutz steht, ein Stelldichein. Flusspferde wälzen sich im Wasser, und in den Mangrovensümpfen lauern Krokodile. Landeinwärts durchstreifen Büffel, Antilopen und Nashörner die Dornbuschsavanne. Die der Küste vorgelagerten Korallenriffe sind Heimat einer farbenfrohen Unterwasserfauna.

** Pongola Nature Reserve

Als 1970 der Pongola River aufgestaut wurde, um Zuckerrohrplantagen zu bewässern, gab es in der Region des heutigen Game Reserve nur noch wenig Wild. Dabei hatte Präsident Paul Kruger bereits 1894 die Einrichtung des Naturschutzgebietes verfügt, das aber später Burenfamilien besiedelten und als Farmland nutzten. Der zweite Versuch knapp 100 Jahre später wurde 1979 umge-

Gänse schwimmen auf dem Lake Jozini im Pongola-Reservat.

setzt und war erfolgreicher. Reizvoll ist die Lage am See, in dem die von Anglern sehr geschätzten Tigerfische leben. Gefangen werden sie wegen der vielen Flusspferde und Krokodile von Booten aus. Herden von Giraffen, Kudus, Büffeln und Elefanten durchstreifen die Dornbuschsavanne. Selbst die seltenen Nyalas und die bedrohten Breitmaulnashörner

Südafrikas. Bemerkenswert ist das Vorkommen tropischer Spezies, die eigentlich weiter nördlich in Ostafrika beheimatet sind, und die Vielzahl seltener Wasservögel wie Glockenreiher, Afrikanische Zwergente oder Wit-

wenpfeifgans. Zahlreich sind auch die Krokodile in Seen und Flüssen. Bei Pirschfahrten oder geführten Buschwanderungen begegnet man Giraffen, Büffeln, Nyalas, Impalas und den winzigen Sunis, einer Antilopenart.

Elefanten sind die im Wortsinn großen Attraktionen von Tembe.

lassen sich in der mit Akazien bewachsenen Ebene hervorragend beobachten. Game Drives finden in Pongola mit dem offenen Fahrzeug oder aber mit dem Boot statt.

** Tembe Elephant Park

Die größten Afrikanischen Elefanten und eine der kleinsten Antilopenarten, das Suni oder Moschusböckchen, bewohnen das 30 000 Hektar große Areal an der Grenze zu Mosambik. Die von Dünenwäldern und Dornbuschsavannen geprägte Region war früher die Heimat riesiger Elefantenherden, die Wilderer und die Kriegswirren im benachbarten Mosambik dezimierten. Als das Schutzgebiet 1983 eingerichtet wurde, waren die verbliebenen Tiere so aggressiv, dass Besucher nicht eingelassen werden konnten. Erst zehn Jahre später konnte man den Park für Selbstfahrer öffnen, die allerdings wegen der tiefsandigen Pisten unbedingt einen Geländewagen benötigen. Der Elefantenbestand ist auf rund 200 Tiere angewachsen, darunter so imposante Bullen wie der legendäre Isilo, dessen Stoßzähne eine Länge von 2,50 Metern erreichen. Außerdem streifen die restlichen Arten der Big Five sowie zahlreiche Antilopen, Giraffen, Zebras und Hyänen durch die lichten Wälder.

Linke Seite oben: Der iSimangaliso-Nationalpark bietet nicht nur abwechslungsreiche Landschaften und Aussichtspunkte, sondern ist auch ein Rückzugsgebiet für eine Fülle von tierischen Bewohnern, darunter Nilkrokodile. Oben: Eine selbst für Südafrika ungewöhnliche Artenvielfalt zeigt sich im Ndumo-Reservat, darunter auch viele sonst nur weiter nördlich vorkommende Spezies; im Bild eine ungiftige Natal-Buschschlange.

Swasiland und Lesotho

Die kleinen Binnenstaaten Swasiland und Lesotho im Osten von Südafrika sind die letzten Monarchien Afrikas. Sie präsentieren das traditionelle Afrika mit friedlichen Rundhüttendörfern, gelebter Tradition und einer aufgeschlossenen, herzlichen Bevölkerung. Lesotho, als »Königreich im Himmel« von hohen Gebirgsriegeln umgeben, ist herausragend als Wandergebiet oder Areal für das Trekking mit den berühmten Basotho-Ponys geeignet; Swasilands landschaftliche Vielfalt reicht von niedrig gelegenen Savannen bis zu den dichten Gebirgswäldern im Westen.

Steinerne Rundhütten sind die typischen Behausungen der Basotho, denen 99 Prozent der Bevölkerung Lesothos angehören.

Swasiland

Swasiland

Swasiland ist ein unabhängiges Königreich im Nordosten von Südafrika und wird von König Mswati III. regiert. Das Parlament hat keinen politischen Einfluss. Seine Landschaftsräume reichen von dem etwa 300 Meter hohen Lowveld im Osten mit seinen Trockensavannen über die mittleren Höhenlagen des Middlevelds mit seinen grünen, fruchtbaren Hügeln bis

Königreich Swasiland

Fläche: 17 360 km² (etwa so groß wie Thüringen)
Bevölkerung: 1,37 Millionen
Hauptstadt: Mbabane
Sprachen: siSwati, Englisch
Unabhängig seit: 6. 9. 1968 (ehem. britisches Protektorat)

** Malolotja Nature Reserve

Im dicht besiedelten Swasiland lädt die faszinierende Wildnisenklave von Malolotja zu ausgiebigen Wandertouren. Die Gebirgsregion bezaubert mit ihren vielfältigen Landschaftsformen und einer artenreichen Flora. Knapp 40 verschiedene Orchideen kommen in dem Nature Reserve vor, Amaryllis entfalten ihre pinkfarbenen Blütenstände und in geschützten, schattigen Lagen wachsen seltene Palmfarne. Im Frühjahr überziehen sich die Berghänge mit einem Blütenmeer. Bei Wanderungen begegnet man den frechen Klippschliefern und Weißschwanzmangusten; gelegentlich kreuzt auch ein scheues Bleichböckchen oder ein Zebra den Pfad. Vorsicht ist vor den zahlreichen Schlangenarten geboten, die im felsigen Areal gute Deckung finden. Besonders reizvoll sind die von der Nature Reserve angebotenen Canopy-Touren, bei denen Besucher die Natur aus der Vogelperspektive von den Baumwipfeln aus erkunden.

** Mlilwane Wildlife Sanctuary

Mit der Einrichtung des kleinen Reservats auf der väterlichen Farm gab Ted Reilly 1959 den Startschuss für den Ausbau von Naturschutzmaßnahmen in Swasiland. Der Name »Milwane«, »kleines Feuer«, ist bewusst gewählt, denn diese Gründung sollte viele weitere Initiativen des Artenschutzes anfachen.

Zahlreiche Wildarten waren zu diesem Zeitpunkt bereits durch Siedlungen und Landwirtschaft verdrängt. Reilly renaturierte seine Farm, legte Wasserstellen an und wilderte Tiere, die früher in dieser Region ihren Lebensraum hatten, wieder aus. Das Schutzgebiet liegt malerisch in einem Gebirgstal, und da Reilly auf die Ansiedlung von Raubtieren verzichtete, können es Besucher ungefährdet zu Fuß oder per Rad erkunden. Das Wild wie Kudus, Nyalas oder Warzenschweine zeigt wenig Scheu und lässt die Menschen relativ nahe an sich herankommen. Auch Krokodile und Flusspferde fühlen sich von den Gästen des Restaurants am Seeufer nicht gestört.

*** Hlane Royal National Park

Mit rund 300 Quadratkilometern Fläche ist Hlane das größte Naturschutzgebiet Swasilands. Im flachen Bushveld finden Tiere wie Elefanten oder Breitmaulnashörner wenig Deckung und sind leicht aufzuspüren. In der Trockenzeit ziehen Herden von Steppenzebras, Kudus und Impalas in den nördlichen Teil des Parks, wo sie am Mbuluzana River Wasser finden. Mitte des 20. Jahrhunderts sah es im Osten Swasilands noch völlig anders aus. Durch Farmen und eine Zinnmine war das Gebiet intensiv bewirtschaftet; 1959 wurde das letzte Wild gesichtet. Die Anfang des 20. Jahrhunderts zugewanderte Unternehmerfamilie Reilly beschloss, den Naturschutz in ihre Hand zu nehmen, und stellte dafür eigenes Land zur Verfügung. Swasilands damaliger König Sobhuza II. folgte ihrem Beispiel und überließ sein königliches Jagdrevier. 1967 wurde das Gebiet zum Nationalpark erklärt.

Rechts: Blessböcke im Malolotja-Naturreservat.

auf 1862 Meter Höhe im westlichen Bergland, das mit dichten Wäldern bestanden ist. Swasilands Charme machen seine herrlichen Naturlandschaften und die traditionellen Dörfer aus. In mehreren Natio-

nalparks werden Flora und Fauna geschützt. Vor allem der Vogelreichtum ist überaus eindrucksvoll. Die Hauptstadt Mbabane hingegen ist wenig mehr als ein Provinzstädtchen mit lebhaftem Markt.

Auch wenn er müde scheint
und meist faul im hohen
Gras liegt, sollte man einem
ausgewachsenen Löwenmänn-
chen nie zu nahe kommen.

Für die Ranger bilden auf den Pirschfahrten die aggressiven Nashörner (ganz links ein Breitmaulnashorn) eine größere Gefahr als Löwen. Links: Warzenschweine am Wasserloch.

257

Lesotho

*** Sani Pass

Die spektakuläre Passstraße von Himeville/Südafrika nach Mokhotlong/Lesotho ist der einzige – und nur für geländegängige Autos befahrbare – Übergang über die südlichen Drakensberge. Die Route wurde in den 1950er-Jahren angelegt, ist nicht asphaltiert und in manchen Abschnitten sehr steil. So klettert sie nach Passieren des südafrikanischen Grenzpostens auf 1900 Metern in 17 Serpentinen und auf nur neun Kilometern Strecke weitere 1000 Meter bergauf. Scheitelpunkt ist der 2895 Meter hohe Sani Pass, die Grenze zu Lesotho und zugleich Wasserscheide zwischen Atlantik und Pazifik. Die aufsehenerregende landschaftliche Szenerie mit karg bewachsenen Hängen, die sich zu den abgeflachten Gipfelplateaus der Tafelberge emporschwingen, überragt der Thabana-Ntlenyana (3482 Meter), der höchste Berg des südlichen Afrika.

*** Maletsunyane Gorge

Mit 192 Metern, die der Fluss ohne eine einzige Stufung in die Schlucht hinabstürzt, gelten die Fälle des Maletsunyane River als die höchsten des südlichen Afrika; sie sind mehr als doppelt so hoch wie die südafrikanischen Lisbon Falls. Allerdings ist der Wasserstrahl recht schmal und kann deshalb mit anderen Fällen kaum konkurrieren. Der Fluss hat im Laufe von Jahrmillionen einen engen Canyon ausgewaschen, in

den trittsichere Wanderer über einen Pfad am Rand des Wasserfalls hinunterklettern können. Abenteuerlicher ist es, an einem »Abseiling« über die Felswand teilzunehmen. Fälle und Schlucht beherbergen eine artenreiche Tier- und Pflanzenwelt, so die auffällige *Aloe polyphylla,* eine Aloenart, deren Blätter spiralförmig angeordnet sind und die als Lesothos Nationalblume gilt. Gelegentlich bekommen Wanderer einen Waldrapp zu Gesicht.

Oben: Einheimische grüßen den Fremden mit einem »lumela« (»hallo«).

Spektakuläre Windungen der Schotterstraße am Sani Pass

Lesotho

Politisch eigenständig ist das rund 30 300 Quadratkilometer große Königreich Lesotho am Südrand der Drakensberge. Mehrere Flüsse wie der Oranje/ Senqu durchströmen die zwischen 1000 und 2000 Meter hoch gelegenen Täler in teils bis zu 800 Meter tief eingeschnittenen Schluchten und verleihen ihnen grüne Üppigkeit, während in höheren Lagen nur noch zähes Gras und Dornbüsche der Witterung trotzen. Die rund 2,2 Millionen Sotho sind vorwiegend Bauern und Viehzüchter. Viele von ihnen leben in einfachen Rundhüttendörfern; die Landflucht treibt aber immer mehr Menschen in die Hauptstadt Maseru. Eingewandert sind die Sotho im Zug des großen Umbruchs, den Shaka Zulu mit seinen Eroberungen im südlichen Afrika zu Beginn des 19. Jahrhunderts ausgelöst hatte.

Die Wetterbedingungen auf dem Sani Pass sind oft schwierig, entschädigt wird man für die Fahrt mit spektakulären Aussichten.

Die Maletsunyane-Schlucht
durchbricht wie ein plötz-
licher Einschnitt die sanfte
Hügellandschaft.

Der Wasserfall ist sogar fast doppelt so hoch wie die berühmten Victoriafälle, befördert allerdings nur einen Bruchteil von deren Wassermassen ins Tal.

Basotho

Die Vorfahren des heute als Basotho bezeichneten Staatsvolks von Lesotho lebten bereits seit dem 17. Jahrhundert im südlichen Afrika. Den Zusammenschluss zu einer Nation vollzogen sie allerdings erst in der ersten Hälfte des 19. Jahrhunderts unter dem Eindruck der Eroberungszüge der Ndebele und Zulu, die kleinere Ethnien verdrängten oder mit deren Unterwerfung endeten. Der einzige Anführer, der der Übermacht der Zulu standhielt, war der Bakoena-Herrscher Moshoeshoe I. Auf dem Gebiet des heutigen Lesotho gelang es ihm, mehrere Sotho-Volksgruppen mit seinen Bakoena zu vereinen und damit die Basotho zu formen. Geschickt und durchaus kampfbereit widersetzte er sich sowohl den Ansprüchen der Zulu wie jenen der Buren, die das Hochland Lesothos ebenfalls bedrängten. 1868 begab er sich deshalb sogar unter den koloni-

262

alen Schutz der Briten, die seinem Reich weitgehende Autonomie garantierten. Der König wird als Gründervater Lesothos bis heute tief verehrt. Obwohl die Basotho bereits früh christianisiert wurden – einer der Missionare fungierte sogar als eine Art Außenminister Moshoeshoes I. –, haben sie die traditionelle, in Verwandtschaftsverbänden organisierte Gesellschaftsstruktur und zahlreiche althergebrachten Glaubensvorstellungen bewahrt.

Das Namib-Rand-Natur-
reservat gehört zu den
größten privaten
Naturschutzgebieten
von Afrika.

Die schönsten Naturparks

Ergänzend zu den vorangegangenen Seiten, bietet das folgende Kapitel einen raschen Überblick über die wichtigsten auf den vorangegangenen Seiten vorgestellten Nationalparks und Wildreservate. Die Informationen sind auf einen Blick versammelt: Adressdaten inklusive Webadressen, Kurzbeschreibungen, individuell zugeschnittene Tipps und praktische Informationen wie Anreise und Unterkunft.

VICTORIAFÄLLE

Zambia Tourist Centre
Livingstone, Sambia
www.zambiatourism.com

Die Victoriafälle an der Grenze von Simbabwe und Sambia sind eines der großartigsten Naturschauspiele der Welt und UNESCO-Welterbestätte. Über eine 1,7 Kilometer lange Abbruchkante stürzen sich die Wassermassen des Sambesi 120 Meter in die Tiefe, um sich anschließend durch eine schmale Schlucht zu zwängen.

Highlights

Auf beiden Seiten gibt es jeweils einen Nationalpark. Im 23 Quadratkilometer großen simbabwischen Park führt ein Pfad mit Ausblicken auf die Wasserfälle durch Regenwald mit Mahagonibäumen und Farnen. Auf der sambischen Seite beherbergt der Mosi-oa-Tunya-Nationalpark ein 68 Quadratkilometer großes Wildreservat mit Antilopen, Zebras, Giraffen, Elefanten, Nashörnern, Flusspferden, Büffeln und Pavianen.

Praktische Informationen

An Freizeitaktivitäten werden Flüge mit Ultraleichtflugzeug oder Helikopter über die Fälle, Bungeejumping von der Brücke, Wildwasserrafting, Abseilen und geführte Wanderungen zu den Fällen oder in die Schlucht geboten.

Unterkunft

Zu den Wasserfällen gelangt man über das sambische Livingstone oder über den simbabwischen Ort Victoria Falls, beide durch die Victoria Falls Bridge miteinander verbunden. In beiden Orten gibt es Übernachtungsmöglichkeiten vom Campingplatz bis zum 5-Sterne-Hotel.

Anreise

Per Flugzeug nach Livingstone (Sambia) oder Victoria Falls (Simbabwe). Per Zug von Pretoria oder Bulawayo nach Victoria Falls oder von Lusaka nach Livingstone (keine regulären Personenzüge über die Victoria Falls Bridge).

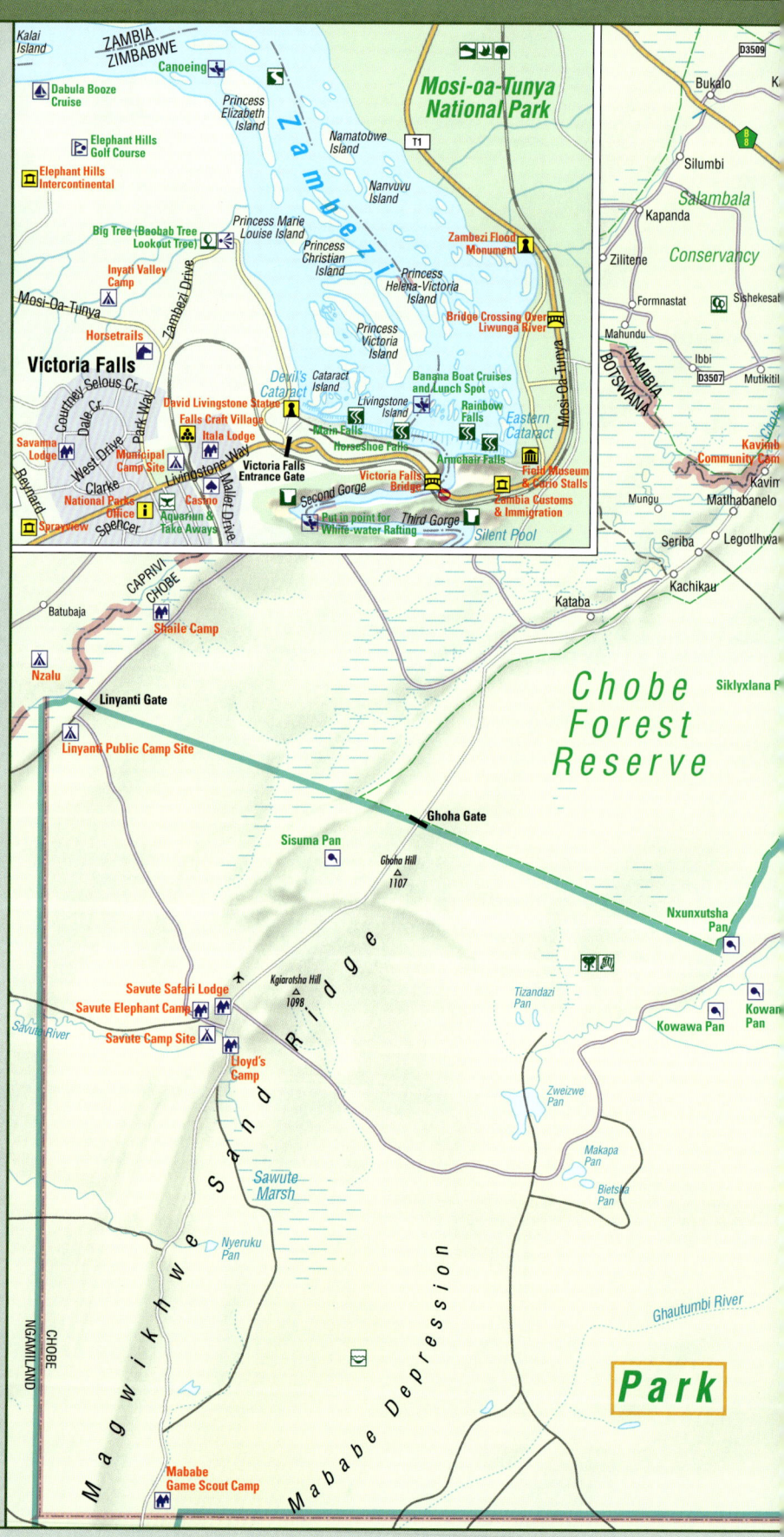

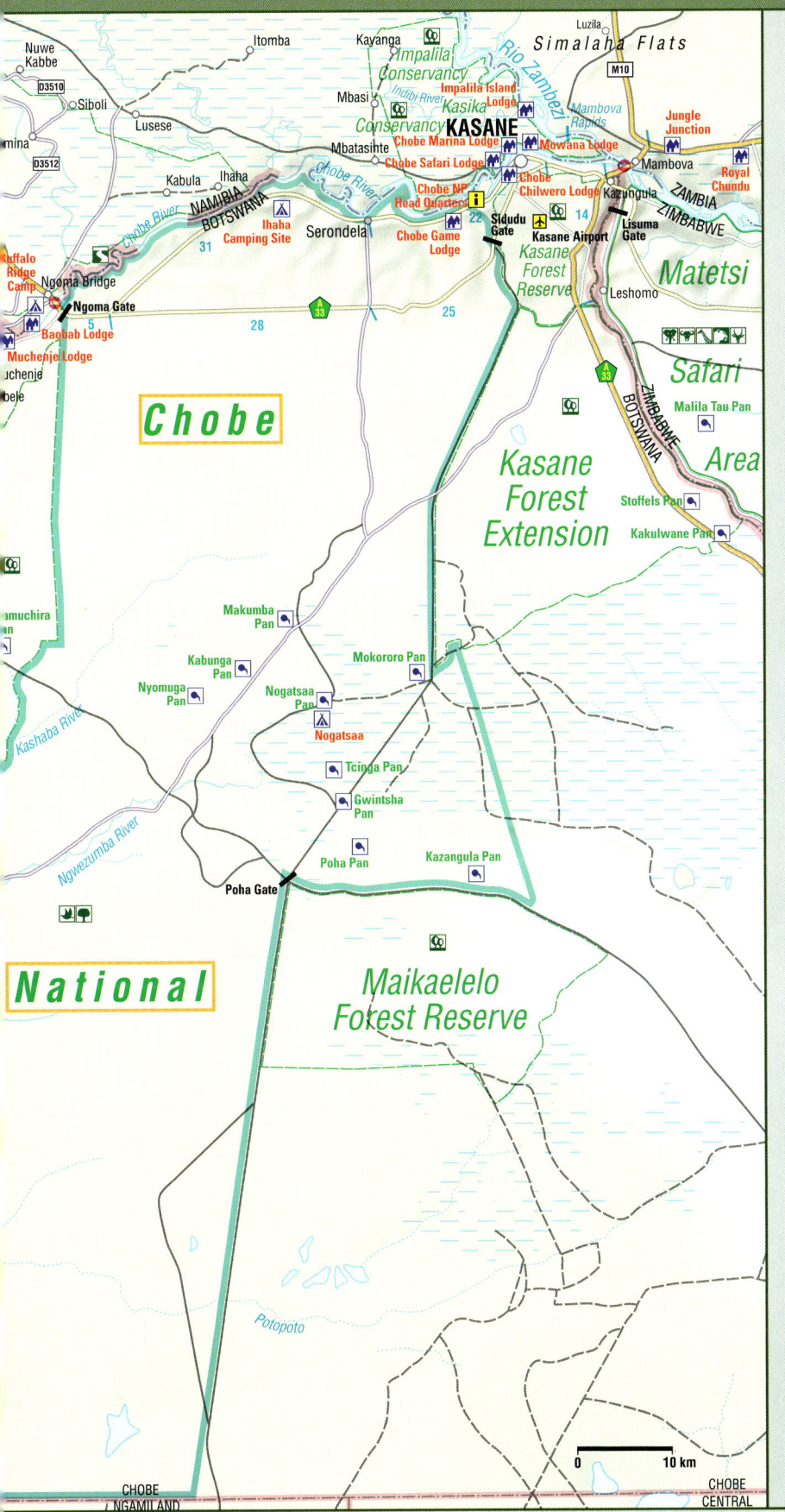

CHOBE-NATIONALPARK

Botswana Tourism Organisation, Plot 246, Apollo House, Maun oder Madiba Shopping Centre, Kasane, www.botswana tourism.co.bw

Der älteste Nationalpark Botsuanas wurde 1967 eingerichtet, um die reichen Wildbestände zu erhalten. Das 11 700 Quadratkilometer große Areal umfasst vier Ökosysteme: Südlich des Chobe-Flusses erstrecken sich die üppigen Flusswälder und Ebenen von Serondela, entgegen dem Uhrzeigersinn schließen sich im Nordwesten die Linyantsümpfe an, dann ein sehr trockenes Hinterland und schließlich im Westen östlich des Okavangodeltas das Savute-Marschland.

Highlights
Der Wechsel von trockenen und Überschwemmungslandschaften bietet gute Voraussetzungen für eine artenreiche Fauna: Die spektakulärsten Vertreter sind Löwe, Leopard, Giraffe, Zebra, Impala, Elenantilope, Büffel, Flusspferd, Krokodil, dazu kommen über 450 Vogelarten. Der Hauptschatz von Chobe sind aber die riesigen Elefantenherden, die Teil der größten zusammenhängenden Elefantenpopulation Afrikas sind.

Praktische Informationen
Der Park kann im Rahmen von organisierten Safaris oder auf eigene Faust erkundet werden. Für Letzteres ist ein geländegängiges Fahrzeug Voraussetzung, ebenso muss alles Lebensnotwendige mitgebracht werden. Der Park ist nur während der Trockenzeit (April bis Oktober) zugänglich.

Unterkunft
Drei Campingplätze im Park sowie mehrere Lodges am nördlichen Rand des Parks bieten Übernachtungsmöglichkeiten.

Anreise
Per Flugzeug nach Kasane oder Maun. Mit Auto von Kasane zum Sidudu Gate, von Maun zum Madabe Gate oder vom Caprivizipfel nach Ngoma.

Unten: Der spektakulärste Wasserfall ganz Afrikas: Mehr als 100 Meter tief stürzt sich der Sambesi an den Victoria Falls in die Tiefe. Und sein Sprühnebel steigt manchmal bis zu 300 Meter hoch auf.

Rechts: Kaum irgendwo in Afrika gibt es noch so viele Elefanten wie im Chobe-Nationalpark. Mehr als 100 000 Tiere sollen dort während der Regenzeit durch die Buschsavanne ziehen.

Unten links: Große Schwärme von Rosapelikanen heben zum gemeinsamen Flug im Okavangodelta ab. Unten rechts: Leoparden gehören zu den Hauptdarstellern im Moremi-Wildreservat im Nordwesten Botsuanas, das inmitten des Okavangodeltas gelegen ist. Rechts: Flusspferde und Elefanten fühlen sich ebenfalls in den feuchten Sümpfen des Okavangodeltas wohl.

Okavango River
Thinqo
Xoro Lediba
Mawana
Dungu
Samusipa
Sepopa
Sepopa Swamp Stop
Nxenoga Lediba
Manga
Xhamogo Lediba
Mathoatau Lediba
Samoqoma Lediba
Mampi
Akukwe Fisching Camp
Ikoga Lediba
Seronga
Tamacha
Cada
Gqoro
Kombo
Mbiroba Camp
Xaa
Gabamukuni
Chana Lediba
Nqoma Lediba
Xenega Lediba
Sare Lediba
Pepere
M u i l e
Jwanga Lediba
Mangengo Lediba
Duma
Xeko
Khwa
Beetsha
Kwexao
Maxa
Betsaa
Kanxi
Mbondo
Kangara
Eretsa
Ganitsuga
Xokomokwa
Kabamukuni
Veterinary Gate
Magweqgana
Veterinary Cordon Fence
Motswiri
Modumo Lodge
41
43
Etsha
Guma Island Lodge
Xenega
Duba Islands
Duba Plains Camp
Vumbura
Little Vumbura
Kaparota
Tsum-Tsum
Etsha 12
Xanada Lediba
Guma Lagoon Camp
Kwihum Island
Khwandandavhu
Moanachira
Xugana Lediba
Xugana Lodge
Etsha 13
Sephane
Xhamoga
Dxharega Lediba
Jerejere Lediba
Shindi
Qaaxhiwa Lediba
Xhamu Lediba
Moshupatsila Island
Nqoga River
Xaenga Island
Shindi Lediba
Mokwakwana
Makwena Lodge
Ngogha Island
Camp Okavango
Etsha 6
Webego Lediba
Xoqao Lediba
Xhamoxooga Lediba
Xhamokwe Lediba
Ogomxara Lediba
Gadik Lediba
Wabe Lagoon
Etsha 4
Etsha 1
Ranta Lediba
O k a v a n g o
Jao
Xobega Lediba
16
17
Qurube Lediba
Thaoge River
Qurube
M o r e m i
P l a t e a u
Kwetsani
Jao River
Madinare Island
Little Mombo
Mombo Camp
Bodumatau
Qhosenqa Lediba
Beega
Jacana
C h i e f's   I s l a n d
Charayi
Xorotsaa
Kandalengoti
F l a t s
Tubu Tree
Xigera Safari Camp
Jao Camp
Chief's Camp
Xhumu Island
Gumare
Gwekatsumi
D e l t a
Xigera
X o   F l a t s
Dxaaba
Gwekatshumi Lediba
Gomotshokomo
Dxekedao
Tubu Island
Abu Camp
Lethakalamosadi Lediba
Chau Safari Camp
G a m e
Dxamoga
Sasanawenda Gate
Macatoo Camp
Nxabega
Gubanare
Delta Camp
Gunn's Camp
Xaxaxe Lediba
Danega Lediba
Kanana
Eagle Island Xaxaba
Oddball's
Semetsi
Danega
Mabiko
Xhenega Lediba
Kiri
Nxaraga Lediba
Sankokoma
Xhoro
Mabatu
Pompom
Moporota Camp
Sekgwasabalo Forest
Maoumo
Gubaxa Forest
Rann's Camp
Babo Hunting Camp
Ivory
S a n d v e l d   T o n g u e
Mokolwane
Mantis
Bobo Island
Botshabelo Forest
Nokaneng Gate
Xene
Kweene Hunting Camp
Eden
Beacon Island
Lion's Island
Khurunxaraga Lediba
Bokwi Island
Nokaneng
Joe
Mochabana
Xudum
Chao
Xwee
Kujwana
Sekome
Qwaapu
Khurunxaraga
Kamakaku
Mojei
Depi Camp
Xuruee
Habu Gate
Mathabanelo
Hubu
Madinotshe
Manawa
Namohuduwa Pan
Morengerwa
Khurunxaraga Gate
Buffalo Fence
Kororokae
Gedixumo
Xangoro
Raolebeng
Matsibi Hunting Camp
Xudum Gate
Nxaratha Valley
Masogwana
Xoo
Motsaudi
B.C.U. Ranch
Mushu
Senxaxume
Mase
Junguni
Matsibi Gate
Satata Fence

Map labels

Splash Hunting Camp
Kwara
onachira
Gogoba
Dasakau Island
Xakanaxa Lediba
Khwai River Lodge
Tsaro Lodge
Khwai River
North Gate
Camp Okuti
Xakanaxa Camp
Camp Moremi
Public Camp Site
Xakanaxa
Dombo Lediba
Third Bridge
Third Bridge
Fourth Bridge
Bodumatau
First Bridge
Bobumatau Bridge
M o p a n e T o n g u e
R e s e r v e
Magorogo River
Gomoti River
South Gate Campsite
South Gate
Xini Lediba
Ouanetaa Lediba
Danama
Nxanxumo
Wohu Lediba
Sandibe
Woqwe Lediba
Camp Savandah
Chengwa Lediba
San-ta-wani Lodge
Chitabe
Oche Lediba
Starling's Camp
Kaziikini Lodge
Mogogelo
Nxara Lediba
ley's Camp
Tsatsa Lediba
Chitabe Island
Chitabe Lediba
Dxekishaba Lediba
Buffalo Fence
Buffalo Gate
Hamao
Makoba
Shukumukwa
akgaka
Daonara
Xoogo
Mashekesha
Phologelo
Nxabe
Boro River
Daonara Camp
Xegad Lediba
Kwagajo Lediba
Shorobe
Thokatsebe
Xaruxau Flats
Sakapane
Matsauding
Chuchubegho
Xaruxau
Island Safari Lodge
29
Okavango River Lodge
Goroku
Matlapaneng
Crocodile Camp
Audi Camp
Maun Game Sanctuary
Maun Airport
12
Maun Rest Camp
Nhabe Museum
Sedia Hotel
Bailey Arts Centre
Riley's Best Western
MAUN
Matlapaneng Brigde
Ntabi
14
Maun Lodge
16
Masentsela Tree Lodge
Sitatunga Camp and Crocodile Farm

0   10 km

OKAVANGODELTA MIT MOREMI GAME RESERVE

Botswana Tourism Organisation,
Plot 246, Apollo House, Maun
oder
Madiba Shopping Centre, Kasane
www.botswanatourism.co.bw

Das größte Binnendelta der Welt mit einer je nach Jahreszeit schwankenden Wasserfläche zwischen 10 000 und 15 000 Quadratkilometern Größe befindet sich im Nordwesten Botsuanas. Hier mündete einst der Okavango im Makgadikgadi-See Aufgrund tektonischer Verwerfungen konnte das Wasser nicht mehr abfließen, und so bildete sich hier in der Kalahariwüste ein fächerförmig auslaufendes Binnendelta mit einem Labyrinth von Afrika, darunter Elefanten, Nashörner, Löwen, Leoparden, Büffel, Flusspferde, Giraffen, Zebras, Antilopen und viele mehr. Hinzu kommen rund 400 Vogelarten (Kraniche, Adler, Ibisse), 35 Millionen Fische (80 Spezies) und 150 Reptilienarten (darunter Krokodile). Die vorherrschenden Pflanzen sind Papyrus und Phoenixpalme. Dem Schutz der Wildtiere dient im Osten des Okavangodeltas die Moremi Game Reserve (rund 3900 Quadratkilometer).

Flussarmen, Lagunen, Sümpfen und Inseln heraus. Nur drei Prozent der Wassermassen fließen nach Süden zum Ngami-See ab, der Rest versickert und verdunstet.

Highlights
Das Delta ist ein im Jahresrhythmus sich ständig veränderndes Ökosystem. In Folge der Regenzeit (Oktober bis April) steigt der Wasserspiegel allmählich an und überschwemmt das Land. Inseln bilden sich und verschwinden im Wasser. Wenn im Juli der Höchststand erreicht ist, setzt der umgekehrte Prozess ein. Der hohe Wasserstand im Juli, wenn in den Wäldern und Savannen rund um das Delta wieder Trockenheit herrscht, lockt zahlreiche Tiere an und führt zu einer Konzentration von Wildtieren wie kaum andernorts in

Praktische Informationen
Von Maun oder Kasane aus werden Safaris mit dem Einboot, auf Elefanten, zu Fuß oder mit dem Allradfahrzeug angeboten. Die hohen Gebühren sollen Massentourismus verhindern. Beste Zeit für Tierbeobachtung ist Mai bis Oktober.

Unterkunft
Rund 40 Camps und Lodges bieten Übernachtungsmöglichkeiten an.

Anreise
Per Flugzeug, Bus oder Auto nach Maun, von dort mit dem Kleinflugzeug in das Delta.

Oben: Büffel bilden im Laufe ihres Lebens imposante Hörner aus, die durch einen Knochenschild verbunden sind.

ETOSHA-NATIONALPARK

**Namibia Wildlife Resorts
181 Gathemann Building,
Independence Avenue
Windhoek, Namibia
etoshanationalpark.co.za**

Die Anfänge dieses mit einer Fläche von über 22 000 Quadratkilometer zweitgrößten Nationalparks Afrikas rund 500 Kilometer nördlich von Windhoek reichen ins Jahr 1907 zurück, als der damalige Gouverneur von Deutsch-Südwestafrika ein Viertel des heutigen Namibia zum Schutzgebiet erklärte. Das Areal wurde mehrmals verkleinert, bis es Anfang der 1970er-Jahre seine heutigen Grenzen erhielt und eingezäunt wurde. Der östliche Teil wird von der rund 5000 Quadratkilometer großen Etoshapfanne eingenommen, einer Salzwüste, die sich an der Stelle eines einstigen Sees erstreckt. Umgeben wird sie von Dorn- und Buschsavannen sowie Trockenwald mit Akazien, Moringa- und Mopanebäumen.

Highlights
An zahlreichen natürlichen und künstlichen Wasserlöchern vor allem im Süden des Parks versammelt sich Etoshas Hauptattraktion in Gestalt der meisten im südlichen Afrika vertretenen Wildtiere: neben den »Big Five« (Elefanten, Nashörner, Löwen, Leoparden, Büffel) auch Geparden, Giraffen, Zebras, Hyänen, Gnus und zahlreiche Antilopenarten, hinzu kommen rund 300 Vogelarten, darunter Geier, Adler, Reiher, Störche, Pelikane, Flamingos und Papageien.

Praktische Informationen
Der Park ist über vier Eingangstore zugänglich. Auf gut präparierten Schotterstraßen, den »pads«, lässt er sich erkunden. Der westliche Teil ist nur im Rahmen organisierter Safaris zugänglich, die eigentliche Salzpfanne darf nicht betreten werden. Im Park darf man sich nur im Auto bewegen. Die beste Reisezeit ist Mai bis September.

Drei Restcamps – Okaukuejo, Namutoni und Halali – mit Hotels, Zeltplätzen, Restaurants, Tankstellen, Supermärkten und illuminierten Wasserlöchern sowie die kleineren Camps Onkoshi und Dolomite stehen bereit.

Anreise
Per Auto von Windhoek auf der B1 über Tsumeb oder auf der C38 über Outjo. Per Kleinflugzeug von Windhoek zu Landepisten von diversen Restcamps und Lodges.

»Großer weißer Platz« heißt Etosha in der Sprache der Ureinwohner Namibias. So gleißend, so blendend ist dieses Weiß, dass manchmal selbst die genügsamen Giraffen vor ihm zu fliehen scheinen. So gut wie alle Vertreter des afrikanischen Großwilds von Giraffen über Elefanten bis zu Straußen und Gazellen leben im Etosha-Nationalpark.

Zwischen den Sanddünen von Sossusvlei in Namibia liegt das Tal Dead Vlei (beide Abbildungen) eingebettet. Kurz vor Sonnenuntergang bilden das leuchtende Orange und die dunklen Stämme der abgestorbenen Akazienbäume einen besonders prachtvollen Kontrast (unten).

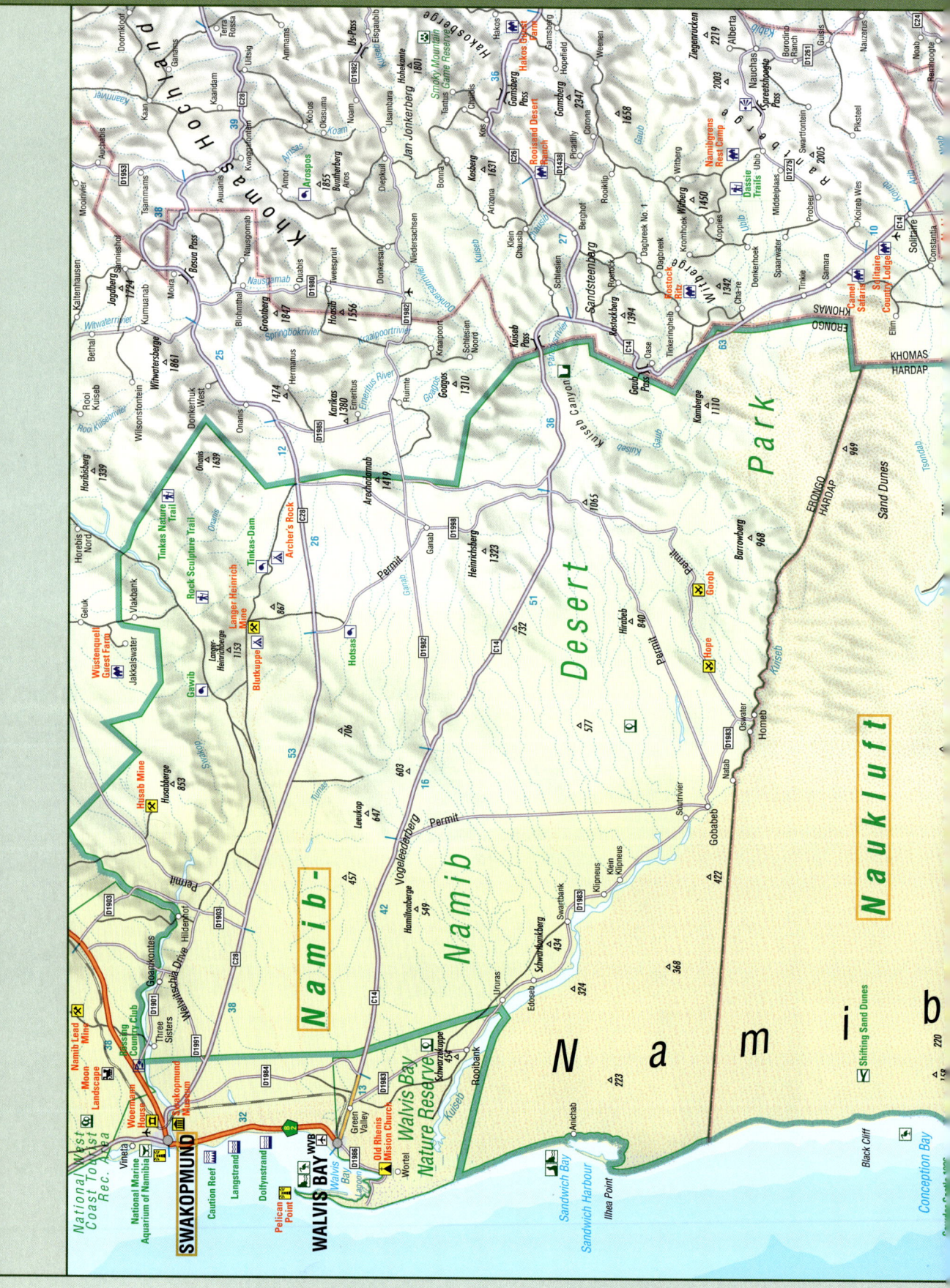

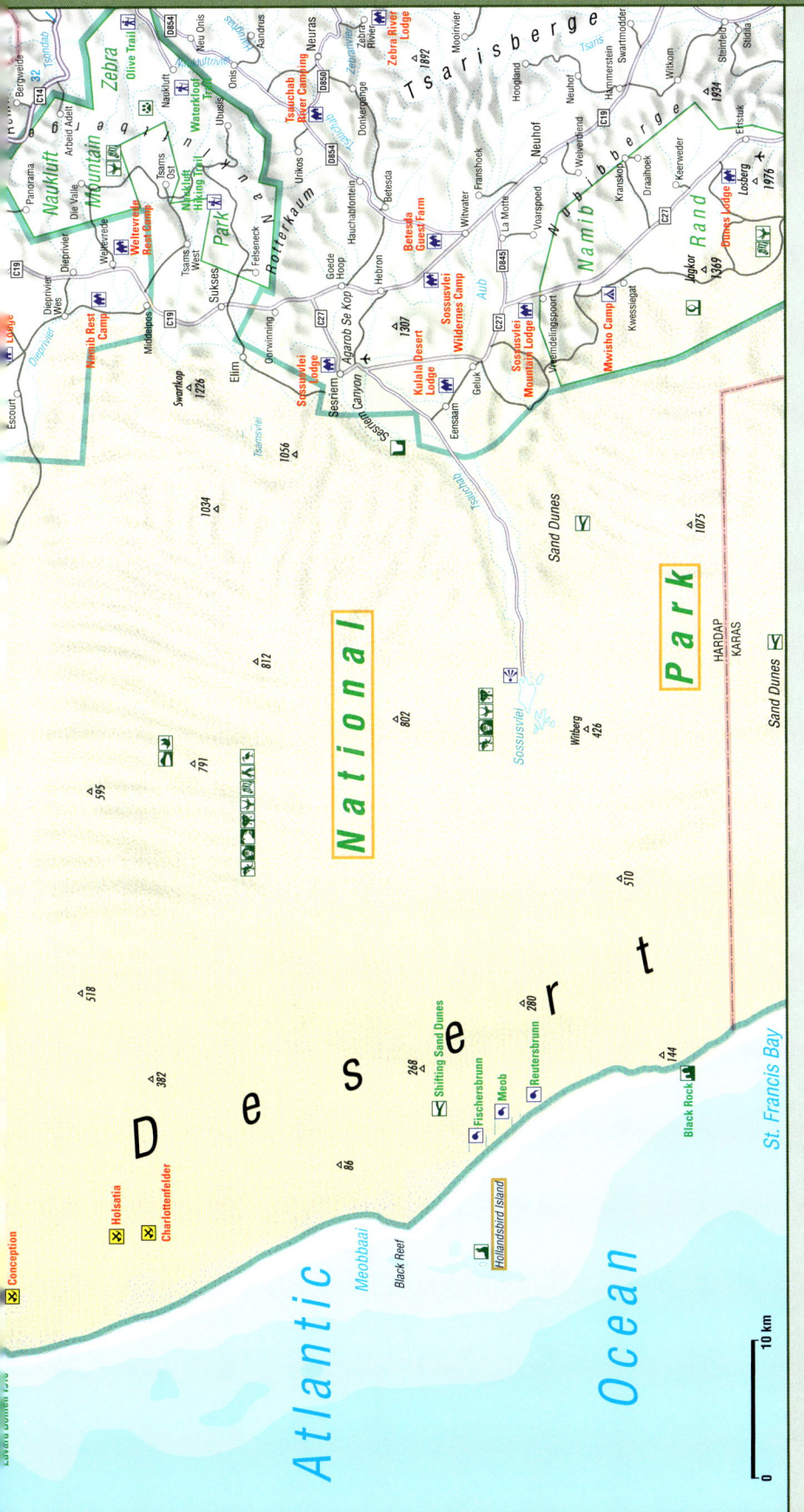

NAMIB-NAUKLUFT-NATIONALPARK

**Namibia Wildlife Resorts
181 Gathemann Building,
Independence Avenue
Windhoek, Namibia
www.namibia-info.net**

Der knapp 50 000 Quadratkilometer große Park erstreckt sich, etwa 150 Kilometer ins Landesinnere reichend, an der Atlantikküste vom Swakop-Fluss bis zur Straße nach Lüseritz. Namensgeber sind die Namib, eine der ältesten, trockensten Wüsten der Erde, und das Naukluft-Gebirge. Zum Park zählen ferner die zehn Kilometer lange Lagune Sandwich Harbour und das legendäre Sossusvlei.

Highlights
Ein Abstecher führt nach Sesriem mit seinem Canyon sowie nach Sossusvlei, eine von bis zu 300 Metern hohen Sanddünen umgebene Lehm-Salz-Pfanne. Das benachbarte Dead Vlei beeindruckt durch seine abgestorbenen Bäume. Trotz extrem trockener Bedingungen hat sich eine vielfältige Flora und Fauna etabliert mit Zebras, Hyänen, Schakalen, Springböcken, Schlangen sowie Aloe, Akazien und der Welwitschie.

Praktische Informationen
Nur wenige Stellen des Parks sind überhaupt zugänglich. Von Swakopmund bzw. Walvis Bay aus überquert man die Schotter- und Sandflächen der Namib, bevor sich die Straße durch das bis zu 2000 Meter hohe Naukluftgebirge windet.

Unterkunft
Im Umkreis des östlichen Eingangs finden sich Restcamps und Lodges. Außer per Auto kann man diesen Abschnitt auch zu Fuß auf Trails erkunden oder hier im Ballon die Landschaft von oben genießen.

Anreise
Per Auto von Walvis Bay auf C14 und C19, von Windhoek über B1, C24 und C19 nach Solitaire, Sesriem und Sossusvlei. Von Swakopmund Abstecher auf den Welwitschia Drive. Per Kleinflugzeug zu diversen Lodges nahe Sesriem/Sossusvlei.

iSIMANGALISO WETLAND PARK

iSimangaliso Wetland Park Authority, The Dredger Harbour, St. Lucia
www.isimangaliso.com

Das UNESCO-Weltnaturerbe umfasst auf 3200 Quadratkilometern 13 Reservate und Meeresschutzgebiete. Einzigartig ist der Park wegen seines höchst diffizilen Zusammenspiels von Frisch- und Salzwasser. Hauptbestandteil sind mehrere Seen, die teils durch Frischwasser gespeist werden und teils Lagunencharakter haben. Je nach Jahreszeit verändert sich die Biodiversität des Gebiets.

Highlights

Der Park vereinigt auf engstem Raum unterschiedliche Vegetations- und Ökosysteme, von subtropischen Wäldern über Savannen, Grasland, Flusswälder, Sümpfen, Mangroven, Lagunen, Seen, Sandstrände mit bis zu 170 Meter hohen bewachsenen Dünen bis zu Korallenriffen und Unterwassercanyons entlang des bis zu vier Kilometer breiten Festlandschelfs, der zum Einzugsbereich des warmen Agulhas-Meeresstroms gehört. Entsprechend vielfältig sind Fauna und Flora mit Leoparden, Nashörnern, Büffeln, Antilopen, Flusspferden, Krokodilen, Schildkröten, Delfinen, Walen und tropischen Fischen, außerdem über 500 Vogelarten, darunter Pelikane, Flamingos, Reiher, Ibisse, Störche und Adler.

Praktische Informationen

Außer Tierbeobachtung im Rahmen von Bootssafaris oder geführten Wanderungen stehen für Interessierte Angeln, Tauchen und Schorcheln an. Beste Besuchszeit ist der milde, trockene Südwinter.

Unterkunft

Quartier (Lodges, Bushcamps) findet man vor allem in und um den Hauptort St. Lucia.

Anreise

Per Flugzeug nach Durban, mit dem Auto auf N2 von Durban nach Mtubatuba, von dort nach St. Lucia abbiegen.

HLUHLUWE-iMFOLOZI PARK

KZN Wildlife Reservations
www.kznwildlife.com

Im Herzen des Zulu-Landes erstreckt sich einer der ältesten (seit 1895) Wildparks Südafrikas. 1989 wurden die Hluhluwe- und die iMfolozi Game Reserve durch einen Korridor zum 960 Quadratkilometer umfassenden Hluhluwe-iMfolozi Park vereinigt. Während das nördlich gelegene Hluhluwe mit seinen Hügeln und den Galeriewäldern fast tropisch anmutet, ist iMfolozi durch trockenes Grasland geprägt.

Highlights
Beide Teilreservate zeichnen sich durch hohe Wilddichte aus: Neben den »Big Five« trifft man hier Zebras, Giraffen, Geparden, Hyänen, Kudus, Gazellen, Gnus sowie Krokodile und über 300 Vogelarten an. Besonders erwähnenswert ist hier die mit rund 2000 Exemplaren weltweit größte Population von Spitzmaul- und Breitmaulnashörnern. Die Bestände des um 1900 fast ausgestorbenen Spitzmaulnashorns hatten sich bis 1960 so weit erholt, dass sich der Park als »Rhino-Nachschubbasis« für Nationalparks und Zoos weltweit etablierte. Ein Museum vor Ort klärt über Geschichte und Methoden des Tierfangs auf.

Praktische Informationen
Der Park lässt sich auf befestigten Sandpisten im Auto erkunden. Angeboten werden auch Rundfahrten (Night Drives) mit erfahrenen Wildhütern sowie geführte Wanderungen. Beste Besuchszeit ist der afrikanische Winter (April bis September).

Unterkunft
Quartier bieten eine Handvoll Bushcamps und Lodges, darunter das Hilltop Camp mit Restaurant, Bar und Laden.

Anreise
Per Flugzeug nach Durban, dann per Auto auf N2 bis Mtubatuba (von dort auf R618 zum Nyalazi Gate, iMfolozi Reserve) oder bis zum Ort Hluhluwe (von dort auf Teerstraße zum Memorial Gate, Hluhluwe Reserve).

Map labels

Mantuma
Denver's Drift
Nhlonhlela
Mkuze Game Reserve
Fig Forest Trail
Nsumo Camp
Umkumbi
Phinda
Pumalanga Nature Reserve
Bhumbeni Game Ranch
Panata Game Ranch
Izwehelia
Phinda Resource Reserve
Umziki Game Ranch
Cloete
Tonn's Point
Nibela
Ehlatini Lodge, Kuleni Getaway & Lakeview Lodge
Ezulweni Lodge
False Bay Park
Mpophomeni Trail
Lister's Point
Sisalana
Sweetwaters Zulu Nyala Cottages Game Lodge
Dumazulu Village
Falaza Game Lodge
Kleinbegin Guest House
Hluhluwe Protea
Hluhluwe
Golden Ridge
Pondsview Lodge
Dugandlovu
Bushlands Game Lodge
Bonamanzi Game Ranch
Uncle Jim's Cottage
Malala Lodge
Nyalazi Plantation
Charter's Creek
Charters Creek
Nyalazi
Nyalazi River
Boomerang
Makakatana
Mitchell Island
The Narrows Plantation
Makhakhathana Point
Brodie's Crossing
Mount Tabor
The Narrows
Lookout Towers
Mission Rocks
Perrier's Rocks
First Rocks
Mziki Hiking Hut
Mziki Trail
Lalapanzi Lodge
The Boma
Crocodile Centre
St. Lucia Estuary
St. Lucia Beach
Shipwreck Jolly Rubino 2002
St. Lucia Travel Lodge & Caravan Park
Igwalagwala Trail
Mihobi Nature Reserve
Ndongeni
Bango
Manzibomvu
Engwenyeni
Mbumba
Sodwana Bay/ Jesser Point
Sodwana Bay National Park
Sodwana Bay State Forest
Muzi Pan
Lower Mkuze
Ntshangwe
Lake Bhangazi North
Swilley
Katema
Ndbeni
Ekuseni
Ezimbondweni
Liefeldt's Rocks
iSimangaliso
Marine Sanctuary
Wetland Park
Timavo Trieste 1942
St. Mary's Hill 138
Leven Point
Bird Island
Lake iSimangaliso
Lane Island
The Coves
Cape Vidal
Cape Vidal Beach
King Oscar Hill State Forest
Mahlanza
Nyathikazi 158
Umvubu Trail
Banghazi
Bhangazi Bush
Bhangazi Trail
Fanie's Island
Imboma Trail
Meersig
Shipwreck Dorothea 1898
Dead Tree Bay
Vincent Islands
Eastern Shores State Forest
Nyalazi Plantation
Game Reserve
Settlers
Vergeeding Plantasie
Ballygamble
Dukuduku Forest Reserve
St. Lucia Plantation
Mpathe
Mpathe Plantation
Spurwing
Monzi
Mhlatuze Staatsbos
Umfolozi Swamps/ Moerasse State Forest

Indian Ocean

0   10 km

Vom Zulu-Wort »iSimangali-so«, das Wunder bedeutet, leitet sich der Name des Nationalparks an der südafrikanischen Ostküste ab. Wunder zeigen sich hier besonders in der artenreichen Tierwelt: Vom Nilkrokodil (unten) bis zu Geparden und Zebras (rechts) ist hier und im angrenzenden Hluhluwe-iMfolozi Park alles vertreten.

KRÜGER-NATIONALPARK

South African National Parks, 643 Leyds Street, Muckleneuk, Pretoria www.sanparks.org

Der Wildpark schlechthin in Südafrika ist der Kruger National Park. Bereits 1898 wurde in der Region des Lowveld die Sabie Game Reserve ausgewiesen. 1926 wurden mehrere Reservate zwischen dem Limpopo im Norden und dem Crocodile River im Süden zum heute knapp 20 000 Quadratkilometer großen Nationalpark zusammengelegt.

Highlights

Seine Popularität verdankt der Park seinem ungeheuren Wildreichtum, so sind hier nicht nur die »Big Five« (Löwen, Leoparden, Elefanten, Nashörner, Büffel) vertreten, sondern

noch etwa 140 weitere Säugetierarten, darunter Geparden, Hyänen, Flusspferde, Giraffen, Zebras, Antilopen und Warzenschweine sowie etwa 500 Vogelarten. Der vorherrschende Landschaftstyp ist das Bushveld, eine Kombination aus Grasland und Savannen mit Büschen und Bäumen (Baobab, Mopane), dazwischen auch Hügel und Flüsse. An Letzteren konzentriert sich vor allem im kühleren und trockenen Winter die Tierwelt, zwischen Juni und September ist deshalb die beste Zeit für Tierbeobachtungen.

Die archäologischen Fundstätten Masorini, Thulamela und Albasini Ruins offenbaren bis

in die Zeit der Simbabwe-Kultur (um 1500) bzw. der ersten europäischen Eroberung zurückreichende Spuren menschlicher Besiedelung des Areals. Weitere Attraktionen sind historische Felsmalereien der einheimischen San und das Letaba Elephant Museum.

Praktische Informationen

Neun Eingangstore, über 2000 Kilometer Straße (davon rund 700 Kilometer asphaltiert) bilden eine exzellente Infrastruktur für Autotouristen. Safaris und geführte Wanderungen abseits der Straßen ermöglichen einen intensiven Kontakt mit der Wildnis.

Unterkunft

Ein gutes Dutzend Restcamps mit allen Annehmlichkeiten für den Reisenden stehen im Park zur Verfügung.

Anreise

Per Flugzeug von Johannesburg, Kapstadt oder Durban zum Kruger/Mpumalanga International Airport (KMIA). Mit dem Auto von Johannesburg (etwa 500 Kilometer) bzw. Pretoria auf N1 bzw. N4 bis Nelspruit.

Links: Solche Freunde muss man haben: Der Madenhacker entfernt Parasiten aus dem Fell der Impalas. Oben: Im Fluss in der Lanner Gorge tummeln sich oft Flusspferde.

Unten: Die Königin auf ihrem Thron: Welche Tiere im Krüger-Nationalpark an der Spitze der Nahrungskette stehen, weiß diese Löwin ganz genau – und präsentiert sich entsprechend selbstbewusst.

In der Trockenzeit sieht die Landschaft rund um den sich sanft dahinschlängelnden Letaba karg aus (rechts); fällt erst einmal Regen, verwandelt sich das Gebiet in ein fruchtbares Paradies.

Atemberaubende Aussichten offeriert der Chapman's Peak Drive, der zu den schönsten Autostrecken der Welt gezählt werden darf.

Die schönsten Reiserouten

Drei sorgfältig recherchierte Touren führen zu den faszinierendsten Reisezielen im südlichen Afrika, zu grandiosen Natur- und Kulturlandschaften, einzigartigen Kulturdenkmälern, hinein in die Wildnis und in pulsierende Metropolen und an stille, verträumte Orte.

Grandiose Wüstenlandschaften, hübsche Kolonialstädtchen, bizarre Granitwelten, urzeitliche Felsbildgalerien, die exotische Kultur der Himba und der Buschmänner sowie ein eindrucksvoller Reichtum an Wildtieren – Namibia ist trotz seiner

Kargheit eines der faszinierendsten und vielseitigsten Reiseländer Afrikas. Zwei Flüsse stehen im Zentrum eines Abstechers zu den östlichen Nachbarn: der Sambesi mit den Victoria Falls und der Okavango mit seinem artenreichen Delta.

Die Namibia-Rundfahrt startet in Namibias Hauptstadt Windhoek Richtung Norden. Vorbei an den Holzmärkten des Städtchens Okahandja führt sie auf den bizarr erodierten Gebirgsstock der Erongoberge zu. Schon bald taucht am Horizont das weithin sichtbare Plateau des Waterbergs auf. Auf der Hochfläche lebt eine Vielzahl seltener Wildtiere, so Spitzmaulnashörner, Leoparden und Rappenantilopen. Die schmucken Kolonialstädtchen Tsumeb und Grootfontein sind Ziel der nächsten Etappe. Hier schlug vor etwa 80 000 Jahren der 60 Tonnen schwere Hoba-Meteorit ein. Dann wendet sich die Transnamibiana nach Westen Richtung Etosha National Park. Elefanten, Gnus und Zebras, Giraffen, Oryx- und Elenantilopen, Springböcke, Strauße und Marabus lassen sich in

der vegetationsarmen Steppe an den Wasserstellen gut beobachten.

Das Kaokoveld im Nordwesten des Landes ist die Heimat der Himba, die vor allem durch ihre kunstvoll frisierten Haare auffallen. Opuwo, Hauptort des Kaokoveld, ist letzte Verpflegungsstation vor der Fahrt auf schlecht befestigten Pisten Richtung angolanischer Grenze. Die majestätischen Epupa Falls am Kunene sind Lohn der Mühe. Auf dem Weg nach Süden zeigt das Felsrund von Twyfelfontein im Damaraland eine einzigartige Bildgalerie der Ureinwohner Namibias. Sie haben das Jagdwild, ihre Riten und Tänze in die Felsen geritzt. Nicht weit entfernt locken Kunstwerke der Erosion: die Organ Pipes, der Burnt Mountain und der Petrified Forest. Durch das weite Becken des

Messum Crater wendet sich die Route nun dem Atlantik zu. Dort angekommen, führt ein Abstecher nach Norden zur Robbenkolonie von Cape Cross. Sanddünen säumen die Atlantikküste, das Seebad Swakopmund lockt mit deutscher Kolonialarchitektur und einem rot-weiß gestreiften Leuchtturm. Dann durchquert die Route die Namib, die älteste Wüste der Erde, passiert die Naukluft und strebt nach Süden auf das Dünenmeer rund um den Sossusvlei zu.

Entlang der Großen Randstufe, dem Abbruch des namibischen Hochplateaus zur Wüste Namib, führt die Transnamibiana nach Süden. Die erste deutsche Handelsniederlassung, Lüderitz, ist Ziel der nächsten Etappe: Das pastellfarbene Kolonialstädtchen am rauen Atlantik wurde 1883 gegründet. 20 Jah-

re später fand man in der nahen Wüste Diamanten – heute erinnert nur noch das Geisterstädtchen Kolmanskop an die Goldenen Jahre der Diamantenfunde in Deutsch-Südwestafrika.

Auf dem Weg zurück nach Osten ist der 161 Kilometer lange Canyon des Fish River der nächste Etappenpunkt. Vom View Point blickt man 500 Meter tief in die nach dem Grand Canyon zweitgrößte Schlucht der Welt. Der Köcherbaumwald bei Keetmanshoop ist die letzte Station auf dem Weg zurück nach Windhoek.

Das Flugzeug verkürzt die Anreise zu einem attraktiven Abstecher in die Nachbarländer Namibias. Erste Station sind die Victoria Falls in Simbabwe. Hier stürzen die Wassermassen des 1700 Meter breiten Sambesi donnernd 110 Meter tief in

eine schmale Schlucht. Zwei namhafte Schutzgebiete im botsuanischen Okavangodelta gilt es ebenfalls zu besuchen: den Chobe National Park und das Moremi Game Reserve. Über die Distrikt-Hauptstadt Maun führt die Route am Westrand des Okavangodeltas wieder für kurze Zeit nach Namibia; nach Durchfahren des Caprivistreifens schließt sich der Kreis im Städtchen Victoria Falls. Mit dem Flugzeug geht es zurück nach Windhoek.

Oben: Das Damaraland mit seinen Inselbergen ist von herber, aber überwältigender Schönheit und bietet eindrucksvolle Panoramen. Rechts: Eine Elefantenherde durchquert im Okavangodelta zwischen hohen Gräsern einen Flusslauf.

Epupa Falls Die Wasserfälle des Kunene sind ein faszinierendes Naturschauspiel im ariden Kaokoveld, dem Land der Himba.

Etosha National Park In der Etoshapfanne trifft man auf große Herden, wenn die Tiere in der Trockenzeit zu den künstlich angelegten Wasserstellen kommen.

Spitzkoppe Namibias »Matterhorn« ist bei Kletterern beliebt. Bushman's Paradise heißt eine dicht bewachsene Stelle mit Felsbildern der San.

Namib-Naukluft-Nationalpark Der 5 Millionen Hektar große Park im Westen Namibias umfasst mit dem Naukluftgebirge, trostlosen Kieswüsten und grandiosen Dünenlandschaften unterschiedlichste Landschaften.

Sossusvlei Rund um das nach Regenzeiten mit Wasser gefüllte Vlei stehen die mit bis zu 350 Meter höchsten Sterndünen der Welt. Das Sandmeer der Wüste Namib ist eine der grandiosesten Landschaften Namibias.

Fish River Canyon Die Gesteinsschichten im archaisch anmutenden Canyon führen den Betrachter weit zurück in die Entstehungsgeschichte der Erde.

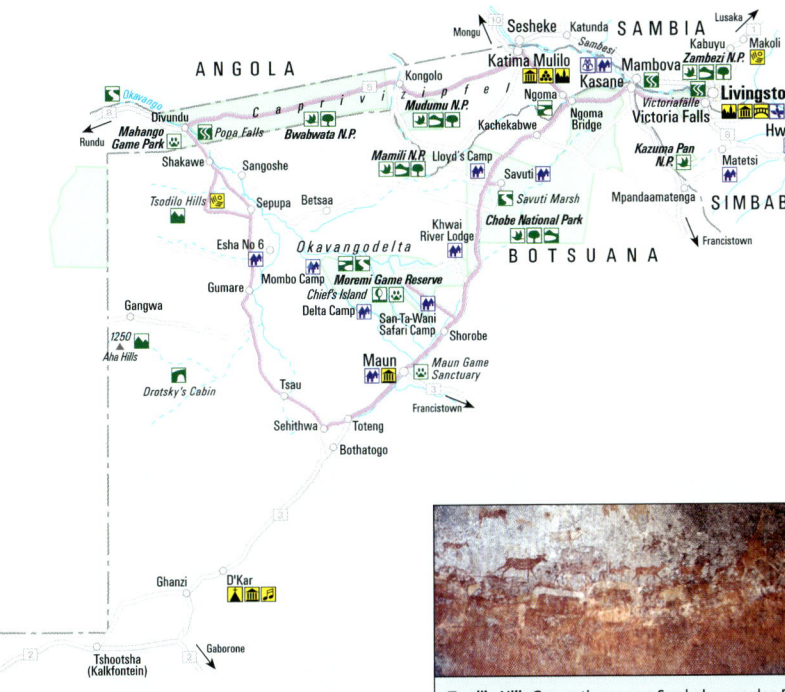

ANGOLA

SAMBIA

Seheke Katunda Lusaka
Mongu
Sambesi
Katima Mulilo Kabuyu Makoli
Kongolo Zambezi N.P.
Mudumu N.P. Mambova
Ngoma Kasane Livingstone
Capriviziptel Victoriafälle
Okavango Kachekabwe Victoria Falls Hwange
Divundu Ngoma Bridge
Rundu Popa Falls Bwabwata N.P.
Mahango Mamili N.P. Kazuma Pan N.P. Matetsi
Game Park Lloyd's Camp
Shakawe Sangoshe Savuti Bulawayo
Sepupa Betsaa Savuti Marsh Mpandaamatenga SIMBABWE
Tsodilo Hills Chobe National Park
Francistown
Esha No 6 Okavangodelta BOTSUANA
Gumare Mombo Camp Moremi Game Reserve
Gangwa Chief's Island
Delta Camp San-Ta-Wani
1250 Safari Camp Shorobe
Aha Hills
Drotsky's Cabin Maun Maun Game Sanctuary
Tsau Francistown
Sehithwa Toteng
Bothatogo
Ghanzi D'Kar
Tshootsha Gaborone
(Kalkfontein)

Victoria Falls Die Fälle des Sambesi im Grenzgebiet Simbabwes zu Sambia waren bereits Ende des 19. Jahrhunderts eine Touristenattraktion.

Tsodilo Hills Generationen von San haben an den Felsen im Norden Botsuanas Zeichnungen hinterlassen, die Jagdszenen und rituelle Tänze wiedergeben. Der Ort zählt zum UNESCO-Weltkulturerbe.

Windhoek Die Hauptstadt Namibias besitzt ein von deutscher Kolonialarchitektur wie Postmoderne gleichermaßen geprägtes reizvolles Zentrum.

Moremi Game Reserve Luxuriöse Lodges und ein einzigartiger Wildreichtum machen den botsuanischen Nationalpark zu einem exklusiven Erlebnis. Auch Giraffen kann man hier aus der Nähe beobachten.

Lower Zambezi National Park Krokodile lauern am Sambesi auf Beute. Wenn Elefanten an den Fluss kommen, ziehen sie sich allerdings zurück.

Kokerboom Forest Nahe Keetmanshoop bilden die Köcherbäume noch einen richtigen Wald. Die Äste wurden von den San einst zur Herstellung von Köchern verwendet.

Okavangodelta Wo der mächtige Okavango am Nordrand der Kalahari endet, ist eine wildreiche Landschaft mit unzähligen Flussarmen und Inseln entstanden.

Chobe National Park Die Galeriewälder entlang des Chobe River sind der Lebensraum großer Elefantenherden und vieler Raubkatzen.

Die Fahrt entlang dem immergrünen südlichen Saum des afrikanischen Kontinents bietet zauberhafte Naturerlebnisse in Serie. Tierfreunde und Hobbybotaniker kommen hier ebenso auf ihre Kosten wie Weinliebhaber, Wassersportler und Freunde kapholländischer Architektur. Ein Erlebnis für sich ist Kapstadt, die kosmopolitische Traumstadt zu Füßen des Tafelberges. Einen faszinierenden Kontrapunkt bildet dagegen die Rückfahrt durch die von Bergketten umkränzte Tallandschaft der Kleinen Karoo.

Panorama der sanften Hügel rund um Stellenbosch, einen der Hauptorte der südafrikanischen Weinbauregion

Gepflegte Parklandschaften, Obst- und Weingärten, dichte Urwälder, im Hintergrund hoch aufragende Bergketten und vorgelagert eine atemberaubende Küste, an der sich feine Sandstrände und wilde Felsklippen, durchsetzt mit Baderesorts und Fischerdörfern, abwechseln – die südwestliche Kapregion ist in vielerlei Hinsicht eine Welt für sich und ziemlich »unafrikanisch«. Gesegnet mit einem gesunden Klima, das seinen Bewohnern ganzjährig moderate Temperaturen, regelmäßige Niederschläge und eine üppige, farbenfrohe Vegetation beschert, gleicht dieser Landstrich dem Paradies auf Erden. Kein Wunder, dass der englische Seefahrer Sir Francis Drake bei seinem Anblick begeistert rief, dies sei das prächtigste Kap der Welt.

Die Fahrt über die Küstenstraße N2 (Garden Route) von Kapstadt bis Port Elizabeth und retour durch das Landesinnere zählt zu den Höhepunkten jeder Südafrikareise. Wer zwischendurch einmal das Auto stehen lassen will, dem bietet sich hier alternativ die Möglichkeit, in den weitgehend parallel fahrenden Blue Train umzusteigen. Die Hauptattraktion dieses Garten Edens stellt denn auch zweifelsohne die Natur dar. Sie erweist sich entlang der Garden Route zwischen Mossel Bay und der Mündung des Storm River als besonders spektakulär. Naturfreunde können hier über ein Netz gut markierter Küsten- und Waldwege das Land erwandern und Elefanten, Wale sowie viele andere exotische Tiere in ihrer angestammten Umgebung beobachten. Alternativ dazu können sich Sonnenanbeter entlang der gesamten Küste dem Strandleben hingeben, und Wassersportler dürfen sich in der wilden Brandung des Indischen Ozeans nach Herzenslust austoben. Weinliebhaber finden im östlichen Hinterland von Kapstadt – in den Hügeln rund um Paarl, Franschhoek und Stellenbosch – prächtige Weingüter, die zur stilvollen Verkostung einheimischer Edeltropfen einladen. Und auf kulturell und historisch Interessierte warten herausgeputzte Ortschaften aus den Pioniertagen der europäischen Besiedlung. Deren kapholländische Bausubstanz und manches sehenswerte Museum versetzen Besucher in jene gar nicht so ferne Vergangenheit, da die Niederländische Ostindien-Kompanie hier erste Stützpunkte einrichtete und Amsterdam mit London um die neue, profitträchtige Kolonie wetteiferte.

Einen reizvollen Kontrapunkt setzt ganz im Westen, vor der Traumkulisse des Tafelberges, die pulsierende Millionenmetropole Kapstadt, in der Menschen vielerlei Herkunft und Hautfarbe relativ harmonisch zusammenleben. Quirlige Märkte, altehrwürdige Architektur aus der Gründerzeit, elegante Villenviertel im Hinterland, feinsandige Buchten und Szeneviertel wie die »Waterfront« am Hafen mit ihren schicken Cafés, Restaurants und Boutiquen locken alljährlich Millionen Besucher aus aller Welt hierher.

Bei einem Ausflug auf die südlich gelegene Landzunge zum Kap der Guten Hoffnung über die Panoramastraße Chapman's Peak Drive erinnern die mit Heidekraut bewachsenen Hochflächen und die putzigbunten Fischerhäfen an skandinavische Landschaften.

Gänzlich gegensätzlich erweist sich das teils wüstenartige Landesinnere – hier vor allem das für seine Straußenfarmen und Tropfsteinhöhlen weltberühmte Trockengebiet der Kleinen Karoo.

Kapstadt Die Mitte des 17. Jahrhunderts gegründete Stadt gilt Globetrottern als eine der schönsten Städte der Welt. Der Hafen, das sich die Hänge hochziehende Häusermeer und Tafelberg bieten einen überwältigenden Anblick.

Addo Elephant Park Das Schutzgebiet beherbergt 200 der vom Aussterben bedrohten Addo-Elefanten und die letzten existierenden Bestände von Kapbüffeln.

Cango Caves Die Tropfsteinhöhlen in den Swartbergen zählen zu den eindrucksvollsten der Welt. Die »Große Halle« ist 107 Meter lang und 16 Meter hoch.

Franschhoek Das in einem malerischen Tal gelegene Winzerstädtchen wurde vor über 300 Jahren von Hugenotten gegründet. An das französische Erbe erinnern nicht nur ein sehenswertes Museum und ein Monument, sondern auch eine Vielzahl von exzellenten Restaurants und Weingütern.

Port Elizabeth Die Hafenstadt mit viktorianischem Charme verdankt ihren Aufstieg dem Gold- und Diamantenexport. Besuchenswert ist der Museumskomplex mit Schlangenpark und Regionalmuseum.

Chapman's Peak Drive Die Küstenstraße zwischen Noordhoek und Hout Bay ist eine der spektakulärsten der Welt.

Kogelberg Biosphere Reserve Das Schutzgebiet westlich von Hermanus wird auch als das Herz des Kap-Florenreiches bezeichnet.

Wilderness National Park Östlich von George liegt ein ausgedehntes Gebiet von Süß- und Salzwasserseen, das Lebensraum einer Vielzahl von Vögeln ist. Einige Seen sind über den Serpentine miteinander verbunden.

Kap der Guten Hoffnung Zum Pflichtprogramm einer Südafrikareise gehört der Besuch des südlichen Endes der Halbinsel. Hatten die Seefahrer einst das »Kap der Stürme« passiert, konnte nicht mehr viel passieren.

Swellendam Das 1745 gegründete Städtchen verströmt mit seinen kapholländischen Gebäuden den Geist der Pionierzeit.

Grandiose Landschaftsszenerien, nostalgische Kolonialstädte, wildreiche Nationalparks, die sonnendurchglühte Kalahari, die spektakulären Victoria Falls und die Granitskulpturen von Matobo Hills – all das erlebt man bei dieser aufregenden Rundfahrt durch das südliche Afrika.

Elegant und lässig »faulenzt« dieser Leopard im Krüger-Nationalpark. Seine Sinne sind aber stets hellwach.

Von Johannesburg führt die Route über Südafrikas moderne Hauptstadt Pretoria nach Nordwesten zur Grenze des Nachbarlandes Botsuana. Sun City und der angrenzende Pilanesberg National Park sorgen auf diesem Abschnitt für ein echtes Kontrastprogramm: hier die kitschig-bunte Kunstwelt der Spielerstadt, dort unberührte Natur, in der die bedrohten Breit- und Spitzmaulnashörner ein geschütztes Refugium gefunden haben.

Über Botsuanas Hauptstadt Gaborone verläuft die Route nun durchs Bergland des Tuli Block zu den Tswapong Hills, deren Wasserreichtum eine artenreiche Vegetation und Tierwelt nährt. Die nordwestlich sich anschließende Makgadikgadi-Salzpfanne hingegen ist gänzlich aride. Die Salztonsenke ist charakteristisch für die Oberflächengestalt der Kalahari. Nach Regenfällen dient sie dem Wild als Tränke, und in der Trockenzeit grasen die Tiere die mineralienreichen Pflanzen ab. An Francistown vorbei geht es über die Grenze nach Simbabwe und nach Bulawayo. Die Stadt mit ihren gut erhaltenen Kolonialbauten rund um den hübschen Centenary Park entstand erst unter britischer Kolonialherrschaft. Die nahen, zum UNESCO-Welterbe zählenden Ruinen der alten Handels- und Königstadt Khame entführen in die goldene Ära des Torwa-Königreichs, dessen legendärer Reichtum im 15. Jahrhundert die Fantasie arabischer und portugiesischer Kaufleute beflügelte. In der Wildnis des ebenfalls unter UNESCO-Schutz stehenden Matobo National Park finden sich Spuren prähistorischer Siedlungen, Felsbilder, spektakuläre Felsformationen und die Grabstätte von Sir Cecil Rhodes. Von Bulawayo folgt die Route nach Südwesten in etwa der Trasse der Ende des 19. Jahrhunderts erbauten Eisenbahn und passiert eines der bedeutendsten Wildparadiese des südlichen Afrika, den Hwange National Park. Riesige Herden wandern durch die lichte Baumsavanne, die nach Westen und Süden hin in die Wüstenlandschaft der Kalahari übergeht. Löwen, Leoparden, Geparde und Hyänen finden einen stets reich gedeckten Tisch vor.

»Mosi oa tunya« (donnernder Rauch) nennen die Einheimischen die imposanten Victoria Falls im Grenzgebiet von Simbabwe und Sambia. Das Städtchen Victoria Falls bietet Besuchern der zum UNESCO-Naturerbe zählenden Wasserfälle luxuriöse Hotels, Restaurants und zahllose Aktivitäten rund um das tosende Wasser des Sambesi. Weiter nordöstlich wird der mächtige Strom zum Karibasee aufgestaut. Mehrere Schutzgebiete säumen das Südufer der schier endlosen Wasserfläche, so der Matusadona National Park mit seiner für das simbabwische Lowveld charakteristischen Savannenlandschaft, in der sich große Elefanten- und Büffelherden wohlfühlen. Weitere Naturschutzgebiete erreicht man auf der Weiterfahrt nach Lusaka: etwa den zum UNESCO-Weltnaturerbe zählenden Mana Pools National Park mit dichten Galeriewäldern am Sambesi-Ufer sowie den Lower Zambezi National Park.

Zurück in Simbabwe passiert man die Hauptstadt Harare. Dann lädt der Nyanga National Park mit Bergen, Schluchten und fast dschungelartiger Vegetation zum Wandern ein. Letztes Highlight in Simbabwe ist das UNESCO-Weltkulturerbe Great Zimbabwe, die Ruinen einer alten Königsstadt. Weiter nach Süden und wieder zurück in Südafrika ziehen im Krüger-Nationalpark die »Big Five« (Elefant, Nashorn, Löwe, Leopard, Büffel) vor die Kameralinse. Bergan zu den Drakensbergen und entlang am Blyde River Canyon erreicht man Pilgrim's Rest, eine nahezu im Originalzustand erhaltene Goldgräberstadt. Mäandernd folgt die Straße dem alten Goldtransportweg, senkt sich hinunter ins sanft gewellte Grasland um Lydenburg und endet in Johannesburg.

Karibasee Der 120 Meter tiefe und 280 Kilometer lange Stausee ist einer der größten der Welt. An einigen Uferabschnitten stehen überschwemmte Mopanebäume.

Mana Pools National Park Aufgrund seiner Urwüchsigkeit ist der Park Weltnaturerbe der UNESCO. Auch Flusspferde lieben das wasserreiche Areal am Sambesi.

Great Zimbabwe Das Volk der Shona hat die festungsartige Anlage erbaut. Die Funktionen mancher Gebäude dieses UNESCO-Kulturerbes sind unbekannt.

Makgadikgadi-Salzpfanne Pans, abflusslose Becken in Trockengebieten, wirken lebensfeindlich. Tatsächlich sind sie Lebensraum zahlreicher Tiere.

Kruger National Park Der zweitgrößte Nationalpark der Welt ist für seinen außergewöhnlich reichen Tierbestand bekannt – darunter etwa 1000 Leoparden.

Map

North Luangwa National Park
Chifunda
Lumimba
Big Lagoon · Luambe N.P.
South Luangwa National Park
Chibembe
Nsefu · Lukusuzi N.P.
Kakumbi
Chillongozi
Chilembwe
Petauke
Lilongwe (MW)
Nyimba

SAMBIA
Ndola
Mongu
Undaunda
Rufunsa
Kacholola
LUSAKA
Chakwenga
Lower Zambezi N.P.
Kafue
Sambesi
Livingstone
Chirundu
Mana Pools N.P.
Siavonga
Makuti
Doma Safari Area
Matusadona N.P.
Magunge
Karoi
Banket · Chisvingo
Chete Safari Area
Chete
Karibasee
Machihiri
Chinhoyi
Chikupo Cave
Tete (MOC)
Victoria Falls
Livingstone
Zambezi Deka
Manjola
Siabuwa
Chizarira N.P.
Chegutu Safari Area
Gokwe
HARARE
Marondera
Juliasdale · Nyanga N.P.
Victoria Falls
Zambezi N.P.
Hwange
Chirisa Safari Area
Kadoma
Headlands
Rusape
Mtarazi Falls
Gwayi River
Lupane
Nkayi
Kwekwe
Chivhu
Mvuma
Buhera
Hot Springs
Mutare
Chimoio (MOC)
Main Camp
Gwaai
SIMBABWE
Gweru
Hwange National Park
Tsholotsho
Nsiza
Nalatale Ruins
Masvingo
Nyika
Birchenough Bridge
Mambova
Zogora
Khami Ruins
Bulawayo
Muchuchu Ruins
Makgadikgadi Salzpfanne
Nata
Maitembge
Plumtree
Matobo N.P.
Zvishavane
Great Zimbabwe
Chipinga Safari Area
Kubu Island
Mosetse
Ngundu
Chisumbanje
Mmatshumo
Thakadu
Chiredzi
Lethiakane
Francistown
Makado
Rutenga
Gonarezhou National Park
BOTSUANA
Lepokole Hills
Bubi
Mmashoro
Serule
Breitbridge
Messina
Pafuri Gate
Selebi-Phikwe
Mapungubwe N.P.
Tshipise
Thulamela
Serowe
Palapye
Tswapong Hills
Thohoyandou
Shingwedzi
Shoshong Hills
Alldays
Louis Trichardt
Kruger National Park
Mahalapye
Ellisras
Pietersburg/ Polokwane
Tzaneen
Letaba
Mmamabula
Mosomane
Mica
Phalaborwa
Matsieng Footprints
Sentrum
Marakele N.P.
Potgietersrus
Hoedspruit
Gaborone
Mochudi
Echo Caves
Blyde River Canyon
Windhoek (NAM)
Dwarsberg
Nylstroom
Zwingli
Pilanesberg N.P.
Ohrigstad
Lydenburg
Pilgrim's Rest
Madikwe G.R.
Loskop Dam N.R.
Lobatse
Sun City
Klipskool
Zeerust
Rustenburg
Botshabelo
Machadodorp
Maputo (MOC)
Sterkfontein
PRETORIA
Witbank
Middelburg
Ermelo
JOHANNESBURG
Benoni
Kimberley
Durban
Bloemfontein
SÜDAFRIKA

Pilanesberg National Park Das Schutzgebiet eignet sich ideal für Safaritouren. 300 Vogelarten leben rund um den Mankwe-See, der auch vielen Säugetieren als Tränke dient.

Pretoria Südafrikas Regierungssitz ist reich an kolonialen Bauten. Von den Union Buildings aus hat man den besten Blick auf die schachbrettartig angelegte moderne Innenstadt.

Johannesburg Die Metropole ist vor rund 120 Jahren gegründet worden. Von der alten Kolonialpracht ist indes nur wenig erhalten geblieben. Moderne Bauten prägen die City.

In einen Farbenrausch taucht die untergehende Sonne das Tugela Valley und die Drakensberge im südafrikanischen Royal Natal National Park.

Reiseatlas
Südliches Afrika

Die Karten auf den folgenden Seiten zeigen das südliche Afrika im Maßstab 1 : 1,5 Millionen. Die geografischen Details werden durch eine Vielzahl touristischer Informationen ergänzt – etwa das ausführlich dargestellte Verkehrsnetz oder Piktogramme, die Lage und Art aller wichtigen Sehenswürdigkeiten und Freizeitziele angeben; auch die UNESCO-Welterbestätten sind besonders gekennzeichnet. Ein Ortsnamensregister erleichtert das Auffinden des gesuchten Ortes.

Zeichenerklärung 1 : 1.500.000

Autobahn		Eisenbahn		Wichtiger Flughafen	
Autobahn in Bau		Fähre		Flughafen	
4- oder mehrspurige Straße		Fluss		Grenzübergang	
4- oder mehrspurige Straße in Bau		periodischer Fluss		Berggipfel	
Fernstraße		Internationale Grenze		Kilometrierung	
Wichtige Hauptstraße		Verwaltungsgrenze			
Hauptstraße		National- und Naturpark			
Nebenstraße		Sperrgebiet			
Nur bedingt befahrbar					
Piste					

Besondere Sehenswürdigkeiten

Autoroute	Zoo/Safaripark	Frühe afrikanische Kulturen	Winzerei/Weinanbaugebiet
Bahnstrecke	Schutzgebiet für Meeresschildkröten	Christliche Kulturstätte	Herausragendes Gebäude
Schiffsroute	Schutzgebiet für Pinguine	Kirchenruine	Museum
UNESCO-Weltnaturerbe	Schutzgebiet für Krokodile	Gotische Kirche	Freilichtmuseum
Gebirgslandschaft	Schutzgebiet für Seelöwen/Seehunde	Romanische Kirche	Theater
Felslandschaft	Schutzgebiet für Reptilien	Kulturlandschaft	Feste und Festivals
Schlucht/Canyon	Schutzgebiet für Nashörner	Historisches Stadtbild	Information
Vulkan, erloschen	Schutzgebiet für Löwen	Burg/Festung/Wehranlage	Rennstrecke
Höhle	Schutzgebiet für Elefanten	Burgruine	Golf
Depression	Schutzgebiet für Affen	Technisches/industrielles Monument	Pferdesport
Flusslandschaft	Schutzgebiet für Giraffen	Bergwerk in Betrieb	Segeln
Wasserfall/Stromschnelle	Schutzgebiet für Büffel	Bergwerk geschlossen	Tauchen
Seenlandschaft	Schutzgebiet für Wildkatzen	Denkmal	Surfen
Wüstenlandschaft	Schutzgebiet für Antilopen	Mahnmal	Wellenreiten
Küstenlandschaft	Schutzgebiet für Zebras	Kriegsschauplatz/Schlachtfeld	Kanu/Rafting
Nationalpark (Landschaft)	Schutzgebiet für Nilpferde	Gräber	Fischen
Nationalpark (Flora)	Vogelschutzgebiet	Weltraumteleskop	Badeort
Nationalpark (Fauna)	Insel	Sehenswerter Leuchtturm	Mineralbad/Therme
Naturpark	Strand	Herausragende Brücke	Lodge
Biosphärenreservat	Unterwasserreservat	Staumauer	Berghütte/Alm
Botanischer Garten	Quelle	Sehenswerter Turm	Campingplatz
Fossilienfundstätte	UNESCO-Weltkulturerbe	Windmühle	Wandern/Wandergebiet
Wildreservat	Außergewöhnliche Metropole	Wassermühle	Aussichtspunkt
Whale watching	Naturvölker	Brunnen	Schiffswrack

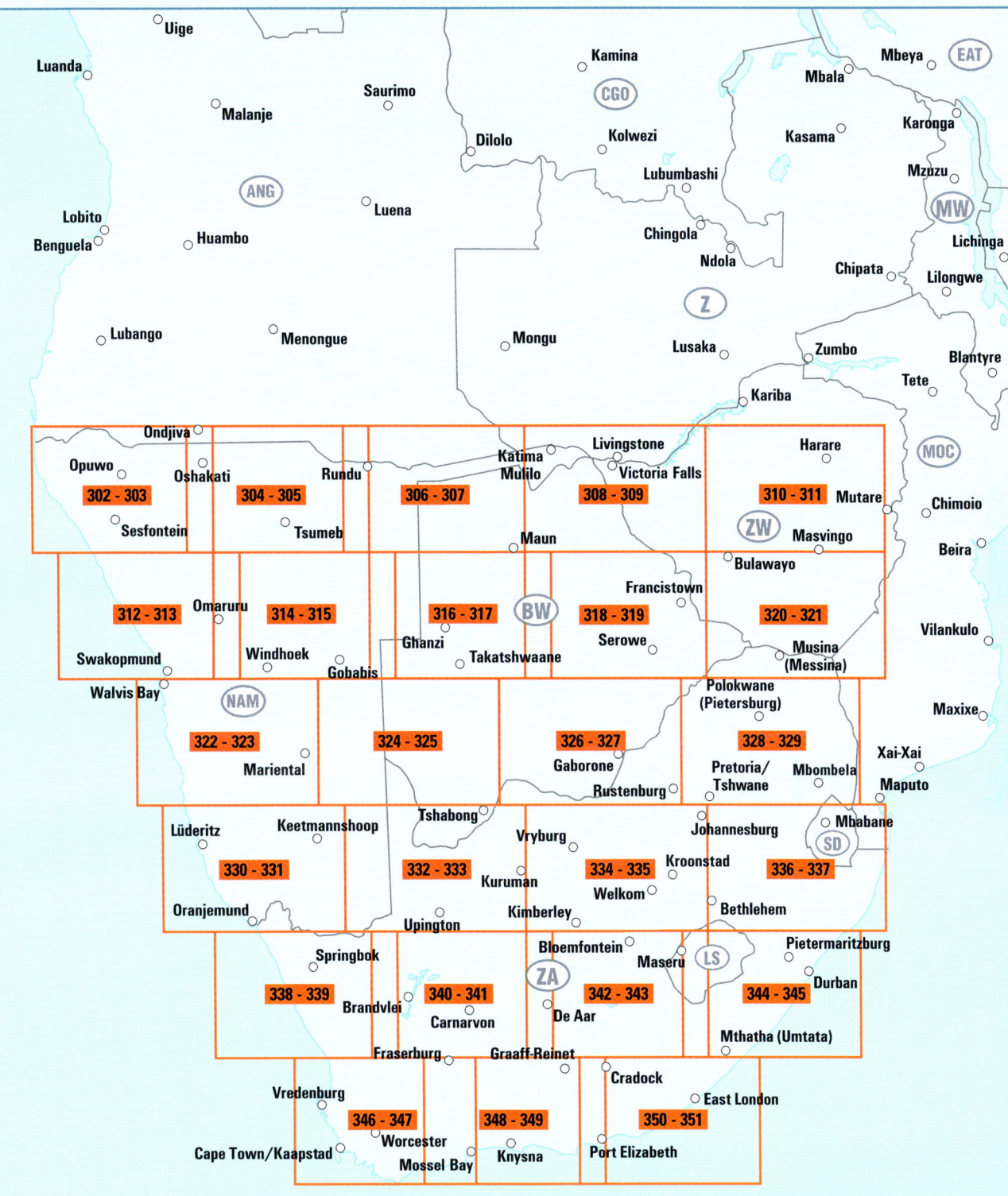

Pc   Pd   Qa   Qb

Parque Nacional do Iona

Deserto de Namibe

Namibe

Misção Hidrográfica

Kunene Mouth

Foz do Cunene

Bosluisbaai

Synchro

Serra Cafema

Skeleton Coast Fly-in-Safaris

Hartmannberge

Otjihipa Mountains

Baynes Mountains

Zebra Mountains

Epupa Falls

Omarunga

Swartbooisdrif

Kunene River

Dorslandtrek Memor

Otjijandjasemo Hot Spring

Steilrandberg

Skeleton

Salt Pan

Kaokoveld

White Hills

Red Drum

Otjihaa

Dunedin Star 1942

Angra Fria

Okau

Brakpan

Cape Fria

False Cape Fria

Salt Pan

Sanitatas

Otjovaurwa

Ogams

Tönnesenberge

Oganga

Dorsland Tre Church Ruin

Giraffenberge

Sarusas

Sarusas West

Grave of Khoraseb 1942
Sir Charles Elliot 1942

Rocky Point

Hoarusibmond

Khumibmond

Coast

Ngatutunge Pamwe

Purros Traditional Village

Fort Sesfontein

Okohere

Sesfontein

Ongongo Falls

Ganias

Ganiasvlakte

Suidekus 1977

Möwebaai

Auses

Hoaswater

S k e l e t o n   **C o a s t**

Giribesvlakte

Kharokhaobvlakte

Hurikab

Crowthersquelle

Permit required to use roads in Skeleton Coast National Park

ATLANTIC

OCEAN

National

Maßstab 1:1 500 000

0   25   50 Kilometer

0   50 Miles

Pc   Pd   312   Qa   Qb

101   102   103   104   105

Qb   Qc   Qd   Ra

Cunene

1210 Combiche   Chipa   Calanga   Difinduaco   de Möngua
Eubango   Mundejavala   Canjona   Mafipa   Chetequera   Cuamato   Endumano   Mandongo Grande   Auchinde   Mundejui   Fuca   Caiólua
Capira   Cambologonga   Mbologonga   Covinengue   Canama   Nampuca   Cabanjona   Naucuti   Lutula   Muae   Minda   Caenhe   Ondjiva   Capalo   Onamuenho   Mulemba
1210   Chapingana   Mataro   Techiandanda   Ulandela   Nampuca   Cabanda   Naucuti   **Angola**   Cuanhama   Lianhaca   Hongo   Onamundu   Onamundu
1210   Ongrange   Calueque   Techinangombe   Nhangana   Chamanhanga   Dango   Caco   Canguini   Ufuca   Onamue   Fende   Namacunde   Cange   Hedle
Chitado   Mundejololo   Techodomboto   Etunda   Omndamba   Muleuatunga   Ukwandongo   Wakashamane   Okalongo   Ohakadu   Oshali   Ofatumbo   Ongenga   Engela   Oshikango   Onamunhama   Onhe

Horusu Falls   Ruacana Falls   Kunene Steim   Kunene   1171 Kunepstein   Ruacana   Ruacana Rest Camp   C46   08:00 - 16:00   63   D3621   D3616   Olusati Dam   Mahenene   Ombalantu Baobab Tree   D3608   Yalupundu   Omuthitugwonyama   Okando   Etayi   Ohakadu   Oshimwaku   13   Ohangwena   Onmunyekadi   C45

Orokakaru   565   Okauapehuri   Etoto   C35   Ombome   D3617   Okaanga   Ondjamba   Nakayale   Ombalantu   Oshikiyu   Oshiyu   Ombathi   Eengolo   Omatelekelo   Oshikuku   Ogongo   Elim   33   Oshakati   Okatana   Oshigambo   D3625

1292   Ombarundu   82   Okautukwa   D3616   Etaka Dam   Ompakoya   D3612   C46   Ombathi   55   Okathimakamwe   Onamundindi   C41   Onashiku   Oshakati Country Lodge   C46   Omahini   49   Onamukulo   D3622   102

Okahozu   Ongolumbashe   D3633   Tsandi   Sir Howard's Baobab   Eendombe   Onangalo   Onakaheka   Oluteyi   Epato   Okolonda   Omege   Oshakati   Onanda   Omwandi

Okapawe   Otjikuina   C35   Taire   1127   Ot Haambelo   D3614   Ongandjera   Oshukwa   D3626   1097   Onaanda   Etope   Ontale   Onipa

kongo   1326   Ovivero   Ehongo   Oshivanda   Onambahu   Lilambo   1105   Amwaanda   Otsalindi   Etilyasa   Shepumbi   Yalwege   Okaloko

Opuwo   Okamuzu   1257   Amakange   Okasheshe   Esheshete   Ondjungurume   Uuvudhiya   Yaamugenga   Eseshete   60

C41   Ondore   Otjouye   C41   Oroyipute   Okaholo   **Omusati**   litapa   Omuthima   Uuvudhiya   1088   304   103

D3710   Orumana   D3709   Erora   Okozoserandu   1203   Onamatanga   Ekangomsuto   Amarika   1091   **Oshana**   P   an

Okavare   Ohakarungu   Onyekakowa   Orumperengwa   1107   Okaonde   Onikila   Oyovu

D3710   Otjitoko   1784   Omunwandjai   Otjondeka   Ombonde   Uutsathima   Okojo   1105   1087   11

Ombombo   D3708   Okanambundona   **N a m i b i a**   Ngandjela   Otjivaluuda Saltpan No. 1   Natukanaoka Pan   1121

723   Okahwa   House of Dorsland Trekkers   D3709   Okomizema   1124   Omuramba Ohaiso   1095   Otjivaluuda Saltpan No. 2   Logan's Island   E

Okauwa   Otjozongombe   51   Okatjiuru   Okonjota   **Kunene**   Dorsland   Narawandu   Brakwater

1526   Okakuyu   Otjikongo   C35   Okongutirwa   Okatjangee   Onaiso   Onamgombali   **Etosha National Park**   Okhana Pan   104

133   Okambonde   1374   Duineveld   Olifantsrus   Duiwelsvuur   Ozonjutji m'Bari   Adamax   Okondeka   Wolfsnes   Gonob

gongo Community   Okothojahe   D3710   Dolomietkunt   Kowares   Kalahari   1192   Okawao   Teespoed   Olifanttrek   Elandsvlakte   1124   Natco   60   Kapupuhedi   Gemsbokvl

Warmquelle   Warmquelle   Klein Kowares   Rateldraf   Jakkalswater   Duikerdrink   Olifanttrek   1126   Moringa Trees Ghost Tree Forest   Okaukuejo   Ongava Game Reserve   Olifantsb

Khowarib   Amira Traditional Village   Hobatere Lodge   Luperskop   Rhenosterivlei   Dinten   Pioniersdam   1178   Seringetti   Leeurante   Volooloo   1310   Ongava Lodge   Leeupoort   Oberland   Seringkop

Baadjie   Kavita Lion Lodge   98   West End   Marenphil   Karrosspomp   Elandslaagte   Kronendal   Gagarus   Mon Desir   Bakenkop   Sonop   Rusoord   Florida-Oos   43   Toevlug

Khowarib   Khoraxa-ams   Marienhöhe   Karossfontein   Blyerus   Rustig   Vaalkop   Kaaldraai   Sarie Marais   Sandrivier   Toggekry   Nimmerrus   Vergenoeg   D2779

79   Gomakukous   Naodai   1368   Dorslaan   Wildeck   Arendsnes   C35   Weissbrumm   Leeulaagte   Biermanskool   Kroonkom   Nubes   Wagstaan   Volmoed   Afguns   Waaihoek   D2

Awaxae   Omamborombongo   1540   Eendrag   Vlakte   Bruno   1449   Welvaart   Kameelpan   Masuren   Dankbaar   Spaarsaam   Boskop   Otjiwarakana   Soris

313   Humor   36   Estorff   Palmfontein   Makalan   Libra   Erweë   Emmanuel   Vaalberg 1395   Peet Alberts Koppie   Hirabis   D2671   Molden   Chaudamas   Kalk   Longonda   Tzoron

Grootberg Pass   Leeukop   Tafelberg   Verpaal   Onguati   Dwars Trek   Anker   Lobshorn   Eensaamheid   Amakarib   Blydskap   Heila   Huab   Safari   Otjitambi   Otjikondo   School Village Foundation   Soly-Sombra   St. Prosit Mahlzeit   Troadero

Qb   Qc   Qd   Ra

Maßstab 1:1 500 000

0   25   50 Kilometer

0   50 Miles

Cuando Cubango

Coutada Pública do Luengué

A n g o l a

Coutada Pública do Mucusso

Khaudom Game Park

Otjozondjupa

Maßstab 1:1 500 000

0   25   50 Kilometer

0   50 Miles

307

Maßstab 1:1 500 000

0   25   50 Kilometer

0   50 Miles

Maßstab 1:1 500 000

0   25   50 Kilometer
0   50 Miles

Pd Qa Qb Qc

106

107

108

109

110

Pd Qa Qb Qc

National
Qa
302
520
376
Crowthersquelle Qb
825
978
Palmwag
Úniab
Juriesdraai
468
Terrace Bay
Terrace Bay
Dune Point
Soutpanne
Salt Pan
Swallow Breakers
354
Uniab
Great
Table
Mountain
738
335
Achab
C43
Kliprivier
1480
40
Tweespruit
Spaarwater
Salt Pan
Uniabmond
59
334
Bergsig
Wêreldsend
C39
C39
Opdraend
Torrabaai
Torra Conservancy
Driefontein
Torrabaai
Springbok
Fonteine
Rooiko
42
Betha
Salt Pan
Sugar Loaf
Hill
835
Palgrave Point
Koigabmond
Kolgab
Ogibputs
Krone
Rende
347
1120
Twyfelfontein
Rock En gravings
Soutpan
719
169
Park
Damaraland
Salt Pan
311
C34
Permit required to use roads
in Skeleton Coast National Park
687
Gai-As
Toscanini
Salt Pan
Jack Scott
Bridge
435
Huabmond
83
362
Brandberg
Salt Pan
Brandberg
West Mine
Ambrose Bay
139
D2342
Ogden Rocks
D2303
Tafelko
1023
Strathmore
Damaraland
Camp
Ugabmond
National
Durissa Bay
Hoist Point
Ugabmund Park Office
D2303
Goboboseberge
Messum
Bandombaai
Ugab
Mile 108
Mile 106 Fishing Area
West Coast
Bocock's Bay
Salt Pan
N a
Horingbaai
C34
81
Diego Cão's Cross
Cape Cross Seal Reserve
Strathmore
Kaap Kruisbaai
White Lady
Salt Pan
Cape Cross
Cape Cross
Lagunenberg
173
Mile
Sierra Point
Dorob National Park

S k e l e t o n C o a s t

A T L A N T I C

O C E A N

Omarurumur

Maßstab 1:1 500 000

0 25 50 Kilometer

0 50 Miles

Maßstab 1:1 500 000

0   25   50 Kilometer

0   50 Miles

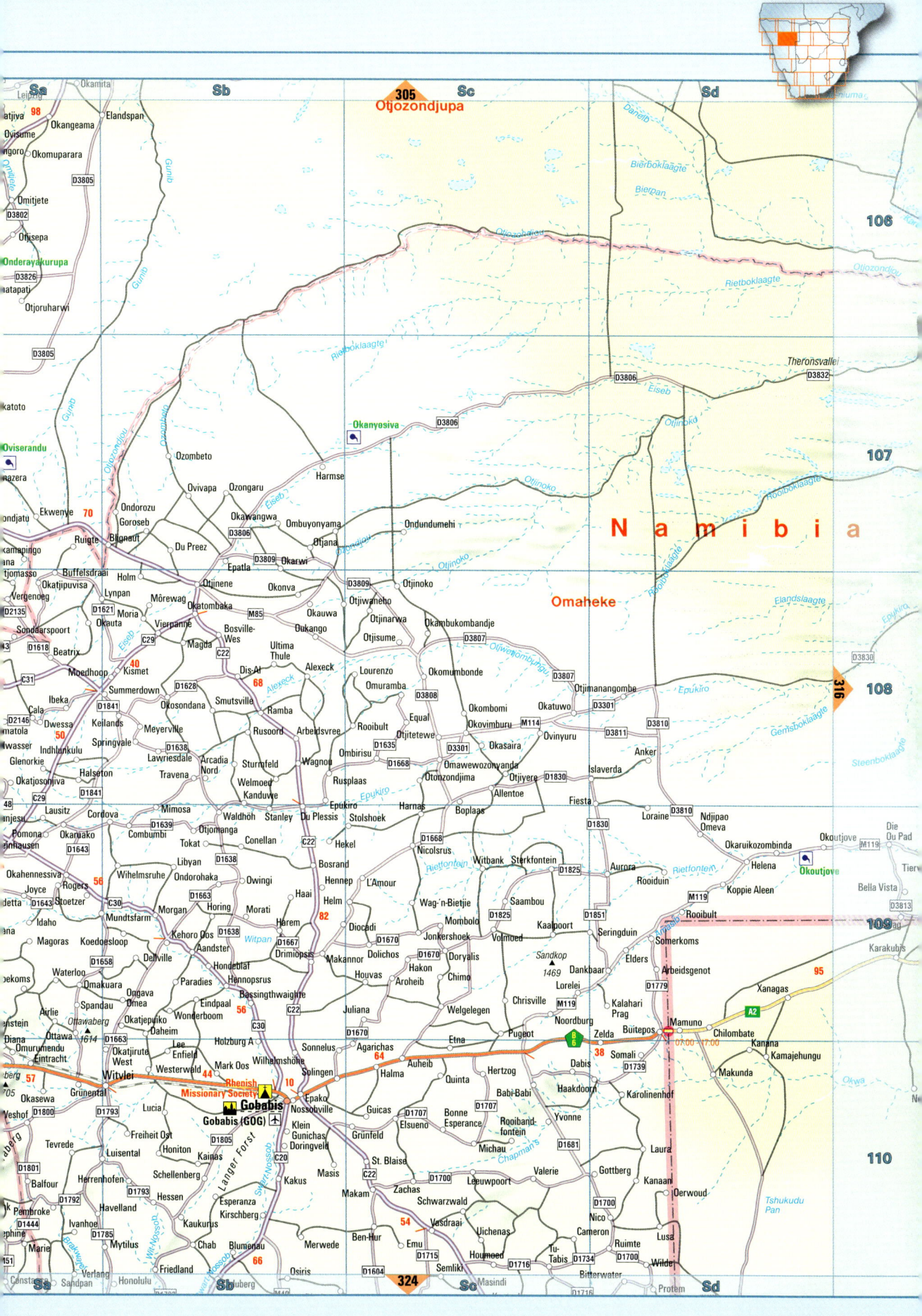

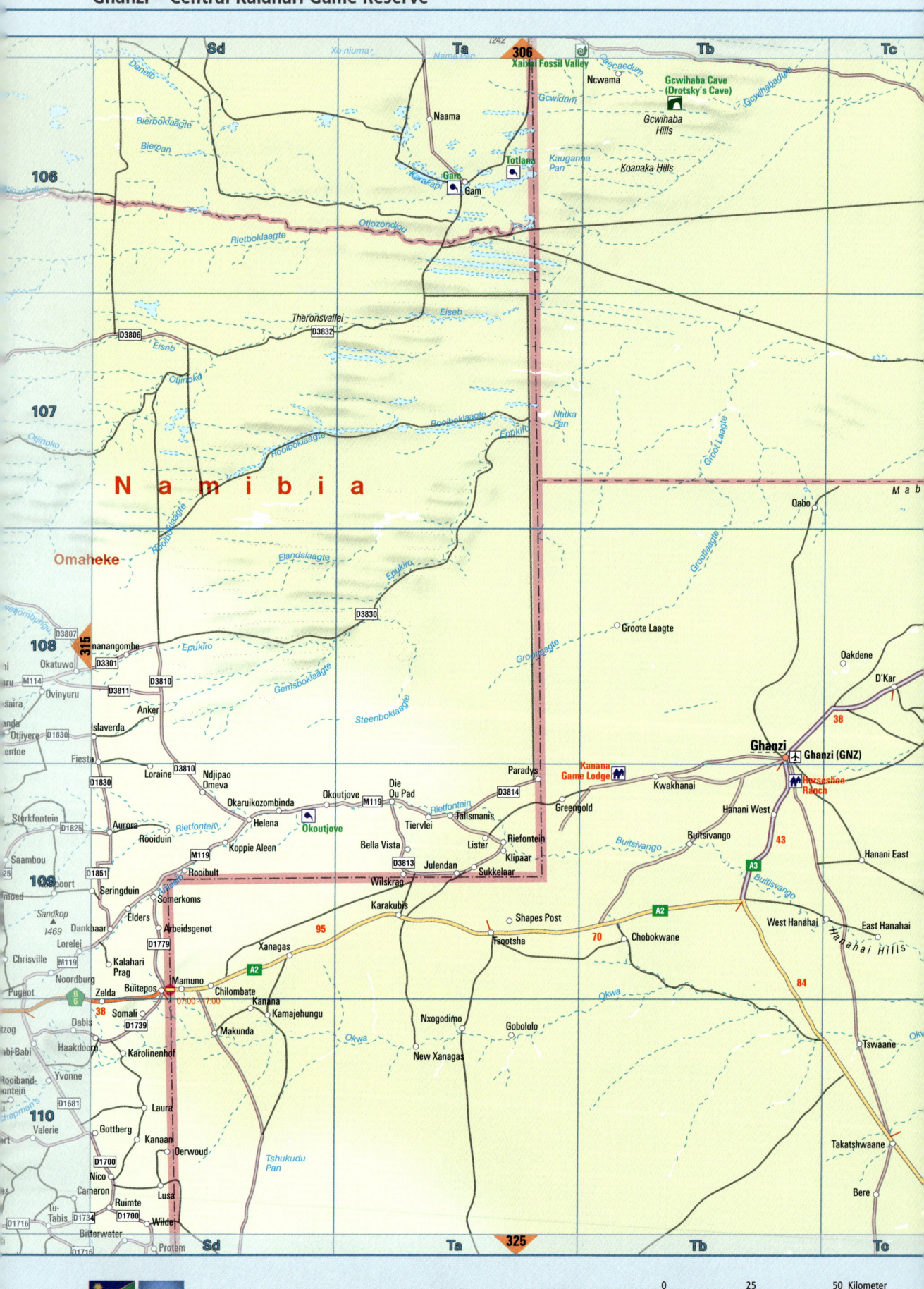

Maßstab 1:1 500 000

0   25   50 Kilometer

0   50 Miles

Game Scouts Camp 308 Camp

Nxai Pan

National Park

Tshauxaba

Pan

Tsaugara Pan

Mahutumabe Pan

Kanyu

Bushman Pits

Phuduhudu

Baines Baobabs

Kudiakam Pan

Xhooga

Tsokatshaa

Kalangara Pan

Zazana

Bojatau

Gweta

Gweta Restcamp

Kauxubaga

paneng Ukavango River Lodge

Audi Camp

Maun Rest Camp

Matlapaneng Bridge

Maun

Lodge

ela Tree Lodge

Segoro

Tatamoge

Tsibogolamatebele

Dauga

A3 Xhana

78

Xheredomo

Xwee

Makalamabedi

Xao

Mumpswe

Zerc

X

85

106

Moikelti

Tshitsaa

Motopi

Moremaoto

Ooramolai

Senagom

Molosi

Ngamisane

Nxwee

Xwaraga Camp

Xhumaga

Dorokae

Leroo-La-Tau Lodge

Kweedomo

Kwaraga

Bosobeya

Game Scout Camp

Morotobolo

142

A3

Game Scout Camp

Ngatswa

Xixana

Green's Baobab

Makgadikgadi

Kauxae

Txihonya

Njuca Hills

San Camp

Jack's Camp

Chapman's Baobab

Sokaphala

Tsukae

Makolane

Xhamxxana

Doom

Tsharaga

Dikwalo

B300

Makgadikgadi Pans National Park

Gabasadi Island

Ntwetwe Pan

Makgadikgadi Pans

Thabatshu

107

Haina Hills

Matlhapane

Tsoe

Magodi

Dauga

Sukwane

Xwatshaa

Komane

Morobatshipi

Dwaga

Tamtiga

Kubi

Mosomantle

Kanixao

Tshwagong

Kubu Is

Deception Valley Lodge

Xere

Rakops

Madikola

Toromoja

Xodio

Bulell

Dzibui Pan

Khoekhe

Sesunda

Noanamokwe

Tshogautsha

Shubuega

Boteti

Goexao

Xaakgae

Guguaga Pan

Kwaja

Beetsha

Guatloe

Matsalankwe

Nkokwane Pan

Mokomoxana

Khumkago

Ntsokotsa Pan

Maphenephar

108

Matswere Game Scout Camp

83

Tswanatshae

Xintsoraga

Xhumo

Phorokwe

Mopipi

Mopipi Dam

Chukutsa Pan

Mokabaxana

Wxamatsaa

B300

Njare Pan

Zamekaga

Ryana Pan

52

Orapa

Orapa

Sasa

Ganiganaga

Goretloaga

Tsekomaka

Jotsha

Damoshaya

Debe

Mmatshumo

Mmagw

Phaephane

Mabe Pan

Betsaa

Xhorodomo

Gidikwe Pan

Kaugare

Kedia

Lake Xau

Toatshaa

Bokgobokanelo

Xoa

Xhaogo

Setata

Maruleng

Xekudi

Kgokonyane

Mapetla

Mtingi

Letlhakane

Tsorunyane

Sunday Pans

317

Kedia Hill

Valley

Letiahau

Lekhubu

Letiahau Valley

Deception Pan

86

A14

Letlhakane

109

entral Kalahari

Central

Tsgobe

Molapo

Botswana

Khwee

Mpayatshuku

Peloyakukama Pan

Xaxa

Xaxa Waterhole

Metseamanong

Meratswe

Metseamanong

Kumuchuru

110

Gope

Bibe

Ouovo

Mothomelo

erve

Maßstab 1:1 500 000

0   25   50 Kilometer

0   50 Miles

Maßstab 1:1 500 000

0   25   50 Kilometer

0   50 Miles

Wd   Xa   Xb   Xc

Zimuto
Sokomere
Masvingo
Masvingo (MVZ)
Paw Paw Lodge
Bikita
Beardmere
Nyika
Silveira
Chikuku
Chibvemani
Marangamyika
89
Birchenough Bridge
Ngaone
23
A16
Nyahode
Rusitu
Chimani Nat
Chisengu Forest Land
Tanda Forest Land
Muchi

Lothian
Glenlivet
32
Bvukururu
Bikita
Mukore
Chiramba
917
Chipangayi
21
A16
Mutema
Moodie's Grave

Chamavara Cave
Great Zimbabwe Nat.l Monument
Ndanga
50
Mhare
1167
Chipinge
60
Chipinge Safari Area
45
A16
Marozdzi
1234
Junction Gate
106

Dengeru Cave
St. Anthony's
50
Chitenga
1219
Nemauku
Ngorima
Chibuwe
Pfidza
Mapungani
1095
Espungabera

Morgenster
Chitobho
Jerera
Veza
887
Demba
1059
Bambaninga
1037
Mukanga
Matsai
Chikore
Mapungani
Chirinda Forest Land

Masvingo
Tetenu
Renco
Chivamba
Svuure
Matunguza
863
Chiyazurwi
749
Senoko
Chibunji
Muziti
Mani
412

Bangala Rec.Park
Zhou
758
Makirenji Recreational Park
Mkasa
Xecuecuete
A10
107

Nyoni Hills
Mbungamabwe
81
Romwe
749
Makwekwete
832
Mkwasine
St. Peters
Chisumbanje
Saize
404

Ngundu
22
Nyikavanhu
Tokwane
Buffalo Range
Triangle
29
Nandi
Muteyo
A10
107
Tshovani
Mutandahwe
571
Chisumbanje
375
408

The Pride of Africa
Mutsitsi
Merrivale Ranch
19
Chiredzi
Hippo Valley
Rupangawana
Cobra Mine
Ndali
Chihunja Hills
Chilo Gorge Lodge
Chivirira Falls

Van Beekks Hulp
55
582
Hippo Valley South
Bendezi
592
Chilonga
Machuwete
Makandima
Pombadzi Camp
Dumbwe Falls
Lisodo
Chitove Camp
Mahenye Safari Lodge
Mahlumbini Camp
209
108

Chingwizi
Stelmarcoe A
Chivumburu
578
Chinguli Camp
Chitove Falls
Chilojo Cliffs
Muchere

Limburgia
36
Dyckersrust
Chivumburu
Boli
Malisanga
Chibgwedziva
Chilojo Camp
Fishan's Camp
Massangena

Moria Ranch
Mwenezi
54
Tinnor
Makambi
Machindu
Nyamtongwe
516
286
412

Kyalami
Gandanyemba
Makambe
Chanjenga
Chicombedzi
Naivasha Camp
Kapateni

Baldwin Ranch
Edenvale Ranch
Chikombedzi
Gonarezhou

Mateke Hills
Marcon Ranch
508
547
Pincel
Chitanga
109
Chigamarie

Ronmar Ranch
Sheba Ranch
Tswiza
National Park
Manlonguele
Machu
198
Matchanguela

Ranch Louis
Makanani
Battlefield
Mabalauta
Anconhane
412

Malumba
At Last Ranch
587
Malatpati Game Reserve
Sango
Eduardo Mondlane
295
Chefu
Jossia
Jimisse
Machala

Bubani Ranch
Chabili
Malipati
Curia
Chidulo

Matibi
Selungwe Hills
Maninji Pan Bird Sanctuary
Dumisa Mission
Maquecete
Vouga
Meguzalala
Zibotxua
Mahochane
Petula
Mapungane
423

Chipise Hot Spring
Chipise
Chabudo
Sengwe
Manguana
Manuel
Lissenga
Bomasse
Muchuata
M'Xule
110

Limpopo
Matshui Nature Reserve
Madangani
Pafuri Gate
Gwalali
Chuoza
Crooks Corner
Cunguma
Maquiane
Chicualacuala
Zuca
Mucuba
Tetuane
Ocuanhe

Madzivani
Duluthulu
Mushithe
Bileni
Pafuri
Machombe
Vulela
Temele

Tshenzhelani
R 525
Lwathuda
Thulamela Archeological Site
Miltsiekte
423
Salane
Chebeane
Macassane
M'Xule

Matshena
Mutale
Nyalaland Wilderness Trail and Base Camp
Machavi
Moçambique
Massoje
142
Mafacetele
Massucalane

Dongadzivha
Punda Maria Camp
Masokost
Matekevele
482
Shingomeni
Sao Jorge de Limpopo
Cucuane
Dindane
423
Mametofo

Botsolent
R 524
Madzimu
Shirombe
Rio Limpopo
Puntol
Mapal
208
Parque

Phaswana
20
Shikundu
Vlakteplaas
Mazibambela
Shingomeni
National

Maßstab 1:1 500 000

0   25   50 Kilometer

0   50 Miles

Maßstab 1:1 500 000

0   25   50 Kilometer

0   50 Miles

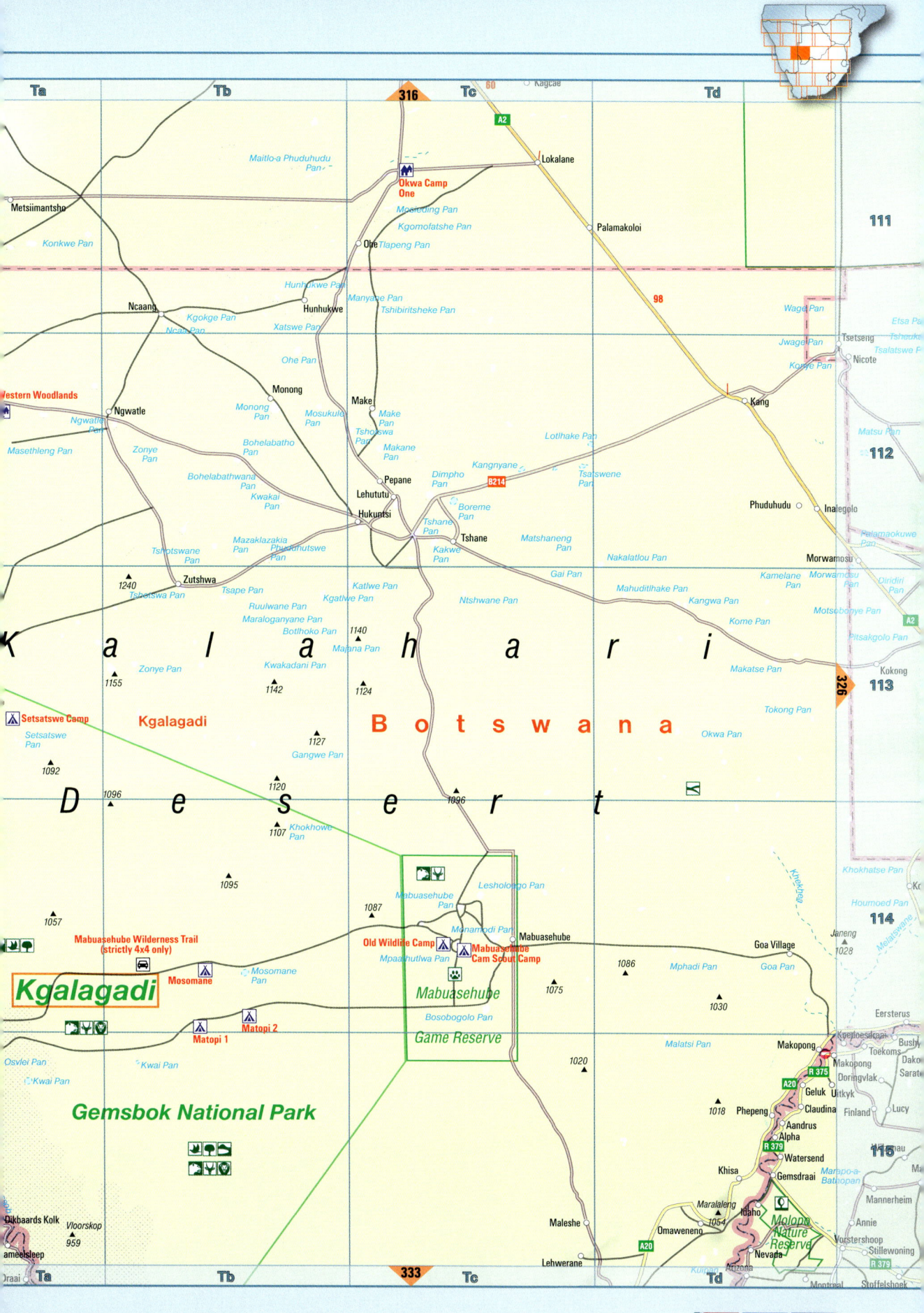

318

111

K a l a h a r i
D e s e r t

Kikao

Kukama

Khwakhwe Pan

Khutse
Game Scout Camp

Motallane Pan
Tshilwane Pan
Sutswane Pan
Ngao
Jobe Pan
Khutse
Kaudwane

Kauwe Pan
Gwia Pan

Moletana
Khache
Kungwane
Moreatswe

Waga Pan
Etsa Pan
Tsetseng
Tsheuka Pan
Nicote
Tsalatswe Pan

Jwage Pan
Konye Pan

Molose Pan

Moreswe Pan

Khutse Game
Reserve

Gasebe
Manongyane
Salajwe
Morui
Ditlhare
Sorilatholo
Molengwana
Seisan

Kang

Ngohowe Pan
Lonaka Pan

Semakane
Mangatale

Boroka

112

Phuduhudu
Inalegolo

Kgokong Pan
Boritse Pan
Matsu Pan

Tswaane Pan
Tswaane
Lotse
Sebabanye Pan
Lobaakwe Pan

Dutlwe

Monkane
Maseru

Dikole
Mothale
Gamosimane

Matsabana
Kusuwe
Malatswane

Maretswane

Khang Pan
B120
Khekhenye
Khuze Pan

Okwa
Pan
Takatokwane

Lekotswane
Kolobwane
Tsesane
Sebabeng
Khudumelapye

Bagwasi
Madiaketso
Malwelwe

Keribe

Bo

113

Morwamosu
Motokwe

Palamaokuwe
Pan
Diridiri Pan

A2
165

Gogwe Pan

Maretlwa Pan
Kgorwe Pan

Lokgwabe Pan
Satse Pan
Khango
Metsebotlhoko
Sesung
Letlhakeng

Sekono Pan

Kamelane
Pan
Morwamosu
Pan

Kehwe Pan
Tatswe Pan
Ditlhako Pan

Poloyantshe
Pan
Masope
Tswabi
Ditshegwane

Monwane

Motsobonye Pan
Pitsakgolo Pan

Ngwanaphokowane
Pan
Boretse Pan

Semane Pan

Dikokwane Pan

Kgari Pan

Mmakgodi

e Pan

Kokong

Samosadi Pan
Kanaku Pan
Kanaku

Mahotshwane

Nalepi
Kamaku Pan
Moshaweng
Kotolanou

tse Pan
Tokong Pan

325

Mabutsane

Khwiisi Pan

Tshinka Pan
Jwana
Game Res.
Gaese

113

Kgama Pan
Sekoma
Pan
Sekoma
90
A2
Jwaneng

Moshaweng

Khalwa Pan

Konkhwa
Tobane Pan

Sese
Pitseng
Ralekgetho

Keng Pan
Keng

Tlanege
80
Lotlhakane

Khakhea
Kutuku
A20
Khakhaiwa Pan

Samane
Mokhumba
Senyamadi
Tshono
Logogwe Pan
Sesung

114

Khakhea Pan
Kong Pan
Itholoke

A20
Malote Pan
Kesekwe Pan

Southern

Lefhoko
Tsonyane
Phala Pan
Seherelela

Moshaneng
Ditsh
144

Kokotsha

Thankane

Maokane

Gatlhaba

Selukolela
Sekal

Khokhatse Pan
Houmoed Pan

Janeng
1028

Melatswane

Ukhwi
Tshaane
Ukhwi
1125

Matshogo
Tswaing
Pan
Ngopilo
1222
Letlapana
Segwagwa
1320

Masetwar
Ramonne

Goa Village

Goa Pan

Moselebe
Motsoye
1073
Nganalabaloi
Selokolela
Tshitsane
1178
Gasita

Gamogapinyana
Tsatsu

Mmathete

115

Watersend
Gemsdraai

Eersterus
Aberdeen
Werda
Rusthof
Riverside
1049
Moselebe
1067
Oxford
Lorolwane
Marapoanye
Serogwe
Thipe Pan

Makopong
Koepfoesdraai
Bushy Flats
Dakota
R 375
Harmonie
R 378
Glenmorgan
Dikopanye
Metlobo
Tlolobe Pan
Magoriapit

Makopong
Doringvlak
Saratoga
Marlow
R 375
Bray
Kalahari
Medenham
Tswaaneng
Tswaaneng Pan
Mahubakha

Geluk
Uitkyk
Finland
Lucy
Lorraine
Minnesota
Richmond
Putney
Volstruisvlakte
Rosenblatt
Langerman
Sekhutlane
Sekhutlane Pan
Makgomane

Aandrus
Alpha
Wilzenau
Terra Firma
Wilzenau
Forbes
Kildare
Euchre
Hollow
Tennant
Langdraai
Moloporivier
Tswaanyaneng Pan

Nevada
Matopo-a-
Bathopan
Maginot
Hazleyshaw
R 378
Louth
Tyrone
Duncan
Geduld
Doringveld
Mologi
Dinareng
B101
Pitshane

Molopo
Nature
Reserve
Mannerheim
Collins
Hastings
Senlac
Gen. C.R. de Wet
1914
Erfdeel
Vergeleë
Labera
Anglesey
Mabule
Mmakgori
Leporung
Logagane
Makatako
Masib

Montreal
Stoffelshoek
Annie
Vorstershoop
Stillewoning
R 379
Pomfret
Setabeng
Grass Bank
Pautlane
Koedoeskop
Brentwood
Brenton
Marston
Vogel Vry
Cremona
Vermont
Freedom
Thornwick
Tshidilamolomo
Mmakgori
Disaneng
Disaneng Pan

R 377

334

Ua
Ub
Uc
Ud

Maßstab 1:1 500 000

0   25   50 Kilometer

0   50 Miles

Maßstab 1:1 500 000

0   25   50 Kilometer

0   50 Miles

Qd
Ra
Rb
Rc

Dolphin Head
Clara Hill
Saddle Hill North
Shifting Sand Dunes
Valley
Kottbus
Kanaän
Koimasis
Naus
Barb
Koïmasis
Nase
Tirasberge
Saddle Hill
Saddle Hill
Sand Dunes
1457
Koimasis
Landsberg
Love
Korais
Gibraltar
Permanent Dunes
Permanent Dunes
D707
1973
Koïimasis
Urus
Frisgewa
Namtib
Namib
Black Rock
Weissenborn
1805
Swartskaap
Merica
N
Aurus
Hottentotsbaai
Blue Mountain
Koichab
954
Gunsbewys
Tira
Hottentotspunt
Koichab Pan
Kirchberg
Excelsior
Gallovidia Reef
Shifting Sand Dunes
Koichab Depression
1139
Koichab
N
Weldem
Witklip
Groot Anigab
Waaisandduine
847
1080
C13 62
Danger Point
Rechenberg
Glockenberg
1486
Groot Löwenberg
Leeukop
Tirool
Douglas Bay
953
1108
1241
1731
Sandkop
1090
Dui
Douglas Point
Kegelberg
Hoherberg
Dikwillem
1798
Alabama
Marshall Rocks
676
Sturm Haube
Splitterkuppe
1506
Eureka
Jakka
Staple Rocks
799
659
1740
Schakalskup
Bootbaai
Klein Bootbaai
Klammer-
berg
Höhlenberg
Tsaükaib
634
Klein Aus Vista
Augustfelde
Plateau
Dumfudgeon Rocks
Flamingo
Island
Kowichberge
696
Garub
30
Aus
Aar
Dagger Rocks
Haalenberg
Wild Horses
of the Namib
Tschan
Lüderitzbaai
Seal Island
Penguin Island
Lüderitz Mus.
Tsaukhaib
Tsirub
Ausweiche
Heinrichsvelde
Kubub
1895
Frederikshoop
Shark Island
Diaz Point
Lüderitz
Lüderitz (LUD)
Roteberge
1068
Letterkuppe
Paddaputs
Hochland
Keerba
Halifax Island
Goerke
Haus
Kolmanskop
(Ghost Town)
Kuikop
Permit required to use roads
in Diamond Area
1516
1488
C13
Arasab
Diaz Cross
469
Mosesberg
510
Rotesandberge
Glimlag
1626
16
Grosse Bucht
Blockberg
Tsaus
1451
North Long Island
Kauibisis
Teufelskuppe
1415
South Long Island
Zweikuppenberg
358
Grillenthal
Agub
1236
85
Bain's Bay
Elizabeth Bay
(Ghost Town)
440
Dreizackberg
Jagdkuppen
Tsaus
1049
964
1361
Elizabeth Point
Elizabeth
Bay
1059
Arasab
Pan
Anib
North Reef
Klinghardtberge
817
Sandykop
Possession Point
Tsabiams
831
951
1064
Nira
Prinzen Bucht
Albatross Island
Shifting
Dunes
Spitzkuppe Nord
899
Morgenberg
Swartkloofberg
Swartkloof
Jammer Bucht
Pomona Island
Pomona
(Ghost Town)
Höchster
1114
992
870
Uguchab
Black Point
Oranietberg
252
Permanent
Dunes
654
Square Point
Black Rock Island
Shifting
Dunes
Aurus Pan
Van Reenenbaai
Bogenfels
Boesmanberg
Bogenfels
Permanent
Dunes
Chamnaub
628
Roter Kamm
Dreimastersbaai
Plumpudding Island
Baker's Bay
Sinclair Island
Boegoeberg
Cape Dernburg
Dunkel Wand Point
Champis Bucht
Nafsiporos 1969
Roestbeerf Island
Panther Bay
Forbidden Coast
Affenrücken
Jakkalsberge
ATLANTIC
Desert
Shifti
Uubvlei
OCEAN
Oranjemund
Diamond Mine
A
Oranjemund (OMD)
Alexande
Ba
Alexander B
Cape

116

117

118

119

120

Qd
Ra
338
Rb
Rc
Rie

Maßstab 1:1 500 000

0   25   50 Kilometer
0   50 Miles

330

Maßstab 1 : 1 500 000

0   25   50 Kilometer

0   50 Miles

Maßstab 1:1 500 000

0   25   50 Kilometer

0   50 Miles

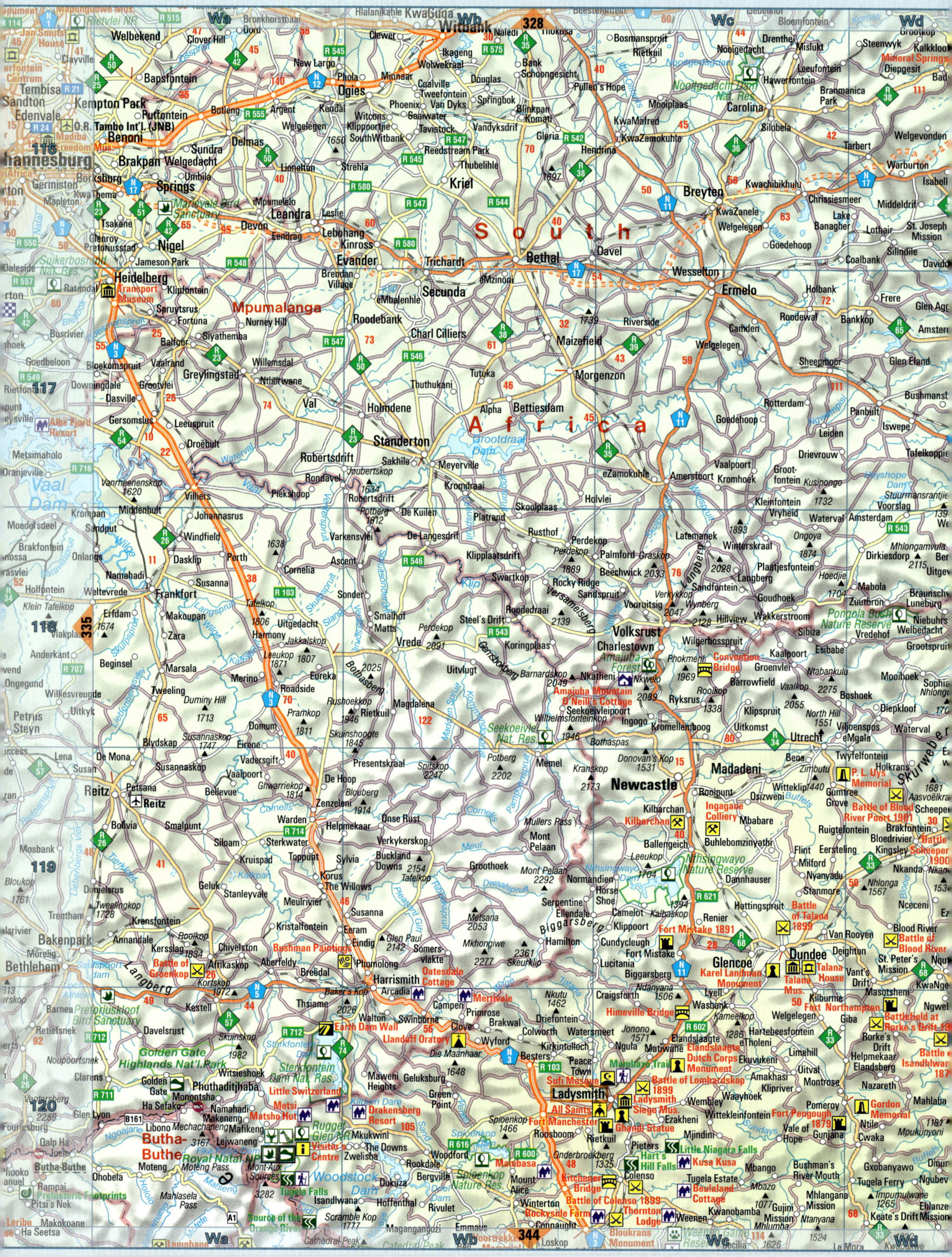

Maßstab 1:1 500 000

0   25   50 Kilometer

0   50 Miles

Rb **Rc** **Rd** **Sa**

Rietfontein
340
Hoolbank
Swartbank
Rietfontein Pan
Wreck Point
Sukkel
Muisvlei
Struishoek
Seekop
Brakfontein
Bluff
984
Baviaa
N
7
Lekkersing
Stofvoet
Riethoek
Witbakensberg
Blesber
Holgatpunt
The Camp
Vredefontein
Kabies Se Berg
Soetwater
1065
Cliffs
Nuwefontein
se Berge
690
Kosiesberg
1111
Kabina
Cliff Point
Doringbaai
575
Komaan
Anenous Pass
Kookfor
Lochinvar
Stilbaai
North Point
Port Nolloth
Port Nolloth
Vuttienmyl
se Berge
485
R 382
Windpoort
Doringpoort
Steinkopf
Art Gallery
Dabbieknik
Bedrock Lodge
Vaalpan
Harrasberge
733
Gladkop
922
McDougall's Bay Chalets
Oubeepbaai
McDougall's
Bay
Breekhoring
Steenbok
se Berge
White Point
Veewerf
Witkoppies
Vaalheuwel
Josfo
Wedge Point
Nakanas
583
Maanhaarberg
430
Bulle

121

Dreyerspan
Nonghels
se Berg
289
Nama
Diamante
Jan Coetzee
Deurloopbaai
Doringbaai
Kleinberg
R 355
Nigramoep
Nababe
Nababeep Wes Myn
Arnot se Kop
273
Buffels-
bank
Nababeep Mining Mus.
Mine's Memoria
Stompneusbaai
Grootmis
Manelsvlei
Kleinsee
Langbaai
Kleinsee (KLZ)
Pienaarsbult
Blue Mine
Jakkalsbaai
Rooivlei
Komaggas
Matjieskl
Melkbospunt
Brandberg
510
Wildeperdehoek
Pass
Koeroe
Swartstraat
Langberg
Swartkop
283
391
Frederik se Baai
Rooikolvlei
Namaqua
National Park
Arosa
Baratini
Klein Swartkop
273
Soebatsfor
Skulpfonteinpunt
Melkhoutbak
se Berg
543
Tafell
Stilbaai
Somnaasbaai
Naragappunt
Witbakenkop
332
Klip
Koingnaas
Swartlintjies Mine
Gemsbokvlei
Spoeg
Dokter se Baai
Hondeklip Bay
Platklippunt
Hondeklip Bay Mine
Wallekraal
Grootko
Aristea
Avontuur
Damsberg
291
343
Rooiwalbaai
Spoegbaai
Kalkvlei
Strandfontein
Langt
28
Strandfonteinpunt
Klipheuwel
Skuinsbaai
Droogot
Brand
Koningkorrelbaai
Volstruisvlei
219
Mosselbaai
Van Zylsrust
Na
Galjoenbaai
Groenriviersmond
Groenmond
Island Point
Jobs
Namaqua
Abraham Villiersbaai
Volwaterba
Geelk
Ruitersvlei se M
Hoek

122

123

124

125

A T L A N T I C

O C E A N

Rb **Rc** **Rd** **Sa**

Maßstab 1:1 500 000

0   25   50 Kilometer

0   50 Miles

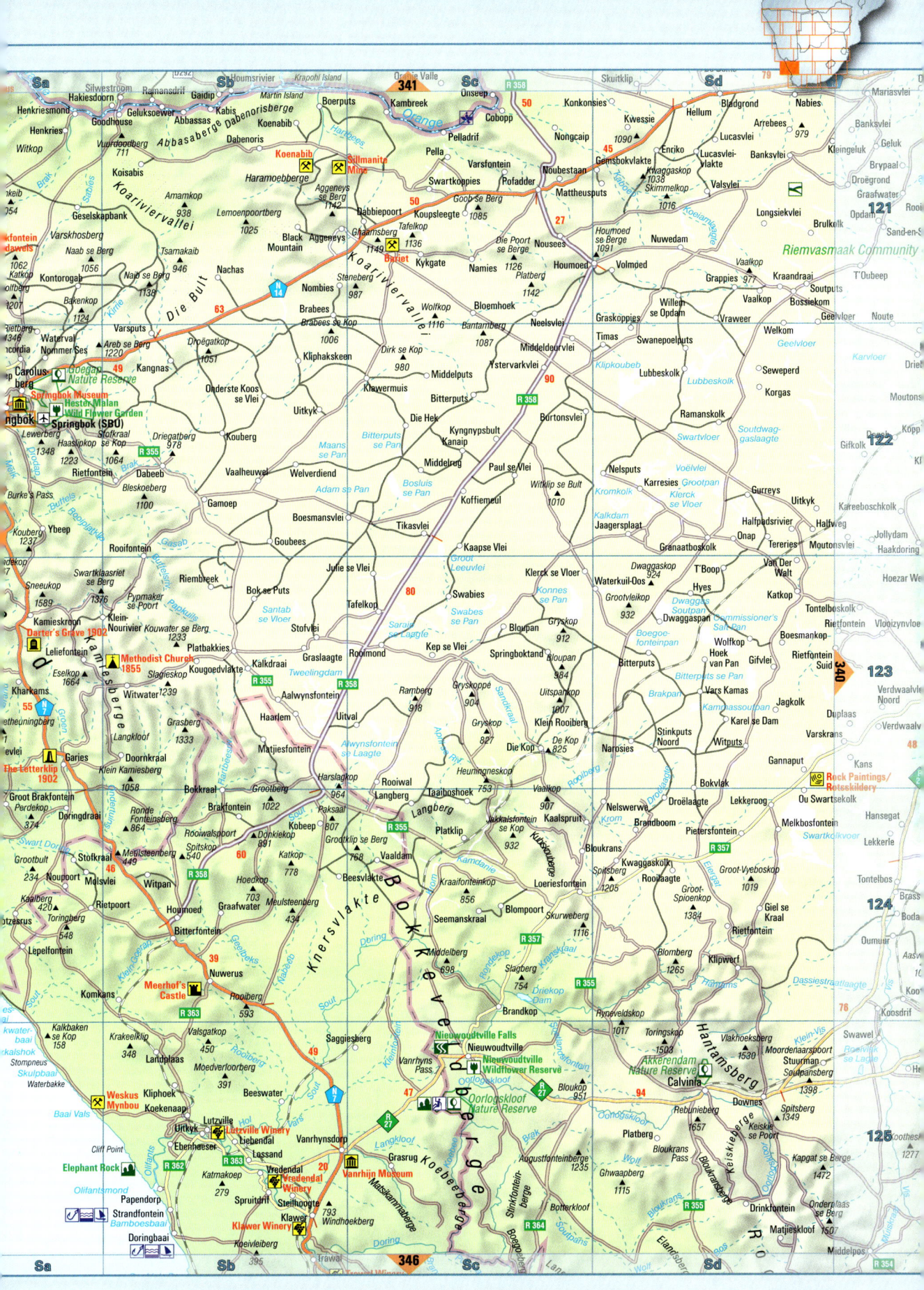

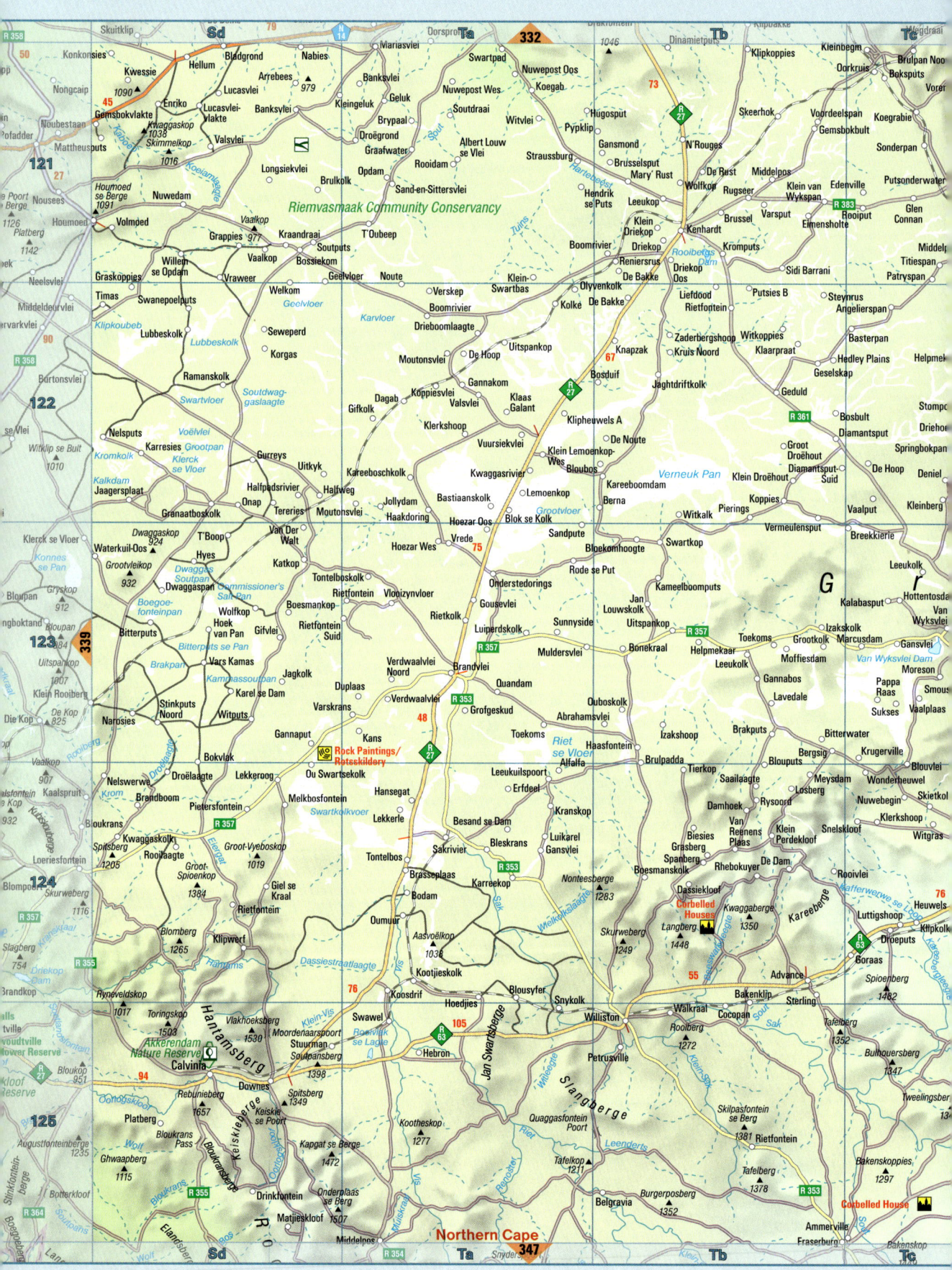

Maßstab 1:1 500 000

0   25   50 Kilometer

0   50 Miles

Maßstab 1:1 500 000

0   25   50 Kilometer

0   50 Miles

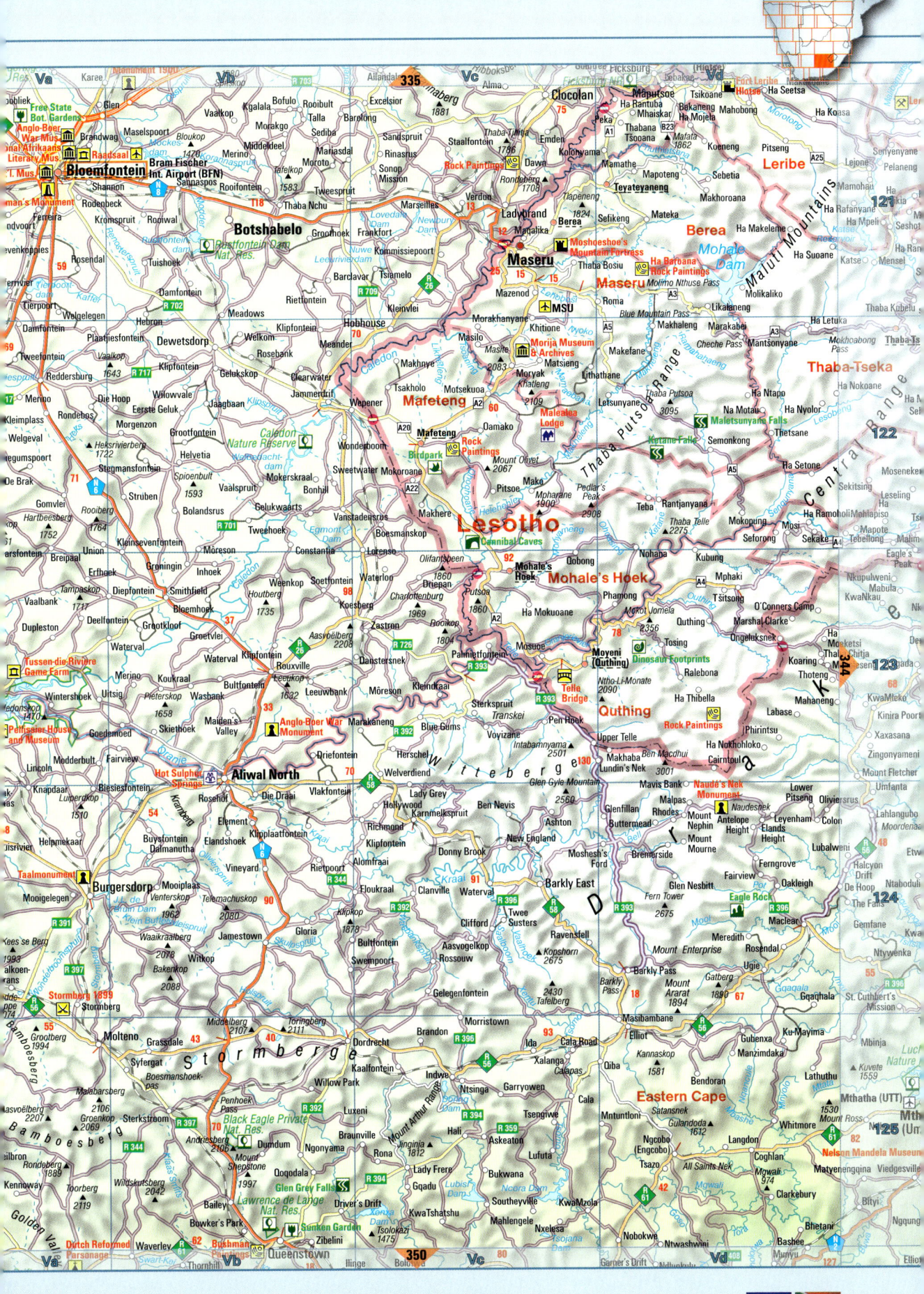

Maßstab 1:1 500 000

0   25   50 Kilometer

0   50 Miles

Maßstab 1:1 500 000

0   25   50 Kilometer

0   50 Miles

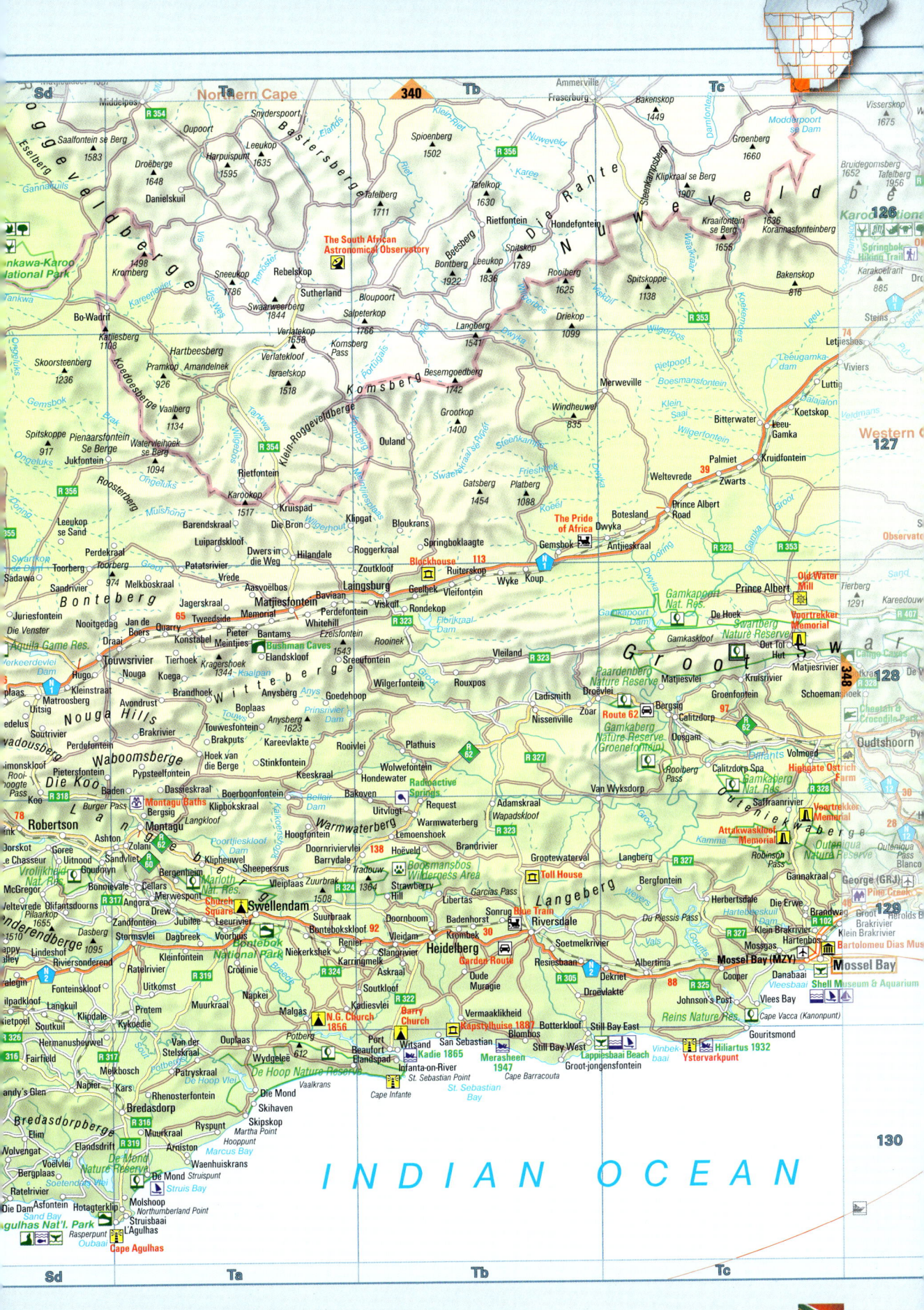

Northern Cape

Sd

Die Rante

Nuweveld

Karoo National
126

Springbok Hiking Trail

Western C
127

The South African
Astronomical Observatory

Observato

Groot Swart

Cango Caves
128

Route 62

Oudtshoorn

Cheetah &
Crocodile Park

Outeniekwaberge

Outeniqua
Nature Reserve

George (GRJ)
129

Pine Creek

Mossel Bay (MZY)
Mossel Bay
Shell Museum & Aquarium
Bartolomeu Dias Mus

Garden Route

INDIAN OCEAN

130

Maßstab 1:1 500 000

0   25   50 Kilometer

0   50 Miles

Ua   Ub   Uc   Ud

Eastern Cape

126

127

128

129

130

O C E A N

Maßstab 1:1 500 000

0   25   50 Kilometer

0   50 Miles

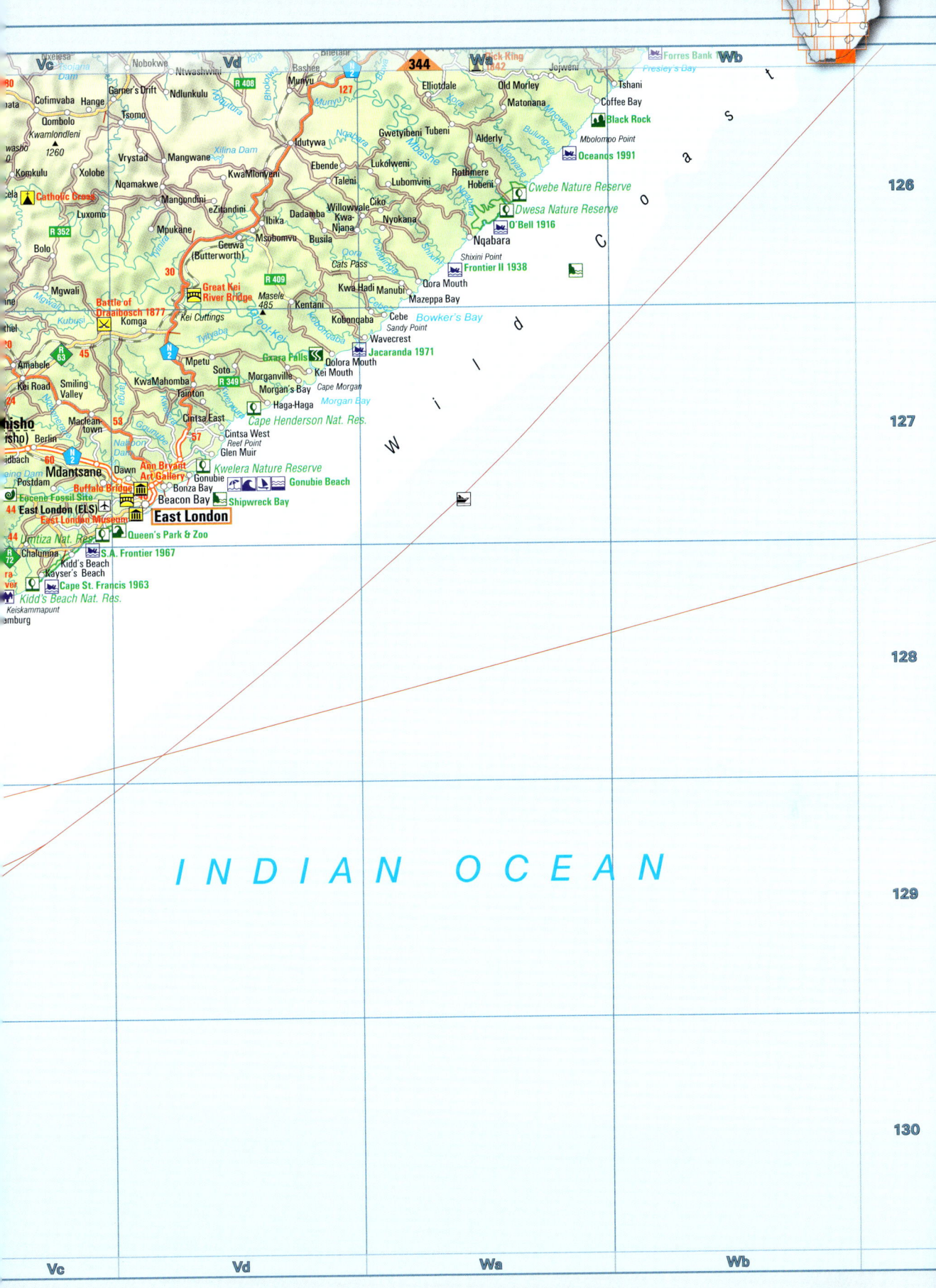

INDIAN OCEAN

A

Aais NAM 324 Sb111
Aalwynsfontein ZA 339 Sb123
Aandblom NAM 332 Sc116
Aandrus ZA 325 Td115
Aanhou-Wen ZA 332/333 Tb118
Aar NAM 330/331 Rc117
Aarmoed NAM 332 Sc120
Aasvogelkop ZA 343 Vc124
Abbey ZA 333 Td117
Abbotsdale ZA 346 Sc128
Aberdeen ZA 349 Ub126
Aberdeen ZA 342 Ud121
Aberfeldy ZA 336 Wa119
Abrahamsfontein ZA 341 Ua121
Acacia ZA 348 Td126
Adalland NAM 324 Sb112
Adam's Mission ZA 345 Wd122
Adamskraal ZA 348 Tb129
Adeisestad ZA 332/333 Tb120
Adelaide ZA 350 Va127
Adinvale ZA 328 Wa114
Adriana NAM 324 Sc113
Advance ZA 340 Tb124
Afgrond ZA 345 Wd121
Afguns NAM 303 Ra105
Afskeid ZA 333 Td117
Agasab NAM 331 Rd117
Agatha ZA 337 Xa118
Aggeneys ZA 339 Sb121
Agtertang ZA 342 Ud123
Ai-Ais NAM 331 Rd119
Aida NAM 323 Sa111
Alam ZA 344 Wa123
Alaska ZW 310/311 Wd101
Albert Falls ZA 344/345 Wc121
Alberta NAM 322/323 Rb112
Albertinia ZA 348 Tc129
Alberton ZA 335 Vd116
Aldinville ZA 345 Xa121
Aletta ZA 320/321 Wd110
Alettasrus NAM 313 Qd106
Alettesrus ZA 334 Uc117
Alexander Bay ZA 330/331 Rc120
Alexandria ZA 329 Xa114
Alexeck NAM 315 Sb108
Alfalfa ZA 340 Ta124
Alfriston ZA 344 Wb122
Alheit ZA 332 Ta120
Alice NAM 323 Sa111
Alice ZA 350 Vb127
Alicedale ZA 341 Td122
Alicedale ZA 350 Va128
Aliwal North ZA 343 Vb123
Alkmaar NAM 314 Rd108
Allandale ZA 335 Vc120
Allanridge ZA 335 Vb119
Alldays ZA 320 Wb110
Alleman ZA 335 Vb120
Allendale ZA 344/345 Wc122
Allendale ZA 345 Wd121
Allenrust ZA 340/341 Tc121
Allep ZA 342 Ud122
Alm NAM 331 Rd116
Alma ZA 343 Vc121
Alma ZA 328 Vd113
Almar NAM 324 Sb113
Aloegrove NAM 314 Rc106
Alomfraai ZA 343 Vb124
Alpha NAM 313 Qd107
Alpha ZA 336 Wb117
Alpha ZA 336/337 Wd119
Alpha Ridge ZA 327 Va114
Altemit ZA 332/333 Tb119
Altever ZA 342 Uc124
Altona ZA 337 Xa118
Alverton ZA 329 Wd113
Amadab NAM 324 Sb114
Amakange NAM 303 Qc103
Amakhasi ZA 336 Wc120
Amamas NAM 323 Rd115
Amanda ZA 329 Xa113
Amandelboom NAM 323 Rd112
Amanzimtoti ZA 345 Wd122
Amaria NAM 314 Rc110
Amarika NAM 303 Qd103
Amasbank NAM 313 Qd108

Amatikulu ZA 345 Xa121
Amatola NAM 314/315 Sa108
Amerika ZA 335 Vc118
Amersfoort ZA 336 Wc117
Amhub NAM 323 Rc115
Aminuis NAM 324 Sc112
Amsterdam ZA 336/337 Wd117
Amsterdam ZA 336/337 Wd118
Amweg NAM 331 Sb119
Anawood NAM 314 Rb110
Ancona ZA 335 Vb118
Andara NAM 306/307 Tb102
Anderkant ZA 335 Vd118
Andriesvale ZA 332 Ta117
Anglesey ZA 326 Uc115
Anglo Alpha ZA 335 Vc119
Angora ZA 347 Ta129
Anias North NAM 323 Sa112
Anibib NAM 313 Ra108
Anis Kubub NAM 323 Sa114
Anker NAM 303 Qc105
Anker NAM 305 Sb104
Anker NAM 315 Sd108
Annandale ZA 344 Wb114
Annasdal ZA 341 Ua124
Annenhof NAM 314 Rd106
Annex Fouché ZA 323 Ua116
Antelope Height ZA 343 Vd124
Anthoniesbus NAM 323 Sa114
Antjieskraal ZA 348 Tc127
Antonie ZA 348/349 Ua128
Antonieskraal ZA 349 Sa114
Anzio NAM 304 Rc105
Appelkloof ZA 346/347 Sd128
Aqua ZA 342 Ub121
Aquaville ZA 328 Wb114
Arasab NAM 330/331 Rc117
Arbeidsgenot NAM 323 Sa113
Arbeidsgenot ZA 335 Vc118
Arbeidskroon NAM 305 Sb104
Arcadia NAM 314 Rb106
Arcadia ZA 333 Td118
Arcadia ZA 336 Wb120
Arcturus ZW 311 Xa102
Areb Noord NAM 323 Rc112
Arendsnes NAM 303 Qc105
Aretitis NAM 323 Sa115
Argent ZA 336 Wa116
Arib NAM 324 Sb111
Aries ZA 332 Sd119
Arimas NAM 331 Rd119
Aris NAM 330/331 Rc116
Aristo NAM 331 Sa118
Arizona ZA 333 Td116
Arlington ZA 335 Vd119
Arniston ZA 347 Ta130
Arnold's Hill ZA 344/345 Wc122
Aroam ZA 332 Ta119
Aroams Oos NAM 324 Sc111
Arob NAM 323 Rd115
Aros NAM 322/323 Rb111
Arthur Stone ZA 329 Xa114
Aruib NAM 303 Qd105
Arus NAM 332 Sc117
Arusis NAM 323 Rc113
Asfontein ZA 346/347 Sd130
Ashton ZA 347 Ta129
Askeaton ZA 343 Vc125
Askraal ZA 348 Tb129
Aspan ZA 334 Uc119
Assegaaibos ZA 349 Uc129
Assen ZA 327 Vc114
Aston Bay ZA 349 Uc129
Astra NAM 314/315 Sa117
At Last Ranch ZW 320/321 Wd109
Atlantis ZA 346 Sb128
Atteridgeville ZA 328 Vd115
Attes NAM 323 Rc112
Auas Born NAM 314 Rc110

Auas Noord NAM 323 Tc119
Aubgous NAM 323 Rd112
Auchab NAM 323 Rc111
Auchas NAM 322/323 Rb112
Auchterloni ZA 332 Ta116
Augrabies ZA 332 Ta120
Aukam NAM 330/331 Rc117
Aurora NAM 315 Sd120
Aurora ZA 346 Sb127
Auros NAM 323 Rd113
Aussenkehr NAM 331 Rd120
Austerlitz NAM 312/313 Qc106
Austin's Post ZA 342/343 Va122
Autabib NAM 323 Rd111
Avoca ZA 329 Xa115
Avond NAM 314 Rb107
Avondrus ZA 333 Tc117
Avondrust ZA 347 Ta128
Avondson ZA 334 Ub120
Avondster ZA 334 Ud118
Avontuur ZA 338/339 Sa123
Awadoab NAM 324 Sb112

B

Baardskeerdersbos ZA 346/347 Sd130
Baartmanskoppie ZA 342 Ub123
Babi-Babi NAM 315 Sc110
Bacela ZA 350/351 Vc126
Baden ZA 347 Ta128
Badenhorst NAM 324 Sb111
Badenhorstrus ZA 341 Ua122
Badplaas ZA 336/337 Wd116
Badsfontein ZA 342 Ub121
Bagatelle NAM 323 Sa113
Bagbag NAM 314 Rb108
Bagwasi RB 326 Uc112
Baillie Park ZA 335 Vc117
Baines Drift ZA 320 Wb110
Bakaneng Ha Mojela LS 343 Vd121
Bakenklip ZA 340 Tb125
Bakenkop ZA 336/337 Wd118
Bakoven ZA 348 Tb129
Bakoven ZA 334 Ud116
Baldwin ZW 320/321 Wd108
Bale ZA 320/321 Wd110
Balfour ZA 350 Vb127
Balkfontein ZA 335 Vb118
Ballygamble ZA 337 Xb120
Baltimore ZA 348 Td129
Bambazonke ZW 311 Xc105
Bambi ZA 329 Wd115
Bandur ZA 320 Wb110
Bangiswa ZA 337 Xc119
Bango ZA 337 Xb118
Bank ZA 335 Vc116
Bank ZA 336 Wb116
Banket ZW 310/311 Wd101
Banksvlei ZA 340 Sd121
Banksvlei ZA 340 Ta121
Bankwasser NAM 331 Sb120
Banner Rest ZA 344/345 Wc124
Bantebeng ZA 328 Vd114
Baobab ZA 320 Wc110
Bapong ZA 327 Vb115
Bapsfontein ZA 336 Wa116
Bar G ZW 320/321 Wd109
Barandas ZA 348/349 Ua128
Barberspan ZA 334 Ud117
Barberton ZA 329 Xa115
Barclavar ZA 343 Vb121
Barendskraal ZA 347 Ta127
Barkly East ZA 343 Vc124
Barkly West ZA 334 Uc120
Barnard ZA 341 Ua125
Baroda ZA 349 Ud126
Barrington ZA 348 Td129
Barvale ZA 329 Wd115
Bashibisi ZA 344 Wb121
Basotho RB 309 Vb105
Basterpan ZA 340/341 Tc122
Bate RB 306 Ta105
Batlhalerwa ZA 327 Vb114

Baumannsberg ZA 333
Baviaan ZA 347 Ta128
Baynesfield ZA 344/345 Wc122
Bazeley Bridge ZW 311 Xc104
Beacon Bay ZA 351 Vd127
Beacon Hill ZA 344/345 Wc121
Beaconsfield ZA 334 Ub119
Beaconsfield ZA 342 Ud125
Beatrice ZW 311 Xa103
Beaufort ZA 327 Vb114
Beaufort West ZA 348 Td126
Beauty ZA 328 Vd111
Bedford ZA 350 Va127
Bedinkt ZA 324/325 Ta114
Beechwick ZA 336 Wc118
Beerkraal ZA 328 Wa111
Beesbank ZA 330/331 Rc120
Beeshoek ZA 323 Ua119
Beestdam ZA 334 Uc117
Beestefontein ZA 328/329 Wc115
Beestekraal ZA 327 Vc115
Beginsel ZA 336 Wa118
Beginselpan ZA 334 Ub118
Behulpsaam ZA 349 Uc126
Beitbridge ZW 320 Wc109
Bela-Bela (Warmbad) ZA 328 Vd114
Belfast ZA 328/329 Wc115
Belgium ZA 328 Vd111
Belgravia ZA 340 Tb125
Belgravia ZA 334 Ud118
Bell ZA 350/351 Vc128
Bella Vista NAM 313 Qd106
Bella Vista NAM 316 Ta109
Bellevue ZA 323 Ua119
Bellevue ZA 350 Va128
Bellevue ZA 329 Wd111
Bellona ZA 335 Vc120
Bellville ZA 346 Sc129
Belmont ZA 342 Uc121
Bembezi ZW 320 Wb106
Ben Nevis ZA 343 Va124
Ben Nevis ZA 344 Wb123
Bendell ZA 323 Ua117
Bendoran ZA 343 Vd125
Benoni ZA 336 Wa116
Bens ZA 336 Wc119
Benzies ZW 309 Vd104
Beproewing NAM 324 Sd112
Berbice SD 337 Xa118
Berea LS 343 Vc121
Bereaville ZA 346/347 Sd129
Berejena ZW 320/321 Wd107
Berg Aukas NAM 305 Sa105
Berg-en-dal ZA 328 Wb113
Bergenheim ZA 347 Ta129
Bergfontein ZA 348 Tc129
Berghof NAM 322/323 Rb111
Berghof NAM 331 Sb117
Bergland NAM 323 Rc114
Bergland NAM 323 Rd115
Bergnek ZA 328 Wb113
Bergplaas ZA 323 Ua120
Bergrivier ZA 346 Sb127
Bergsig NAM 313 Ra109
Bergsig ZA 340 Tb123
Bergsig ZA 348 Tc128
Bergville ZA 336 Wb120
Bergweiher NAM 314 Rb109
Berlin NAM 314 Rb110
Berlin ZA 350/351 Vc127
Berlyn ZA 342 Ud121
Bermolli ZA 333 Td120
Berna ZA 340 Tb122
Bernadette NAM 314 Rc107
Berseba NAM 331 Sa116
Besand se Dam ZA 340 Ta124
Besempan ZA 334/335 Va119
Besondermaid NAM 331 Rd116
Betesda NAM 322/323 Rb113
Bethal ZA 336 Wb116
Bethanie ZA 328 Vd115

Bethanien NAM 331 Rd117
Bethel NAM 324 Sd113
Bethel ZA 334 Ud120
Bethel ZA 334/335 Va116
Bethelsdorp ZA 349 Ud129 Uc125
Bethesdaweg ZA 342 Uc125
Bethlehem NAM 324 Sc111
Bethlehem ZA 335 Vd119
Bethulie ZA 342/343 Va123
Betseba ZA 335 Vb118
Betta NAM 323 Rc115
Bettiesdam ZA 336 Wb117
Betty's Bay ZA 346 Sc130
Bevula ZA 329 Xa111
Bhadeni ZA 336/337 Wd118
Bhanganomo ZA 337 Xb119
Bhisho (Bisho) ZA 350/351 Vc127
Bholekane SD 337 Xa116
Biesiepan NAM 314 Rd106
Biesiepoort ZA 332 Sd118
Biesiepoort ZA 332 Ta120
Biesieput ZA 342 Ub122
Biesies ZA 340 Tb124
Biesiesdal ZA 334 Uc118
Biesiesfontein ZA 349 Ud127
Biesiesfontein ZA 342/343 Va124
Biesieslaagte ZA 340/341 Tc124
Biesiesvlei ZA 334/335 Va116
Big Bend SD 337 Xb117
Big Brother Challenge ZA 332 Ta116
Bikita ZW 321 Xb106
Bileni ZA 321 Xa110
Bindura ZW 311 Xa101
Binga ZW 309 Vc102
Birchenough Bridge ZW 321 Xc106
Biriwiri ZW 311 Xc105
Biro NAM 306/307 Tb102
Bishop Lavis ZA 346 Sc129
Bisi ZA 344/345 Wc123
Bismarck-Aue NAM 331 Sb119
Bisoli Siding RB 319 Vd107
Bitterfontein ZA 339 Sb124
Bitterpoort ZA 340/341 Tc123
Bitterput NAM 332 Sd118
Bitterputs ZA 339 Sc122
Bitterwater ZA 340 Tb123
Bitterwater ZA 348 Tc123
Bitterwater ZA 341 Td125
Blaauwbank ZA 334 Ud116
Blaauwfontein ZA 334/335 Va120
Black Range NAM 313 Qd109
Blackheath ZA 334 Ub116
Bladgrond ZA 340 Sd121
Blankenese NAM 323 Sa112
Blau Ost NAM 331 Sb116
Blauwpan ZA 327 Vc113
Blesberg ZA 344/345 Wc121
Bletterman ZA 342 Ub124
Blignaut NAM 315 Sb107
Blikdam ZA 341 Ua124
Blikfontein ZA 334 Ub119
Blikpan ZA 342 Ub122
Blink Water ZA 345 Wd121
Blinkklip ZA 323 Ua119
Blinkoog NAM 332 Sc118
Blinkwater ZA 324 Sc114
Blinkwater ZA 328 Wb111
Bloedrivier ZA 336/337 Wd119
Bloedvlei NAM 331 Sb116
Bloekomspruit ZA 336 Wa117
Bloemendal ZA 337 Xa119
Bloemfontein ZA 341 Td123
Bloemfontein ZA 342/343 Va121
Bloemheuwel ZA 334 Ud119
Bloemhof NAM 331 Sa116
Bloemhof ZA 328 Vd111
Bloemhof ZA 334 Ud118
Bloemspruit ZA 335 Vd119
Blok se Kolk ZA 340 Ta122
Blokwater NAM 323 Rd112

Blokwater NAM 323 Rd112
Blombos ZA 348 Tb130
Blomhoek ZA 334 Uc117
Blompoort ZA 339 Sc124
Blou Oos NAM 314 Rd107
Bloubank ZA 334 Uc116
Bloubos ZA 342 Ud125
Bloubosput ZA 334 Ub119
Bloubosput ZA 342 Ub123
Bloukop NAM 324 Sd114
Bloukrans ZA 339 Sc124
Bloukrans ZA 332 Ta117
Bloukrans ZA 348 Tb127
Bloukrans ZA 333 Td118
Bloupan ZA 339 Sc123
Blouput ZA 341 Td121
Blouputs NAM 323 Sa115
Blousyfer ZA 340 Ta124
Blouvlei ZA 340/341 Tc124
Blue Gums ZA 343 Vc123
Bluecliff ZA 349 Ud128
Bluegumspoort ZA 342/343 Va122
Blumtal NAM 332 Sc117
Blydskap ZA 336 Wa119
Blyvooruitsig ZA 334 Ud118
Bo Narries ZA 332 Sd120
Bobete LS 344 Wa121
Bobos NAM 324 Sb115
Bobothakgama RB 319 Vb110
Bodenstein ZA 335 Vb118
Bodibeng RB 317 Td107
Bodibeng RB 319 Vc108
Bodumatau RB 307 Tc104
Bodweni ZA 344 Wb124
Boegoeberg ZA 340/341 Tc121
Boerboonfontein ZA 347 Ta129
Boerputs ZA 339 Sb121
Boesmankop ZA 340 Sd123
Boesmanpan ZA 342 Ub124
Boesmanskolk ZA 340 Tb124
Boesmanskop ZA 343 Vc122
Boesmanspan NAM 312/313 Qc106
Boesmansrivier ZA 334 Ud117
Boesmansriviermond ZA 350 Vb128
Boesmansvlei ZA 341 Ua122
Boetrand ZA 335 Vb117
Bofulo ZA 343 Vb121
Bogogobo RB 333 Tc117
Bohemia NAM 324 Sc113
Boikhutso ZA 334/335 Va116
Bojatau RB 318 Ud106
Bokaa RB 327 Va113
Bokgobokanelo RB 318 Ud108
Bokhara ZA 332 Ta119
Bokkiespan ZA 341 Ua121
Boknes ZA 350 Vb128
Bok-se-puts ZA 332 Sd120
Boksputs ZA 340/341 Tc121
Bolalai RB 319 Vb108
Bolelapodi RB 319 Vc109
Boli ZW 321 Xa108
Bolivia ZA 336 Wa119
Bolotwa ZA 350/351 Vc126
Bolton ZW 311 Xb103
Bon Esperanza ZA 341 Td122
Bonekraal ZA 340 Tb123
Bonhill ZA 343 Vb122
Bonne Esperance NAM 315 Sc110
Bonnievale ZA 347 Ta129
Bonnieview ZA 334 Ub117
Bonny Ridge ZA 344 Wb123
Bontrand ZA 344 Wb123
Bonus ZA 332 Ta117
Bonwapitse RB 327 Vb111
Bonza Bay ZA 351 Vd127
Boomplaas NAM 305 Sa104
Boomplaas ZA 333 Td117
Boomplats ZA 332/333 Tb119
Boomrivier ZA 340 Ta122
Boomrivier ZA 340 Tb121
Boplaas NAM 315 Sc108
Boplaas ZA 349 Uc129
Bordeaux ZA 320 Wc110

Borksburg ZA 336 Wa116
Bornholm NAM 314/315 Sa106
Boroka RB 326 Uc112
Borolelo ZA 327 Vb115
Borwa NAM 313 Ra106
Bosabkalk NAM 323 Rd114
Bosbult ZA 340 Tb122
Bosbult ZA 334/335 Va117
Bosch Hoek SD 336/337 Wd117
Boschhoek ZA 334 Uc116
Bosha ZA 311 Xb101
Boshalte ZA 329 Wd115
Boshoek ZA 335 Vc117
Boshoek ZA 336 Wc118
Boshof ZA 334 Ud120
Boskloof NAM 313 Ra107
Boskop NAM 303 Ra105
Boskop NAM 314 Rc107
Bospoort ZA 334/335 Va117
Bosrand NAM 304/305 Rd104
Bosrand NAM 315 Sb109
Bosrand ZA 334/335 Va118
Bosrand ZA 335 Vc119
Bosrivier ZA 335 Vd117
Bossiespan ZA 342 Ud121
Bosstraat ZA 332 Ta117
Boston ZA 323 Ua117
Bosville-Wes NAM 315 Sb108
Botalaote RB 319 Vc107
Botha ZA 346 Sc128
Bothashoek ZA 329 Wd113
Bothashop ZA 336/337 Wd117
Bothavile ZA 342 Uc121
Bothayille ZA 335 Vb118
Botlhapatlou RB 326/327 Ud112
Botshabelo ZA 328 Wb115
Botshabelo ZA 343 Vb121
Botsoleni ZA 320/321 Wd110
Boverwag NAM 323 Rd113
Bovlei ZA 346 Sc128
Bo-Wadrif ZA 347 Ta126
Bowker's Park ZA 343 Vb125
Bowwood Z 308/309 Va101
Brack NAM 314 Rd110
Bradley NAM 304 Rb105
Braemar ZA 345 Wd123
Braeside ZA 334/335 Va119
Brakdam ZA 341 Ua123
Brakdam ZA 342 Ub123
Brakfontein ZA 338 Rd121
Brakfontein ZA 339 Sb124
Brakfontein ZA 332/333 Tb120
Brakfontein ZA 327 Va114
Brakfontein ZA 335 Vd118
Brakfontein ZA 336/337 Wd119
Brakkies ZA 341 Ua121
Brakkom NAM 323 Rc112
Brakpan NAM 324 Sc115
Brakpan ZA 334 Ub120
Brakpan ZA 336 Wa116
Brakpoort ZA 341 Ua125
Brakputs ZA 347 Ta128
Brakrivier ZA 347 Ta128
Brakspruit ZA 335 Vc119
Brakwal ZA 336 Wb120
Brakwater NAM 314/315 Sa108
Brakwater NAM 332 Sd116
Bramcote ZA 324 Ua118
Brandberg NAM 312/313 Qc107
Brandboom ZA 340 Sd124
Brandenburg NAM 314 Rc106
Brandenburg ZA 346 Sb126
Brandfontein ZA 342 Ud122
Brandfort ZA 334/335 Va120
Brandfort ZA 335 Vb120
Brandhoek ZA 335 Vd119
Brandkraal ZA 341 Td121
Brandrivier ZA 348 Tb129
Brandvlei ZA 346/347 Sd129
Brandvlei ZA 340 Ta123
Brandwag ZA 323 Ua117
Brandwag ZA 342/343 Va121

Branmanica Park ZA 336 Wc116
Brasseplaas ZA 340 Ta124
Braunfels NAM 313 Qd106
Braunschweig ZA 350/351 Vc127
Braunschweig ZA 336/337 Wd118
Braunville ZA 343 Vc125
Brauss NAM 331 Sb117
Bray ZA 326 Ub115
Breakfast Vlei ZA 350 Vb127
Bredasdorp ZA 347 Ta130
Breekkierie ZA 340/341 Tc123
Breidbach ZA 350/351 Vc127
Bremen NAM 323 Rd115
Bremen NAM 331 Sa119
Bremerside ZA 343 Vd124
Brenton ZA 326 Ub115
Brest ZA 320 Wb110
Breyten ZA 336 Wc116
Brierspan ZA 340/341 Tc121
Brine ZA 342 Ud125
Brits ZA 328 Vd115
Britskraal ZA 342 Ub122
Britstown ZA 341 Ua123
Britsville ZA 342 Ub124
Britten ZA 334 Ud119
Brodericksvlei ZA 334 Ud117
Broedersput ZA 334 Ud117
Broken Dam ZA 341 Ua123
Brombeek ZA 320 Wd112
Bronkhorstbaai Oord ZA 336 Wa116
Bronkhorstspruit ZA 328 Wa115
Brooklyn ZA 349 Uc126
Brookside ZA 344 Wb123
Broughton ZA 323 Ua118
Bruinklip ZA 349 Ub129
Bruintjieshoogte ZA 349 Ud127
Brukkaros NAM 331 Sa116
Brulkolk ZA 340 Sd121
Brulpan Noord ZA 340/341 Tc121
Brumrug ZA 348/349 Ua126
Bruntville ZA 344/345 Wc121
Brusselsput ZA 340 Tb121
Brydon ZA 333 Tc119
Brypaal ZA 340 Ta121
Bubani Ranch ZW 320/321 Wd109
Buckland Downs ZA 336 Wb119
Bucklands ZA 333 Td117
Bucklands ZA 342 Ub121
Bucklegraf ZA 340/341 Tc121
Budungwane RB 327 Va112
Buffelhoek NAM 314 Rb106
Buffelsbank ZA 338 Rd122
Buffelsdrif ZA 348 Td128
Buffelsfointein ZA 349 Ud127
Buffelsfontein ZA 328 Vd113
Buffelsfontein ZA 328 Wa113
Buffelshoek ZA 328 Wb111
Buffelspan ZA 327 Vc113
Buffelspoort ZA 328 Vd113
Buffelspruit ZA 329 Xa115
Buffelsvlei ZA 329 Wd114
Buhera ZW 311 Xb105
Buhlebomzinyathi ZA 336 Wc119
Buitensteekloof ZA 346/347 Sd128
Buitepos NAM 315 Sd109
Buitsivango RB 316 Tb109
Bukalini ZA 337 Xb119
Bukalo NAM 308 Uc102
Bulawayo ZW 320 Wa106
Bulembu SD 337 Xa116
Bull Run ZA 334 Ub117
Bultfontein ZA 341 Td121
Bultfontein ZA 334 Ub119
Bultfontein ZA 342/343 Va122
Bultfontein ZA 343 Vb123
Bultfontein ZA 334/335 Va119
Bulwana NAM 324 Sb114

Bundemar ZA 341 Ua122
Bundu ZA 337 Xb119
Buntingville ZA 344 Wa125
Burgersdorp ZA 342/343 Va124
Burgersfort ZA 329 Wd113
Burgershoop ZA 333 Td117
Burgerville ZA 342 Ua121
Burtonsvlei ZA 339 Sc122
Bururu ZW 310/311 Wd103
Buschpfanne NAM 332 Sd117
Bushman's River Mouth ZA 336 Wc120
Bushy Flats ZA 326 Ua115
Busila ZA 351 Vd126
Buvuma ZW 320 Wb108
Buysdorp ZA 320 Wb111
Buysfontein ZA 343 Vb124
Bvekerwa ZW 311 Xb103
Bvukururu ZW 321 Xa106
Bwabwata NAM 307 Td102
Byldrif ZA 328 Wb113
Byna Bo ZA 332 Sd120
Byrne ZA 344/345 Wc122
Bÿstick NAM 331 Sa117

C

Cada RB 307 Tc104
Caen NAM 304 Rc105
Cala ZA 343 Vc125
Cala Road ZA 343 Vc125
Calcutta ZA 329 Xa114
Caledon ZA 328 Ud112
Caledon ZA 346/347 Sd129
Caledonia ZA 333 Td117
California ZA 328 Wa111
Calitzdorp Spa ZA 348 Tc128
Calvert ZA 336/337 Wd119
Calvinia ZA 340 Sd125
Cambria ZA 349 Uc128
Camel's Rest ZA 332/333 Tb117
Camelot ZA 336 Wc119
Campbell ZA 334 Ub120
Campden ZA 323 Ua116
Canchana NAM 305 Sb102
Candover ZA 337 Xb118
Canterbury ZA 327 Vc112
Cape Town ZA 346 Sb129
Carbonkraal ZA 342 Uc123
Cardinahof NAM 330/331 Rc116
Cardoville ZA 335 Vd117
Carletonville ZA 335 Vc116
Carlow ZA 328 Wb111
Carlsonia ZA 334/335 Va116
Carlton ZA 342 Uc124
Carnarvon ZA 340/341 Tc124
Carnarvon Proefstasie ZA 340/341 Tc124
Carolina NAM 331 Sb118
Carolina ZA 336 Wc116
Carolusberg ZA 338/339 Sa122
Cassel ZA 334 Ub117
Castinopolis ZA 329 Xb115
Castle Howard ZA 344/345 Wc121
Cawood's Hope ZA 334 Ud119
Cebe ZA 351 Wa127
Cedarville ZA 344 Wa123
Cederberg ZA 346 Sc127
Cederville ZA 346 Sc126
Celesa ZW 320 Wb108
Cellars ZA 347 Ta129
Ceres ZA 332/333 Tb119
Ceres ZA 346 Sc128
Chabeda ZW 320 Wc109
Chabudo ZW 321 Xa109
Chakadini ZW 321 Xa103
Chakara ZW 310/311 Wd103
Chakari ZW 310 Wc102
Chambara ZW 311 Xa104
Chamchawib NAM 323 Rc115
Chamisa ZW 310/311 Wd105
Changate ZW 319 Vc106
Chao RB 307 Tc105
Charakoe NAM 324 Sb112
Charakupa ZW 311 Xa103
Cha-re NAM 322/323 Rb112
Charl Cilliers ZA 336 Wb117
Charlestown ZA 336 Wc118

Charlesville ZA 342 Ud122
Charliesputs NAM 332 Sd119
Charlwood ZA 349 Uc126
Charundura ZW 310/311 Wd105
Chatewa ZW 311 Xc101
Chatikobo ZW 321 Xa106
Chatsworth ZW 311 Xa105
Chavonne ZA 323 Ua120
Chegato ZW 320 Wc107
Chegutu ZW 310/311 Wd102
Chelmsford ZA 320 Wb110
Chester ZA 334 Ub118
Chete ZW 309 Vd101
Chibgwedziva ZW 321 Xb108
Chibini ZA 345 Wd121
Chicombedzi ZW 321 Xb105
Chidamoyo ZW 310 Wb101
Chidembeko ZW 320 Wc107
Chiendambuya ZW 311 Xc102
Chigora ZW 311 Xb104
Chikombedzi ZW 321 Xa108
Chilonga ZW 321 Xb108
Chimo NAM 315 Sc109
Chimumvuri ZW 311 Xb104
Chimusimbe ZW 310 Wc101
Chindengu ZW 311 Xc101
Chinhoyi ZW 310/311 Wd101
Chinyika ZW 311 Xb105
Chipangayi ZW 321 Xc106
Chipinge ZW 321 Xc106
Chiredzi ZW 321 Xb107
Chireya ZW 310 Wa101
Chirorwe ZW 311 Xb105
Chirumanzu ZW 310/311 Wd105
Chisumbanje ZW 321 Xc107
Chitambo ZW 311 Xc105
Chitate ZW 311 Xb102
Chitenderano ZW 311 Xc104
Chitungwiza ZW 311 Xa102
Chiunye ZW 311 Xc101
Chivamba ZW 321 Xa107
Chivelston ZA 336 Wa119
Chivhu ZW 311 Xa104
Chivumburu ZW 321 Xa108
Chizhou ZW 310/311 Wd105
Chizinga ZW 310/311 Wd103
Chizumba ZW 320/321 Wd108
Chobham ZA 334 Ud116
Chompani ZW 321 Xa108
Chrissiesmeer ZA 336 Wc116
Christiana NAM 323 Rc114
Christiana NAM 324 Sb111
Christiana ZA 334 Ud119
Churughuru RB 319 Vc108
Churutabis NAM 331 Rd118
Ciko ZA 351 Wa126
Cillie ZA 332 Ta120
Cintsa West ZA 351 Vd127
Citadel ZA 327 Vc113
Citrusdal ZA 346 Sc127
Clanville ZA 343 Vc124
Clanwilliam ZA 346 Sc126
Claremont ZA 334 Ud116
Clarens ZA 336 Wa120
Clarkebury ZA 343 Vd125
Clarkson ZA 349 Uc129
Claudina ZA 325 Td115
Claudina ZA 334 Uc117
Clayville ZA 335 Vd116
Clearwater ZA 343 Vb122
Clermont ZA 345 Wd122
Clewer ZA 336 Wb116
Cliffdale ZA 344/345 Wc121
Cliffs ZA 338 Rd121
Clifton Wes ZA 333 Tc120
Clocolan ZA 343 Vc121
Clove ZA 336 Wb120
Coalbrook ZA 335 Vd117
Coblenz NAM 314/315 Sa106
Coega ZA 349 Ud129
Coerney ZA 350 Va128
Coetzeespan ZA 342 Ub122
Cofimvaba ZA 350/351 Vc126
Coleford ZA 344 Wb122

Colekeplaas ZA 349 Ub128
Colesberg ZA 342 Ud124
Colingy ZA 334/335 Va116
Colleen Bawn ZW 320 Wb107
Collins ZA 326 Ua115
Colon ZA 343 Vd124
Colville ZA 323 Ua117
Colworth ZA 336 Wb120
Commondale ZA 336/337 Wd118
Compensation Beach ZA 345 Xa122
Concession ZW 311 Xa101
Concordia ZA 338/339 Sa122
Coné ZA 333 Td120
Conellan NAM 315 Sb109
Conradie NAM 323 Rd115
Constantia NAM 314 Rb108
Constantia ZA 341 Td123
Content ZA 334 Uc119
Conway ZA 342 Ud125
Cookhouse ZA 350 Va127
Cooper ZA 348 Tc129
Copper Queen ZW 310 Wb101
Copperton ZA 341 Td122
Cork ZA 329 Xa114
Cornelia ZA 334/335 Va120
Corona ZA 327 Vc115
Corrigenda NAM 314 Rd107
Corsham ZA 323 Ua117
Cowdray NAM 323 Sa112
Cradock ZA 349 Ud126
Crafthole ZA 334 Ub116
Craig Lockhart ZA 332 Sd116
Craiglea ZA 344/345 Wc122
Craigsforth ZA 336 Wc120
Cranoe ZA 342 Uc124
Crapfontein ZA 342 Ud122
Crawley ZA 323 Ua119
Crossroads ZW 310 Wb104
Croydon SD 337 Xa116
Cruachan ZA 340/341 Tc122
Crystal Springs ZA 344 Wb121
Culunca ZA 344 Wa124
Cunningham NAM 304 Rb105
Cwa NAM 306 Ta102
Cwaka ZA 336/337 Wd120
Cwaka ZA 337 Xb120
Cyferkui ZA 335 Vb117
Cymru ZA 344/345 Wc123
Cypherkuil ZA 342 Ub123
Cyphex ZA 341 Ua121

D

Dabbieknik ZA 338/339 Sa121
Dabbiepoort ZA 339 Sc121
Dabeeb ZA 339 Sb122
Dabegabis NAM 331 Sb120
Dabenoris ZA 339 Sb121
Daberas-Ost NAM 324 Sb115
Daberos NAM 323 Sa111
Dabuka ZW 310 Wc105
Dadamba ZW 311 Vd126
Dagamela ZW 310 Wa104
Dagbreek ZA 346 Sc128
Dagbreek ZA 347 Ta129
Dagbreek ZA 332/333 Tb120
Dagbreek ZA 335 Vb119
Daggaboer ZA 350 Va126
Daggaboersnek ZA 350 Va127
Daglig NAM 323 Sa113
Daglumier ZA 334 Ub116
Dale ZA 328 Vd111
Dalmanutha ZA 343 Vd124
Dalmanutha ZA 328/329 Wc115
Damaneng ZA 323 Ua119
Damaskus ZA 334 Uc116
Dameron NAM 313 Qd106
Damfontein ZA 342 Ud124
Damfontein ZA 342/343 Va122
Damfontein ZA 343 Vb121
Damhoek ZA 340 Tb124
Dammetjie ZA 333 Tc119
Damysbosch ZA 342 Ud121
Dan ZA 329 Wd112

Danevis NAM 304/305 Rd105
Danielskuil ZA 342/343 Va121
Dankbaar ZA 333 Tc117
Dannenberg NAM 314 Rd108
Dannhauser ZA 336 Wc119
Dargle ZA 344/345 Wc121
Darling ZA 346 Sb128
Darnall ZA 345 Xa121
Darwendale ZW 310/311 Wd102
Dasklip ZA 336 Wa118
Daskop NAM 330/331 Rc116
Daskop ZA 348 Td128
Dassiekloof ZA 340 Tb124
Dassieshoek ZA 328/329 Wc111
Dassieskraal ZA 347 Ta128
Dasville ZA 336 Wa117
Dauga RB 317 Ub106
Davel ZA 336 Wb116
Daviddale ZA 336/337 Wd116
Davignab Nord NAM 332 Sd118
Daweb NAM 323 Rc114
Daweb South NAM 331 Sb116
Dawidtspan ZA 332 Ta118
Dawlish ZA 323 Ua117
Dawn ZA 333 Tc117
Daylight NAM 314 Rd109
De Aar ZA 342 Ud123
De Bad ZA 334 Ub120
De Bakke ZA 340 Tb121
De Bakke ZA 340 Tb122
De Bome ZA 332 Sd120
De Brug ZA 342/343 Va121
De Doorns ZA 346/347 Sd128
De Duiner ZA 341 Td121
De Dwaal ZA 333 Td116
De Goede Hoop ZA 329 Wd115
De Hoek ZA 348 Tc128
De Hoop NAM 313 Ra106
De Hoop ZA 340 Ta122
De Hoop ZA 328 Vd112
De Hoop ZA 336 Wa119
De Klerk ZA 341 Ua124
De Kolk ZA 342 Ub121
De Kroon ZA 342 Uc122
De Kruis ZA 341 Td124
De Kuilen ZA 336 Wb118
De Langesdrif ZA 336 Wb118
De Meul ZA 346 Sc127
De Mona ZA 336 Wa119
De Mond ZA 347 Ta130
De Noute ZA 340 Tb122
De Nyl ZA 328 Vd114
De Pont ZA 328 Vd112
De Rust ZA 342 Ud121
De Rust ZA 345 Wd121
De Villierspoort ZA 348 Td128
Dealesville ZA 334/335 Va120
Debe RB 318/319 Va108
Deberas ZA 332 Sd120
Debetsha RB 319 Vd106
Deelfontein ZA 342 Ub124
Deelfontein ZA 342 Uc122
Deelfontein ZA 342/343 Va123
Deelpan ZA 341 Td122
Deelvlei NAM 331 Sb119
Deftzyl ZA 328 Wb114
Deholm ZA 344 Wb122
Dei Gratia NAM 314 Rd107
Deka ZW 309 Vb103
Dekriet ZA 348 Tc129
Delagoa ZA 328 Wa112
Delareyspan ZA 334 Ud118
Dellville NAM 315 Sb109
Delmas ZA 336 Wa116
Delportshoop ZA 334 Ub120
Dema ZW 311 Xa102
Den Haag NAM 323 Rd112
Dendera ZW 310 Wb103
Dendron ZA 328 Wb111
Deneysville ZA 335 Vd118
Deniel ZA 340/341 Tc122
Denkbeeld ZA 333 Td120

Denmark ZA 334 Ub117
Dennegeur NAM 324 Sb112
Dennehof ZA 346 Sc129
Dennilton ZA 328 Wb114
Depa RB 318/319 Va106
Derby ZA 335 Vc116
Derdekraal ZA 328 Vd112
Derdepoort ZA 327 Vb113
Despatch ZA 349 Ud129
Destinatum ZA 333 Tc118
Devenishputs NAM 332 Sc118
Devon ZA 344/345 Wc122
Devon ZA 336 Wa116
Devonia ZA 328 Wb111
Devonlea ZA 334 Uc117
Dewar ZA 323 Ua118
Dewetsdorp ZA 343 Vb122
Dhirihori ZW 311 Xb103
Dhlabane ZA 337 Xa119
Diamant ZA 334 Ud119
Diamantaar ZA 334 Ud117
Diamantkop NAM 323 Sa115
Diana NAM 314/315 Sa110
Diba ZW 308/309 Va102
Dibebe RB 307 Tc103
Dibeng ZA 333 Td118
Dibete RB 327 Vb112
Didibakwe RB 319 Vb106
Die Bos ZA 346/347 Sd126
Die Brug ZA 344 Wa123
Die Dam ZA 346/347 Sd130
Die Erwe ZA 348 Tc129
Die Hek ZA 339 Sc122
Die Heuk ZA 342 Uc125
Die Hoop ZA 343 Vb122
Die Kloof NAM 331 Sb117
Die Pan ZA 342 Uc121
Die Vlug ZA 348/349 Ua129
Diedericksdam ZA 335 Vd118
Diemansputs ZA 340 Tb122
Diepgesit ZA 336/337 Wd116
Diepgezet ZA 337 Xa116
Diephoek ZA 342 Ud122
Diepklip ZA 333 Tc120
Diepkuil NAM 322/323 Rb111
Dieplaagte ZA 327 Vb113
Dieppe ZA 320 Wc110
Diepverskull NAM 331 Sb118
Diergaards Aub NAM 323 Rc112
Dierplaas ZA 333 Tc118
Digawana RB 326/327 Ud115
Dikaar ZA 334 Uc117
Dikanti RB 320 Wa109
Dikara RB 318/319 Va107
Dikbaards Kolk ZA 324/325 Ta115
Dikbos ZA 333 Tc117
Dikepping ZA 333 Td119
Dikgale ZA 328/329 Wc112
Dikgatlho RB 327 Va113
Diklipspoort ZA 341 Td122
Dikopanye RB 326 Uc115
Dikwalo RB 318 Uc107
Dikwididi RB 327 Va113
Dinake ZA 323 Ua116
Dinamietputs ZA 340 Tb121
Diniva RB 306/307 Tb103
Dinokana ZA 327 Va113
Dinokwe RB 327 Vb111
Dinopeng ZA 323 Ua117
Diphuti ZA 329 Wd113
Diretshaneng RB 333 Tc117
Dirkiesdorp ZA 336/337 Wd118
Dithakong ZA 334 Ud116
Diti ZW 320/321 Wd109
Ditjhaube RB 307 Tc103
Ditlharapa RB 326/327 Ud115
Ditlhare RB 326 Uc112
Ditshilabeleng ZA 334 Ub118
Ditshipeng ZA 334 Ub117
Dlolwana ZA 336/337 Wd120
Dobbin NAM 324 Sb113
Döhne ZA 350/351 Vc126
Dolichos NAM 315 Sc109
Domboni ZA 320/321 Wd110

Domboshawa ZW 311 Xa102
Dombwe ZW 310/311 Wd102
Dombwe ZW 311 Xb102
Dominionville ZA 335 Vb117
Domum ZA 336 Wa118
Don Tsebeb NAM 305 Sa104
Donderbosfontein ZA 334 Ub119
Dondotsha ZA 337 Xb120
Donkergange NAM 322/323 Rb113
Donkerhuk West NAM 313 Ra110
Donkin ZA 320 Wb110
Donnegan NAM 314 Rc108
Donny Brook ZA 343 Vc124
Doomokao RB 318/319 Va106
Doornberg ZA 342 Ud125
Doornboom ZA 348 Tb129
Doornbult ZA 334/335 Va119
Doornfontein ZA 327 Vc114
Doornfontein ZA 335 Vc116
Doornfontein ZA 323 Ua118
Doornhoek ZA 327 Vb114
Doornhoek ZA 329 Wd115
Doornhoek ZA 329 Wd115
Doornkloof NAM 314 Rb110
Doornkraal ZA 339 Sb123
Doornlaagte NAM 304 Rc105
Doornlaagte NAM 324 Sc113
Doornpan ZA 334/335 Va117
Doornpan No. 2 ZA 341 Td123
Doorns NAM 330/331 Rc117
Dordrecht ZA 343 Vb125
Doreen ZA 320/321 Wd110
Doringbaai ZA 339 Sb125
Doringdam ZA 332/333 Tb119
Doringdraai ZA 338/339 Sa124
Doringdraai ZA 333 Td117
Doringfontein ZA 341 Td122
Doringhoek ZA 327 Vc113
Doringkloof ZA 348/349 Ua128
Doringkop ZA 328/329 Wc115
Doringkop ZA 345 Xa121
Doringkoppie ZA 327 Vc112
Doringpan ZA 334 Uc117
Doringpoort ZA 327 Vc114
Doringveld NAM 315 Sb110
Doringveld ZA 326 Ub115
Doringvlak ZA 326 Ua115
Doros NAM 312/313 Qc107
Dorowa ZW 311 Xb104
Dorslaan NAM 303 Qc105
Dorslandboom NAM 306 Ta104
Douglas ZA 336 Wb116
Dover NAM 305 Sa104
Dover ZA 334 Ud116
Dover ZA 335 Vd117
Dovesdale ZA 335 Vb116
Downes ZA 340 Sd125
Downs ZA 323 Ua120
Draaiberg ZA 349 Ub128
Draaihoek ZA 333 Td117
Draaihoek ZA 349 Uc127
Draghoender NAM 323 Rc111
Drayton ZA 346/347 Sd129
Drayton ZA 344/345 Wc121
Drennan ZA 350 Va126
Drenthe ZA 336 Wc116
Drew ZA 347 Ta129
Dreyerspan ZA 338 Rd122
Dreylingin NAM 331 Rd116
Drieertjies RB 332/333 Tb117
Driefontein ZA 327 Va114
Driefontein ZA 342/343 Va123
Driefontein ZA 343 Vb123
Driefontein ZA 328 Wa113
Driefontein ZA 328 Wb114

Driefontein ZA 336 Wb120
Driefontein ZA 336/337 Wd117
Driehoek ZA 342 Uc122
Driehoek ZA 342 Ud121
Driekop Oos ZA 340 Tb121
Driekoppies ZA 329 Xa115
Driemansdam ZA 332 Ta120
Driepan ZA 343 Vc123
Drievrouw ZA 336 Wc117
Drimiopsis NAM 315 Sb109
Dringkruin ZA 335 Vb117
Drinkfontein ZA 340 Sd125
Drinkwater ZA 342 Ub122
Droëbult ZA 336 Wa117
Droëgrond ZA 340 Ta121
Droëryskloof ZA 346 Sc127
Droëvlakte ZA 348 Tb129
Droëvlei ZA 348 Tb128
Droogesloot ZA 328 Vd114
Droogouteep ZA 338/339 Sa123
Drummond ZA 345 Wd122
Drumsheugh ZA 332/333 Tb118
Drupfontein ZA 341 Ua124
Dubbelaar ZA 334 Ub119
Dubis NAM 302 Qa104
Dubis NAM 323 Rd111
Dudfield ZA 334/335 Va116
Dududu ZA 345 Wd123
Duikerfontein ZA 328 Wa112
Duikersdal ZA 341 Td121
Duikersvlei ZA 342 Ub121
Duineveld NAM 313 Qd107
Duiwelskloof ZA 328/329 Wc112
Dullstroom ZA 328/329 Wc115
Duluthulu ZA 321 Xa110
Dumasi ZA 344 Wb125
Dumdum ZA 343 Vb125
Dumela RB 319 Vc107
Dumisa ZW 321 Xa109
Dumisa Mission ZW 321 Xa109
Dumsis ZA 305 Sa103
Dumushe NAM 306 Ta103
Dundee ZA 336 Wc119
Dundonald ZA 336/337 Wd116
Dungu ZA 344 Wb124
Dünkirchen NAM 305 Sa104
Dunroamin NAM 314 Rc108
Dunsinane ZA 333 Td119
Dupreezrus ZA 328 Wb113
Durban ZA 345 Wd122
Durbanville ZA 346 Sc129
Duwib NAM 305 Sa104
Dwaalfontein ZA 342 Uc124
Dwaalhoek ZA 332/333 Tb119
Dwaggaspan ZA 340 Sd123
Dwaleni SD 337 Xa117
Dwars Trek NAM 303 Qc105
Dwarsberg ZA 327 Vb114
Dwarskersbos ZA 346 Sb127
Dwarsloop ZA 329 Xa114
Dwarsrivier ZA 337 Xa120
Dwarsvlei ZA 342 Uc125
Dwers in die Weg ZA 347 Ta127
Dwessa NAM 314/315 Sa108
Dwyka ZA 348 Tc127
Dysselsdorp ZA 348 Td128
Dzanini ZA 320 Wc110
Dzwerani ZA 329 Wd111

Edashi ZA 344 Wb121
Eden NAM 305 Sb105
Edenburg ZA 342/343 Va122
Edendale ZA 344/345 Wc122
Edenvale ZA 335 Vd116
Edenvale Ranch ZW 321 Xa108
Edenville ZA 340/341 Tc121
Edinglassie ZA 345 Wd122
Edmondlo ZA 336/337 Wd119
Edna ZA 324 Sb111
Edoseb NAM 322 Qd111
Edundja NAM 303 Ra101
Edwardsrus NAM 323 Sa115
Eem NAM 323 Sa112
Eenbeen ZA 333 Tc117
Eendekuil ZA 346 Sc127
Eendoorn NAM 332 Sc120
Eendrag ZA 336 Wa116
Eengolo NAM 303 Qd102
Eenhana NAM 304 Rb101
Eenhoek ZA 330/331 Rc120
Eenkondombali NAM 303 Qd102
Eensaam ZA 349 Ub127
Eensaamheid NAM 303 Qd105
Eensaamheid NAM 324 Sc114
Eensgevonden ZA 335 Vb120
Eerstbegin NAM 324 Sb113
Eerste Geluk ZA 334 Ud117
Eersteling ZA 334/335 Va118
Eersteling ZA 336 Wc119
Eersteling ZA 336/337 Wd118
Eersterus RB 326 Ua114
Egambo NAM 304 Rb102
eGangeni ZA 344 Wa124
Egmont ZA 342 Ub121
Ehlanzeni ZA 336/337 Wd120
Eierdopput ZA 340/341 Tc122
Eiffel Flats ZW 310 Wb103
Eimensholte ZA 340 Tb121
Eindelik NAM 314/315 Sa108
Eindig ZA 336 Wb119
Eisgaubib NAM 322/323 Rb111
Eisleben ZA 328/329 Wc112
Ekambo NAM 302 Qa102
Ekkerdseput ZA 340/341 Tc123
Ekoko NAM 304 Rc102
Eksteenfontein ZA 331 Rd120
Eksteenkuil ZA 332/333 Tb119
Ekuja NAM 314/315 Sa109
Ekujabuleni ZA 337 Xb120
Ekulindeni ZA 337 Xa116
Ekuthuleni SD 337 Xa116
Ekwenye NAM 314/315 Sa107
El Mirador ZA 344 Wb121
Eland NAM 324 Sd113
Eland ZA 324/325 Ta115
Elands Height ZA 343 Vd124
Elandsberg ZA 342 Ub122
Elandsbos ZA 327 Vc112
Elandsdrift ZA 346/347 Sd130
Elandsdrift ZA 334 Uc120
Elandsfontein ZA 346 Sb128
Elandsfontein ZA 328 Vd114
Elandshoek ZA 343 Vb124
Elandshoek ZA 329 Wc115
Elandshoorn ZA 349 Ud128
Elandskloof ZA 347 Ta128
Elandskloof ZA 335 Vb119
Elandskop ZA 335 Vd118
Elandskop ZA 344/345 Wc122
Elandskopbeen ZA 332 Ta119
Elandslaagte NAM 303 Qd105
Elandslaagte ZA 336 Wc120

Elandspad ZA 347 Ta130
Elandsput NAM 303 Ra105
Elberfeld ZA 331 Sa117
Elbow NAM 324 Sc112
Eldorado NAM 323 Sa113
Eldorado ZA 340/341 Tc122
Eldorado ZA 342 Uc122
Eldorado ZA 349 Ud126
Eldorado ZA 327 Vc112
Elf NAM 304 Rc105
Elgin ZA 323 Sa114
Elgin ZA 346 Sc129
Elim NAM 303 Ra102
Elim ZA 346/347 Sd130
Elim ZA 349 Ub128
Elim ZA 328 Wa111
Elim ZA 344/345 Wc124
Elisabethsfontein ZA 346 Sc126
Elisenhof NAM 323 Rd114
Elizabeth Bay (Ghost Town) NAM 330 Ra117
Ellendale ZA 336 Wc119
Elliot ZA 343 Vd125
Elliotdale ZA 351 Wa126
Eloff NAM 323 Rd112
Elsenstein NAM 331 Sb117
Elsueno NAM 315 Sc110
Elupeneni ZA 344/345 Wc123
Emahlathini ZA 336/337 Wd117
Emanguzi ZA 337 Xc117
eMangweni ZA 329 Xb115
Ematimatolo ZA 345 Wd121
Embadleni ZA 337 Xb117
eMbalenhle ZA 336 Wb117
Embwende NAM 302 Pd102
Emden ZA 343 Vc121
eMehusha ZA 329 Xa114
Emerald Hill ZA 342/343 Va123
Emmabron NAM 314 Rd108
Emmanuel LS 335 Vd120
Emmanuel ZA 344/345 Wc123
Emmaus ZA 336 Wb120
Empress Mine ZW 310 Wb103
eMzinoni ZA 336 Wb117
Engelsdraai ZA 333 Td120
Engqokweni ZA 344/345 Wc122
Enkanyezini SD 336/337 Wd117
Enkelbosch ZA 334 Ub116
Enkelbosch ZA 335 Vc118
Enkelde Kameelboom ZA 332/333 Tb119
Ennersdale ZA 344/345 Wc121
Ennesdeel ZA 334 Uc116
Enoch NAM 324 Sb115
Enon NAM 323 Rc113
Enselsrus ZA 334 Ud116
Entuba ZW 309 Va103
Enyanisweni ZA 344 Wb123
Eorondemba NAM 314 Rd109
Epukiro NAM 315 Sb108
Erasmusfontein ZA 337 Xa119
Eremutua Nord Ost NAM 313 Ra107
Eretsha RB 307 Td104
Erfdam ZA 336 Wa118
Erfdeel ZA 340 Ta124
Erfdeel ZA 326 Ub115
Erfdeel ZA 335 Vb119
Erfhoek ZA 342/343 Va123
Erindi Ura NAM 314 Rd106
Erindi-Omaue NAM 314 Rc107
Ermelo ZA 336 Wc117
Erongo NAM 313 Ra109
Erora NAM 314 Rb109
Escourt NAM 322/323 Rb113
Eselmaanhaar NAM 323 Rd111
Eshehete NAM 304 Rb102
Eshowe ZA 345 Xa121
Esibabe ZA 336 Wc118
Esibhoweni ZA 337 Xc118
Esibomvu ZW 320 Wb106
Esigodini ZW 320 Wb106
Esigwegweni ZA 337 Xa119
Eskdale ZA 334 Ub117

Esmefour ZA 320/321 Wd110
Espagsdrif ZA 334 Uc119
Esperanza ZA 335 Vd120
Essenbos ZA 349 Uc129
Estcourt ZA 344/345 Wc121
Estorfdank NAM 323 Rc115
Estorff NAM 303 Qc105
Etaneno NAM 304 Rb103
Etaneno NAM 314 Rb107
Etemba NAM 302/303 Qb101
Etengwa NAM 302 Qa101
eTholeni ZA 336 Wc120
Etilyasa NAM 303 Qd102
Etjapa NAM 304 Rb102
Etoto NAM 302/303 Qb102
Ets ZA 328/329 Wc114
Etsha 6 RB 307 Tc104
Etunda NAM 303 Qc101
Etwa ZA 344 Wa124
Euchre Hollow ZA 326 Ub115
Eunda NAM 303 Qc102
Eureka NAM 313 Ra109
Eureka ZA 340/341 Tc122
Eureka ZA 344 Wa123
Evander ZA 336 Wb116
Evril NAM 323 Sa111
Ewbank ZA 323 Ua116
Ewbank ZA 323 Ua118
Excelsior NAM 314 Rd109
Excelsior NAM 324 Sb111
Excelsior NAM 331 Sb119
Excelsior SD 337 Xa118
Excelsior ZA 341 Td123
Excelsior ZA 328 Vd113
Excelsior ZA 336/337 Wd118
Excelsior ZW 320/321 Wd108
Exchange ZW 310 Wb104
Exelsior NAM 322/323 Rb115
Exeterhall ZA 320 Wa110
Experiment ZA 328 Vd115
eZamokuhle ZA 336 Wc117
Eziduli ZA 336/337 Wd119
eZitandini ZA 351 Vd126
Eziweni ZA 337 Xa120

F

Faans Grove ZA 333 Td118
Fabriek ZA 337 Xb119
Fahlhoek NAM 323 Rc113
Fair Field ZA 335 Vc118
Fairdale ZA 334 Ud119
Fairfield ZA 335 Vb118
Fairview ZA 343 Vb123
Falkenhain NAM 304/305 Rd103
Falkenhorst NAM 323 Sa114
Fallodon ZA 350/351 Vc128
Falmouth ZA 328 Wa111
Fanies ZA 337 Xb119
Farmers Hall ZW 320 Wc106
Fauna Ranch ZW 320/321 Wd108
Faure ZA 327 Vc113
Fauresmith ZA 342 Ud122
Fawnleas ZA 345 Wd124
Featherstone ZW 311 Xa103
Feldschuhhorn West NAM 331 Rd117
Feldschulhorn NAM 331 Rd117
Felixburg ZW 311 Xa105
Felixton ZA 337 Xb120
Felixtowe NAM 314 Rd108
Ferngrove ZA 343 Vd124
Fernie ZA 336/337 Wd116
Ferreiraslaagte ZA 349 Uc128
Ficksburg ZA 335 Vd120
Fiesta NAM 315 Sd108
Figtree ZW 320 Wa106
Filmerton SD 337 Xa117
Finale ZA 329 Wd113
Finsterbergen NAM 304/305 Rd105
Firgrove ZA 346 Sc129
Fish Hoek ZA 346 Sb129
Fisher NAM 314 Rc106
Fisherhaven ZA 346 Sc130
Flagstaff ZA 344 Wb124

Fleyfeld NAM 323 Rd114
Flonker ZA 342 Ud125
Florence ZA 328 Wa113
Florence ZA 344 Wb123
Florida NAM 313 Qd107
Florida-Oos NAM 303 Ra105
Florisbad ZA 334/335 Va120
Florisfontein ZA 341 Ua121
Fochville ZA 335 Vc117
Foley RB 319 Vc108
Fonteine NAM 312/313 Qc106
Fonteintjie ZA 340/341 Tc125
Fonteintjie ZA 341 Td122
Fonteintjie ZA 341 Ua124
Fonteintjie ZA 342 Ud123
Fonteintjie ZA 342 Ud124
Forbes ZA 326 Ua115
Forbes Reef SD 337 Xa116
Fort Beaufort ZA 350 Vb127
Fort Donald ZA 344 Wb124
Fort Hare ZA 350 Vb127
Fort Mistake ZA 336 Wc119
Fortrug ZA 341 Ua125
Fortuin NAM 332 Sc119
Fountain Head ZA 350 Vb126
Fountaindale ZA 344/345 Wc124
Fourieskloof ZA 327 Vc112
Franceshome ZA 342 Ud122
Francistown RB 319 Vc108
Frank NAM 314/315 Sa110
Frankfort ZA 334 Ud120
Frankfort ZA 343 Vc121
Frankfort ZA 334 Ud120
Franshoek NAM 322/323 Rb114
Franskraal Strand ZA 346/347 Sd130
Freddie ZA 320 Wa110
Frederik Straat ZA 332 Ta119
Frederiksrust NAM 314 Rc108
Freedom ZA 326/327 Ud115
Freiheit Ost NAM 315 Sb110
Frere ZA 336/337 Wd117
Friendental NAM 323 Rc111
Friersdale Mission ZA 332 Ta120
Frisgewaagd NAM 330/331 Rc116
Frisgewagd ZA 328 Wb113
Fritchley ZA 328 Wb111
Frome ZA 333 Td116
Fulham ZA 332 Sd120
Fuve ZW 321 Xb106
Fyndraai ZA 341 Ua121

G

Ga Mokaba ZA 328 Wb112
Gabane RB 327 Va113
Gabis NAM 331 Sb119
Gaborone ZA 323 Ua117
Ga-Diboye ZA 323 Ua117
Gadzema ZW 310/311 Wd102
Gafrans Longvester RB 333 Tc117
Gai Kaisa NAM 304/305 Rd105
Gaibes NAM 331 Sa119
Gaidip NAM 339 Sb121
Gainatseb NAM 313 Qd106
Gaithwa RB 319 Vb108
Ga-Kgale ZA 327 Vc115
GaKomape ZA 328 Wb112
Gakwe ZA 324 Uc118
Gala ZA 344 Wb122
GaLepadima ZA 328 Wb112
Galpan NAM 313 Ra106
Galubane RB 319 Vc107
Gam NAM 316 Ta106
Ga-Mabelebele ZA 328 Wb111
Gamabuo RB 319 Vb110
GaMaila ZA 328/329 Wc113
GaMakharankana ZA 328 Wb114
GaMalapile ZA 328 Wa112

Ga-Malekana ZA 328/329 Wc114
GaMampana ZA 328 Wb114
Ga-Mananela ZA 327 Vb114
GaMankopane ZA 328/329 Wc113
GaManthata ZA 328 Wb111
Ga-Maraba ZA 329 Wd113
GaMasegwane ZA 328/329 Wc114
GaMasemola ZA 328/329 Wc113
GaMashashane ZA 328 Wb112
Ga-Matimpule ZA 328 Wa114
GaMgoree RB 319 Vb108
GaModipana ZA 328 Wa112
Gamodubu RB 327 Va113
Gamogapinyana RB 326/327 Ud114
Ga-Mogoboya ZA 328/329 Wc112
GaMokgopo ZA 328/329 Wc114
Ga-Mokgwathi ZA 329 Wd112
Gamoswaana RB 326/327 Ud114
GaMothapo ZA 328 Wa112
GaMothiba ZA 328/329 Wc112
Ga-Mothibi ZA 323 Ua118
Ga-Motlatla ZA 335 Vb116
Ga-Motsoko ZA 334 Ub117
Ganab NAM 322 Ra111
Ganap ZA 323 Ua117
Ganiganaga RB 318 Ud108
Ganna ZA 348/349 Ua126
Gannabos ZA 340 Tb123
Gannakom ZA 340 Ta122
Gannapoort ZA 332 Ta119
Ganskraal ZA 346 Sb128
Ganspan ZA 334 Uc119
Ganspan ZA 327 Vb113
Gansvlei ZA 340/341 Tc123
Ganzepan ZA 328 Vd112
GaPhahla ZA 328/329 Wc113
GaPhahla ZA 328/329 Wc114
GaPhasha ZA 328/329 Wc111
Ga-Phooko ZA 328/329 Wc111
Garaba ZW 311 Xb103
GaRakgwatha ZA 328 Wb113
Ga-Ramatale ZA 323 Ua118
GaRampuru ZA 328 Wb112
Ga-Rankuwa ZA 328 Vd115
Gariele ZA 323 Ua118
Gariep ZA 333 Tc120
Gariep Dam ZA 342 Ud123
Garinais NAM 331 Sb116
Garooab West NAM 305 Sa104
Garub NAM 330 Rb117
Gasebe RB 326 Uc112
Ga-Sekororo ZA 329 Wd113
GaSeleka ZA 328 Vd111
GaSemenya ZA 328 Wd112
Gasese RB 326/327 Ud113
GaTaueatswala ZA 328 Wa111
Gatlhaba RB 326 Uc114
GaTshwene ZA 328/329 Wc113
Ga-Tshwene ZA 329 Xa114
Gavaams NAM 334 Sa116
Gcama NAM 305 Sc103
Gcin RB 306 Ta105
Gcoverega RB 308 Ub104
Gcude NAM 306 Ta103
Gcuwa (Butterworth) ZA 351 Vd126
Geduld NAM 313 Ra106
Geduld NAM 324 Sc115
Geduld ZA 342 Ud121
Geduldsfontein ZA 342/343 Va124
Geelbek ZA 348 Tb128
Geelhoutskloof ZA 327 Vc112
Geelong NAM 305 Sa105
Geelperdhoek NAM 330/331 Rc118
Geelschaap NAM 330/331 Rc117

Geelvloer ZA 340 Sd121
Gegund ZA 334/335 Va119
Geheim NAM 331 Sa118
Gelegenfontein ZA 343 Vc124
Geluk NAM 324 Sd114
Geluk ZA 325 Td115
Geluk ZA 334 Ub117
Geluk ZA 334 Ub119
Geluk ZA 335 Vb120
Geluk ZA 336 Wa119
Geluksburg ZA 336 Wb120
Gelukskop ZA 343 Vb122
Geluksvlei ZA 341 Td122
Gelukwaarts ZA 343 Va122
Gelykfontein ZA 342/343 Va124
Gemakstroom ZA 329 Wd115
Gemeentesdam ZA 332 Sd117
Gemfane ZA 344 Wa124
Gemsbok ZA 348 Tb127
Gemsbok ZA 333 Tc118
Gemsbokberg NAM 331 Sa120
Gemsbokbult ZA 340 Tb121
Gemsbokdam ZA 341 Ua124
Gemsbokfontein ZA 328 Wa112
Gemsboklaagte ZA 334 Uc117
Gemsbokplein ZA 332 Ta116
Gemsbokvlakte ZA 340 Sd121
Gemsbokvlei ZA 338/339 Sa123
Gemsbokvlei ZA 332 Sd119
Gemvale ZA 344 Wb125
Geneva ZA 335 Vc119
Genoa ZA 328 Vd111
George ZA 348 Ta129
Germiston ZA 335 Vd116
Gersomslus ZA 336 Wa117
Gerus NAM 314 Rb106
Geselskap ZA 340 Tb122
Geselskapbank ZA 338/339 Sa121
Geskenk NAM 324 Sb112
Gesond RB 320 Wb109
Geusha NAM 307 Td102
Geysdorp ZA 334 Ud117
Ghani RB 306/307 Tb103
Ghansies ZA 332/333 Tb118
Ghanzi RB 316 Tb108
Ghobab Oos NAM 323 Rd111
Ghoggab NAM 331 Sa117
Giba ZA 336 Wc120
Gidjana ZA 329 Xa111
Giel se Kraal ZA 340 Sd124
Gifkolk ZA 340 Sd123
Gifvlei ZA 340 Sd123
Ginas NAM 323 Rc115
Gingindlovu ZA 345 Xa121
Gladiam ZA 341 Td121
Gladwin ZA 323 Ua119
Glasgow ZA 320 Wa110
Gledhow ZA 345 Xa121
Glen ZA 342/343 Va121
Glen Allen ZA 334 Ub120
Glen Bain ZA 344/345 Wc122
Glen Cowie ZA 328/329 Wc114
Glen Echo ZA 345 Wd123
Glen Eland ZA 336/337 Wd115
Glen Harry ZA 349 Uc126
Glen Muir ZA 351 Ud127
Glencoe ZA 336 Wc119
Glendale ZA 344/345 Wc124
Glendale ZA 345 Wd121
Glendale ZW 311 Xa101
Glenfillan ZA 343 Ud124
Glenheath ZA 342 Ud125
Glenmorgan RB 326/327 Va124
Glenroy ZA 335 Wd116
Glenside ZA 345 Wd123
Glimlach ZA 333 Tc119
Gloria ZA 343 Vb124
Gloria ZA 336 Wb116
Glypan NAM 324 Sc113
Goa Village RB 325 Td114
Goa-ab NAM 331 Sb117
Goab NAM 323 Rd115

Goabeb NAM 313 Ra109
Goabgous NAM 323 Rd112
Goamus NAM 323 Sa114
Goanab ZA 304 Rb105
Goba ZA 344/345 Wc123
Gobabis NAM 315 Sb110
Gobololo RB 316 Ta110
Gochas NAM 324 Sb114
Gocheganas NAM 314 Rc110
Goedbeloon ZA 335 Vd117
Goede Hoop ZA 349 Ub127
Goedehoop NAM 313 Ra108
Goedehoop ZA 346 Sc128
Goedehoop ZA 347 Ta128
Goedehoop ZA 333 Td116
Goedemoed NAM 332 Sd119
Goedemoed ZA 333 Td117
Goedgedacht ZA 334/335 Va117
Goedgedacht ZA 334/335 Va118
Goedgedacht ZA 328 Vd112
Goedgevonden ZA 334 Ud117
Goeie Geluk NAM 313 Qd108
Goergap ZA 328 Wa113
Goexao RB 318 Ud107
Gogunas Noord NAM 332 Sc118
Goje ZA 337 Xa120
Gokwe ZW 310 Wb103
Golden Gate ZA 336 Wa120
Golden Valley ZA 350 Va127
Golden Valley ZW 310 Wc103
Golela ZA 337 Xb118
Goliath NAM 323 Sa111
Gomchanas Ost NAM 323 Sa112
Gomvlei ZA 342/343 Va122
Gontshi ZA 336/337 Wd118
Gonubie ZA 351 Vd127
Good Hope RB 326/327 Ud115
Good Hope ZA 341 Td123
Good Hope ZA 349 Uc128
Goodhouse ZA 339 Sb121
Goodwood ZA 334 Ub116
Goodwood ZA 334 Uc117
Gootau RB 319 Vc110
Gootsha RB 318/319 Va107
Gope RB 318 Uc110
Goraas ZA 340/341 Tc124
Gorcum ZA 328 Wa112
Gordon's Bay ZA 346 Sc129
Goredema ZW 310 Wb102
Goree ZA 344/345 Wc123
Gorges NAM 331 Sa118
Goroseb NAM 315 Sb107
Goshwe RB 319 Vc106
Gottberg NAM 315 Sb110
Gottenburg ZA 335 Vd118
Goubees ZA 339 Sb122
Gouda ZA 346 Sc128
Goudini ZA 346/347 Sd130
Goudiniweg ZA 346 Sc128
Goudmyn ZA 346/347 Sd129
Gousvlei ZA 340 Ta123
Govan ZA 333 Td116
Gqadu ZA 343 Vc125
Gqaqhala ZA 343 Vd124
Gqausha RB 306 Ta105
Gqoshe RB 306/307 Tb105
Graaf Water ZA 346 Sb126
Graaff-Reinet ZA 349 Uc126
Graafwater ZA 339 Sb124
Graafwater ZA 340 Ta121
Grabouw ZA 346 Sc129
Grabwasser NAM 331 Sb119
Grafton ZA 344 Wb121
Grahamstown ZA 350 Vb128
Gramond ZA 332/333 Tb117
Granaatboskolk ZA 340 Sd122
Grand Reef ZW 311 Xc104
Granietkop NAM 312/313 Qc107
Grapevale ZA 342 Ud124
Grasfontein ZA 340 Tb124
Grasgat ZA 341 Td121

Grasheuwel NAM 331 Sb116
Graskop ZA 329 Wd114
Graslaagte ZA 339 Sb123
Graspan ZA 341 Ua122
Graspan ZA 342 Uc121
Graspan ZA 334 Ud117
Graspan ZA 334 Ud118
Grasrug ZA 339 Sc125
Grass Bank ZA 326 Ub115
Grassdale ZA 333 Td118
Grassvalley ZA 328 Wb113
Grasvlak ZA 341 Ua122
Grasvlakte NAM 304/305 Rd104
Gravelotte ZA 329 Wd112
Gravenstein NAM 323 Rd111
Greeffsput ZA 340/341 Tc121
Green Farm ZA 329 Wd111
Greengold RB 316 Ta109
Gregory ZA 320 Wb110
Grenspan ZA 342 Uc121
Greylingstad ZA 336 Wa117
Greystock ZA 323 Ua117
Greystone ZW 320 Wb106
Greytown ZA 345 Wd121
Griekwastad ZA 340/341 Tc121
Groblershoop ZA 340/341 Tc121
Groenboom NAM 330/331 Rc117
Groendal ZA 341 Td121
Groendorn ZA 323 Rc112
Groenebloem ZA 335 Vc118
Groenewald NAM 323 Sa113
Groenfontein ZA 342 Ud124
Groenkloof ZA 342 Ud125
Groenpunt ZA 328/329 Wc111
Groenrivier NAM 331 Sb118
Groenvlei ZA 342 Ub123
Groenvlei ZA 342 Ud122
Groenvlei ZA 334/335 Va119
Groenvlei ZA 336 Wc118
Groetvlei ZA 343 Vc123
Groot Arendskraal ZA 342 Uc123
Groot Brakfontein ZA 338/339 Sa124
Groot Brakrivier ZA 348 Td129
Groot Drakenstein ZA 346 Sc129
Groot Droëhout ZA 340 Tb122
Groot Hansa NAM 324 Sb115
Groot Kees ZA 334 Ub118
Groot Marico ZA 327 Vb115
Groot Mier ZA 332 Ta117
Groot Witberg ZA 341 Td121
Grootbrak ZA 324/325 Ta114
Grootdam NAM 331 Rd116
Grootdoring ZA 341 Ua122
Grootdorn ZA 341 Ua121
Grootdrink ZA 337 Tc114
Grootepos ZA 328 Wb114
Grootfontein NAM 305 Sa105
Grootfontein ZA 334 Ub118
Grootfontein ZA 336 Wc117
Grootgewaag ZA 333 Td120
Grootgewaagd ZA 334 Uc116
Grootgewacht ZA 336/337 Wd119
Grootkloof ZA 343 Vb123
Grootkolk ZA 324 Sd114
Grootkraal ZA 348 Td128
Grootkuil ZA 335 Vb116
Grootpan ZA 335 Vb116
Grootplaas-Noord NAM 323 Rc114
Grootspruit ZA 336/337 Wd118
Groot-Urus NAM 331 Sa116
Grootvlakte ZA 349 Ud127

Grootvlei ZA 336 Wa117
Gross Aub NAM 331 Sb119
Gross Barmen NAM 314 Rc109
Gross Tsaub NAM 313 Qd106
Gross-Ozombutu NAM 314 Rb107
Groutville ZA 345 Xa121
Gründorn NAM 331 Sb118
Grüneberg NAM 324 Sb111
Grünfeld NAM 315 Sc110
Guatloe RB 318 Ud107
Gubenxa ZA 343 Vd125
Guchenoes Suid NAM 332 Sc116
Gudingwa RB 307 Td103
Gugwini ZA 344 Wb124
Guigab NAM 304/305 Rd104
Guinea Fowl ZW 310 Wc105
Guisis NAM 322/323 Rb112
Güldenboden NAM 314 Rc109
Gumare RB 307 Tc105
Gumbwe Z 309 Wb101
Gumtree ZA 335 Vc120
Gumuchab Ost NAM 323 Sa112
Gunchab NAM 324 Sb113
Gungwe RB 319 Vc106
Gunitsuga RB 306/307 Tb104
Gunjana ZA 336 Wc120
Gunjaneni ZA 337 Xb119
Gunkas NAM 324 Sc112
Gunsbewys NAM 330/331 Rc116
Gurajena ZW 311 Xa105
Gurreys ZA 340 Sd122
Gurumanas Oos NAM 323 Rc111
Gurus NAM 323 Rd113
Gurus Suid NAM 332 Sc118
Gutu ZW 311 Xa105
Guvini ZW 320/321 Wd109
Gwanda ZW 308/309 Va102
Gwanda ZW 320 Wb107
Gwayi River ZW 309 Vc103
Gwelutshena ZW 310 Wa103
Gweru ZW 310 Wc105
Gwetyibeni ZA 351 Wa126
Gxobanyawo ZA 336/337 Wd120

H

Ha Koasa LS 343 Vd121
Ha Moeketsi ZA 343 Vd123
Ha Mofolo LS 344 Wa122
Ha Monyane LS 344 Wa122
Ha Mpeli LS 344 Wa121
Ha Nokoane LS 343 Vd122
Ha Ramoholi LS 343 Vd122
Ha Ranthoto LS 344 Wa121
Ha Sefako ZA 336 Wa120
Ha Suoane LS 343 Vd121
Haai NAM 315 Sb109
Haakdoring ZA 333 Td117
Haakdoring ZA 328 Wa113
Haarlem ZA 348/349 Ua128
Habis NAM 313 Ra109
HaDavhana ZA 329 Wd111
Haddow ZA 320/321 Wd110
Haenertsburg ZA 328/329 Wc112
Hairabib NAM 305 Sa105
Haka RB 317 Ua106
Hakboslaagte ZA 334/335 Va116
Hakiesdoorn NAM 339 Sb121
Halali NAM 304 Rb104
Haldenwang NAM 331 Sb120
Halfweg ZA 340 Sd122
Halifax NAM 323 Rc114
Hallatt's Hope ZA 334 Ud117
Halma NAM 315 Sc110
Haloli NAM 304 Rc104
Halseton NAM 314/315 Sb109
Halt NAM 313 Qd106
Haly ZA 320 Wb110
Hamagau ZA 328/329 Wc111

Hamakari NAM 314 Rd107
Hamanavhela ZA 328/329 Wc111
Hamburg ZA 328 Wa111
Hamilton ZA 336 Wb119
Hammanshof ZA 346/347 Sd129
Hammanskraal ZA 328 Vd115
Hammerstein NAM 322/323 Rb114
Hamore NAM 305 Sc103
Hamubua ZA 328/329 Wc111
Hanani East RB 316/317 Tc109
Hanani West RB 316 Tb109
Hanaus NAM 323 Sa115
Handleton ZA 334 Ud118
Hanekomskuil ZA 342 Uc123
Hankey ZA 349 Uc129
Hanover NAM 323 Rd111
Hanover ZA 342 Uc124
Hansegat ZA 340 Ta124
Hantam ZA 328 Vd111
Happy Valley ZA 323 Ua119
Happy Valley ZA 350 Vb126
Happy Valley ZA 344/345 Wc122
HaRamaru ZA 328/329 Wc111
Harare ZW 311 Xa102
Harden Heights ZA 345 Wd121
Hardepad ZA 320 Wc110
Hardtimes ZA 328 Vd111
Hardwood ZA 349 Uc127
Harefield ZA 349 Uc127
Harmanuskraal ZA 327 Va114
Harmonie NAM 314 Rd108
Harmonie ZA 326 Ua115
Harmony ZA 336 Wa118
Harnas NAM 315 Sc109
Harpersputs ZA 332 Ta120
Harrisburg ZA 335 Vb118
Harrisdalle ZA 332 Ta119
Harrismith ZA 336 Wb120
Harrison ZA 345 Wd122
Harrisville NAM 323 Sa112
Hartbeesfontein ZA 335 Vb117
Hartbeeslaagte ZA 328 Wa113
Hartbeesfontein NAM 332 Sc117
Hartbeesfontein ZA 334 Ud120
Hartbeesfontein ZA 327 Vc115
Hartbeesfontein ZA 336 Wc120
Hartebeeshoek ZA 333 Td120
Hartebeeshoek ZA 342 Ub124
Hartebeestput ZA 334 Ub119
Hartenbos ZA 348 Tc129
Hartland ZA 337 Xa118
Hartlea ZA 344 Wb122
Hartswater ZA 334 Uc119
Harubib NAM 314 Rd106
Harvey ZA 333 Td117
Hatsalatladi RB 326/327 Ud113
Hattingspruit ZA 336 Wc119
Hatzium I NAM 323 Rd114
Hatzium II NAM 323 Rd114
Hawerfontein ZA 336 Wc116
Hawini ZA 337 Xb119
Hawston ZA 346 Sc130
Hazeldene ZA 333 Tc119
Hazeldene ZA 349 Ud126
Hazenpad ZA 334 Uc116
Hazleyshaw ZA 326 Ua115
Headlands ZW 311 Xc103
Heathfield ZA 326/327 Ud115
Hebron NAM 322/323 Rb113
Hebron NAM 314 Rd107
Hebron ZA 340 Ta125
Hebron ZA 342 Ud121
Hebron ZA 343 Vd121
Heerenlogement ZA 346 Sb126
Hefner NAM 323 Rc111

Heidelberg ZA 348 Tb129
Heidelberg ZA 336 Wa117
Heigums NAM 330/331 Rc117
Heilbron ZA 342/343 Va125
Heilbron ZA 335 Vd118
Heimat NAM 323 Rd115
Heimat NAM 323 Sa111
Heimat NAM 331 Sb119
Heimwee NAM 304 Rb105
Heirachabis NAM 332 Sc119
Helderstroon NAM 331 Sa117
Hellsgate ZA 334/335 Va116
Hellum ZA 340 Sd121
Helpman NAM 314 Rd109
Helpmekaar ZA 340 Tb123
Helpmekaar ZA 340/341 Tc122
Helpmekaar ZA 334 Ub119
Helpmekaar ZA 334/335 Va120
Helvetia ZA 343 Vb122
Hendriksdal ZA 327 Vc112
Hendriksdal ZA 329 Wd114
Hendrina ZA 336 Wc116
Henkries ZA 338/339 Sa121
Hennenman ZA 335 Vc119
Hennopsrus NAM 315 Sb109
Hentiesbaai NAM 312/313 Qc109
Hereford SD 337 Xa118
Hereford ZA 328 Wb114
Herefords SD 337 Xa116
Hermanusdorings ZA 328 Vd113
Hermanusheuwel ZA 346/347 Sd130
Hermina ZA 335 Vc116
Hermon ZA 346 Sc128
Herolds Bay ZA 348 Td129
Herrenhofen NAM 315 Sb110
Herry ZA 320/321 Wd110
Herschel ZA 343 Vc123
Hertzog ZA 320 Wc110
Hertzogville ZA 334 Ud119
Het Kruis ZA 346 Sc127
Heuningberg NAM 314 Rc106
Heuningdraai ZA 333 Td118
Heuningkop ZA 333 Td119
Heusis NAM 314 Rc110
Hexrivier ZA 346 Sc126
Heydon ZA 342 Uc125
Hhelehhele SD 337 Xa117
High Peak ZA 344/345 Wc121
Highbury ZA 335 Vd117
Highfields ZW 309 Vd105
Highflats ZA 344/345 Wc123
Highlands NAM 314 Rc107
Highlands ZA 344 Wb122
Hilandale ZA 347 Ta127
Hillcrest NAM 314 Rc108
Hillcrest ZA 334 Uc120
Hillcrest ZA 345 Wd122
Hillview ZA 336 Wc118
Hindhead ZA 334 Ub116
Hippo Valley ZW 321 Xb108
Hlabano ZW 310 Wb105
Hlabisa ZA 337 Xb119
Hlalanikahle ZA 328 Wb115
Hlane SD 337 Xb116
Hlazakazi ZA 336/337 Wd120
Hlokozi ZA 344/345 Wc123
Hoasas NAM 314 Rb106
Hobhouse ZA 343 Vc122
Hobson's Choice ZA 344 Wb123
Hochfeld NAM 314 Rd108
Hochfeld NAM 331 Sb120
Hochveld NAM 323 Rc114
Hoedkop ZA 341 Td124
Hoedspruit ZA 329 Xa113
Hoek ZA 332/333 Tb119
Hoëveld ZA 348 Tb129
Hoezar Oos ZA 340 Ta123
Hoezar Wes ZA 340 Ta123
Hoffenthal ZA 336 Wb120
Hoffnungsfeld NAM 323 Rc111
Hogsback ZA 350 Vb127
Hohane ZA 344 Wa124
Hohenfels NAM 314 Rc107
Hohental NAM 304 Rc105

Hohewarte NAM 314 Rd110
Holbeck ZA 344/345 Wc121
Holfontein ZA 335 Vc117
Holfontein ZA 335 Vc119
Holfontein ZA 335 Vd118
Holgatfontein ZA 341 Ua123
Holkrans ZA 336/337 Wd119
Holland ZA 327 Vb113
Hollandia NAM 323 Sa115
Holle River ZA 342 Ud124
Hollywood NAM 314/315 Sa107
Hollywood ZA 343 Vc124
Holmdene ZA 336 Wb117
Holme Park ZA 328 Wa114
Holoogberg NAM 331 Sa118
Holpan ZA 334 Ub119
Holwater ZA 334 Ud119
Holy Cross ZW 310/311 Wd105
Homewood ZA 334 Ud117
Hondeblaf NAM 315 Sb109
Hondefontein ZA 348 Tb126
Hondeklip Bay ZA 338 Rd123
Honiton NAM 315 Sb110
Honolulu NAM 324 Sb111
Hoogeveld ZA 320 Wc110
Hoogfontein ZA 341 Ua121
Hoogland ZA 332/333 Tb120
Hoogland ZA 333 Tc118
Hoogte ZA 335 Vd118
Hoopstad ZA 334/335 Va119
Hopefield NAM 322/323 Rb111
Hopefield ZA 328 Wa114
Hopehurst ZA 337 Xa120
Hopetown ZA 327 Vb113
Hopetown ZA 342 Ub122
Hopewell ZA 327 Vc113
Hopewell ZA 344/345 Wc122
Hopewell ZA 329 Wd115
Horse Shoe ZA 336 Wb119
Horseshoe Bend RB 307 Ua103
Horstbaden ZA 323 Ua116
Hotes NAM 323 Rd115
Hotsprings ZA 336/337 Wd120
Hottentosdam ZA 340/341 Tc123
Hottentotskloof ZA 346/347 Sd128
Hougasgeis NAM 324 Sb112
Houhoek ZA 346 Sc129
Houmoed NAM 330/331 Rc116
Houmoed NAM 324 Sb113
Houmoed ZA 332 Ta116
Houtbaai ZA 346 Sb129
Houtbos ZA 334 Uc116
Houtheuwel ZA 335 Vd117
Howick ZA 344/345 Wc122
Hoyuyu ZW 311 Xc102
Huab NAM 303 Qd105
Huams NAM 323 Rc115
Hudab West NAM 331 Rd117
Hugo ZA 346/347 Sd128
Hugosput ZA 340 Ta121
Humansgeluk ZA 334/335 Va117
Humanskraal ZA 334/335 Va117
Humbana ZW 320 Wa108
Humbani ZW 320 Wc107
Humor NAM 303 Qc105
Huns NAM 331 Sa116
Huns NAM 331 Sa116
Hunters Road ZW 310 Wc104
Hureb North NAM 314 Rb110
Hutchinson ZA 341 Ua125
Hüttenhain NAM 314 Rc108
Hwali ZW 320 Wb108
Hwange ZW 309 Vb101
Hwedza ZW 311 Xb103
Hwelesangeng ZA 328/329 Wc113
Hyes ZA 340 Sd123

I

Ibika ZA 351 Vd126
Ichubo ZA 345 Xb121
Ida ZA 343 Vc125
Idaho ZA 325 Td115
Ifafa Beach ZA 345 Wd123
Ikageleng ZA 327 Va115
Ikageng ZA 335 Vb119
Ikageng ZA 335 Vc117
Ikongwe RB 327 Wb111
Ilfracombe ZA 334 Ud116
Ilkley ZA 323 Ua116
Imbwae Z 308 Ub101
Imperani NAM 323 Rd112
iMpumelelo ZA 336 Wa116
Inanda ZA 345 Wd122
Indwe ZA 343 Vc125
Infanta-on-River ZA 348 Tb130
Inglebrook ZA 344 Wb123
Inhoek NAM 324 Sb114
Inhoek ZA 343 Vb123
Injasuti ZA 344 Wb122
Inon ZA 346/347 Sd129
Insukamini ZW 310 Wc105
Intabeni NAM 323 Rd114
Inversnaid RB 332 Ta117
Inyamane ZA 337 Xb118
Ireagh ZA 329 Xa114
Irene NAM 313 Qd107
Irene NAM 331 Rd117
Irene ZA 340/341 Tc121
Irene ZA 334 Uc117
Iris NAM 313 Ra106
Isabelladale ZA 336/337 Wd116
Isipingo ZA 345 Wd122
iSithebe NAM 345 Xa121
Islington ZA 329 Xa113
Iswepe ZA 336/337 Wd117
Ivanhoe NAM 314/315 Sa110
Ivuna ZA 337 Xa119
Ivuvwe RB 308 Ub102
Ixopo ZA 344/345 Wc123
Izakskolk ZA 340 Tb123
Izingolweni ZA 344/345 Wc124
Izwehelia ZA 337 Xb119

J

Ja Dennoch NAM 323 Sa112
Jaagersplaat ZA 340 Sd122
Jabulani SD 337 Xa117
Jacobsdal ZA 342 Uc121
Jagerskraal ZA 347 Ta128
Jaght Drift ZA 340 Tb122
Jagkolk ZA 340 Ta123
Jakalsberg ZA 304/305 Rd105
Jakalswater NAM 323 Sa111
Jakkalsfontein ZA 323 Ua119
Jakkalsfontein ZA 342 Ud123
Jakkalskop NAM 330/331 Rc117
Jakkalspos ZA 342 Ub123
Jakkalsrust ZA 333 Tc118
Jakkalswater NAM 313 Ra110
Jamestown ZA 343 Vb124
Jammerdrif ZA 343 Vb122
Jan Kempdorp ZA 334 Uc119
Jan Louwskolk ZA 340 Tb123
Jane Furse ZA 328/329 Wc114
Janniesrus ZA 320 Wa110
Janseput ZA 328 Wa112
Jeffreys Bay ZA 349 Uc129
Jeppe's Reef ZA 329 Xa115
Jeramrah ZW 308/309 Va102
Jerera ZW 321 Xb106
Jerusalem NAM 332 Sd120
Jessica NAM 323 Sa113
Jichidza ZW 321 Xa106
Jimmy Jones ZA 329 Wd111
Johann Albrechtshöhe NAM 314 Rb109
Johannasrus ZA 336 Wa118

Johannesburg ZA 335 Vd116
Johnson's Post ZA 348 Tc129
Johnsonspan ZA 341 Ua122
Jojweni ZA 351 Wa126
Jollydam ZA 340 Ta122
Jolume ZW 309 Vc105
Jongensklip ZA 346/347 Sd129
Jonkergrab NAM 323 Rc111
Joostenberg ZA 342 Uc122
Josephine ZA 329 Wd112
Josling ZA 332/333 Tb120
Jotsha RB 318 Ud108
Joubertina ZA 349 Ub129
Joubertsdal ZA 329 Wd115
Joyce NAM 314/315 Sa109
Jozini ZA 337 Xb118
Jubilee ZA 347 Ta129
Juliana NAM 315 Sc109
Julie se Vlei ZA 339 Sc123
Jupiter ZA 328 Wb112
Jurgen NAM 331 Sa117
Juriesdraai NAM 312 Qb106
Juriesleegte ZA 340/341 Tc122
Juru ZW 311 Xb102
Jutland NAM 314 Rb106
Jwaneng RB 326 Uc113

K

Kaalbult ZA 328 Wb111
Kaaldraai NAM 303 Qd105
Kaalkop NAM 314 Rb107
Kaalpan ZA 334 Ud118
Kaalplaats ZA 344 Wd124
Kaalpoort NAM 315 Sc109
Kaalpoort ZA 336 Wc118
Kaalsfontein ZA 349 Ub127
Kaalspruit ZA 339 Sc124
Kaapmuiden ZA 329 Xa115
Kaapsehoop ZA 329 Wd115
Kabeana ZA 328 Wa112
Kabib NAM 323 Rc113
Kaborothoa RB 306/307 Tb104
Kachas NAM 323 Sa114
KaChavani ZA 328/329 Wc111
Kachikau RB 308 Uc102
Kadoma ZW 310 Wc103
Kaffersdam ZA 342 Ub121
Kagcae RB 316/317 Tc110
Kaggakamma Landgoed ZA 346/347 Sd127
Kagiso ZA 323 Ua116
Ka-Hasane ZA 329 Wd111
Kais Suid NAM 331 Sb120
Kakoje ZA 323 Ua117
Kakolk ZA 332 Sd118
Kakomwe NAM 308 Uc101
Kakoup ZA 333 Tc119
Kakus NAM 315 Sb110
Kalahari Prag NAM 315 Sd109
Kalakamate RB 319 Vc107
Kalbasfontein ZA 328 Wb115
Kalbaskraal ZA 346 Sc128
Kalbrak NAM 323 Rd111
Kaliangile NAM 308 Ub102
Kalkbult ZA 332 Ta118
Kalkdraai ZA 339 Sb123
Kalkfontein ZA 341 Td122
Kalkfontein ZA 328 Wa111
Kalkfontein ZA 328 Wa114
Kalkheuvel NAM 324 Sb114
Kalkkloof ZA 336/337 Wd116
Kalkkraal ZA 341 Ua122
Kalkoenkrans ZA 342/343 Vd121
Kalkpan ZA 342 Ub122
Kalkplaats ZA 334 Uc118
Kalkpoort ZA 332 Ta119
Kalkpoort ZA 342 Uc122
Kalkput ZA 342 Ub121
Kalkrand NAM 323 Rd113
Kalksloot ZA 340/341 Tc124
Kalkspruit ZA 328 Wa113
Kalkvlei ZA 338/339 Sa123
Kalkwal Suid ZA 342 Ub123
Kalkwerf ZA 333 Tc120
Kalomo Z 309 Vb101

Kaltenhausen NAM 314 Rb110
Kalwerhokkop ZA 335 Vc120
Kamagams NAM 323 Rd114
KaMakhuva ZA 329 Xa112
KaMampungushe ZA 345 Wd123
KaMandlhakazi ZA 329 Wd112
Ka-Mapayeni ZA 329 Wd111
Kamaseb NAM 323 Rc113
Kamasis NAM 323 Rc112
Kamativi ZW 309 Vc103
Ka-Matsakali ZA 329 Wd115
KaMatsamo (Schoemansdal) ZA 329 Xa115
Kameel ZA 334 Ud117
Kameelberg NAM 314 Rb107
Kameelboom NAM 324 Sb113
Kameeldoorn NAM 324 Sc113
Kameellaagte ZA 327 Vc113
Kameelmund NAM 331 Sb117
Kameelpoortnek ZA 328 Wa115
Kameelrivier ZA 328 Wb114
Kamensi ZA 344/345 Wc122
Ka-Mhinga ZA 321 Xa110
Kamhlushwa ZA 329 Xb115
Kammiebos ZA 349 Ub129
Komokaku RB 307 Tc105
Kamonde ZW 310 Wb101
KaMphagani ZA 329 Wd112
KaMphambo ZA 329 Wd111
Kamqua ZA 332 Ta116
Kanaip ZA 339 Sc122
Kanal ZA 327 Vc115
Kanana LS 344 Wa121
Kanana RB 315 Sd110
Kanana ZA 335 Vb117
Kanaus Noord NAM 323 Rc112
Kanchas NAM 323 Rd113
Kanchele Z 309 Vc101
Kanchindu Z 309 Vc101
Kanchindu Z 309 Vc101
Kandalengoti RB 307 Tc105
KaNdengeza ZA 329 Wd111
Kaneb Pos NAM 313 Qd106
Kanebis NAM 331 Sa119
Kanfersboom ZA 332 Ta116
Kang RB 325 Td112
Kangara RB 307 Td104
Kanimbwa Z 308/309 Va101
KaNkomo ZA 329 Wd111
Kankudi NAM 305 Sa102
Kanonfontein ZA 342 Ud122
Kanovlei NAM 305 Sc104
Kansas NAM 324 Sb111
Kantumbi Z 308 Ud101
Kanubeb Oos NAM 323 Rd111
Kanya ZA 344/345 Wc124
Kanyameza Z 309 Vb101
Kanye RB 326/327 Ud114
Kanyoze ZA 308/309 Va101
Kanyu RB 318 Uc106
Kaore RB 316/317 Tc106
Kapanda NAM 308 Uc102
Kapateni ZW 321 Xb108
Kapfunde ZW 310 Wb101
Kapondoro ZW 311 Xc101
Kaptein ZA 349 Ud126
Karagab NAM 323 Rd112
Karakuwisa NAM 305 Sc104
Karamaam ZA 332 Sd120
Karas NAM 331 Rd116
Karasburg NAM 331 Sb119
Karatara ZA 348 Td129
Karee ZA 335 Vb120
Kareebosfontein ZA 334 Ud118
Kareedouw ZA 349 Uc129
Kareefontein ZA 334 Ud118
Kareelaagte ZA 334 Ud118
Kareelaagte ZA 327 Va115
Kareepan ZA 323 Ua120
Kareepan ZA 334 Uc120

Kareerand ZA 342 Uc123
Kareevlakte ZA 347 Ta128
Karelsgraf ZA 340/341 Tc123
Kareng RB 316/317 Tc107
KaRhangani ZA 329 Wd112
Karibib NAM 313 Ra109
Kariega ZA 350 Vb128
Karimbika ZW 311 Xc101
Kariyangwe ZW 309 Vd102
Karlsruhe ZA 333 Td117
Karolinenhof NAM 315 Sd110
Karookom ZA 335 Vb118
Karos ZA 332/333 Tb120
Karreeboom ZA 333 Tc120
Karreebosch ZA 348/349 Ua126
Karreekop ZA 340 Ta124
Karreelaagte ZA 341 Ua122
Karringmelk ZA 348 Tb129
Kasima NAM 305 Sa102
Kasimbwi ZW 311 Xb101
Kasirisiri ZW 310 Wb102
Kaspersdraai ZA 324/325 Ta115
Kataba RB 308 Uc103
Katanda NAM 305 Sb102
Kataneno NAM 314/315 Sa109
Katima Mulilo NAM 308 Ub101
Katkop ZA 340 Sd123
Katlehong ZA 335 Vd116
Katombora Z 308 Ud102
Katonga Z 308 Uc101
Katungu NAM 308 Ub102
Katzensteg NAM 324 Sb114
Kaugare RB 318 Uc108
Kaukerus NAM 323 Sa112
Kauletsi ZA 328 Vd111
Kauxae RB 318 Ud106
Kavimba RB 308 Uc102
Kawere ZW 311 Xc101
Kaya se Put ZA 327 Vb114
Kayanga NAM 308 Ud102
Kayaru NAM 306 Ta102
Kayser's Beach ZA 350/351 Vc128
Kazungula RB 308 Ud102
Keate's Drift ZA 336/337 Wd120
Kedia RB 318 Uc108
Keerom NAM 323 Rc114
Keerom ZA 334 Uc116
Keerom ZA 334/335 Va116
Keerom ZA 328 Ud113
Keerom ZA 328 Wb113
Keeskraal ZA 347 Ta128
Keetmanshoop NAM 331 Sa117
Kei Mouth ZA 351 Vd127
Kei Road ZA 350/351 Vc127
Keibeb NAM 323 Rd111
Keilands NAM 315 Sb108
Keinuchas NAM 323 Rd114
Kelso ZA 345 Wd123
Kempersrand ZA 341 Ua121
Kempton Park ZA 335 Vd116
Kempville ZA 336/337 Wd117
Kenarsley ZA 344 Wa123
Kendal ZA 336 Wa116
Kenecha NAM 331 Sb117
Keng RB 326 Ub113
Kenilworth ZA 332/333 Tb119
Kennedy ZW 309 Vc104
Kennoway ZA 342/343 Va125
Kent Rest ZA 334 Ub118
Kentani ZA 351 Vd126
Kenton-on-Sea ZA 350 Vb128
Kentucky NAM 324 Sc111
Kentucky NAM 324 Sc114
Kep se Vlei ZA 339 Sc123
Kgagodi RB 319 Vc110
Kgantsang ZA 334 Uc118
Kganwane ZA 334 Ub117
Kgaphamedi RB 319 Vd110
Kgari RB 319 Vd107
Kgomo-Kgomo ZA 328 Vd114
Kgoro ZA 334 Uc116
Kgroshi ZA 328 Wb112
Khaais NAM 332 Sc120
Khache RB 326 Uc112

Khairos NAM 303 Qd105
Khais ZA 334 Ub119
Khakhea RB 326 Ua113
Khalaphuduhudu RB 319 Vb108
Khan NAM 313 Qd110
Khangela ZA 329 Wd112
Kharkams ZA 338/339 Sa123
Khayelihle SD 337 Xb117
Khisa RB 325 Td115
Khoapa ZA 344 Wa123
Khoekhe RB 318 Uc107
Khohlweni ZA 344 Wa122
Khorixas NAM 313 Qd106
Khorkham ZA 332 Ta119
Khos NAM 323 Rc113
Khudumelapye RB 326 Uc112
Khujwana ZA 328/329 Wc112
Khuma ZA 335 Vb117
Khureng ZA 328 Wb113
Khurutsche RB 327 Va112
Khutlo Peli LS 344 Wb121
Khutse RB 326 Uc111
Khwa RB 307 Td103
Khwee RB 318 Ud109
Kidd's Beach ZA 350/351 Vc128
Kiekoesvlei ZA 346 Sb128
Kieriekop ZA 334 Ud119
Kiesel ZA 327 Vc112
Kij Kij RB 332 Ta116
Kilbarchan ZA 336 Wc119
Kildare NAM 323 Sa112
Kildare ZA 342 Ub122
Kimausa ZA 329 Wd111
Kimberley ZA 334 Uc120
Kinas Puts NAM 332 Sc117
Kinderdam ZA 334 Uc117
Kinderdam ZA 334/335 Va120
Kinegaseb NAM 331 Sa116
King William's Town ZA 350/351 Vc127
King's Rest ZA 332/333 Tb117
Kingholm ZA 337 Xb118
Kingly Loo ZA 344 Wb122
Kings Heath ZA 342 Ud121
Kingsburgh ZA 345 Wd123
Kingscliffe ZA 345 Wd121
Kingscote ZA 344 Wb122
Kinross ZA 336 Wb116
Kirkintulloch ZA 336 Wb120
Kirkwood ZA 349 Ud128
Klaarkom ZA 334 Ub118
Klaarpraat ZA 340 Tb122
Klaas Galant ZA 340 Ta122
Klapperhof NAM 305 Sb105
Klaver ZA 350 Va127
Klawer ZA 339 Sb125
Klawerfontein ZA 342/343 Va123
Kleepforte NAM 314/315 Sa110
Kleimplass ZA 342/343 Va122
Klein Alcester ZA 323 Ua119
Klein Aub NAM 323 Rc112
Klein Bloemfontein ZA 335 Vb119
Klein Brakrivier ZA 348 Tc129
Klein Chausib NAM 322/323 Rb111
Klein Collie ZA 328 Wb111
Klein Driekop ZA 340 Tb121
Klein Droëhout ZA 340 Tb122
Klein Eden ZA 320 Wc110
Klein Gunichas NAM 315 Sb110
Klein Hansa NAM 324 Sb115
Klein Haremub NAM 323 Rc115
Klein Kaalvlakte ZA 332/333 Tb119
Klein Kowares NAM 303 Qc104
Klein Lemoenkop-Wes ZA 340 Ta122
Klein Nooitgedacht NAM 342 Ud121

Klein Okatjero NAM 314 Rd108
Klein Schwarzkuppe NAM 331 Rd117
Klein van Wykspan ZA 340 Tb121
Kleinaarpan ZA 332 Ta118
Klein-Aes NAM 313 Qd107
Kleinbaai ZA 346/347 Sd130
Kleinbegin NAM 313 Ra106
Kleinbegin NAM 322/323 Rb115
Kleinbegin ZA 340/341 Tc121
Kleinbegin ZA 323 Ua120
Kleinberg ZA 338 Rd122
Kleinbos ZA 334 Uc116
Kleindam NAM 331 Rd116
Kleinemonde ZA 350 Vb128
Kleinfontein ZA 347 Ta129
Kleinfontein ZA 335 Vc110
Kleinfontein ZA 336 Wc117
Kleingeluk ZA 340 Sd121
Kleinheuwel ZA 342/343 Va121
Kleinmond ZA 346 Sc130
Kleinplaas ZA 342 Uc122
Kleinplaas ZA 334/335 Va117
Kleinpoort ZA 349 Uc128
Kleinpoortjie ZA 342 Ud124
Klein-Spitzkoppe NAM 331 Sa117
Kleinstraat ZA 346/347 Sd128
Klein-Swartbas ZA 340 Ta121
Kleintoren ZA 342 Ud124
Klein-Urus NAM 331 Sa116
Kleinvlei ZA 343 Vc121
Klerck se Vloer ZA 339 Sc123
Klerksdorp ZA 335 Vb117
Klerkshoop ZA 340/341 Tc124
Klerkskraal ZA 335 Vc116
Klerngeluk NAM 324 Sb112
Klimek NAM 307 Ua103
Klingenberg NAM 305 Sa104
Klipaar NAM 316 Ta109
Klipbakke ZA 332/333 Tb120
Klipbank ZA 348 Td126
Klipbank ZA 328 Wb114
Klipbokskraal ZA 347 Ta129
Klipdale ZA 346/347 Sd129
Klipdam NAM 332 Sd118
Klipfontein NAM 304/305 Rd104
Klipfontein ZA 349 Ud128
Klipfontein ZA 350 Va127
Klipfontein ZA 343 Vb122
Klipfontein ZA 343 Vb123
Klipfontein ZA 327 Vc114
Klipfontein ZA 343 Vc124
Klipgat ZA 347 Ta127
Klipgatpan ZA 341 Td122
Kliphakskeen ZA 339 Sb122
Klipheuwels A ZA 340 Ta122
Kliphoek ZA 338/339 Sa123
Kliphoek ZA 339 Sb125
Kliphoek ZA 346 Sb127
Kliphunyawo ZA 337 Xa118
Klipkloof ZA 327 Vc118
Klipkop NAM 314 Rc107
Klipneus NAM 322 Qd111
Klipoptel NAM 332 Sc118
Klippan ZA 335 Vb120
Klippan ZA 328 Vd115
Klipparani ZA 334 Ud116
Klipplaat ZA 349 Uc127
Klipplaat Drif ZA 328 Wa113
Klippoortjie ZA 336 Wb116
Klippunt ZA 332/333 Tb120
Klipriver ZA 336 Wc120
Klipriver NAM 312/313 Qc106
Kliprivier ZA 335 Vd116
Klipspruit ZA 344 Wb123
Klipwerf ZA 340 Sd124
Klochopiets ZA 333 Td118
Kluitfontein ZA 335 Vc117

Knapdaar ZA 342/343 Va124
Knoetze ZA 349 Ub128
Knysna ZA 348/349 Ua129
Koaring ZA 343 Vd123
Kobeep ZA 339 Sb124
Kochena NAM 331 Sb117
Kocksoord ZA 335 Vc116
Kodibeleng RB 327 Va111
Koeberg ZA 346 Sb128
Koedoesdale ZA 323 Ua120
Koedoesdam ZA 334 Uc120
Koedoesdraai ZA 326 Ua115
Koedoesvlei NAM 304/305 Rd104
Koegas ZA 341 Td121
Koegoekoe Wes ZA 332 Ta119
Koegrabie ZA 340/341 Tc121
Koekoeb ZA 332 Ta120
Koelenhof ZA 346 Sc129
Koenig NAM 304 Rb105
Koenong LS 343 Vd121
Koës NAM 332 Sc116
Koffiemeul ZA 339 Sc122
Koherab NAM 323 Sa115
Kohero NAM 313 Ra108
Koiimasis Namtib NAM 330 Rb116
Koingnaas ZA 338 Rd123
Koireb Wes NAM 322/323 Rb112
Koisabis ZA 339 Sb121
Kokasib NAM 305 Sa105
Kokerboom NAM 332 Sc119
Kokotsha RB 326 Ua114
Kokstad ZA 344 Wb123
Kokwaan ZA 334 Uc118
Kolni ZA 344 Wb124
Kolobeng RB 327 Va113
Koloi RB 307 Tc103
Kolojwane RB 319 Vc109
Kolokome RB 319 Vb109
Kolondo Z 308/309 Va101
Koloniesplaas ZA 349 Uc126
Kolonkwaneng RB 333 Tc117
Komaan ZA 338 Rd121
Komane RB 318 Uc107
Komatsas Noor NAM 323 Sa113
Kombat NAM 304/305 Rd105
Komga ZA 334 Uc117
Komkulu ZA 350/351 Vc126
Komkulu ZA 344 Wa123
Kommetjie ZA 346 Sb129
Komnarib NAM 331 Sb116
Komspruit ZA 335 Vd119
Kongo ZA 320 Wb110
Kongola NAM 307 Ua102
Konka ZA 340/341 Tc124
Konkonsies ZA 340 Sd121
Konstabel ZA 347 Ta128
Kontorogab ZA 338/339 Sa121
Koopmansfontein ZA 334 Ub119
Koosdrif ZA 340 Ta124
Kootjieskolk ZA 329 Xa115
Koperfontein ZA 346 Sb128
Kopermyn ZA 342 Uc125
Kopfonteinhek ZA 327 Va114
Koppie Alleen ZA 341 Ua122
Koppies ZA 340 Tb122
Koppies ZA 335 Vc118
Koppiesfontein ZA 342 Ud121
Koppiesvlei ZA 340 Ta122
Kopzeer ZA 333 Tc119
Kora NAM 306 Sd102
Kordaatskuil ZA 341 Td124
Korgas ZA 340 Sd122
Korhaan NAM 331 Sa120
Koringberg ZA 346 Sc127
Koringplaas ZA 336 Wb118
Korodziba ZW 309 Vb105
Kororokae RB 317 Td106
Kortnek ZA 337 Xa118
Kortom ZA 342 Ub123
Korus ZA 336 Wa119
Kos NAM 322/323 Rb111
Kosis NAM 331 Rd117

Kotamogoree RB 319 Vb107
Kotolaname RB 326/327 Ud113
Kouberg ZA 339 Sb122
Kougoedvlakte ZA 339 Sb123
Koukraal ZA 343 Vb123
Koup ZA 348 Tb128
Koupan ZA 333 Tc119
Koupoort ZA 341 Ua121
Koupsleegte ZA 339 Sc121
Kourop ZA 332 Sd120
Koutjie ZA 348 Td128
Kowhitimas NAM 324
Kraaipan ZA 334 Ud116
Kraalingen ZA 328 Vd113
Kraankuil ZA 342 Ub122
Kraanvoëlpan ZA 340/341 Tc122
Krakeelrivier ZA 349 Ub129
Kransbrak ZA 332 Ta116
Kransfontein ZA 336 Wa119
Kranskloof ZA 345 Wd121
Kranskop ZA 340 Ta124
Kranskop ZA 337 Xa119
Kranspan ZA 341 Ua122
Kranzberg NAM 313 Ra109
Kremefart ZA 329 Wd111
Krenzhof NAM 313 Qd106
Kriel ZA 336 Wb116
Krige ZA 346/347 Sd129
Kromdraai ZA 327 Vc114
Kromdraai ZA 335 Vc118
Kromdraai ZA 328 Wb114
Kromdraai ZA 328 Wb115
Kromdraai ZA 336 Wb117
Kromellemboog ZA 336 Wc118
Kromhoek ZA 336 Wc117
Kromkuil ZA 334 Ud120
Kromlaagte ZA 334/335 Va118
Krompan ZA 335 Vd117
Kromputs ZA 340 Tb121
Kromrivier NAM 331 Sa120
Kromrivier ZA 346 Sc127
Kromspruit ZA 343 Vd121
Kronebloem ZA 335 Vc118
Kronenhof NAM 323 Rc115
Kroondal ZA 327 Vc115
Kroonstad ZA 335 Vc118
Krugelsrus ZA 341 Ua123
Krugerpos ZA 329 Wd114
Krugers ZA 342/343 Va122
Krugersdam ZA 341 Td121
Krugersdeel ZA 342 Ud121
Krugersdorp ZA 335 Vd116
Krugerville ZA 340/341 Tc123
Kruidfontein ZA 348 Tc127
Kruisfontein ZA 334 Ub118
Kruispad ZA 336 Wa119
Kruisrivier ZA 348 Tc128
Kruisrivier ZA 342/343 Va124
KuBhobodla ZA 344 Wb124
Kubi RB 318 Ud107
Kubis North NAM 331 Sb116
Kudaup NAM 323 Rc113
Kudixama RB 306/307 Tb103
Kuduberg NAM 324 Sb111
Kuduberg Noord NAM 331 Sa118
Kudubis NAM 323 Ra109
Kudubrunn NAM 323 Rd114
Kuilfontein ZA 342 Ud122
Kuilsrivier ZA 346 Sc129
Kuiseb NAM 314 Rc110
Kuist Ost NAM 323 Rd113
Kukama RB 326 Ub111
Kuke RB 317 Td107
Kule RB 324 Sd111
Kumlo ZA 344 Wb124
KuMniwa ZA 344 Wb124
Kumuchuru RB 317 Ua110
Kungwane RB 326 Ua112
Kunibes NAM 314 Rb110
Kuruman ZA 334 Ub118
Kusiwisa ZA 344 Wb124
KuSusa ZA 344 Wa124
Kusuwe RB 326 Uc112
Kutuku RB 326 Ua113

Kuwinamab NAM 323 Sa111
Kuwirirana ZW 310 Wb102
KwaBhele ZA 350/351 Vc127
KwaBhunya ZA 337 Xb116
KwaCeza ZA 337 Xa119
KwaDeheza ZA 344 Wa124
KwaDelamuzi ZA 344 Wb123
Kwadiba RB 318/319 Va107
KwaDlamini ZA 344 Wb121
KwaDukaza (Stanger) ZA 345 Xa121
Kwaduma ZA 337 Xb119
KwaDweshula ZA 344/345 Wc123
Kwaggafontein ZA 328 Wa115
Kwaggaskloof ZA 346/347 Sd129
Kwaggaskop ZA 328/329 Wc115
Kwaggaspoort NAM 331 Rd118
Kwaggasrivier ZA 340 Ta122
KwaGuqa ZA 328 Wb115
Kwakhanai RB 316 Tb109
KwaLupindo ZA 344 Wa123
Kwaluseni SD 337 Xa117
KwaMadrala ZA 344/345 Wc123
KwaMafred ZA 336 Wc116
KwaMagcakini ZA 344 Wb123
KwaMagoda ZA 344/345 Wc122
KwaMahlati ZA 337 Xa120
KwaMahomba ZA 351 Vd127
KwaMandulu ZA 329 Xb115
KwaMarepula ZA 350 Vb126
KwaMashu ZA 345 Wd122
KwaMjiji ZA 337 Xc118
KwaMkhize ZA 344 Wb121
KwaMlamula ZA 337 Xc118
KwaMleko ZA 344 Wa123
KwaMsane ZA 337 Xb120
KwaMthole ZA 337 Xb119
KwaMzola ZA 343 Vc125
KwaNdunge ZA 344/345 Wc124
KwaNgedle ZA 336/337 Wd119
KwaNgongoma ZA 345 Wd122
KwaNgutyana ZA 344 Wb124
Kwa-Njana ZA 351 Vd126
Kwa-Nkadimeng ZA 328 Wb114
KwaNtlola ZA 344 Wa123
KwaPita ZA 350 Vb127
Kwaraga RB 318 Uc106
Kwari RB 318/319 Va108
Kwartel NAM 323 Rc112
KwaSandanezwe ZA 344/345 Wc122
KwaSizabantu Mission ZA 345 Wd121
KwaZanele ZA 336 Wc116
KwaZibukwane ZA 329 Xb115
Kweedomo RB 317 Ub106
Kweekwal-Wes NAM 332 Sd116
Kwekwe ZW 310 Wc104
Kweneng RB 327 Va112
Kwessie ZA 340 Sd121
Kwessiegat NAM 322/323 Rb114
Kwezi ZA 344/345 Wc121
Kykgate ZA 339 Sc121
Kykoedie ZA 347 Ta129
Kyngnypsbult ZA 339 Sc122

L

L'Agulhas ZA 347 Ta130
La Mercy ZA 345 Wd122
La Plaisante ZA 346 Sc128
La Provence ZA 346 Sc129
Laaiplek ZA 346 Sb127
Laaspomp ZA 334 Ub117
Laastelag ZA 335 Vb119
Labase ZA 343 Vd123

Labera ZA 326 Uc115
Lady Frere ZA 343 Vc125
Ladybrand ZA 343 Vc121
Ladysmith ZA 336 Wc120
Laersdrif ZA 328/329 Wc115
Lagisa ZW 309 Vc105
Lahlangubo ZA 344 Wa124
Lahnstein NAM 323 Rc113
Laingsburg ZA 348 Tb128
Laken ZA 342 Ub124
Lalapanzi ZW 310/311 Wd104
Lambrechtsdrif ZA 333 Tc120
Lammerkop ZA 328 Wb115
Lammertjies ZA 341 Ua122
Lamulas Section ZW 320/321 Wd108
Landplaas ZA 339 Sb125
Landsberg ZA 328 Vd111
Langberg ZA 348 Tc129
Langberg ZA 333 Td119
Langberg ZA 336 Wc118
Langdam ZA 342 Ub123
Langdon NAM 314 Rd108
Langdon ZA 343 Vd125
Langdraai ZA 326 Ub115
Langehorn ZA 334 Ub116
Langeloop ZA 329 Xa115
Langerman ZA 326 Ub115
Langfontein ZA 349 Uc129
Langford ZA 342 Ub122
Langgeleven ZA 335 Vb118
Langgenoeg ZA 342 Ud121
Langholm Estates ZA 350 Vb128
Langklaas ZA 324/325 Ta114
Langkloof ZA 333 Td120
Langkloof ZA 328 Wb115
Langlaagte NAM 305 Sa104
Langlaagte NAM 305 Sb104
Langverwacht ZA 334 Uc119
Langverwacht ZA 337 Xa119
Lantana NAM 324 Sb114
Lapfontein ZA 342 Ub125
Lapland ZA 320 Wa110
Largo ZA 341 Ua123
Laura ZA 320/321 Wd110
Lausitz NAM 314/315 Sa109
Lauterbach NAM 323 Rd115
Lavedale ZA 340 Tb123
Lavumisa SD 337 Xb118
Lawn ZA 334 Ud116
Laxdale ZA 335 Vc118
Laxey ZA 323 Ua117
Le Chasseur ZA 346/347 Sd129
Le Rouxspan ZA 334 Ud118
Lead Mine ZA 327 Vb115
Leandra ZA 336 Wa116
Lebohang ZA 336 Wa116
Lebowakgomo ZA 328 Wb113
Ledbury ZA 334 Uc116
Leeds ZA 323 Ua116
Leeuberg ZA 342 Ub121
Leeudoringstad ZA 334/335 Va118
Leeudrink NAM 304 Rc104
Leeufontein ZA 334 Ud119
Leeufontein ZA 336 Wc116
Leeu-Gamka ZA 348 Tc127
Leeukolk ZA 340/341 Tc123
Leeukop NAM 330 Rb117
Leeukop se Sand ZA 346/347 Sd127
Leeukuil ZA 328 Wa114
Leeupan ZA 334 Ud117
Leeupoort NAM 303 Ra105
Leeupoort ZA 328 Vd114
Leeupoort ZA 335 Vd118
Leeurand ZA 334 Ub117
Leeurante NAM 303 Qd104
Leeuspruit ZA 336 Wa117
Leeuwbank ZA 343 Vb123
Leeuwfontein ZA 335 Vc116
Leeuwkraal ZA 334/335 Va119
Leeuwpoort NAM 315 Sc110
Lefiso ZA 328 Wa114
Lefton ZA 334 Uc118
Legonyane ZA 328 Vd114

Lehlohonolo ZA 344 Wa123
Lehututu RB 325 Tc112
Lehwerane RB 325 Tc115
Leipoldtville ZA 346 Sb126
Leipzig NAM 305 Sa105
Lejone LS 344 Wa121
Lejwaneng ZA 336 Wa120
Lekalakala ZA 328 Wb113
Lekkerle ZA 340 Ta124
Lekkeroog ZA 340 Sd124
Lekker-Rus NAM 324 Sc114
Lekkerwater NAM 323 Rd112
Lekkerwater NAM 324 Sc112
Lekkerwater ZA 332/333 Tb119
Lekubu ZA 327 Va115
Leliefontein ZA 338/339 Sa123
Leliefontein ZA 334 Ub118
Leliefontein ZA 342 Ud123
Leloreng ZA 327 Vc115
Lemoen ZA 348 Td126
Lemoen-Hoek ZA 342/343 Va121
Lemoenshoek ZA 348 Tb129
Lemondokop ZA 328/329 Wc111
Lena ZA 335 Vd119
Lenasia ZA 335 Vd116
Lendepas NAM 324 Sd114
Lentelus NAM 331 Sa119
Lentelus ZA 334/335 Va120
Lentsweletau RB 327 Va113
Leonardville NAM 324 Sb112
Lepashe RB 319 Vb107
Lepel NAM 323 Rc112
Lepelfontein ZA 338/339 Sa124
Lephalale (Ellisras) ZA 328 Vd112
Lephepe RB 327 Va111
Lerala RB 319 Vd110
Leseling LS 344 Wa122
Lesenepole RB 319 Vc110
Leslie ZA 336 Wa116
Letjiesbos ZA 348 Td127
Letlapana RB 326/327 Ud114
Letlhabile ZA 328 Vd115
Letlhakajaneng ZA 334 Ub117
Letlhakane RB 318 Ud108
Letlhakeng RB 326/327 Ud112
Letsheng RB 319 Vc110
Letsitele ZA 329 Wd112
Letskraal ZA 349 Uc126
Letsunyane LS 343 Vd122
Leupane RB 319 Vc110
Lianshulu NAM 307 Ua102
Libebe Z 308 Uc101
Liberia ZA 335 Vd120
Libertas ZA 341 Td121
Libertas ZA 335 Vb118
Libode ZA 344 Wa125
Libra NAM 303 Qc105
Libyan NAM 315 Sb109
Licabettus NAM 323 Sa113
Lichtenburg ZA 334/335 Va116
Lichtenfels NAM 323 Sa115
Liddleton ZA 350 Vb127
Liebenheim ZA 332 Ta119
Liebenrust NAM 331 Sb118
Liebenstein NAM 323 Rd115
Liebenwerde NAM 314 Rc108
Liefde NAM 324 Sc112
Liefdood NAM 332 Sc118
Liefdood ZA 340 Tb122
Lievenberg NAM 314 Rb110
Lilambo NAM 303 Qd102
Lillydale ZA 329 Xa114
Limburg ZA 328 Wa112
Lime Acres ZA 323 Ua120
Limebank ZA 350 Va126
Limehill ZA 336 Wc120
Limpopodraai ZA 327 Vc111
Linchwe RB 327 Vb112
Lincoln ZA 334 Ub119
Lindean ZA 345 Xa121
Lindehof NAM 314 Rb106
Lindequesdrif ZA 335 Vc117

Lindley ZA 335 Vd119
Lindleyspoort ZA 327 Vb115
Lindolm NAM 313 Ra108
Linger Longer ZA 341 Td124
Linwood ZA 344/345 Wc122
Lion Elephant ZW 320/321 Wd109
Lions Den ZW 310 Wc101
Lisodo ZW 321 Xc108
Lithathane LS 343 Vc122
Livingstone Z 308/309 Va102
Livingstone ZA 327 Va115
Loanja Z 308 Uc101
Lobamba SD 337 Xa116
Lobatieng ZA 327 Vc114
Lobatse RB 327 Va114
Lobshorn NAM 303 Qd105
Loch Maree ZA 332 Ta118
Lochiel ZA 336/337 Wd116
Loch-na-gar ZA 332 Ta118
Loeriesfontein ZA 339 Sc124
Lofter ZA 342/343 Va123
Logagane ZA 326 Uc115
Logaganeng RB 333 Td116
Lokalane RB 325 Tc111
Lombardia NAM 313 Ra106
Lomboka ZW 319 Vc108
Lonely Mine ZW 310 Wa105
Longford ZA 350 Va128
Longlands ZA 334 Uc120
Longonda NAM 303 Ra105
Longueval NAM 324 Sb115
Longwood ZA 342 Uc124
Lonhlupheko SD 337 Xb116
Loogpan ZA 332 Ta119
Loopfontein ZA 329 Wd115
Looplaagte ZA 327 Vb113
Lorenso ZA 343 Vc122
Lorolwane RB 326 Uc115
Lorraine ZA 326 Ua115
Lorraine ZA 342 Uc121
Losberg ZA 340 Tb124
Lose RB 327 Vb111
Losgewerk ZA 334 Uc120
Lossand ZA 339 Sb125
Lost City ZA 327 Vc115
Loteni ZA 344 Wb121
Lotlhakane RB 326/327 Ud114
Lotlhakane ZA 323 Ua118
Lotse RB 326 Ub112
Louis Trichardt (Makhado) ZA 328/329 Wc111
Louisen Höhe NAM 331 Sa118
Louisenhof NAM 324 Sb114
Louisville ZA 344/345 Wc121
Louivale ZA 340/341 Tc123
Lourdes ZA 344 Wb123
Lourita ZA 335 Vc120
Louw's Creek ZA 329 Xa115
Louwsburg ZA 337 Xa118
Lovat ZA 335 Vc119
Lovedale NAM 330/331 Rc116
Lovedale ZA 342/343 Va121
Löwenberg NAM 314 Rb107
Lower Pitseng ZA 343 Vd124
Lowerfontein NAM 313 Qd107
Lowlands ZA 335 Vb118
Loxtonvale ZA 332 Ta120
Lubacweni ZA 344 Wa124
Lubalweni ZA 344 Wa124
Lubangwe ZW 320 Wa108
Lubeck NAM 331 Sa119
Lubomvini ZA 351 Wa126
Lubuli SD 337 Xb117
Lucasvlei ZA 340 Sd121
Lucasvleivlakte ZA 340 Sd121
Lucitania ZA 336 Wc119
Luckhof ZA 342 Uc122
Lucy ZA 326 Ua115
Lüderitz NAM 330 Ra117
Ludlow ZA 342 Uc125
Ludwigslust ZA 320 Wc109
Lufuta ZA 343 Vc125
Lugada ZA 344 Wa123
Lugaje SD 337 Xa117
Luikarel ZA 340 Ta124
Luipardskloof ZA 347 Ta127

Luiperdskolk ZA 340 Ta123
Luisental NAM 314/315 Sa110
Lukhula SD 337 Xb116
Lukolweni ZA 344 Wa126
Lukosi ZW 309 Vb103
Lundini ZA 337 Xb118
Lüneberg NAM 323 Sa112
Lunguza ZW 337 Xb120
Lupane ZW 309 Vd104
Lushof ZA 341 Ua124
Lusu NAM 308 Ub102
Lusu Z 308 Ub101
Lusulu ZW 309 Vd102
Lutzputs ZA 332 Ta120
Lutzville ZA 339 Sb125
Luve SD 337 Xa116
Lwathuda ZA 320/321 Wd110
Lydenburg ZA 329 Wd114
Lyell ZA 336 Wc120
Lykso ZA 334 Ub118
Lynpan NAM 314/315 Sa108

M

Maake ZA 329 Wd112
Maartenshoop ZA 328/329 Wc114
Mababe Village RB 308 Ub104
Mabalane RB 327 Vb113
Mabatu RB 307 Td105
Mabeleapodi RB 319 Vb109
Mabhensa ZA 337 Xa120
Mabhida ZA 337 Xa119
Mabibi ZA 337 Xc118
Mabola ZA 336/337 Wd116
Maboleni ZA 310 Wb104
Maboloko ZA 328 Vd115
Mabone ZA 323 Ua116
Mabopane ZA 328 Vd115
Mabudzane RB 319 Vd107
Mabula ZA 344 Wa123
Mabule ZA 326 Uc115
Mabutsane RB 326 Ua113
Macduffs Castle NAM 330/331 Rc117
Machachuta ZW 320 Wb109
Machadodorp ZA 328/329 Wc115
Machaneng RB 327 Vc111
Macheke ZW 311 Xb103
Machuwete ZW 321 Xb108
Mackenzie's Post ZA 333 Tc116
Macks Farm NAM 323 Rc114
Macleantown ZA 350/351 Vc127
Madadeni ZA 329 Xb115
Madadeni ZA 336 Wc119
Madamombe ZW 320/321 Wd106
Madandume RB 319 Vc107
Madiaketso RB 326/327 Ud112
Madilisa ZW 310 Wb104
Madinonyane ZA 334 Ub117
Madipelesa ZA 334 Uc119
Madlangempisi SD 337 Xa116
Madomombe ZW 311 Xb101
Madras ZA 329 Xa114
Madrid ZA 328 Wa111
Maduma ZA 337 Xa120
Madyambudzi ZW 319 Vc106
Madziba ZW 309 Vd105
Madzimu ZA 321 Xa110
Madziwa ZW 311 Xb101
Madzorera ZW 310/311 Wd102
Mafikeng ZA 326/327 Ud115
Mafungo RB 319 Vc107
Magagamatala ZA 328 Wa112
Magaliesburg ZA 335 Wb121
Maganganguzi ZA 344 Wb121
Magodi RB 318 Uc107
Magomba SD 337 Xb117
Magombedzi ZW 311 Xb105

Magong ZA 327 Vc114
Magoriapitse RB 326/327 Ud115
Magotlhwane RB 326/327 Ud114
Maguams NAM 323 Rc115
Magudu ZA 337 Xa118
Magula ZA 328 Wb114
Magusheni ZA 344 Wb124
Magwagwe ZA 323 Ua117
Magxeni ZA 344 Wa123
Mahalapye RB 327 Vb111
Mahamba SD 337 Xa118
Mahemsvlakte ZA 334 Ud117
Mahetlwe RB 327 Va113
Mahito RB 306/307 Tb105
Mahlangasi ZA 337 Xa118
Mahlanya SD 337 Xa117
Mahlengele ZA 343 Vc125
Mahobong LS 343 Vd121
Mahohole ZW 320 Wb107
Mahonda NAM 323 Rc116
Mahotshwane RB 326 Ub113
Mahubakhama RB 326/327 Ud115
Mahukubung ZA 334 Ub118
Mahusekwa ZW 311 Xa103
Main Camp ZW 309 Vc103
Maipeing ZA 323 Ua118
Maizefield ZA 336 Wb117
Maizelands ZA 335 Vc116
Majini ZW 320 Wc108
Majwanaadipitse RB 319 Vb109
Makado ZW 320 Wc109
Makaholi ZW 310/311 Wd105
Makakung RB 317 Td106
Makalane SD 337 Xa116
Makambe ZW 321 Xa108
Makambi ZW 321 Xa108
Makanani ZW 321 Xa109
Makanda ZW 311 Xb104
Makannor NAM 315 Sb109
Makapaanstad ZA 328 Vd114
Make RB 325 Tc112
Makeme ZA 337 Xb119
Makeneng ZA 336 Wa120
Makgaung ZA 329 Wd113
Makgomane RB 326/327 Ud115
Makhaba ZA 343 Vd123
Makhere LS 343 Vc122
Makhonyeni ZA 337 Xb118
Makhozeni ZA 344 Wb122
Makhuluseni ZA 345 Wd122
Maklautsi RB 320 Wa109
Makobaosi RB 319 Vb108
Makobo RB 319 Vc107
Makoenskloof ZA 341 Ua121
Makokwe ZW 320 Wa108
Makolane RB 318 Ud106
Makolokwe ZA 327 Vc115
Makomoto RB 319 Vc108
Makoppa ZA 327 Vc113
Makoro RB 319 Vc110
Makoti ZA 337 Xb118
Makouspan ZA 334 Ud116
Makumbe ZW 311 Xa101
Makunka Z 308/309 Va101
Makunyapane LS 344 Wa122
Makwassie ZA 334/335 Va118
Makwate RB 327 Vc111
Makweleng ZA 327 Vb114
Makweng ZA 328 Wb113
Makweya ZA 328 Wb112
Makwika ZW 309 Vb103
Malaita ZA 328/329 Wc114
Malan NAM 324 Sb111
Malangeni ZA 337 Xc118
Malatswane RB 326 Uc112
Malekutu ZA 329 Xa114
Malekutu ZA 329 Xa114
Malelejwe RB 318/319 Va107
Maleshe RB 325 Tc115
Malete RB 327 Vc111
Malgas ZA 347 Ta129
Malimina NAM 308 Uc102
Malingoaneng LS 344 Wa121
Malisanga ZW 321 Xb108

Malmesbury ZA 328 Wa114
Malmesbury ZA 346 Sc128
Malokwane RB 327 Vb113
Maloma SD 337 Xa117
Malonga Z 308 Ud101
Malongwana ZA 344 Wb124
Malopeni ZA 329 Xa112
Malpas ZA 343 Vd124
Maltahöhe NAM 323 Rc114
Malula NAM 308 Ub101
Malumba ZW 321 Xa109
Malundu NAM 308 Ub102
Malwelwe RB 326/327 Ud112
Mamaghodi ZA 333 Td119
Mamba ZA 345 Xa121
Mambo RB 319 Vc107
Mamelodi ZA 328 Wa115
Mamelodi ZA 328 Wa115
Mamfene ZA 337 Xb118
Mamina ZW 310/311 Wd103
Mamphokgo ZA 328 Wb114
Mamre ZA 346 Sb128
Mamuno RB 315 Sc109
Manama ZW 320 Wb108
Mananga ZA 337 Xb116
Manasse NAM 332 Sd117
Manathal ZA 344/345 Wc123
Manawa RB 307 Td105
Manchabeni ZA 329 Wd112
Mandala ZA 329 Wd111
Mandamabwe ZW 320/321 Wd106
Manelsvlei ZA 338 Rd122
Manga RB 307 Tc104
Mangabane ZA 328/329 Wc113
Mangeni ZA 336/337 Wd120
Mangondini ZA 351 Vd126
Mangwe ZW 319 Vd107
Manhenga ZW 311 Xa101
Manjenga ZW 311 Xc104
Manjolo ZW 309 Vc102
Mankodi Z 308/309 Va101
Mankweng ZA 328/329 Wc112
Manna ZA 335 Vb118
Mannerheim ZA 326 Ua115
Manongyane RB 326 Uc112
Manonyane ZA 334 Ud116
Manoti ZW 310 Wa103
Manqoba ZA 337 Xc119
Mansamhuka ZW 310/311 Wd103
Manthestad ZA 334 Uc118
Mantsonyane LS 343 Vd122
Manubi NAM 324 Sc115
Manyeding ZA 334 Ub118
Manyiseni ZA 337 Xb117
Manyoni ZW 310 Wa103
Manzimdaka ZA 343 Vd125
Manzini SD 337 Xa120
Manzini ZA 337 Xa120
Maokane RB 326 Uc114
Maokeng ZA 335 Vc112
Maonda Z 308 Uc101
Maope RB 319 Vc109
Mapanzure ZW 320 Wc106
Mapaputle ZA 327 Vb114
Mapetla RB 318 Ud108
Mapfungwe ZW 310 Wc102
Maphisa ZW 320 Wa107
Maphophoma ZA 337 Xa119
Maphotong LS 344 Wa122
Mapoch ZA 328 Vd115
Mapoch ZA 328 Vd115
Mapokane SD 337 Xa117
Mapumulo ZA 345 Wd121
Mapumulo ZA 345 Wd121
Maputsoe LS 343 Vd121
Mara NAM 324 Sa113
Mara ZA 335 Vc117
Mara ZA 335 Vc118
Mara ZA 328 Wb111
Marakaneng ZA 343 Vc123
Maranda ZW 320 Wc108
Maranda ZW 320/321 Wd108
Marange ZW 311 Xc104
Marapjane ZA 328 Wa114
Marapoanye RB 326 Uc114
Marapong ZA 319 Vc107
Marburg ZA 344/345 Wc124
Marcel NAM 332 Sc118
Marchand ZA 332 Ta120

Marcon Ranch ZW 321 Xa109
Mareetsane RB 333 Tc117
Mareetsane ZA 334 Ud116
Marella NAM 324 Sb112
Marere ZW 310 Wb101
Marevanani ZW 310 Wc102
Marevlakte ZA 348 Td128
Margate ZA 320 Wc110
Margate ZA 344/345 Wc124
Mariannhill ZA 345 Wd122
Mariasdal ZA 343 Vb121
Mariasvlei ZA 340 Ta121
Marico ZA 327 Vb113
Maricodraai ZA 327 Vb113
Marie se Draai ZA 324/325 Ta115
Marienhöhe NAM 303 Qc105
Mariental NAM 323 Sa113
Mariko NAM 323 Sa114
Marinogha ZW 320 Wa108
Marion Reits NAM 323 Rc114
Marirangwe ZW 311 Xa102
Marken ZA 328 Wa112
Marlow ZA 326 Ua115
Marlow ZA 349 Ud126
Maroelakop ZA 327 Vc115
Maroeta NAM 304 Rc105
Marondera ZW 311 Xb103
Marquard ZA 335 Vc120
Marriesfontein ZA 334 Ud120
Marsala ZA 336 Wa118
Marseilles RB 327 Vb112
Marseilles ZA 343 Vc121
Marshal Clarke ZA 343 Vd123
Martinique ZA 328 Wd111
Martinspan ZA 342 Ub122
Marula ZW 319 Vd106
Marulamantsi RB 319 Vb108
Maruleng RB 318 Ud108
Marunga RB 306 Ta103
Marupi ZW 320 Wb108
Marwel NAM 324 Sc113
Mary' Rust ZA 340 Tb121
Maryland NAM 323 Sa111
Maryland ZA 342 Ud125
Maryland Junction ZW 310/311 Wd102
Masarakufa ZW 311 Xc101
Masasa ZW 311 Xa104
Masase ZW 307 Wc107
Mase RB 317 Td106
Maseru LS 343 Vc121
Maseru RB 326 Uc112
Maseru ZA 333 Td116
Masetwana RB 326/327 Ud114
Mashamba ZA 329 Wd111
Mashari NAM 306 Sd102
Mashenjere ZW 321 Xa106
Mashicaka SD 337 Xb116
Mashobye ZA 329 Xa111
Masibambane ZA 343 Vd125
Masilo LS 343 Vc122
Masindi NAM 324 Sc111
Masis NAM 315 Sb110
Masite ZA 328/329 Wc114
Masiyarwa ZW 310/311 Wd102
Masobe ZA 328 Wa114
Masona ZW 310 Wc101
Masope RB 326 Uc113
Masotsheni ZA 336/337 Wd120
Massouw ZA 334 Uc116
Masuku Z 309 Vc101
Masukwane RB 319 Vc107
Masundwini ZA 345 Xa121
Masuren NAM 303 Qd105
Masvingo ZW 320/321 Wd107
Masvingo ZW 321 Xa106
Masvosva ZW 311 Xb104
Maswehatshe ZA 334 Ub117
Matador NAM 314 Rc108
Mataga ZW 320/321 Wd109
Matapaneng RB 307 Ua105
Matata SD 337 Xb117
Matatiele ZA 344 Wa123
Matawatawa ZW 311 Xc101
Matenda ZW 320 Wc106
Matendele SD 337 Xa118

Matendele ZW 320 Wb107
Mathabanelo RB 307 Tc105
Mathangwane RB 319 Vc107
Mathathane RB 320 Wa109
Mathule ZA 329 Wd111
Matimutema ZW 310 Wa102
Matjiesfontein ZA 339 Sb123
Matjiesfontein ZA 347 Ta128
Matjieskloof ZA 338/339 Sa122
Matjiesvlei ZA 348 Tc128
Matlakeng ZA 323 Ua119
Matlala ZA 328 Wb114
Matlapanen ZA 333 Tc117
Matlapaneng ZA 334 Uc118
Matlhabanelo RB 308 Uc102
Matlhapane RB 317 Ub107
Matlhokala RB 319 Vc110
Matlipani ZA 333 Td118
Matobo RB 319 Vc107
Matonana ZA 351 Wa126
Matopos ZW 320 Wa106
Matroosberg ZA 346/347 Sd128
Matsai ZW 321 Xb106
Matsalankwe RB 318 Ud107
Matsane RB 326/327 Ud112
Matsapha SD 337 Xa117
Matshane ZA 337 Xb120
Matshavhawe ZA 320/321 Wd110
Matsiapane ZA 327 Va115
Matsiloje RB 319 Vd108
Matsine ZW 311 Xb103
Matsitama RB 319 Vd107
Matsoaing LS 344 Wa121
Matsulu ZA 329 Xa115
Matts ZA 336 Wb118
Maturusa ZW 320/321 Wd107
Matyenengqina ZA 344 Wa125
Maun RB 317 Ua106
Maunatlala RB 319 Vd110
Mavanze NAM 305 Sc102
Mavis Bank ZA 343 Vd124
Mavorombondo ZW 320 Wc107
Mavulazi ZA 337 Xb119
Mawabeni ZW 320 Wb106
Maweni Heights ZA 336 Wb120
Mawula ZA 344 Wa124
Mayenzere NAM 305 Sb102
Mayflower ZA 336/337 Wd116
Mayo ZW 311 Xc102
Mayobodo ZW 319 Vd108
Mayville NAM 305 Sb104
Maza ZA 328 Wa115
Mazenod LS 343 Vc121
Mazuzwe RB 308 Ub102
Mbabane SD 337 Xa116
Mbalambi RB 319 Vc106
Mbamba ZW 309 Vc113
Mbango ZA 336 Wc120
Mbazwana ZA 337 Xc118
Mbeni SD 337 Xa116
Mbombela ZA 329 Xa115
Mbongweni ZA 344 Wa124
Mbotyi ZA 344 Wb125
Mboyi ZA 337 Xb117
Mboza ZA 337 Xb118
Mbuluzi SD 337 Xa116
Mbuma ZW 310 Wa104
Mbungeni SD 337 Xb117
Mbuzini ZA 337 Xb116
Mc Carthy's Rust RB 333 Td116
McDougall's Bay ZA 338 Rd121
McGregor ZA 346/347 Sd129
Mdanamba ZW 320/321 Wd109
Mdantsane ZA 350/351 Vc127
Mdlazi ZA 344/345 Wc124
Mduda ZA 337 Xb119
Meadows ZA 342/343 Va122
Meadows ZA 343 Vb121

Meander ZA 343 Vb122
Mecklenburg ZA 329 Wc113
Meerlus NAM 324 Sb113
Meilville NAM 314 Rb108
Melbourne ZA 328 Vd111
Melkbos NAM 331 Sa119
Melkbosduin ZA 333 Tc118
Melkboskraal ZA 328 Vd112
Melkdam ZA 340/341 Tc123
Mellish ZA 346 Sc129
Meloding ZA 335 Vb119
Melton ZA 334 Ub117
Meltonwold ZA 341 Td125
Memel ZA 336 Wb119
Memorial ZA 347 Ta128
Merico NAM 330/331 Rc116
Merino ZA 323 Ua120
Merino ZA 342/343 Va122
Merino ZA 343 Vb123
Merinodale ZA 344 Wb121
Merinovale ZA 333 Td117
Merinovlakte ZA 328 Wa114
Merriespruit ZA 335 Vb119
Merrivale Ranch ZW 320/321 Wd107
Mertens NAM 323 Rd111
Mervida NAM 323 Rd115
Merwe NAM 304 Rc105
Merwede NAM 315 Sb110
Merwespont ZA 347 Ta129
Merweville ZA 347 Tc127
Mesa ZA 335 Vb116
Metlobo RB 326/327 Ud115
Metseamanong RB 317 Ub110
Metsebotlhoko RB 326 Uc112
Metsebotlhoko RB 318/319 Va108
Metsemotlhaba RB 327 Vd113
Metsetoro ZA 323 Ua116
Metsiimantsho RB 324/325 Ta111
Metz ZA 334 Uc117
Meyerton ZA 335 Vd117
Meyerville NAM 315 Sb108
Meynell ZA 335 Vd120
Meysdam ZA 340 Tb124
Mfume ZA 345 Wd123
Mgazine SD 336/337 Wd118
Mgbode ZA 337 Xb116
Mgungundlovu ZA 344 Wa124
Mgwali ZA 350/351 Vc126
Mhaiskar LS 343 Vd121
Mhalapitsa RB 319 Vc110
Mhatane RB 319 Vb106
Mhlanganisweni ZA 344 Wa125
Mhlobana ZA 329 Xa115
Mhlosheni SD 337 Xa118
Mhluzi ZA 328 Wb115
Michau NAM 315 Sc110
Michelin ZA 320 Wc110
Middelbron ZA 342 Ud122
Middelburg ZA 334 Uc118
Middelburg ZA 342 Ud125
Middelburg ZA 328 Wb115
Middeldam ZA 342 Ub122
Middeldeel ZA 334/335 Va119
Middeldeel ZA 343 Vb121
Middeldrif ZA 336/337 Wd116
Middelfontein ZA 334 Ub118
Middelfourieskolk ZA 340/341 Tc123
Middelpan ZA 334/335 Va120
Middelplaas ZA 348 Ta128
Middelplaat ZA 342/343 Va125
Middelpos ZA 347 Ta126
Middelpos ZA 340 Tb121
Middelpos ZA 333 Td118
Middelpos ZA 334 Ub119
Middelpunt ZA 341 Td122
Middelpunt ZA 335 Vb120
Middelput ZA 340/341 Tc121
Middelput ZA 334 Ud119
Middelputs ZA 339 Sc122
Middelwater ZA 341 Ua121
Middenbult ZA 336 Wa118
Middendeel ZA 334 Ud120
Middenin ZA 335 Vd119

Middledrift ZA 350 Vb127
Middledrift ZA 345 Wd121
Middlepits RB 333 Tc117
Middleton ZA 350 Va127
Middlewater ZA 349 Ud127
Mid-Illovo ZA 345 Wd122
Midlands Estate ZA 337 Xa120
Midshaft ZA 342/343 Va124
Mierfontein ZA 341 Td123
Mierkraal ZA 342 Ub121
Mietjesdoorns ZA 334/335 Va118
Milford ZA 336 Wc119
Milindazwe SD 337 Xb118
Miller ZA 349 Ub127
Millvale ZA 327 Vb115
Milnerton ZA 346 Sc129
Mimosa ZA 335 Vd118
Minnaar ZA 336 Wb116
Minnieskloof ZA 341 Ua123
Mirogoma ZA 329 Wd112
Misgund NAM 331 Rd116
Misgund ZA 348/349 Ua129
Mission ZA 346/347 Sd129
Mjela ZA 344 Wb124
Mjindini ZA 336 Wc120
Mkambati ZA 344/345 Wc125
Mkasa ZW 321 Xc107
Mkhazane ZA 337 Xa120
Mkhomazana ZA 344 Wb122
Mkhwakhweni ZA 337 Xa118
Mkumi Ranch ZW 321 Xa108
Mkuze ZA 337 Xb118
Mkwasine ZW 321 Xb107
Mlala ZW 320 Wb109
Mlawula SD 337 Xb116
Mliba SD 337 Xa116
Mmabatho ZA 326/327 Ud115
Mmahlogo ZA 328 Wa112
Mmakgawa RB 318/319 Va108
Mmalegong RB 332/333 Tb117
Mmamabula RB 327 Vb112
Mmamati ZA 328 Wb113
Mmamonageng RB 326/327 Ud112
Mmantserte ZA 327 Vc114
Mmapatse RB 319 Vb107
Mmaphoko ZA 328/329 Wc114
Mmashoro RB 319 Vb109
Mmathete RB 326/327 Ud115
Mmatshumo RB 318/319 Va108
Mngoipongweni ZA 344 Wb124
Mnyabesi ZW 320 Wb108
Mochudi RB 327 Va113
Modderbult ZA 342/343 Va123
Modderdrif Suid ZA 331 Rd120
Modderfontein ZA 331 Rd120
Modderfontein ZA 342 Uc123
Modderspuit ZA 328/329 Wc114
Modikwe ZA 327 Vc115
Modimolle (Nylstroom) ZA 328 Wa114
Moed ZA 323 Ua117
Moedersdeel ZA 335 Vd118
Moedhoop NAM 315 Sb108
Moeswal ZA 333 Td119
Moffiesdam ZA 340 Tb123
Mogajane ZA 327 Vc115
Mogaladi ZA 328 Wb114
Moganyake ZA 328 Wb114
Mogapelwa RB 317 Td106
Mogapi RB 319 Vd110
Mogodi ZA 328 Wb113
Mogoditshane RB 327 Va113
Mogogelo RB 308 Ub105
Mogohlwaneng ZA 328 Vd114
Mogorosi RB 319 Vb110
Mogotho RB 307 Tc103
Mogotlho RB 306/307 Tb104
Mogoto ZA 328 Wb113

Mogwase ZA 327 Vc114
Mogwase ZA 327 Vc114
Mohale's Hoek LS 343 Vc123
Mohembo RB 306/307 Tb103
Mohise RB 319 Vb109
Mohongola ZW 320 Wa108
Mohwelere ZA 328/329 Wc113
Moiketli RB 317 Ub106
Moiletswane ZA 328 Vd115
Moilwa RB 327 Va114
Moiyabana RB 319 Vb110
Mokgenene RB 327 Va112
Mokgware RB 319 Vb110
Mokhalo RB 317 Ua106
Mokhumba RB 326 Uc114
Mokobela RB 319 Vb108
Mokokwane RB 319 Vd110
Mokomoxana RB 318/319 Va107
Mokope ZA 334 Ud116
Mokoroane LS 343 Vc122
Mokudung ZA 328 Wa111
Mokwakwana RB 307 Tc104
Molapo RB 317 Ub109
Molatswae RB 318/319 Va109
Molatswane RB 316/317 Tc106
Molepolole RB 326/327 Ud113
Mololema ZA 334 Ud118
Moloporivier ZA 326 Ub115
Molorosi RB 319 Vb110
Molosi RB 317 Ub106
Moloto ZA 328 Wa115
Molotwana RB 327 Va113
Molshoop ZA 347 Ta130
Molsvlei ZA 338/339 Sa124
Molteno ZA 342/343 Va125
Molutshini ZA 344/345 Wc122
Mombolo NAM 315 Sc109
Mon Desir NAM 314 Rc107
Mon Desir ZA 328 Vd114
Mona Mission ZA 336/337 Wd120
Monametsana RB 327 Va113
Monasiefontein ZA 334 Ub120
Monkane RB 326 Uc112
Monono ZA 327 Vc114
Monontsha ZA 336 Wa120
Monotwane ZA 328 Wb112
Monroe NAM 324 Sb113
Mons ZA 333 Td116
Mont Pellier ZA 349 Ud128
Montagu ZA 320 Wb110
Montagu ZA 347 Ta129
Montclaire ZA 329 Wd115
Montevideo ZA 335 Vc120
Montreal ZA 333 Td116
Montrose ZA 332 Ta116
Montrose ZA 336 Wc120
Montrose ZA 329 Wd115
Monwane RB 326/327 Ud113
Monywaneng ZA 328 Wb112
Mooi River ZA 344/345 Wc121
Mooidal ZA 334/335 Va120
Mooidraai ZA 335 Vc120
Mooigeleë ZA 335 Vb119
Mooigeleë ZA 335 Vb119
Mooigelegen ZA 342/343 Va124
Mooigelegen ZA 328 Wb113
Mooihoek ZA 336/337 Wd118
Mooinoi ZA 327 Vc115
Mooipan ZA 333 Td120
Mooiplaas ZA 334 Uc116
Mooiplaas ZA 334 Ub118
Mooiplaas ZA 343 Vb124
Mooiplaas ZA 336 Wc116
Mooirivier NAM 312/313 Qc106
Mooirivier ZA 332/333 Tb120
Mooistraat NAM 324 Sc114
Mookane RB 327 Vb112
Mookaneng ZA 323 Ua119
Mooketsi ZA 328/329 Wc112

Mookgopong (Naboomspruit) ZA 328 Wa113
Moolman ZA 336/337 Wd118
Moonlight ZA 328 Vd111
Moorfield ZA 334 Ub116
Moorreesburg ZA 346 Sc128
Mopipi RB 318 Uc108
Morakgo ZA 343 Vb121
Moralane RB 327 Va111
Moravet ZA 324/325 Ta115
Moravia ZA 346 Sc127
Moreatswe RB 326 Uc112
Morebeng (Soekmekaar) ZA 328/329 Wc112
Moremabele RB 319 Vc109
Moremi RB 319 Vc110
Môreson ZA 343 Vb122
Morester ZA 341 Td123
Morester ZA 335 Vc118
Môrester NAM 324 Sb111
Morewag ZA 341 Td122
Morgan's Bay ZA 351 Vd127
Morgenrood NAM 323 Sa115
Morgenrood ZA 328 Wa111
Morgenson ZA 337 Xa120
Morgenson ZA 343 Vb122
Morgenzon ZA 335 Vc117
Morgenzon ZA 336 Wb117
Moria Ranch ZW 320/321 Wd108
Mornington ZA 344/345 Wc123
Moroka RB 319 Vd107
Morokani ZA 334 Uc118
Moroke ZA 328/329 Wc113
Morokweng ZA 334 Ub116
Morukutshane RB 318/319 Va110
Morwamosu RB 326 Ua112
Mosbank ZA 335 Vd119
Moselle NAM 313 Ra106
Mosenekeng LS 344 Wa122
Mosetse RB 319 Vb107
Moshaneng RB 326/327 Ud114
Moshaweng RB 326/327 Ud113
Moshesh's Ford ZA 343 Vd124
Moshupa RB 326/327 Ud114
Mosita ZA 334 Uc116
Mosolotsane RB 327 Vb111
Mosomantle RB 318 Ud107
Mosope RB 319 Vc107
Mossel Bay ZA 348 Tc129
Mosselrivier ZA 346/347 Sd130
Mossiesdal ZA 328 Wb115
Moswana ZA 334 Ub117
Moteng LS 336 Wa120
Motetema ZA 328 Wb114
Mothale RB 326 Uc112
Mothomelo RB 317 Ub110
Motlhabe ZA 327 Vb114
Motloutse RB 319 Vc108
Motopi RB 317 Ub106
Motoyiwana ZW 320 Wa108
Motsaudi RB 307 Ua105
Motsekuoa LS 343 Vc122
Motseleope ZA 328/329 Wc114
Motserereng ZA 328 Wb113
Motshegaletau RB 319 Vb110
Moubana ZA 327 Vb115
Mount Alice ZA 336 Wb120
Mount Ayliff ZA 344 Wb124
Mount Brand ZA 342/343 Va123
Mount Elias ZA 345 Wd121
Mount Fletcher ZA 344 Wa123
Mount Hampden ZW 311 Xa102
Mount Leonard ZA 333 Td119
Mount Nephin ZA 343 Vd124
Mount Pleasant ZA 344/345 Wc121
Mount Steward ZA 349 Uc128

Mountbatten NAM 314 Rb106
Moutonsput ZA 332 Sd118
Moutonsvlei ZA 340 Ta122
Möwebaai NAM 302 Pd105
Moyeni ZA 344 Wb122
Mpaka SD 337 Xb116
Mpakani Z 308/309 Va101
Mpanda NAM 305 Sb102
Mpandamatenga RB 308/309 Va103
Mpangale RB 319 Vc106
Mpapho RB 319 Vc106
Mpemvana ZA 336/337 Wd118
Mpetu ZA 351 Vd127
Mphaki LS 343 Vd123
Mphalong ZA 328/329 Wc112
Mphanama ZA 328/329 Wc113
Mphego ZA 329 Wd111
Mpheleng ZA 328 Wb114
Mpisi SD 337 Xa116
Mpolweni ZA 345 Wd121
Mpontshane ZA 337 Xb118
Mpophomeni ZA 337 Xc118
Mposa ZA 337 Xb120
Mpukane ZA 351 Vd126
Mpuku NAM 305 Sb102
Mpuluzi ZA 336/337 Wd116
Mpumalanga ZA 345 Wd122
Mpungu NAM 305 Sa102
Mpunzi Drift ZA 344/345 Wc124
Mqanduli ZA 344 Wa125
Mronga SD 337 Xa116
Msbebe ZA 337 Xb119
Msinsini ZA 345 Wd123
Mtamvuna ZA 344/345 Wc124
Mtandeni ZA 345 Wd121
Mthatha (Umtata) ZA 344 Wa125
Mtubatuba ZA 337 Xb120
Mtunzini ZA 345 Xa121
Mtwalume ZA 345 Wd123
Muchakata ZW 310 Wc104
Muchakata ZA 321 Xa106
Mudzonga ZW 311 Xc101
Mufiri ZW 320/321 Wd106
Muishoek ZA 341 Ua122
Muisvlei ZA 338 Rc121
Muizenberg ZA 346 Sb129
Mukawa NAM 308 Ub102
Mukore ZW 321 Xb106
Mukovhabale ZA 320/321 Wd110
Mukuni ZW 311 Xc104
Mulanalu Z 308/309 Va101
Mulati ZA 329 Wd112
Mulobezi Z 308 Ud101
Muluala Z 307 Td101
Mululwe Z 308 Uc101
Munga RB 308 Uc102
Munro ZA 332 Ta116
Munyanyi ZW 311 Xb104
Munyu NAM 323 Rd112
Munyu ZA 351 Vd126
Muonwe ZW 311 Xa101
Mupandira ZW 311 Xa102
Muparara NAM 305 Sa102
Murambinda ZW 311 Xb104
Murewa ZW 311 Xb102
Murindagomo ZW 310/311 Wd102
Murombedzi ZW 310/311 Wd102
Murove ZW 320/321 Wd107
Murraysburg ZA 349 Ub126
Musami ZW 311 Xb102
Mushaninga ZW 311 Xb102
Mushayavanhu ZW 311 Xa105
Mushithe ZA 320/321 Wd110
Musina (Messina) ZA 320 Wc110
Musinami ZW 310/311 Wd103
Musipane ZW 320 Wc106
Muskwe ZW 311 Xb101
Musokotwane Z 308/309 Va102

Musunda ZA 321 Xa110
Musunzi NAM 308 Uc102
Musvovi ZW 321 Xa107
Muswodi ZA 320/321 Wd110
Mutanda Z 308 Ub101
Mutangadura ZW 311 Xa102
Mutare ZW 311 Xc104
Mutasa ZW 311 Xc103
Muteyo ZW 321 Xc107
Mutiusinazita ZW 311 Xc105
Mutoko ZW 311 Xc101
Mutorashanga ZW 310/311 Wd101
Mutsago ZW 311 Xc105
Muyoba NAM 308 Ub102
Muzabwe Z 308/309 Va101
Muzokomba ZW 311 Xb105
Mvelabusha ZA 337 Xc118
Mvenyane ZA 344/345 Wc123
Mvinvane ZA 344 Wb124
Mvuma ZW 310/311 Wd104
Mvumelwano ZA 344 Wa124
Mvurwi ZW 311 Xa101
Mwandi Kutu Z 308 Uc101
Mwembe ZW 320 Wc107
Mwenezi ZW 320/321 Wd108
Mwitjiku NAM 306/307 Tb102
My Own ZA 329 Wd115
Mylpaal NAM 305 Sa104
Mzamo ZA 344 Wa125
Mzinti ZA 329 Xb115

N

Na Motau LS 343 Vd122
Naauwpoort ZA 342 Uc123
Naauwpoort ZA 334 Ud116
Naauwpoort ZA 344/345 Wc122
Nababeep ZA 338/339 Sa122
Nababis NAM 323 Rd113
Nabas NAM 332 Sd119
Nabies ZA 340 Sd121
Naboomkoppies RB 328 Vd111
Nabus NAM 324 Sb112
Nadubib NAM 304 Rc104
Nagas NAM 331 Sb117
Nagwag ZA 334/335 Va116
Naidaus NAM 314 Rc106
Naidooville ZA 345 Wd123
Nainais NAM 313 Qd108
Naingopo NAM 305 Sc103
Nakempa Z 309 Vb101
Nakiwa ZW 311 Xb101
Nakop NAM 332 Sd119
Naledi ZA 328 Wb111
Naledi ZA 336 Wb116
Nama Diamante ZA 338 Rd122
Namahadi ZA 336 Wa118
Namakgale ZA 329 Xa112
Namtexab Gaos NAM 331 Rd116
Namuskloof NAM 330/331 Rc119
Nanaga ZA 350 Va128
Nancefield NAM 314/315 Sa109
Nandi ZW 321 Xb107
Nanebis NAM 331 Sa117
Nantes NAM 324 Sd114
Nanzes NAM 331 Sb119
Napier ZA 346/347 Sd130
Napkei ZA 347 Ta129
Naples ZA 320 Wc110
Narabis NAM 323 Rc112
Narob NAM 323 Rc113
Naroega ZA 332 Sd118
Narris NAM 323 Sa113
Narus NAM 332 Sc120
Nata RB 318/319 Va106
Natab NAM 322 Qd112
Natale RB 319 Vc107
Natalia NAM 314/315 Sa108
Natisa ZW 311 Xa101
Nauchas NAM 322/323 Rb112
Naukluft NAM 322/323 Rb113

Naunap NAM 331 Rd117
Nausabeb NAM 331 Rd116
Nauzerus NAM 322/323 Rb112
Navarre NAM 313 Qd106
Ncaang RB 325 Tb111
Ncamasere RB 307 Tc103
Ncceni ZA 336/337 Wd119
Ncwama RB 316 Tb106
Ndabeni ZA 337 Xb116
Ndakeni ZA 344 Wb124
Ndhlamba ZW 320 Wb108
Ndikwe ZA 336/337 Wd120
Ndindindi ZA 344 Wb125
Ndiweni ZW 319 Vd106
Ndjipao Omeva NAM 315 Sd109
Ndlondlweni ZA 337 Xc118
Ndlunkulu ZA 351 Vd126
Ndolwane ZW 319 Vc106
Ndonga NAM 306 Sd102
Nduli ZA 346 Sc128
Ndumangeni ZA 350/351 Vc126
Ndundulu ZA 337 Xa120
Neelsvlei ZA 339 Sc121
Negande ZW 310 Wa101
Neitsas NAM 305 Sb104
Nelskraal ZA 349 Ub128
Nelspoort ZA 348/349 Ua126
Nelsputs ZA 340 Sd122
Nelsville NAM 313 Ra110
Nelswerwe ZA 340 Sd124
Nemashakwe ZW 311 Xb105
Nemauku ZW 321 Xa106
Nembudziya ZW 310 Wb102
Nengwa RB 317 Ua106
Nerston ZA 336/337 Wd117
Nesburo ZW 320/321 Wd107
Nesigwe ZW 310 Wa103
Netherby ZA 344 Wb122
Neuhof NAM 322/323 Rb114
Neumark NAM 323 Sa112
Nevada ZA 325 Td115
New Amalfi ZA 344 Wb123
New England ZA 343 Vc124
New Featherstone ZW 311 Xa103
New Largo ZA 336 Wa116
New Machavie ZA 335 Vb117
New Xade RB 317 Td109
Newcastle ZA 336 Wc119
Newington ZA 329 Xa114
Newsel and Umdloti Beach ZA 345 Wd122
Newtown ZA 333 Td120
Ngaiswa RB 318 Ua106
Ngama ZW 320 Wb108
Ngamisane RB 318 Uc106
Ngcamadang NAM 305 Sc103
Ngcangcana NAM 305 Sc102
Ngcasawa NAM 305 Sc103
Ngcobo (Engcobo) ZA 343 Vd125
Ngobi ZA 328 Vd114
Ngoma ZW 309 Vc105
Ngomahuru ZW 320/321 Wd106
Ngome ZA 345 Wd121
Ngonini SD 329 Xa115
Ngonyama ZA 343 Vb125
Ngorima ZW 321 Xb106
Ngqungqu ZA 344 Wa125
Ngqweqweni ZA 344 Wb125
Ngubevu ZA 336/337 Wd120
Ngudzeni SD 337 Xa117
Ngwabe ZA 337 Xa119
Ngware RB 326/327 Ud112
Ngwatle RB 325 Tb112
Ngweni ZA 337 Xb119
Ngwenyeni ZA 329 Xb115
Ngwesi ZW 319 Vd107
Nharira ZW 311 Xa104
Nhedziwa ZW 311 Xc105
Nhlabe ZA 337 Xa116
Nhlangano SD 337 Xa118
Nhlohleni ZA 337 Xb117
Nhlube ZA 337 Xa120
Nhoma NAM 306 Sd104
Nico NAM 315 Sd110

Nicolsrus NAM 315 Sc109
Nicote RB 326 Ua112
Niekerkshoop ZA 341 Td121
Niekerkshoop ZA 334 Uc120
Nietgedacht ZA 341 Ua123
Nietgedacht ZA 335 Vb119
Nietgenaamd ZA 348/349 Ua128
Nietverdiend ZA 327 Va114
Nieuw England ZA 329 Wd111
Nieuwefontein ZA 341 Ua123
Nieuwoudtville ZA 339 Sc125
Nieuwoudtville ZA 336/337 Wd116
Niewedam ZA 342 Ub123
Nigel ZA 336 Wa116
Nigramoep ZA 338/339 Sa122
Nikoneni ZA 344/345 Wc123
Nimmerrus NAM 332 Sc118
Nina NAM 323 Sa111
Nissenville ZA 348 Tb128
Njelele ZW 310 Wb103
Njoko ZA 337 Xb119
Njutsha RB 319 Vb106
Nkamanzi SD 337 Xa116
Nkambeni ZA 329 Xa114
Nkanda ZA 336/337 Wd119
Nkandabwe Z 309 Vc101
Nkandla ZA 336/337 Wd120
Nkange RB 319 Vc106
Nkatheni ZA 336 Wc118
Nkelabantwana ZA 344/345 Wc122
Nkhundla SD 337 Xa116
Nkomati ZW 320/321 Wd107
Nkomo ZA 329 Wd111
Nkonjeni ZA 337 Xa119
Nkowakowa ZA 329 Wd112
Nkupelweni ZA 344 Wa123
Nkupulweni ZA 344 Wa123
Nkurenkuru NAM 305 Sa102
Nkwambane ZA 337 Xb117
Nkwanyana ZA 337 Xb119
Nkweceni ZA 344 Wb124
Noachabeb NAM 331 Sb118
Noedab ZA 332 Sd119
Noete ZW 308/309 Va102
Nohana LS 343 Vd122
Noib NAM 323 Rc114
Noibis NAM 322 Sc119
Nokaneng RB 307 Tc105
Nokaneng ZA 328 Wa114
Nokanna ZA 333 Td119
Nokayamatlala ZA 328 Wb112
Nokong LS 343 Vd121
Nombies ZA 339 Sb121
Nomtsas NAM 323 Rc113
Nong ZA 328 Wa112
Nongoma ZA 337 Xa119
Noodsberg ZA 345 Wd121
Nooitgadacht ZA 327 Vc113
Nooitgedacht ZA 332 Ta120
Nooitgedacht ZA 340/341 Tc124
Nooitgedacht ZA 334 Ud117
Nooitgedacht ZA 342 Ud124
Nooitgedacht ZA 334/335 Va116
Nooitgedacht ZA 327 Vc114
Nooitgedag NAM 314 Rd108
Nooitgedag ZA 347 Ta128
Noord Brabant ZA 327 Vb113
Noordhoek ZA 346 Sb129
Noordhoek ZA 334 Ub119
Noordkaap ZA 329 Xa115
Noordkuil ZA 346 Sb127
Nordeck NAM 331 Sa117
Normandien ZA 336 Wc119
Northam ZA 327 Vc114
Northdale ZA 342 Ud127
Northdene ZA 335 Vc116

Norton ZW 310/311 Wd102
Norvalspont ZA 342 Ud123
Nottingham Road ZA 344/345 Wc121
Noubestaan ZA 339 Sc121
Noupoort ZA 338/339 Sa124
Noupoort ZA 332 Ta120
Noupoort ZA 342 Uc124
Nous ZA 332 Sd120
Noute NAM 312/313 Qc106
Noute ZA 340 Ta122
Nqabara ZA 351 Wa126
Nqabeni ZA 344/345 Wc124
Nqalweni ZA 344 Wa124
Nqulwane ZA 337 Xa120
Nqumela ZA 337 Xa119
Nqutu ZA 336/337 Wd119
Nshakashokwe RB 319 Vc107
Nsoko SD 337 Xb117
Nsuze ZA 336/337 Wd120
Ntabamhlope ZW 310 Wa106
Ntabangcuka ZA 344 Wb125
Ntabayengwe ZA 337 Xb118
Ntabazinduna ZW 320 Wa106
Ntabi RB 317 Ua106
Ntambanana ZA 337 Xa120
Ntanyeni ZA 336/337 Wd120
Ntara NAM 305 Sb102
Ntibane ZA 344 Wa125
Ntinini ZA 336/337 Wd119
Ntlhantlhe RB 326/327 Ud114
Ntoli ZW 319 Vd106
Ntondwoni ZA 337 Xb119
Ntshidi ZA 337 Xa120
Ntshinini ZA 344/345 Wc122
Ntshwaneng RB 327 Vb111
Ntsinga ZA 343 Vc125
Ntsintsing ZA 349 Ub123
Ntswailo RB 319 Vb106
Ntunjambili ZA 345 Wd121
Ntuthunga ZA 337 Xb120
Ntwashwini ZA 343 Vd125
Ntywenka ZA 344 Wa124
Nu-Aub NAM 324 Sb114
Nuchas NAM 304 Rb105
Nulli ZW 320/321 Wd109
Nungubais NAM 313 Ra106
Nunniboom NAM 323 Sa114
Nunub Gaos NAM 323 Sa115
Nurney Hill ZA 336 Wa117
Nuwe Môre NAM 313 Ra110
Nuwebegin ZA 340/341 Tc124
Nuwefontein ZA 342 Ub124
Nuwefontein Wes NAM 331 Sb120
Nuwejaarskraal ZA 341 Ua121
Nuwepoort Wes ZA 340 Ta121
Nuweput ZA 341 Td124
Nuwerus NAM 305 Sb105
Nuwerus NAM 332 Sc118
Nuwerus ZA 339 Sb124
Nuy ZA 346/347 Sd128
Nxadao RB 307 Tc103
Nxakato RB 318/319 Va106
Nxelesa ZA 343 Vc125
Nyakenye SD 337 Xa118
Nyakudya ZW 311 Xa101
Nyalazi River ZA 337 Xb119
Nyalisa ZA 337 Xa118
Nyama ZW 310 Wb104
Nyamakope ZW 311 Xc101
Nyamazuwe ZW 311 Xc101
Nyamutumbu ZW 311 Xb102
Nyanga ZA 346 Sb129
Nyanyadzi ZW 311 Xc105
Nyathini ZA 345 Xa121
Nyawa Z 308/309 Va101
Nyawa ZW 311 Xb101
Nyazura ZW 311 Xc103
Nyazvidzi ZW 311 Xa105
Nyekelang ZA 328 Wb114
Nyemba ZW 311 Xa103

Nyetse RB 319 Vb108
Nyimo ZW 310 Wb102
Nyokana ZA 351 Wa126
Nyokweni ZA 344 Wb124
Nyondo NAM 306 Ta102
Nyongane ZA 329 Xa114
Nyota ZW 311 Xa101

O

O'Conners Camp ZA 343 Vd123
O'Kiep ZA 338/339 Sa122
Oakdene RB 316/317 Tc108
Oakdene ZA 350 Vb126
Oakleigh ZA 343 Vd124
Oase NAM 322 Ra112
Oasis NAM 313 Ra107
Oatlands ZA 344 Wb123
Obanjeni ZA 345 Xa121
Obelisk NAM 314/315 Sa106
Oberhof NAM 323 Rd114
Oberland NAM 303 Ra105
Ober-Packriem NAM 323 Rd113
Obobogorab ZA 332 Sd118
Odendaalsrus ZA 335 Vb119
Odette NAM 323 Rc114
Odimbo NAM 303 Ra102
Odimbwa NAM 303 Ra101
Oelofsrus ZA 328/329 Wc111
Oesterbaai ZA 349 Uc129
Ofcolaco ZA 329 Wd113
Offer NAM 314 Rc106
Ogden NAM 314 Rd106
Ogies ZA 336 Wb116
Ohalushu NAM 303 Ra102
Ohamikoka NAM 304 Rb102
Ohangwena NAM 303 Ra101
Ohlelo ZA 336/337 Wd120
Oiams NAM 331 Rd116
Okaanga NAM 302 Pd102
Okahandja NAM 314 Rc109
Okahiokaapa NAM 324 Sc111
Okahozu NAM 302/303 Qb102
Okahwa NAM 302/303 Qb104
Okajape NAM 313 Ra107
Okajetswambo NAM 314 Rd108
Okakango NAM 314 Rd109
Okakua NAM 314 Rc108
Okamapingo NAM 314/315 Sa107
Okambonde NAM 302/303 Qb104
Okambukombandje NAM 315 Sc108
Okambukonde NAM 314 Rd107
Okamita NAM 305 Sa105
Okamutombe NAM 305 Sa105
Okandasi West NAM 314 Rd107
Okanenembandi NAM 314 Rc106
Okangwindi NAM 314/315 Sa106
Okanjima NAM 314 Rc107
Okankolo NAM 304 Rb102
Okanono NAM 314 Rb108
Okaoraore NAM 302/303 Qb101
Okapanje NAM 314/315 Sa110
Okapaue NAM 314 Rb109
Okariro NAM 314 Rc110
Okaruako NAM 314/315 Sa106
Okarumatero NAM 314 Rc108
Okarumee NAM 314 Rb107
Okarumuti NAM 314 Rd109
Okarwi NAM 315 Sb107
Okasuma NAM 322/323 Rb111
Okathimakamwe NAM 303 Qd102
Okathitu NAM 303 Qd101
Okatjandagi NAM 314 Rd108

Okatjangee NAM 303 Qc104
Okatjepuiko NAM 315 Sb109
Okatjiho NAM 314 Rc109
Okatjiva NAM 314/315 Sa106
Okatoto NAM 314/315 Sa107
Okatumba NAM 314 Rd110
Okatuwo NAM 315 Sc108
Okaukuejo NAM 303 Ra104
Okauta NAM 314/315 Sa108
Okauwa NAM 315 Sb108
Okavandje NAM 302/303 Qb102
Okavare NAM 302/303 Qb103
Okave NAM 314 Rc106
Okawari NAM 314 Rb107
Okawayo NAM 314 Rb109
Okay NAM 313 Ra106
Okayala NAM 304 Rb103
Okeruru NAM 324 Sc112
Okkerneutboom ZA 329 Xa113
Okohonga NAM 302 Qa102
Okomaruru NAM 302 Qa103
Okombaha NAM 313 Ra107
Okombahe NAM 313 Ra108
Okomize NAM 313 Ra107
Okomuparara NAM 314/315 Sa106
Okondjatu NAM 314/315 Sa107
Okongeama NAM 314/315 Sa108
Okongo NAM 304 Rc102
Okongona NAM 324 Sb113
Okongowa NAM 324 Sc112
Okonjota NAM 303 Qc104
Okonva NAM 315 Sb108
Okonyama NAM 324 Sc111
Okotjize NAM 313 Qd107
Okoutjove NAM 315 Sd109
Okovimburu NAM 315 Sc108
Okozongoro NAM 314 Rb108
Okozoserandu NAM 303 Qc103
Okwatiwalunga NAM 304 Rc101
Old Bunting ZA 344 Wb125
Old Inchgarth ZA 344 Wb122
Old Morley ZA 351 Wa126
Olienboom ZA 334 Ub118
Olienhoulaagte ZA 334 Uc117
Olifantslaagte NAM 304 Rc105
Olifantwater West NAM 323 Sa112
Olim NAM 305 Sa105
Oliphants Drift RB 327 Vb113
Olive Hill ZA 342/343 Va121
Olivenpoort ZA 328 Vd113
Olivier ZA 333 Tc118
Oloff ZA 342 Ub124
Olukonda NAM 303 Ra102
Olukula NAM 304/305 Rd101
Oluno NAM 303 Ra102
Olyfberg ZA 328/329 Wc112
Olympia NAM 314 Rc107
Olyuulaye NAM 304 Rb102
Olyvenkolk ZA 340 Ta122
Omafo NAM 303 Ra101
Omakuara NAM 314/315 Sa109
Omandumba West NAM 313 Ra108
Omangambo NAM 313 Qd107
Omapumba NAM 314/315 Sa107
Omatako NAM 314 Rc108
Omatako NAM 305 Sb105
Omatanga NAM 314 Rd107
Omatarassu NAM 314 Rb108
Omatjene NAM 314 Rb106
Omatjete NAM 313 Ra107

Omaweneno RB 325 Td115
Omazera NAM 314/315 Sa107
Ombahe-Yakako NAM 302/303 Qb103
Ombarahewa NAM 314 Rb106
Ombarundu NAM 302/303 Qb102
Ombathi NAM 303 Qd102
Ombeameiata NAM 314/315 Sa108
Ombinda NAM 314 Rd106
Ombirisu NAM 315 Sc108
Ombombo NAM 303 Qc102
Omboora NAM 314/315 Sa106
Omburo Süd NAM 314 Rb108
Omdet NAM 312/313 Qc109
Omdraaisvlei ZA 341 Ua123
Omevataabekele NAM 304 Rb102
Omingondo NAM 314 Rd106
Ommamas NAM 323 Rd112
Omndamba NAM 303 Qc101
Omrah NAM 324 Sc113
Omruil NAM 332 Ta120
Omukazeze NAM 302 Qa101
Omukurukaze NAM 302 Pd101
Omundaungilo NAM 304 Rb101
Omundudu NAM 303 Ra102
Omungunda NAM 302 Qa103
Omungwindi NAM 302 Qa102
Omunwandjai NAM 302/303 Qb103
Omunyekadi NAM 304 Rb101
Omupanda NAM 304 Rc103
Omurumendu NAM 314/315 Sa108
Omusewa-Uarei NAM 314 Rc107
Omusserakomba NAM 314 Rc109
Omuthima NAM 303 Qd102
Omutiwanduka NAM 313 Ra107
Omutwewondjaba NAM 304 Rc101
Omvrede ZA 333 Td119
Onahi NAM 304 Rb103
Onakaheke NAM 303 Qd102
Onamagwena NAM 304 Rb102
Onamatanga NAM 303 Qc103
Onambutu NAM 304 Rb102
Onamudime NAM 304 Rc102
Onamukulo NAM 303 Ra102
Onanda NAM 303 Qc102
Onandjaba NAM 304 Rc101
Onangalo NAM 303 Qd102
Onanona NAM 304 Rb102
Onap ZA 340 Sd122
Onayena NAM 304 Rb102
Onbekend ZA 342 Uc125
Ondangwa NAM 303 Ra102
Ondera NAM 304/305 Rd103
Onderkuile ZA 346 Sc127
Onderombapa NAM 324 Sc111
Onderstedorings ZA 340 Ta123
Ondjombo NAM 302 Pd102
Ondorozu NAM 315 Sb107
Ondova NAM 302 Qa101
Onduludiva NAM 304 Rb102
Ondunduwazirapa NAM 314 Rd108
Onduno NAM 314 Rc110
Onekwaya NAM 303 Ra102
Onembenge NAM 304 Rc102
Ongariwanda NAM 313 Ra107

Ongelegen ZA 348/349 Ua128
Ongenga NAM 303 Ra101
Ongolongela NAM 304 Rc102
Ongongo NAM 302 Qa102
Ongongoro NAM 314/315 Sa106
Ongorussengo NAM 314/315 Sa108
Ongoye ZA 345 Xa121
Onguati NAM 303 Qc105
Onheti NAM 304 Rb101
Oniinenda NAM 303 Ra102
Onis NAM 322/323 Rb113
Onjihandi NAM 303 Ra102
Onkohsi NAM 304 Rc104
Onkwinkwiti NAM 304 Rc102
Onrus ZA 346 Sc130
Onse Rust ZA 336 Wb119
Onseepkans ZA 332 Sc120
Onserus NAM 324 Sc115
Onskuld ZA 328 Vd112
Ontevrede NAM 305 Sb104
Ontgin ZA 327 Vc115
Ontmoeting ZA 332/333 Tb118
Onverwacht ZA 334 Ud119
Onverwacht ZA 327 Vb114
Onverwacht ZA 328 Vd112
Onverwacht ZA 337 Xa118
Onze Rust NAM 313 Ra107
Onze Rust NAM 323 Sa113
Oodi RB 327 Va113
Oond NAM 305 Sa105
Oondile ZA 337 Xb118
Oorkruis ZA 340/341 Tc121
Oorlogsdeel NAM 314 Rd109
Oorschot ZA 329 Wd115
Oorskiet NAM 332 Sd118
Oorskot ZA 346/347 Sd129
Oorsprong ZA 332 Ta120
Oorwinning ZA 320 Wc110
Oosgam ZA 348 Tc128
Oosthuizen ZA 335 Vc119
Ootmoed NAM 313 Qd108
Opdam ZA 340 Ta121
Openbaar ZA 342 Ub121
Operet NAM 304 Rb101
Opetjie NAM 323 Rc112
Oppermans ZA 342 Uc121
Opuwo NAM 302/303 Qb102
Opuzane ZA 336/337 Wd118
Opwag ZA 333 Tc120
Orangia ZA 335 Vd120
Orania ZA 342 Uc122
Oranje ZA 334 Ud120
Oranje Kom NAM 332 Sd120
Oranjemund NAM 330/331 Rc120
Oranjerivier ZA 342 Ub122
Oranje-stroom ZA 332 Sd120
Oranjevallei ZA 332/333 Tb120
Oranjeville ZA 335 Vd117
Orapa RB 318 Ud108
Orinoco ZA 329 Xa114
Orkney ZA 335 Vb117
Orokatundu NAM 302/303 Qb103
Orotsaub NAM 313 Ra108
Ortmansbaum NAM 331 Sb120
Oruhona NAM 302/303 Qb102
Orukwapa NAM 302 Qa103
Orutanda NAM 302 Pd102
Orutjiva NAM 314 Rc109
Orutjiwa NAM 314 Rd107
Oryeheke NAM 302 Qa101
Osborn ZA 337 Xa120
Oshakati NAM 303 Ra102
Oshidundumbe NAM 304 Rc102
Oshifitu NAM 304 Rc102
Oshifukwa NAM 304 Rb102
Oshikango NAM 303 Ra101
Oshikushashipya NAM 303 Ra102
Oshukwa NAM 303 Qd102
Osiris NAM 324 Sc113
Osizweni ZA 336 Wc119
Oskop ZA 342 Ud121
Osombusatjuru NAM 304/305 Rd105

Osonhaui NAM 313 Qd107
Osplaas ZA 346/347 Sd128
Ostend ZA 333 Td118
Osterode Noord NAM 324 Sb113
Oszema NAM 313 Ra106
Othandweni ZA 337 Xa119
Otjahevita NAM 314 Rd106
Otjahorowara NAM 302/303 Qb103
Otjere NAM 314/315 Sa109
Otjeriwanga NAM 314 Rb107
Otjihaenena NAM 314 Rd110
Otjihangwe NAM 314 Rd109
Otjiindu NAM 313 Qd107
Otjikango NAM 314 Rb107
Otjikango NAM 314 Rc106
Otjikondavirongo NAM 302/303 Qb104
Otjikondo NAM 303 Ra105
Otjikotoberg NAM 304/305 Rd104
Otjikuina NAM 302/303 Qb102
Otjimakuru NAM 314 Rb108
Otjinamewa NAM 313 Qd108
Otjindaura NAM 314 Rc108
Otjinoko NAM 315 Sc108
Otjirova NAM 302 Qa102
Otjisamba NAM 314 Rb109
Otjisauna NAM 313 Ra107
Otjisororindi NAM 314/315 Sa109
Otjitoko NAM 302/303 Qb103
Otjivakuanda NAM 302 Qa101
Otjiveze NAM 302 Qa102
Otjiwarongo NAM 314 Rc106
Otjiyere NAM 315 Sc108
Otjomanga NAM 315 Sb109
Otjomasso NAM 314/315 Sa108
Otjombali NAM 314 Rc109
Otjomungwindi NAM 324 Sc111
Otjongo NAM 314 Rd108
Otjtuezu Ost NAM 314 Rd110
Otjumue Nord NAM 313 Ra108
Otjumue Süd NAM 313 Ra108
Otjundu NAM 314 Rb109
Otongovi NAM 314 Rd109
Otse RB 327 Va111
Ottosdal ZA 334/335 Vc117
Ottoshoop ZA 327 Va115
Otumborombonga NAM 314 Rd107
Otunganga NAM 304 Rb102
Otuwanje NAM 302/303 Qb103
Otuwe NAM 314 Rb107
Otwani NAM 302/303 Qb103
Ou Keerweder NAM 303 Ra105
Ou Swartsekolk ZA 340 Sd124
Ouboskolk ZA 340 Tb123
Oubosstrand ZA 349 Ub129
Oude Muragie NAM 324 Sb114
Oude Muragie ZA 348 Tb129
Oudtshoorn ZA 348 Td128
Oujaar NAM 313 Ra107
Oukango NAM 315 Sb108
Ouland ZA 341 Ua122
Ounois NAM 323 Rc113
Ouplaas ZA 347 Ta130
Oupos ZA 346 Sb128
Outjo NAM 314 Rb106
Oven ZA 349 Ub128
Ovinyuru NAM 315 Sc108
Oviston ZA 342/343 Va123
Ovisume NAM 314/315 Sa106
Owatjipaue NAM 302 Qa102
Owatupanda NAM 302 Qa102

Owendale ZA 323 Ua119
Ozombeto NAM 315 Sb107
Ozondati NAM 313 Qd107
Ozondijisse NAM 314 Rb108
Ozongarongombe NAM 314 Rd107

P

Paardenlaagte ZA 349 Uc128
Paardepan ZA 341 Td121
Paardeplaats ZA 328 Wa113
Paarl ZA 346 Sc129
Paballelo ZA 332/333 Tb120
Pacaltsdorp ZA 348 Td129
Pachsdraai ZA 327 Vb114
Padberg NAM 314 Rc107
Palala Safaris Kliphoek ZA 302/303 Qb104
Palamakoloi RB 325 Tc111
Palamaokuwe RB 319 Vb108
Palapye RB 319 Vc110
Palasane ZA 323 Ua116
Paleisheuwel ZA 346 Sc126
Palm Beach ZA 344/345 Wc124
Palmerton ZA 344 Wb125
Palmietfontain ZA 334/335 Va117
Palmietfontein ZA 342 Uc124
Palmietfontein ZA 343 Vc123
Palmwag NAM 312 Qb106
Palmyra ZA 334 Ub116
Paloma NAM 314 Rd108
Palskloof ZA 341 Ua123
Pampierstad ZA 334 Uc119
Pampoenpoort ZA 341 Td124
Panbult ZA 336/337 Wd117
Panda NAM 324 Sc111
Pandam ZA 334 Uc119
Pandamatenga ZW 308/309 Va103
Panfontein ZA 334 Ud117
Panorama ZA 323 Sa114
Panorama ZA 334 Uc119
Pansdrif ZA 328 Vd115
Panvlei ZA 333 Td120
Pappa Raas ZA 340/341 Tc123
Paradies NAM 315 Sb109
Paradise Beach ZA 349 Uc129
Parow ZA 346 Sb129
Parr's Halt RB 327 Vc111
Parys ZA 328 Wa114
Parys ZA 335 Vc117
Passie ZA 335 Vc118
Patagonia ZA 320 Wb110
Patana ZW 320 Wb109
Pateneng ZA 328/329 Wc113
Patantwane ZA 328/329 Wc114
Patatsrivier ZA 347 Ta128
Patattafontein ZA 327 Vb115
Paternoster ZA 346 Sa127
Paterson ZA 350 Va128
Patricia ZA 332 Ta117
Patryspan ZA 340/341 Tc121
Paul Roux ZA 335 Vd120
Paul se Vlei ZA 339 Sc122
Paulpietersburg ZA 336/337 Wd118
Pautlane ZA 323 Ua116
Pauwkop ZA 334 Ud117
Peace Town ZA 336 Wc120
Pearly Beach ZA 346/347 Sd130
Pearston ZA 349 Ud127
Peddie ZA 350/351 Vc128
Peerboom ZA 341 Td124
Peerson's Hunt ZA 333 Tc119
Pelaneng LS 344 Wa121
Pella ZA 346 Sb128
Pella ZA 339 Sc121
Pelsersbaken ZA 342 Uc123
Pen Hoek ZA 343 Vc123
Penemene ZW 320 Wc109

Penge ZA 329 Wd113
Penhalonga ZW 311 Xc104
Pennington ZA 345 Wd123
Penryn ZA 323 Ua117
Perdekop ZA 336 Wb118
Perdekraal ZA 347 Ta127
Perdekraal ZA 334 Ub120
Perdeput ZA 341 Td122
Perseus ZA 334/335 Va120
Perseus ZA 320 Wc110
Perth ZA 323 Ua116
Perth ZA 336 Wa118
Petergate ZA 337 Xa119
Petersburg ZA 349 Uc126
Petrus Steyn ZA 335 Vd118
Petrusville ZA 340 Tb125
Petrusville ZA 342 Uc122
Pfannenta NAM 331 Sb116
Pfidza ZW 321 Xc106
Pfolz NAM 331 Rd116
Pforte NAM 314 Rb106
Phaephane RB 318/319 Va108
Phalaborwa ZA 329 Xa112
Phaswana ZA 320/321 Wd110
Phetwane ZA 328 Wb114
Philippolis ZA 342 Ud123
Phirintsu ZA 343 Vd123
Phiva ZA 329 Xb115
Phoenix ZA 345 Wd122
Phokeng ZA 327 Vc115
Phola ZA 336 Wb116
Phomolong ZA 323 Ua117
Phooko LS 335 Vd120
Phorokwe RB 318 Uc108
Phuduhudu RB 318 Uc106
Phuthaditjhaba ZA 336 Wa120
Phuzumoya SD 337 Xb117
Picolo NAM 303 Qd105
Piekshoop ZA 336 Wa117
Piercefield ZA 334 Ub116
Pierings ZA 340 Tb122
Pierre NAM 304 Rb105
Piet Plessis ZA 334 Uc116
Piet Retief ZA 336/337 Wd117
Pieter Meintjies ZA 347 Ta128
Pietermaritzburg ZA 344/345 Wc122
Pietersfontein ZA 346/347 Sd128
Pigg's Peak SD 337 Xa116
Piketberg ZA 346 Sc127
Pilanyan ZA 333 Td119
Pilgrim's Rest ZA 329 Wd114
Pinetown ZA 345 Wd122
Pitseng LS 343 Vd121
Pitshane RB 326/327 Ud115
Plaatjesfontein ZA 336 Wc118
Plaatjiesfontein ZA 342/343 Va122
Plankieskop NAM 331 Sb119
Platberg ZA 340 Sd125
Platklip ZA 339 Sc124
Platkoppies ZA 328/329 Wc112
Platkuil ZA 341 Ua123
Platkuil ZA 342 Ub122
Platneus NAM 324 Sd111
Platteklip ZA 346 Sb128
Platveld NAM 314 Rc106
Plettenberg Bay ZA 348/349 Ua129
Plooysburg ZA 342 Ub121
Plumtree ZW 319 Vd106
Pofadder ZA 339 Sc121
Polokwane (Pietersburg) ZA 328 Wb112
Pomeroy ZA 336 Wc120
Pomfret ZA 326 Ua115
Pommernhagen NAM 323 Sa111
Pomona (Ghost Town) NAM 330 Ra118
Pompfontein ZA 341 Ua123
Poortjie ZA 341 Td122
Poortjie ZA 341 Ua124
Poortjie Wes ZA 348/349 Ua126
Poppyland ZA 334/335 Va119
Port Alfred ZA 350 Vb128

Port Beaufort ZA 348 Tb130
Port Durnford ZA 345 Xb121
Port Edward ZA 344/345 Wc124
Port Elizabeth ZA 349 Ud129
Port Nolloth ZA 338 Rd121
Port Owen ZA 346 Sb127
Port Shepstone ZA 344/345 Wc124
Porterville ZA 346 Sc127
Portsmut NAM 322/323 Rb111
Portugal NAM 324 Sc114
Portugees ZA 346 Sb127
Posen ZA 335 Vb119
Post Chalmers ZA 349 Ud126
Postmasburg ZA 323 Ua120
Potchefstroom ZA 335 Vc117
Pote ZW 311 Xa102
Potfontein ZA 342 Ud123
Potokoxwaa RB 319 Vb107
Poufontein ZA 333 Td120
Poupan ZA 342 Ub122
Prairie Bird ZA 334 Ud118
Presentskraal ZA 336 Wb119
Presopes NAM 331 Sb116
Prieska ZA 341 Td122
Prince Albert ZA 348 Tc128
Prince Albert Road ZA 348 Tc127
Priors ZA 342 Ud123
Progress NAM 314 Rd108
Progress NAM 314 Rd110
Prosit NAM 313 Ra106
Prospect NAM 323 Rc111
Protem ZA 347 Ta129
Prynnsberg ZA 333 Tc120
Pulai ZA 332 Sd116
Pumbe ZA 329 Xb113
Pumula ZW 309 Vc105
Puongwe RB 319 Vb109
Puraspan ZA 328 Wb111
Purbeck ZA 344/345 Wc123
Purros NAM 302 Qa104
Putfontein ZA 327 Va114
Putfontein ZA 336 Wa116
Pypklip ZA 340 Tb121
Pypsteelfontein ZA 347 Ta128

Q

Qabeni ZA 344 Wb124
Qabo RB 316 Tb107
Qiba ZA 343 Vd125
Qobong LS 337 Xa123
Qombolo ZA 350/351 Vc126
Qoqodala ZA 343 Vb125
Quaggasfontein ZA 342 Ud123
Quandam ZA 340 Ta123
Qubi RB 306 Ta105
Qudeni ZA 336/337 Wd120
Quech RB 306/307 Tb103
Queensburgh ZA 345 Wd122
Queenstown ZA 343 Vb125
Qumbu ZA 344 Wa124

R

Raaswater ZA 333 Tc117
Rabali ZA 320 Wc110
Rabenthal ZA 334 Ud120
Rachan ZA 335 Vd118
Radio NAM 313 Ra107
Radisele RB 319 Vc110
Raditshaba ZA 320 Wa110
Radium ZA 328 Vd114
Radnor ZA 333 Td116
Radobil ZA 334 Ub117
Radyn NAM 313 Qd106
Radyn ZA 333 Tc117
Raffingora ZW 310/311 Wd101
Rakops RB 318 Uc107
Rakuku RB 308 Ub105
Ralebona LS 343 Vd123
Ralekgetho RB 326/327 Ud113
Rama ZA 335 Vc120
Ramah RB 326/327 Ud115

Ramah ZA 342 Uc122
Ramakgwebana RB 319 Vd107
Ramokgonami RB 319 Vc110
Ramoth ZA 342 Uc121
Ramotswa RB 327 Va114
Ramusio ZA 328 Vd112
Ranaka RB 326/327 Ud114
Randalhurst ZA 337 Xa120
Randburg ZA 335 Vd116
Randeier NAM 305 Sa104
Randfontein ZA 335 Vd116
Randjiesig ZA 332 Ta119
Rankin's Pass ZA 328 Vd113
Rankroos NAM 305 Sb105
Raphahlelo ZA 328/329 Wc111
Rappel's Pan RB 332 Ta117
Rasesa RB 327 Va113
Rashoop ZA 328 Vd115
Rassadam ZA 341 Td123
Ratandal ZA 335 Vd117
Ratel Draai Oos ZA 332/333 Tb120
Ratelfontein ZA 346 Sb126
Ratelrivier ZA 347 Ta129
Ravensfell ZA 343 Vc124
Rawsonville ZA 346 Sc128
Rawuka ZA 344/345 Wc123
Reads Drift ZA 341 Ua121
Reagile ZA 327 Vb115
Rebelskop ZA 347 Ta126
Reclaimed ZA 342/343 Va121
Red Drum NAM 302 Pd102
Redcliff ZW 310 Wc104
Redelinghuys ZA 346 Sb126
Redhill ZA 328 Wb111
Redlands ZA 342 Ud125
Redoubt ZA 344/345 Wc124
Reedstream Park ZA 336 Wb116
Reenen ZA 346/347 Sd126
Reese NAM 314 Rb106
Regenvlakte ZA 334 Uc116
Reggekry ZA 333 Tc119
Regina ZA 335 Vb117
Regina ZA 335 Vc119
Rehoboth NAM 323 Rc111
Reitz ZA 336 Wa119
Reivilo ZA 334 Ub118
Reliance ZA 323 Ua120
Remhoogte NAM 322/323 Rb112
Remhoogte ZA 341 Ua122
Renco ZW 321 Xa107
Rendevous NAM 312/313 Qc107
Rendevouz ZA 333 Tc119
Renschia ZA 320 Wa110
Renswyke ZA 341 Td122
Request ZA 348 Tb129
Request ZA 350 Ua127
Retiefsnek ZA 335 Vd120
Retreat NAM 314 Rc108
Reyneke ZA 333 Td117
Rheinland NAM 304 Rc105
Rhenosterfontein ZA 347 Ta130
Rhenosterfontein ZA 342 Ud124
Rhenosterfontein ZA 328 Wa112
Rhenosterpoort ZA 328 Vd113
Rhenosterpoort ZA 328 Wa114
Rhodes ZA 343 Vd124
Rhodes Drift RB 320 Wb109
Rhulani ZA 329 Wd112
Richards Bay ZA 337 Xb120
Richeton ZA 342 Ub121
Richmond ZA 334 Ub116
Richmond ZA 344/345 Wc122
Richtershoek ZA 329 Xa115
Richthofen NAM 314 Rd110
Ridgewater ZA 342 Ud125
Riebeeckstad ZA 335 Vb119
Riebeek-Wes ZA 346 Sc128
Riefontein NAM 316 Ta109
Riemarpark ZA 328 Wa115
Riembreek ZA 339 Sb123
Riemland ZA 335 Vd119
Rietbron ZA 348/349 Ua127
Rietfontein NAM 304/305 Rd105

Rietfontein ZA 330/331 Rc120
Rietfontein ZA 339 Sb122
Rietfontein ZA 332 Sd117
Rietfontein ZA 340 Sd124
Rietfontein ZA 340 Tb122
Rietfontein ZA 341 Td121
Rietfontein ZA 342 Uc123
Rietfontein ZA 342 Ud124
Rietfontein ZA 350 Va127
Rietfontein ZA 343 Vb121
Rietfontein ZA 328 Vd112
Rietfontein ZA 335 Vd117
Rietfontein ZA 334 Ub119
Rietfontein Suid ZA 340 Ta123
Rietgat ZA 341 Ua123
Rietgaten ZA 320 Wb110
Riethoek ZA 338 Rd121
Rietkolk ZA 334/335 Va116
Rietkuil ZA 336 Wb118
Rietkuil ZA 336 Wb120
Rietkuil ZA 336 Wc116
Rietlaagte ZA 334 Ud119
Rietpan ZA 335 Vb116
Rietpan East ZA 334 Uc120
Rietpoort ZA 341 Ua124
Rietput ZA 341 Td121
Rietputs NAM 331 Rd117
Rietquelle NAM 324 Sc112
Rietvlei ZA 334 Ud120
Rietvlei ZA 344/345 Wc121
Rietvlei ZA 329 Wd115
Rietvlei ZA 336/337 Wd119
Ripape ZA 329 Xb114
Rishon NAM 331 Sb118
River View ZA 344/345 Wc123
River View ZA 337 Xb120
Riversdale ZA 348 Tb129
Riverside NAM 314 Rc109
Riverside NAM 331 Sa120
Riverside ZA 342 Ud122
Riverside ZA 344 Wb123
Riverside ZA 336 Wc117
Riverton ZA 334 Uc120
Riverview ZA 320/321 Wd110
Riviera NAM 323 Rd124
Riviersonderend ZA 346/347 Sd129
Rivulet ZA 336 Wb120
Roamer's Rest ZA 344 Wa123
Rob Roy ZA 328 Vd111
Roberts NAM 314 Rc107
Robertsdrift ZA 336 Wb117
Robertsdrift ZA 336 Wb117
Robertson NAM 323 Rd112
Robertson ZA 346/347 Sd129
Rode se Put ZA 340 Ta123
Rodeen ZA 320 Wc110
Rodenbeck NAM 314/315 Sa108
Rodenbeck ZA 342/343 Va121
Rodeon ZA 327 Vb115
Roedtan ZA 328 Wb113
Roemryk ZA 335 Vc117
Roggerkraal ZA 347 Ta127
Rolle ZA 329 Xa114
Romansriver ZA 346 Sc128
Rondebos ZA 342/343 Va122
Rondebosch ZA 327 Vb113
Rondebosch ZA 344/345 Wc121
Rondeklip ZA 328 Wb112
Rondekop ZA 332 Ta120
Rondekop ZA 348 Tb128
Rondom ZA 328 Wa113
Ronmar Ranch ZW 321 Xa109
Roodebank ZA 336 Wb117
Roodebokvale ZA 327 Vb113
Roodedraai ZA 336 Wb118
Roodekop ZA 335 Vc120
Roodekop ZA 328 Vd112
Roodepan ZA 342 Uc122
Roodepoort ZA 334/335 Va118
Roodepoort ZA 335 Vc118
Roodepoort ZA 328 Vd114
Roodepoort ZA 335 Vd116
Rooiberg NAM 323 Rc115
Rooidag NAM 305 Sb104
Rooidam NAM 323 Rc114
Rooidam ZA 340/341 Tc121

Rooidam ZA 341 Td123
Rooidam ZA 341 Td124
Rooidam ZA 341 Ua123
Rooidam ZA 342 Uc122
Rooidam ZA 342 Ud123
Rooiduin NAM 324 Sb113
Rooiels Bay ZA 346 Sc129
Rooifontein ZA 343 Vb121
Rooikolvlei ZA 338 Rd122
Rooikop NAM 312/313 Qc106
Rooikoppies ZA 323 Ua120
Rooikrans NAM 323 Rd115
Rooilyf ZA 333 Tc120
Rooipad NAM 324 Sd115
Rooipan ZA 332 Ta118
Rooipan ZA 341 Td121
Rooipan ZA 323 Ua120
Rooipan ZA 327 Vc112
Rooiplaas ZA 334 Ub119
Rooipunt ZA 336 Wc119
Rooiputs RB 332 Ta116
Rooivlei ZA 340 Tb124
Rooiwal NAM 305 Sa105
Rooiwal ZA 339 Sc123
Rooiwal ZA 343 Vb121
Rooiwater NAM 323 Rd111
Roosboom ZA 336 Wb120
Roossenekal ZA 328/329 Wc114
Rosedale ZA 344 Wb121
Rosedene ZA 348 Td126
Rosehof ZA 343 Vb124
Rosenblatt ZA 326 Ub115
Rosendal ZA 346/347 Sd127
Rosendal ZA 334 Uc117
Rosendal ZA 334/335 Va119
Rosendal ZA 335 Vd120
Rosendale ZA 320 Wa110
Rosetta NAM 324 Sc111
Rössingmyn NAM 313 Qd110
Rossouw ZA 343 Vc124
Rossville ZA 333 Td119
Rostock NAM 322/323 Rb111
Rostrataville ZA 334/335 Va117
Rotegab NAM 331 Sb118
Rotflur NAM 332 Sd117
Rothmere ZA 351 Wa126
Rotsstein NAM 323 Rc112
Rotterdam NAM 331 Rd116
Rotterdam ZA 336 Wc117
Rotterdam ZA 329 Wd111
Rouxpos ZA 348 Tb128
Rouxvlei ZA 332 Sd119
Royal Kraal ZA 337 Xa119
Rugseer ZA 340 Tb121
Ruigte NAM 314/315 Sa107
Ruigtefontein ZA 336 Wc119
Ruigtevlei ZA 342 Ud125
Ruimte NAM 312/313 Qc106
Ruimte ZA 315 Sd110
Ruimte ZA 333 Tc117
Ruiterskop ZA 348 Tb128
Ruitjiespoort ZA 342 Ub124
Rukara ZW 310 Wa101
Rumara NAM 305 Sb105
Runda NAM 305 Sa102
Rundu NAM 305 Sc102
Runnymeade ZA 344/345 Wc122
Runyararo ZW 310 Wb104
Rupangawana ZW 321 Xc107
Rus en Vrede ZA 332 Sd119
Rus en Vrede ZA 333 Td119
Rusape ZW 311 Xc103
Rush ZA 333 Td116
Rusoord ZA 323 Ua120
Rusoord ZA 342 Ub123
Rusoord ZA 328 Vd114
Rusplaas NAM 315 Sb108
Rust de Winter ZA 328 Wa114
Rustenburg ZA 327 Vc115
Rusthof RB 326 Ua114
Rusthof RB 326 Ua114
Rusthof ZA 336 Wb118
Rusticana NAM 323 Sa112
Rustig ZA 335 Vc118
Rutenga ZW 320/321 Wd108
Ruwa ZW 311 Xa102
Ruyala Estate Z 309 Wb101
Rykaartspos ZA 335 Vb117

Ryksrus ZA 336 Wc118
Ryno NAM 304 Rb105
Ryspunt ZA 347 Ta130

S

Saaibult ZA 335 Vc120
Saailaagte ZA 340 Tb124
Saailaagte ZA 341 Td123
Saaiplaas ZA 334 Ud119
Saaiwater ZA 336 Wb116
Saalskop ZA 333 Tc120
Sabie ZA 329 Wd114
Sachona NAM 307 Ua102
Sachsenheim NAM 304 Rc104
Sacred Heart ZW 308/309 Va102
Sada ZA 350 Vb126
Sadawa ZA 346/347 Sd128
Sadzba ZW 311 Xb104
Safari NAM 303 Qd105
Saffier NAM 322/323 Rb115
Saffraanrivier ZA 348 Tc129
Safneck NAM 323 Rc113
Saint Catherina ZA 328 Vd111
Saint Cuthbert's Mission ZA 344 Wa124
Saint Faith's ZA 344/345 Wc123
Saint Georges ZW 311 Xc102
Saint Joseph ZA 344/345 Wc123
Saint Michael's ZA 344/345 Wc123
Saint Peter's Mission ZA 336/337 Wd119
Saint Pius ZA 344 Wb123
Saint Winifred's Beach ZA 345 Wd121
Sakapane RB 307 Ua105
Sakhelwe ZA 328/329 Wc115
Sakhile ZA 336 Wb117
Sakoleng ZA 328 Wb111
Sakrivier ZA 340 Ta124
Salaneng ZA 323 Ua116
Salitje SD 337 Xa118
Salpeterpan ZA 334 Uc118
Salsola ZA 340/341 Tc122
Salt Lake ZA 342 Ub121
Salt Rock ZA 345 Xa122
Saltrim ZA 333 Td117
Salztal NAM 332 Sc117
Samane RB 326 Uc114
Samekoms ZA 328 Wa114
Samesuiping ZA 342/343 Va121
Samoli ZW 320 Wb108
Samsogwe RB 319 Vb108
Samusipa RB 307 Tc103
San Fernando RB 324 Sd113
San Remo NAM 314 Rb107
San Remo NAM 324 Sb112
Sanali ZW 320 Wc107
Sandamap NAM 313 Ra109
Sandbad ZA 333 Td118
Sandbank ZA 336/337 Wd118
Sanddrif ZA 341 Ua122
Sanddrift ZA 334 Ub120
Sand-en-Sittersvlei ZA 340 Ta121
Sandersville ZA 335 Vd118
Sandfeld NAM 324 Sb113
Sandflat ZA 344 Wb123
Sandkop NAM 330/331 Rc116
Sandkop ZA 341 Td124
Sandkraal Dos ZA 349 Uc128
Sandmotor NAM 323 Rd114
Sandpan NAM 323 Sa111
Sandput ZA 336 Wa118
Sandpute ZA 340 Ta123
Sandrivier NAM 323 Rc113
Sandrivier ZA 346/347 Sd128
Sandspruit ZA 343 Vc121
Sandspruit ZA 336 Wc118
Sandton ZA 335 Vd116
Sandvlei ZA 332 Sd120
Sandvliet ZA 346/347 Sd129

Sandy's Glen ZA 346/347 Sd130
Sandykop NAM 330/331 Rc118
Sandymount ZA 342 Ud122
Sangani ZW 311 Xb104
Sango ZW 321 Xb109
Sangoshe RB 307 Tc103
Sangoyana ZA 337 Xb120
Sangwaluma SD 337 Xb117
Sani Pass ZA 344 Wb122
Sankokoma RB 307 Tc105
Sankolonga Z 308 Uc101
Sannieshof NAM 314 Rb110
Sans Souci ZA 333 Td116
Sanyati ZW 310 Wb102
Sanyatwe ZW 311 Xc103
Sarah Bell ZA 328 Vd111
Saratoga ZA 326 Ua115
Sarie Maré NAM 324 Sc111
Saron ZA 346 Sc128
Sasa RB 318 Ud108
Sasolburg ZA 335 Vd117
Satau RB 308 Uc102
Sauer ZA 333 Tc118
Saunders ZA 333 Td119
Sawmills ZW 309 Vd105
Saxony ZA 349 Ub127
Scanlen ZA 349 Ud126
Scarborough ZA 346 Sb129
Schakalskuppe NAM 330/331 Rc117
Schakalslust NAM 323 Rd114
Schans ZA 341 Ua121
Scheepersnek ZA 336/337 Wd119
Scheerpan ZA 334/335 Va119
Schellenberg NAM 315 Sb110
Scheurberg ZA 333 Tc120
Schilderspan ZA 341 Ua123
Schilpaddop ZA 327 Vc114
Schlechtgenoeg ZA 349 Uc126
Schlesien Noord NAM 322 Ra111
Schmidtsdrif ZA 334 Ub120
Schneider NAM 324 Sb112
Schnepfenrivier NAM 331 Rd117
Schoemanshoek ZA 348 Td128
Schönau NAM 314/315 Sa106
Schönau NAM 331 Sb120
Schonborn NAM 323 Rd113
Schönfeld NAM 314 Rb108
Schonkenville ZA 335 Vc117
Schoongelegen ZA 328 Vd113
Schoongezicht ZA 334/335 Va116
Schoonstroom ZA 337 Xa120
Schoonwater ZA 329 Wd115
Schroeders ZA 345 Wd121
Schuckmannsburg NAM 308 Uc101
Schulzendal ZA 329 Xa115
Schumannsthal NAM 304/305 Rd105
Schurfbankhoek ZA 328 Vd112
Schuttesdraai ZA 335 Vb118
Schwarzeck NAM 331 Sb120
Schwarzkuppe NAM 323 Rc115
Schwarzwald NAM 315 Sc110
Schweizer-Reneke ZA 334 Ud118
Scott NAM 304/305 Rd104
Scottburgh ZA 345 Wd123
Scottsdale ZA 345 Wd121
Scutari ZA 335 Vc120
Sea View ZA 349 Ud129
Sea Vista ZA 349 Uc129
Sebabeng RB 326 Uc112
Sebina RB 319 Vc107
Sebokeng ZA 335 Vd117
Sebonwane RB 326 Uc112
Sebra NAM 313 Qd106
Sechenje RB 307 Tc103
Secunda ZA 336 Wb117

Sedgefield ZA 348 Td129
Sediba ZA 343 Vb121
Sedibeng ZA 323 Ua118
Seeheim NAM 331 Sa117
Seekoeivlei ZA 327 Vc112
Sefikeng LS 343 Vd121
Sefophe RB 319 Vd109
Seherelela RB 326 Uc114
Sehithwa RB 317 Td106
Sehlakwana ZA 328 Wb115
Sehlakwane ZA 328/329 Wc114
Seisantse RB 326/327 Ud112
Sekakangwe RB 319 Vc107
Sekgorong ZA 328/329 Wc113
Sekgweng RB 319 Vc110
Sekhutlane RB 326 Uc115
Sekitsing LS 344 Wa122
Sekoma RB 326 Ub113
Sekretariskloof ZA 342 Ub123
Sekuruwe ZA 328 Wb112
Sekwalakwala RB 319 Vc108
Sekwati ZA 328/329 Wc114 Xa122
Selbourne ZA 344/345 Wc121
Selebi Phikwe RB 319 Vd109
Selene ZA 342 Ub121
Selonsrivier ZA 328 Wb115
Selukolela RB 326/327 Ud114
Semboyo RB 317 Td106
Semenanyane LS 344 Wa121
Semetshwane RB 319 Vc109
Semolale RB 320 Wa109
Semonkong LS 343 Vd122
Semowane RB 319 Vb106
Senagom RB 317 Ub106
Senamane RB 327 Va113
Sendelingsfontein ZA 334/335 Va117
Senekal ZA 335 Vc120
Sengobo RB 319 Vc108
Sengwa Bridge ZW 310 Wa103
Sengwe ZW 321 Xa110
Senlac ZA 326 Ub115
Sentrum ZA 327 Vc113
Sentwatibi RB 319 Vb109
Senwabarwana (Bochum) ZA 328 Wb111
Senwamokgope ZA 328/329 Wc111
Senyawe RB 319 Vd107
Sepako RB 309 Vb105
Sepalamoiriri RB 319 Vd110
Sepupa RB 307 Tc103
Serima ZW 311 Xa105
Seringduin NAM 315 Sd109
Seringkop NAM 304 Rb105
Seringkop ZA 328 Wa115
Serogwe RB 326/327 Ud115
Seronga RB 307 Tc104
Serowe RB 319 Vd110
Serpentine ZA 336 Wb119
Serule RB 319 Vc110
Ses Brugge ZA 332/333 Tb120
Sese RB 326 Uc113
Sese ZW 320/321 Wd106
Sesfontein NAM 302/303 Qb104
Sesheke Z 308 Ub101
Sesobe ZA 327 Vb114
Sessami ZW 310 Wa102
Sesunda RB 318 Uc107
Sesung RB 326 Uc112
Sesung RB 326/327 Ud114
Seswana RB 327 Vb113
Setabeng ZA 323 Ua116
Setateng ZA 328 Wb112
Setekwane RB 319 Vb110
Setlagole ZA 334 Ud116
Settlers ZA 328 Wa114
Setuat ZA 334 Uc117
Setuphulane ZA 328 Wa111
Seven Fountains ZA 350 Va128
Severn ZA 333 Td117
Seweperd ZA 340 Sd122
Sexara RB 318/319 Va106

Seymour ZA 350 Vb127
Shakadza ZA 320/321 Wd110
Shakaskraal ZA 345 Xa121
Shakawe RB 307 Tc103
Shakel NAM 304 Rc105
Shakwe RB 327 Vc111
Shalaghale ZA 332/333 Tb119
Shallcross ZA 345 Wd122
Shamburo NAM 306 Ta103
Shamwa ZW 311 Xb101
Shangani ZW 310 Wb105
Shanghai NAM 330/331 Rc117
Shannon ZA 342/343 Va121
Sharukwe NAM 305 Sc102
Shashane RB 319 Wb109
Shashe Mooke RB 319 Vc108
Shayandima ZA 329 Wd111
Sheepersrus ZA 347 Ta129
Sheepmoor ZA 336 Wc117
Sheepwalk ZA 348 Td129
Sheffield ZA 333 Td116
Sheffield Beach ZA 345 Wc124
Sheldon ZA 350 Va127
Shelly Beach ZA 344/345 Wc124
Shemula ZA 337 Xb118
Sherborne ZA 342 Ud125
Sheridan ZA 335 Vd120
Sherwood RB 328 Vd111
Sheshegu ZA 344 Wa125
Shiela ZA 334/335 Va116
Shigalo ZA 329 Wd111
Shinga ZW 311 Xc101
Shinyungwa NAM 306 Ta102
Shoshong RB 327 Vb111
Shrewsbury ZA 333 Td118
Shurugwi ZW 310 Wc105
Siabuwa ZW 309 Vd101
Siakabale Z 308/309 Va101
Siakwele Z 308/309 Va102
Sialwindi Z 308/309 Va101
Siamani Z 308/309 Va101
Siasikabole Z 309 Vc101
Siawaza Z 309 Vc102
Sibankwazi Z 309 Vb102
Sibayeni ZA 329 Xb115
Sibayi ZA 337 Xc118
Siberia ZA 334 Ud116
Sibofeleni SD 337 Xb116
Sibokoza ZW 320 Wb108
Sibovu SD 337 Xa117
Siciyako Z 308 Ud101
Sicunusa SD 336/337 Wd117
Sidi Barrani ZA 340 Tb121
Sidvokodvo SD 337 Xa117
Sigangeni SD 336/337 Wd116
Signalberg NAM 331 Sb118
Sigoga ZA 344 Wa123
Sihazela ZW 309 Vc101
Sihehle SD 329 Xa115
Sihhoya SD 337 Xa116
Sihlenga ZA 337 Xc118
Sihlengeni ZW 320 Wa106
Sihosha SD 337 Xb117
Sijungqwini ZA 344 Wa125
Sikereti NAM 306 Ta104
Sikome NAM 305 Sa102
Sikuke RB 319 Vd108
Sikutenyana Z 308/309 Va102
Sikwane RB 327 Vb113
Silalabuhwa ZW 320 Wb107
Silenge NAM 308 Ub102
Silent Valley ZA 327 Vb113
Silindile ZA 336/337 Wd116
Siloam ZA 336 Wa119
Silobela ZA 336 Wc116
Silobi ZW 320 Wa106
Silonga NAM 308 Ub103
Silumbi NAM 308 Uc102
Silutshana ZA 336/337 Wd120
Silvebron NAM 323 Rd112
Silversands ZA 346 Sc130
Silwestroom NAM 339 Sb121
Simangani ZW 309 Vb102
Simon's Town ZA 346 Sb129
Simozomeni ZA 344/345 Wc122

Simpati ZW 320 Wa108
Simungoma Z 308 Uc101
Simunye SD 337 Xb116
Sinangombe Z 309 Vc101
Sinazongwe Z 309 Vc101
Sinete RB 319 Vc106
Sipepa ZW 309 Vd104
Siphofaneni SD 337 Xa117
Sishen ZA 323 Ua119
Sitauze ZW 320 Wb108
Siteki SD 337 Xb117
Sitopogo NAM 305 Sb102
Sittingbourne ZA 350/351 Vc127
Siudiva NAM 305 Sb102
Siwi NAM 305 Sa101
Sixty Five ZA 324 Ub115
Siyabuswa ZA 328 Wb114
Siyahokwe ZW 310/311 Wd105
Siyakasipa Z 308/309 Va101
Siyakobvu ZW 310 Wa101
Siyathemba ZA 336 Wa117
Skaaphok ZA 328 Wa113
Skaapkraal ZA 336/337 Wd118
Skaapplaas ZA 334/335 Va117
Skaapplaas ZA 335 Vd117
Skalkseput ZA 340/341 Tc121
Skandinawiëdrif ZA 335 Vc117
Skerpkop ZA 348/349 Ua128
Skiethoek ZA 343 Vb123
Skietkuil ZA 341 Ua124
Skietlaagte ZA 335 Vc118
Skietpan ZA 333 Td117
Skietpan ZA 334 Ud117
Skietwerf NAM 314/315 Sa110
Skilpadkloof ZA 346/347 Sd129
Skipskop ZA 347 Ta130
Skoenmakerskop ZA 349 Ud129
Skoolplaas ZA 334 Uc119
Skoolplaas ZA 336 Wb118
Skoonros ZA 335 Vd118
Skuinsbank NAM 303 Ra105
Skuinsdrif ZA 327 Vb115
Skuinsrant ZA 328 Wb113
Skuitdrift Oos ZA 332 Sd120
Slaaipoort NAM 323 Rc111
Slabberts ZA 335 Vd120
Slangrivier ZA 348 Tb129
Slegverby ZA 328 Wa111
Slurry ZA 327 Va115
Slypklip Noord ZA 334 Uc120
Slypsteen ZA 341 Ua122
Smaldeel ZA 332/333 Tb120
Smaldeel ZA 335 Vb119
Smalhoek ZA 350 Va127
Smalstreep NAM 314 Rc108
Smithfield ZA 343 Vb123
Smithsdrif ZA 334/335 Va119
Smitskraal ZA 349 Ud128
Smouskolk ZA 340/341 Tc123
Sneeukraal ZA 341 Td125
Sneezewood ZA 344 Wb123
Snelskloof ZA 340/341 Tc124
Snyfontein NAM 331 Sa117
Snykolk ZA 340 Ta125
Soar NAM 324 Sc113
Sobea ZA 334 Ud120
Soekmekaar NAM 323 Sa115
Soetendal ZA 346 Sc128
Soetfontein ZA 328 Wb113
Soetvlei ZA 341 Ua122
Soetwater ZA 332/333 Tb118
Soho NAM 324 Sc113
Sojwe RB 327 Va111
Sokulu ZA 337 Xb120
Solingen NAM 315 Sb110
Solitree ZA 349 Ud128
Solitude ZA 344/345 Wc122
Solitude ZA 345 Wd121
Somabhula ZW 310 Wc105
Somerset ZA 329 Wd115

Somerset East ZA 349 Ud127
Somerset West ZA 346 Sc129
Sondagsloop ZA 328 Wa112
Sonder ZA 336 Wb118
Sonderpan ZA 332/333 Tb118
Sonderpan ZA 340/341 Tc121
Sonnenhof NAM 331 Rd117
Sonop NAM 303 Ra105
Sonop NAM 322/323 Rb112
Sonop ZA 323 Ua120
Sonop ZA 328 Vd115
Sonop Mission ZA 343 Vc121
Sonrug ZA 348 Tb129
Sophiasdal ZA 336/337 Wd118
Sorrento NAM 330/331 Rc116
Soshanguve ZA 328 Vd115
Sossonye Ranch ZW 320/321 Wd108
Soto ZA 351 Vd127
Soutaar ZA 341 Ua123
Soutbosvlei ZA 346 Sc128
Southbroom ZA 344/345 Wc124
Southey ZA 334 Ub117
Southeyville ZA 343 Vc125
Southhall ZA 342 Ud125
Southwell ZA 350 Va128
SouthWitbank ZA 336 Wb116
Soutkloof ZA 348 Tb129
Soutpan ZA 334 Ud119
Soutpan ZA 334/335 Va118
Soutpan ZA 334/335 Va120
Soutpan ZA 334/335 Va120
Soutpan ZA 328 Wb111
Soutpekel ZA 341 Td123
Soutput NAM 323 Rd115
Soutputs ZA 340 Sd121
Soutputs ZA 332 Ta119
Soutrivier ZA 346/347 Sd128
Soverby NAM 323 Rc111
Soverby NAM 305 Sb104
Sovolo ZA 328/329 Wc114
Soweto ZA 335 Vd116
Spaarwater RB 332/333 Tb117
Spanberg ZA 340 Tb124
Spandau NAM 314/315 Sa109
Spanjaard ZA 346 Sb127
Spanwerk RB 327 Vb112
Speelmanskraal ZA 348/349 Ua129
Spes Bona NAM 314/315 Sa108
Spes Bona ZA 335 Vc118
Spieëlberg NAM 331 Rd119
Spioenkop ZA 334 Ud118
Spioenkop ZA 342 Ud123
Spitsdam ZA 342 Ub122
Spitskom ZA 332/333 Tb119
Spitskop NAM 330/331 Rc119
Spitskop ZA 341 Td122
Spitskop ZA 337 Xa119
Spitskoppie NAM 323 Rc114
Spitskopvlei ZA 349 Ud126
Spoedaan ZA 341 Ua121
Spoegrivier ZA 338/339 Sa123
Spreeufontein ZA 342 Ub123
Spring Valley ZA 341 Td123
Springbockvley NAM 323 Sa111
Springbok ZA 334 Ud118
Springbok ZA 338/339 Sa122
Springbokkooi ZA 342/343 Va122
Springboklaagte ZA 348 Tb127
Springbokpan NAM 324 Sb111
Springbokpan ZA 340/341 Tc122
Springbokpan ZA 333 Td116
Springbokpan ZA 334/335 Va116

Springboktand ZA 339 Sc123
Springboktrek Suid NAM 332 Sc116
Springfield ZA 341 Td121
Springfontein ZA 342 Ud124
Springputz NAM 332 Sc119
Springs ZA 336 Wa116
Springvale NAM 315 Sb108
Springvale ZA 344 Wb123
Spruitdrif ZA 339 Sb125
Spytfontein NAM 314 Rd108
Spytfontein ZA 334 Uc120
Sreeufontein ZA 347 Ta128
Stafford's Post ZA 344 Wb123
Stagstones ZA 344/345 Wc121
Stampriet NAM 323 Sa113
Stampriet NAM 331 Sb117
Stanco NAM 314 Rc110
Standerton ZA 336 Wb117
Stanford ZA 346/347 Sd130
Stanleyvale ZA 336 Wa119
Stanmore ZA 344/345 Wc121
Steekdorings ZA 334 Ub118
Steel's Drift ZA 336 Wb118
Steelpoort ZA 328/329 Wc114
Steenbokpan ZA 327 Vc112
Steenbokvlakte NAM 314 Rc107
Steenkamp SD 337 Xb117
Steenkampsput ZA 332 Ta119
Steenwyk ZA 336/337 Wd116
Stegmansfontein ZA 343 Vb122
Steilloopbrug ZA 328 Wa111
Steineck NAM 313 Ra106
Steinfeld NAM 322/323 Rb114
Steinkopf ZA 338/339 Sa121
Stekaar ZA 342 Ub124
Stella ZA 334 Uc117
Stellarine NAM 322/323 Rb115
Stellenbosch ZA 327 Vb114
Stellenbosch ZA 346 Sc129
Stepmore ZA 344 Wb122
Sterkfontein NAM 315 Sc109
Sterkfontein ZA 342 Uc124
Sterkfontein ZA 328 Wa113
Sterkstroom ZA 332 Sd120
Sterkstroom ZA 328 Vd113
Stettyn ZA 346/347 Sd129
Steynsburg ZA 342/343 Va124
Steynsrus ZA 335 Vc119
Stilfontein ZA 335 Vb117
Still Bay East ZA 348 Tb130
Stillerus ZA 332/333 Tb120
Stillewater ZA 334 Ub117
Stillewoning ZA 326 Ua115
Stillewoning ZA 334 Ub116
Stingbank NAM 313 Ra109
Stinkdoorn NAM 332 Sc118
Stinkputs Noord ZA 340 Sd123
Stockpoort ZA 320 Wb110
Stoffberg ZA 328/329 Wc115
Stofkraal ZA 338/339 Sa124
Stofvlei ZA 339 Sb123
Stofvoet ZA 338 Rd121
Stokkiesdraai ZA 333 Td118
Stomp ZA 328 Wb114
Stompdrift ZA 348 Td128
Stompneus Bay ZA 346 Sa127
Stonefountain ZA 350 Va128
Stormlaagte ZA 332/333 Tb119
Stormsrivier ZA 349 Ud129
Straatsdrif ZA 327 Vb114
Strand ZA 346 Sc129
Strandfontein ZA 339 Sb125
Straussberg NAM 305 Sa104

Straussburg ZA 340 Ta121
Straussennest NAM 332 Sc117
Straussfeld NAM 314 Rd110
Strehla ZA 336 Wa116
Stretford ZA 335 Vd116
Struisvogel ZA 348/349 Ua128
Struizendam RB 332 Ta117
Stryd ZA 342/343 Va121
Strydenburg ZA 342 Ub122
Strydfontein ZA 341 Ua121
Strydlus ZA 329 Xa115
Strydvlakte ZA 334/335 Va119
Stryfontein NAM 323 Sa112
Stubbenkammer NAM 323 Rc115
Stutterheim ZA 350/351 Vc127
Stuurmansput ZA 340/341 Tc121
Sua Spit RB 318/319 Va106
Subridge ZA 341 Td121
Success NAM 304 Rc105
Success ZA 335 Vd119
Suiderkruis NAM 312/313 Qc106
Suiderkruis NAM 322/323 Rb115
Suidsande ZA 333 Td120
Suikerbosfontein ZA 328 Vd113
Sukkel ZA 338 Rd121
Sukses NAM 322/323 Rb113
Sukses NAM 323 Sa114
Sukses ZA 340/341 Tc123
Sukses ZA 342 Ub122
Sukusambe SD 337 Xb116
Summerdown NAM 315 Sb108
Summerrose ZA 334 Ud119
Sun City ZA 327 Vc115
Sundra ZA 336 Wa116
Sunland ZA 349 Ud128
Sunnydale ZA 342 Uc123
Sunnyside ZA 342 Ud121
Sus NAM 324 Sb115
Susahnasfontein ZA 334/335 Va120
Susanna ZA 336 Wa118
Susanna ZA 336 Wb119
Susanna ZA 337 Xa118
Susannaskop ZA 336 Wa119
Sussex ZA 327 Vc111
Suurbraak ZA 347 Ta129
Swakopmund NAM 312/313 Qc110
Swart Umfolozi ZA 337 Xa119
Swartbank NAM 322 Qd111
Swartbank ZA 330/331 Rc120
Swartberg ZA 344 Wb123
Swartbooistad ZA 328 Vd114
Swartfontein NAM 322/323 Rb112
Swartfontein ZA 342 Uc122
Swarthaak NAM 305 Sb105
Swartkop NAM 332 Sd119
Swartkopfonteinhek ZA 327 Va114
Swartkoppies NAM 323 Rd111
Swartkoppies ZA 339 Sc121
Swartkoppies ZA 341 Ua124
Swartkops ZA 349 Ud129
Swartmodder Suid ZA 332 Ta119
Swartoup ZA 332 Sd120
Swartpad ZA 340 Ta121
Swartpunt NAM 330/331 Rc118
Swartrand ZA 341 Td124
Swartruggens ZA 327 Vb115
Swartsrust ZA 334/335 Va117
Swartstormlaagte NAM 331 Sb118
Sweden ZA 320 Wa110
Sweetwater ZA 342 Ud121
Sweetwater ZA 343 Vb122

Swellendam ZA 334 Ub117
Swellendam ZA 347 Ta129
Swemkuil ZA 333 Tc120
Swemkuil ZA 341 Ua121
Swempoort NAM 304/305 Rd104
Swempoort ZA 343 Vb124
Swerwersrust NAM 324 Sc114
Swilley ZA 337 Xb119
Sybrandskraal ZA 328 Wa115
Sydney-on-Vaal ZA 334 Uc120
Syfergat ZA 343 Vb125
Syferkuil ZA 335 Vd118
Sylvia ZA 336 Wa119

T

T'Boop ZA 340 Sd123
Taaibos ZA 341 Ua122
Taaiboschgroet ZA 320 Wb110
Taaiboschpan ZA 334 Ud116
Taaibosfontein ZA 323 Ua120
Taaiboshoek ZA 339 Sc124
Tabankulu ZA 344 Wb124
Taberos NAM 331 Rd116
Tadyanemhandu ZW 311 Xc103
Tafelberg ZA 342 Ud125
Tafelkop ZA 339 Sc123
Tafelkop ZA 342 Ud122
Tafelkoppies ZA 336/337 Wd117
Tainton ZA 351 Vd127
Takaliywa ZW 320 Wa108
Takatokwane RB 326 Ub112
Takavarasha ZW 320/321 Wd106
Takwasa NAM 306 Sd102
Talana NAM 314/315 Sa109
Taleni ZA 351 Vd126
Talismanis NAM 316 Ta109
Tamasane RB 319 Vc110
Tambaskinge ZW 320 Wc109
Tambotiespruit ZA 328 Vd114
Tamtiga RB 318 Uc107
Tanda ZW 311 Xc102
Tanganda ZW 321 Xc106
Taranaki NAM 305 Sb104
Tarantaalbosch ZA 335 Vb118
Tarbert ZA 336/337 Wd116
Tarentaalkraal ZA 327 Vc113
Tarka ZA 350 Va126
Tarkabrug ZA 350 Va126
Tarzan ZA 335 Vd119
Tatafalaza ZA 337 Xa120
Tatamoge RB 317 Ub106
Taung ZA 334 Uc118
Taungsplaas ZA 334 Ub117
Tautswe RB 327 Vc111
Tavistock ZA 336 Wb116
Taylor's Pan ZA 333 Td116
Tchoda ZW 310 Wb101
Teba LS 343 Vd122
Tebellong LS 344 Wa122
Teddington ZA 344 Wb122
Tellerie ZA 332/333 Tb118
Temba ZA 328 Vd115
Tembisa ZA 335 Vd116
Tempelin ZA 333 Td119
Tenessee NAM 324 Sb111
Tereries ZA 340 Sd122
Terra Mea NAM 313 Qd107
Terrace Bay NAM 312 Qa106
Teschenbrügge NAM 323 Rd114
Teviot ZA 342 Ud125
Tevrede NAM 314/315 Sa110
Tevrede ZA 334 Ud120
Tevredenheid ZA 341 Ua122
Tewane RB 319 Vb110
Tewkesbury ZA 333 Td118
Teza ZA 337 Xb120
Thaba Kubelu LS 344 Wa121
Thaba Nchu ZA 343 Vb121

Thabakhubedu ZA 328 Wb115
Thabatshukudu RB 318/319 Va107
Thabazimbi ZA 327 Vc113
Thakadu RB 319 Vb107
Thakazele ZA 337 Xa119
Thalamabele RB 319 Vb108
Thale RB 307 Tc105
Thalogang RB 319 Vc107
Thamaga RB 326/327 Ud113
Thamane RB 319 Vb108
Thandanani SD 336/337 Wd117
Thankane RB 326 Ub114
The Brook ZA 336/337 Wd116
The Camp ZA 338 Rc121
The Downs ZA 336 Wb120
The Heads ZA 348/349 Ua129
The Meads ZA 344 Wa123
The Mill ZA 350 Vb128
The Mills ZA 342 Uc124
The Nest ZA 344 Wb121
Theerivier ZA 346 Sc127
Themaat NAM 323 Sa114
Thembelihle SD 337 Xa116
Thembokuhle ZA 337 Xa118
Thengwe ZA 320/321 Wd110
Theron ZA 335 Vb120
Theronsberg NAM 322/323 Rb114
Theronskop ZA 334 Uc117
Theunissen ZA 335 Vb110
Theydon ZW 311 Xb103
Thini RB 319 Vc106
Thirst ZA 333 Td118
Thistles Settlement ZA 344/345 Wc123
Thohoyandou ZA 329 Wd111
Thokosa ZA 336 Wb116
Thomson Junction ZW 309 Vb103
Thorndale ZA 349 Uc127
Thorndale ZA 335 Vc116
Thorngrove ZA 350 Va127
Thornville ZA 344/345 Wc122
Thornwick ZA 326 Ub115
Thorp ZA 328 Wa111
Thoteng ZA 343 Vd123
Three Sisters ZA 341 Ua125
Thsiame ZA 336 Wa120
Tiefenbach NAM 323 Rd113
Tiefland NAM 314 Rb106
Tiekiedraai ZA 328/329 Wc113
Tierhoek ZA 347 Ta128
Tierkloof NAM 331 Sa118
Tierkloof ZA 327 Vc114
Tierkolk ZA 333 Tc117
Tierkop ZA 332 Ta116
Tierkop ZA 340 Tb124
Tierpan NAM 324 Sb112
Tierpoort ZA 342/343 Va121
Tiervlei NAM 303 Ra105
Tikaseolo RB 317 Ua106
Tikasvlei ZA 339 Sc122
Tikhuba SD 337 Xb117
Timas ZA 340 Sd122
Tina Bridge ZA 344 Wa124
Tinnor ZW 321 Xa108
Tirool NAM 330/331 Rc116
Titiri RB 318/319 Va109
Tjiponga RB 306/307 Tb103
Tjiponga RB 306/307 Tb103
Tlapeng ZA 334 Ub117
Tlapeng ZA 326/327 Ud115
Tlhabane ZA 327 Vc115
Tloha-re-bue LS 344 Wa121
Toatshaa RB 318 Ud108
Tobing NAM 324 Sc112
Toekoms NAM 314/315 Sa109
Toekoms NAM 324 Sb112
Toekoms ZA 340 Ta123
Toekoms ZA 340 Tb123
Toekoms ZA 326 Ua115
Toeloop NAM 323 Sa113
Toeslaan ZA 332 Ta120
Toeslaan Oos ZA 332 Ta120
Tofu SD 337 Xa117

Toggekry NAM 305 Sb104
Toggekry ZA 335 Vc118
Tokio NAM 331 Rd116
Tom Brown ZA 333 Td117
Tombo ZA 344 Wb125
Tommy ZA 328 Wb111
Tongaat ZA 345 Wd122
Tonotha RB 319 Vc108
Toorberg ZA 346/347 Sd128
Toorwater ZA 348/349 Ua128
Tooseng ZA 328 Wb113
Topisi RB 319 Vc109
Toppunt ZA 336 Wa119
Torquay ZA 342 Ub121
Toteng RB 317 Td106
Toteng RB 319 Vc107
Touwesfontein ZA 347 Ta128
Touwsrivier ZA 346/347 Ta128
Towla ZW 320 Wc108
Trafalgar ZA 344/345 Wc124
Transvaal NAM 313 Ra106
Travalia ZA 348/349 Ua126
Trawal ZA 346 Sb126
Trelawney ZW 310/311 Wd101
Trewelland ZA 323 Ua116
Triangle ZW 321 Xa107
Trichardt ZA 336 Wb117
Troadero NAM 314 Rb106
Trom ZA 323 Ua117
Trooilapspan ZA 332/333 Tb120
Tsakane ZA 336 Wa116
Tsakani ZA 329 Xa113
Tsakholo LS 343 Vc122
Tsamaya RB 319 Vd107
Tsammams NAM 314 Rb110
Tsams NAM 331 Sa120
Tsandi NAM 303 Qd102
Tsaobis NAM 313 Ra110
Tsaraxa-aibes NAM 331 Sa116
Tsarizaguru ZW 311 Xc103
Tsatane ZA 328/329 Wc113
Tsatsu RB 326/327 Ud114
Tsaukaib NAM 330 Rb117
Tsaukaub NAM 331 Sa116
Tsaurob NAM 323 Sa112
Tsekomaka RB 318 Ud108
Tsepheahela RB 327 Va111
Tsesane RB 326 Uc112
Tsetseng RB 326 Ua112
Tshaane RB 326 Uc114
Tshamahansi ZA 328 Wb112
Tshamatala ZW 320/321 Wd109
Tshandama ZA 320/321 Wd110
Tshane RB 325 Tc112
Tshaneng ZA 327 Vc115
Tshaneni SD 337 Xb116
Tshatshane RB 326 Uc112
Tshaulu ZA 320/321 Wd110
Tshauxaba RB 308 Ud105
Tshidilamolomo ZA 326 Uc115
Tshikunda ZA 320/321 Wd110
Tshikundu ZA 329 Wd111
Tshimoyapula RB 319 Vb109
Tshiturapadsi ZW 320/321 Wd110
Tshogautsha RB 318 Ud107
Tshongwe ZA 337 Xb118
Tshonono ZA 337 Xb119
Tshovani ZW 321 Xc107
Tshuane RB 318/319 Va107
Tshutshubego RB 307 Ua105
Tshwane-Pretoria ZA 328 Vd115
Tshwaro ZA 327 Vb114
Tshwene ZA 328 Wb113
Tsiagake RB 318/319 Va107
Tsiamelo ZA 343 Vc121
Tsikoane LS 343 Vd121
Tsilwana ZA 323 Ua116
Tsimanyane ZA 328 Wb114
Tsineng ZA 323 Ua118
Tsitsa Bridge ZA 344 Wa124
Tsitsib NAM 305 Sa103

Tsitsong LS 343 Vd123
Tsoe RB 318 Uc107
Tsogae RB 319 Vb107
Tsokatshaa RB 318 Ud106
Tsolo ZA 344 Wa125
Tsonyane RB 326 Uc114
Tsorunyane RB 318/319 Va108
Tsuli RB 309 Vb105
Tsumeb NAM 304/305 Rd104
Tsumia NAM 304 Rb105
Tsumis Park NAM 323 Rd112
Tswaane RB 316/317 Tc110
Tswaaneng RB 326 Uc115
Tswaaneng ZA 327 Vc114
Tswabi RB 326 Uc113
Tswaing ZA 328 Vd115
Tswanatshae RB 318 Uc107
Tswatago ZA 328 Wb113
Tubussis NAM 313 Ra108
Tugab NAM 314 Rc110
Tugela ZA 345 Xa121
Tugela Estate ZA 336 Wc120
Tugela Ferry ZA 336/337 Wd120
Tugela Mouth ZA 345 Xa121
Tugela Rand ZA 336/337 Wc123
Tuishoek ZA 343 Vb121
Tuit ZA 342 Ub122
Tuli ZW 320 Wb109
Tuli Makwe ZW 320 Wa107
Tunis NAM 331 Sa119
Turflaagte ZA 328 Vd111
Tutuka ZA 336 Wb117
Tutume RB 319 Vc106
Twasane ZA 337 Xa119
Tweebuffels ZA 335 Wb116
Tweedam ZA 349 Ud127
Tweedrag NAM 324 Sc113
Tweefontein ZA 346/347 Sd126
Tweefontein ZA 341 Ua121
Tweefontein ZA 334 Ud120
Tweefontein ZA 342/343 Va122
Tweefontein ZA 328 Wa115
Tweefontein ZA 336 Wb116
Tweehoek ZA 343 Vb122
Tweeling ZA 333 Tc119
Tweespruit NAM 322/323 Rb111
Tweestroom ZA 328 Vd113
Twyfel NAM 313 Qd106
Twyfelfontein ZA 336/337 Wd118
Tylden ZA 350 Vb126
Tzaneen ZA 328/329 Wc112

U

Ubib NAM 313 Ra109
Ubib NAM 322/323 Rb112
Ubusis NAM 322/323 Rb113
Ugie ZA 343 Vd124
Uikyk ZA 342 Ud125
Uilkraal ZA 346 Sb128
Uis NAM 313 Qd108
Uisib NAM 323 Rd111
Uitenhage ZA 349 Ud129
Uitgedacht ZA 336 Wa118
Uitgehou ZA 337 Xb118
Uithou NAM 313 Qd109
Uitkom NAM 324 Sc114
Uitkoms ZA 341 Td121
Uitkoms ZA 341 Ua123
Uitkomst ZA 347 Ta129
Uitkomst ZA 349 Uc127
Uitkomst ZA 336 Wc118
Uitkyk NAM 322/323 Rb114
Uitkyk ZA 339 Sb125
Uitkyk ZA 325 Td115
Uitkyk ZA 341 Td124
Uitkyk ZA 349 Ub126
Uitkyk ZA 334 Uc116
Uitkyk ZA 342/343 Va124
Uitnood ZA 346/347 Sd129
Uitsig NAM 313 Qd107
Uitsig NAM 331 Sb118
Uitsig NAM 332 Sc119
Uitsig ZA 346/347 Sd128
Uitsig ZA 332/333 Tb119
Uitsig ZA 333 Tc117
Uitsig ZA 341 Td122

Uitsig ZA 342/343 Va123
Uitsig ZA 335 Vb120
Uitsig ZA 328 Vd113
Uitskot NAM 331 Sb119
Uitspanong NAM 314 Rc109
Uitvlug ZA 340/341 Tc121
Uitvlugt ZA 348 Tb129
Uitvlugt ZA 336 Wb118
Ukula ZA 337 Xb120
Ukwi RB 324/325 Ta112
Ulco ZA 334 Ub120
Uligara NAM 313 Ra108
Ulster ZA 323 Ua118
Ultima Thule NAM 315 Sb108
Ulundi ZA 337 Xa120
Umbogintwini ZA 345 Wd122
Umfanta ZA 344 Wa124
Umgababa ZA 345 Wd123
Umhlali ZA 345 Xa122
Umhlanga ZA 345 Wd122
Umis NAM 331 Sa117
Umkomaas ZA 345 Wd123
Umlazi ZA 345 Wd122
Umsweswe ZW 310 Wc103
Umtentweni ZA 344/345 Wc124
Umtshezwa SD 337 Xa117
Umzimkulu ZA 344/345 Wc123
Umzinto ZA 345 Wd123
Una NAM 314 Rd106
Underberg ZA 344 Wb122
Union ZA 342/343 Va122
Untersee NAM 331 Rd116
Upington ZA 332/333 Tb120
Uplands ZA 344/345 Wc122
Upper Nseleni ZA 337 Xa120
Upper Telle ZA 343 Vc123
Upper Umvoti ZA 344/345 Wc121
Urikaruus ZA 332 Sd116
Urusis NAM 323 Rc113
Utokota NAM 306 Sd102
Utrecht ZA 336 Wc118
Uubvlei NAM 330/331 Rc120
Uukwandongo NAM 303 Qd101
Uukwiwongwe NAM 303 Ra102
Uutsathima NAM 303 Qd103
Uuyoka NAM 304 Rb102
Uvongo ZA 344/345 Wc124
Uzumba ZW 311 Xb101

V

Vaal Reefs ZA 335 Vb117
Vaalbank ZA 342/343 Va123
Vaalbank ZA 328 Wa114
Vaalbosbult ZA 334 Ud118
Vaalboshoek ZA 334 Uc119
Vaalboslaagte ZA 334 Uc117
Vaaldam ZA 332 Ta119
Vaaldoorn NAM 332 Sc120
Vaalgras NAM 323 Rc111
Vaalheuwel ZA 338/339 Sa121
Vaalheuwel ZA 339 Sb122
Vaalkop ZA 340 Sd121
Vaalkop ZA 333 Td120
Vaalkop ZA 343 Vb121
Vaalkrans ZA 341 Ua121
Vaalkrans ZA 336/337 Wd119
Vaalpan NAM 324 Sc113
Vaalpan ZA 338 Rd121
Vaalpan ZA 332 Ta116
Vaalpan ZA 323 Ua117
Vaalpan ZA 342 Ud121
Vaalplaas ZA 340/341 Tc123
Vaalput ZA 340/341 Tc122
Vaalputs ZA 332/333 Tb120
Vaalrand ZA 336 Wa117
Vaalwater NAM 303 Qd105
Vadersgift ZA 336 Wa119
Val ZA 336 Wa117
Vale of Hope ZA 336 Wc120

Valencia NAM 322/323 Rb111
Valerie NAM 315 Sc110
Valhal NAM 304 Rc105
Valleiplaas ZA 334/335 Va116
Valsdam NAM 314 Rb110
Valsfontein ZA 342 Uc123
Valspan ZA 341 Ua121
Valspan ZA 341 Ua122
Valspan ZA 334 Uc119
Valsrivier ZA 335 Vd119
Valsvlei ZA 340 Ta122
Van Amstel ZA 341 Ua125
Van Beekks Hulp ZW 321 Xa108
Van den Berg ZA 334 Ub116
Van der Kloof ZA 342 Uc122
Van Der Stel ZA 346 Sc129
Van der Stelskraal ZA 347 Ta130
Van Rooyen ZA 336 Wc119
Van Wyksfontein ZA 334 Ub119
Van Wyksrus ZA 335 Vb118
Van Wyksvlei ZA 342 Uc121
Van Zylsrust ZA 338/339 Sa124
Vanderbijlpark ZA 335 Vd117
Vandyksdrif ZA 336 Wb116
Vannelsdam ZA 333 Td120
Vanrhynsdorp ZA 339 Sc125
Vanstadensrus ZA 343 Vb122
Vant's Drift ZA 336/337 Wd119
Varkbosch NAM 323 Rc113
Vars Kamas ZA 340 Sd123
Varskrans ZA 340 Ta123
Varsput ZA 340 Tb121
Varsputs ZA 339 Sb122
Varsvlei ZA 342/343 Va125
Vasdraai NAM 315 Sc110
Vastrap ZA 333 Tc118
Veekraal ZA 342 Ud123
Veeplaas ZA 327 Vb115
Veepos ZA 335 Vc120
Velddrif ZA 346 Sb127
Velloor NAM 332 Sc120
Vensterkop NAM 332 Sc117
Vensterdam ZA 341 Ua123
Ventersburg ZA 335 Vc119
Venterskroon ZA 335 Vc117
Venterskroon ZA 335 Vc117
Venterspos ZA 335 Vc116
Venterstad ZA 342/343 Va124
Ventersvlakte ZA 342 Uc123
Ventersvlei ZA 342 Uc123
Venus NAM 313 Ra107
Vera ZA 334 Ud120
Verbetering ZA 335 Vc118
Verdwaal ZA 334/335 Va116
Verdwaalvlei ZA 340 Ta123
Vereeniging ZA 335 Vd117
Verest ZA 335 Vd117
Vergeleë NAM 323 Rd114
Vergeleë ZA 326 Ub115
Vergenoeg NAM 303 Ra105
Vergenoeg NAM 324 Sb112
Vergenoeg NAM 335 Sb116
Vergezogt ZA 342/343 Va121
Verkeerdevlei ZA 335 Vb120
Verloorveld NAM 323 Sa114
Vermaaklikheid ZA 348 Tb129
Vermeulensput ZA 340 Tb122
Vermont ZA 346 Sc130
Veronica NAM 323 Sa111
Verraad NAM 324 Sb114
Vertoef NAM 314 Rc108
Verulam ZA 345 Wd122

Verwagting NAM 331 Rd116
Vesuvius ZA 334/335 Va119
Vetkop ZA 342 Ud123
Vianen ZA 328 Wa112
Victoria Falls ZW 308/309 Va102
Victoria West ZA 341 Ua125
Viedgesville ZA 344 Wa125
Viljoensdrif ZA 335 Vd117
Viljoenskroon ZA 335 Vb118
Viljoenspos ZA 336/337 Wd118
Villa Franca ZA 334 Uc117
Villiers ZA 336 Wa117
Villiersdorp ZA 346 Sc129
Vinga ZW 320/321 Wd107
Vingekraal ZA 328 Vd114
Virginia ZA 327 Vc111
Virginia ZA 345 Wd122
Virginia ZA 335 Vb119
Visdam ZA 342/343 Va122
Visgat ZA 346 Sc127
Viviers ZA 348 Td127
Viviers ZA 349 Wb110
Vivo ZA 328 Wb111
Vlakfontein ZA 342 Uc125
Vlakfontein ZA 342 Ud122
Vlakfontein ZA 343 Vb123
Vlakfontein ZA 328 Wa115
Vlaklaagte ZA 328 Wa115
Vlakpan ZA 334 Uc117
Vlakpan ZA 342 Ud121
Vlakpan ZA 327 Va115
Vlakplaas ZA 334 Uc117
Vlakplaas ZA 335 Vd118
Vlakplaats ZA 328 Vd114
Vlakte NAM 313 Qc105
Vlakteplaas NAM 313 Ra110
Vlees Bay ZA 348 Tc129
Vleeskraal ZA 334 Ud117
Vleibank NAM 313 Qd108
Vleidam ZA 348 Tb129
Vleifontein ZA 348 Tb128
Vleifontein ZA 328/329 Wc111
Vleiplaas ZA 340/341 Tc123
Vleiplaas ZA 342/343 Va123
Vleitjies ZA 346 Sc128
Vleitjies ZA 332 Ta119
Vlieëkraal ZA 334/335 Va118
Vlieland ZA 328 Wb111
Vlissingen Noord NAM 332 Sc119
Vloekpoort ZA 342 Ub124
Vlooizynvloer ZA 340 Ta123
Voëlvlei ZA 346/347 Sd130
Vogel Vry ZA 334 Ub116
Vogelpan NAM 323 Rd111
Vogelsang NAM 314 Rb109
Vogelsang NAM 305 Sa104
Voigtskub NAM 323 Rd113
Volksrust ZA 336 Wc118
Volmoed NAM 303 Ra105
Volmoed ZA 340 Sd121
Volmoed ZA 333 Td116
Volstruisleegte ZA 348/349 Ua127
Volstruispan ZA 334 Uc116
Volstruispan ZA 328 Vd114
Volstruisvlakte ZA 326 Ub115
Vondeling ZA 348/349 Ua128
Voorhuis ZA 347 Ta129
Voorkeur ZA 336/337 Wd118
Voorspoed NAM 314 Rb107
Voorspoed ZA 342 Ub121
Voorspoed ZA 342 Ud123
Vooruitgaan NAM 314 Rd109
Vooruitsig ZA 336 Wc118
Vorentoe ZA 340/341 Tc121
Vorspoed ZA 335 Vc118
Vorstershoop ZA 326 Ua115
Vosburg ZA 341 Td123
Vosterdam ZA 342 Uc123
Vrede NAM 330/331 Rc117
Vrede NAM 333 Sa118
Vrede ZA 347 Ta128
Vrede ZA 332/333 Tb119

Vrede ZA 327 Vb115
Vrede ZA 335 Vb119
Vrede ZA 335 Vd119
Vrede ZA 336 Wb118
Vredebron ZA 334 Ub119
Vredeburg ZA 334 Ud117
Vredefontein ZA 338 Rd121
Vredehof ZA 336/337 Wd118
Vredelus NAM 304/305 Rd104
Vredelus ZA 349 Ud128
Vredenburg ZA 346 Sb127
Vredendal NAM 331 Sb120
Vredendal ZA 346 Sc129
Vrederus ZA 332/333 Tb118
Vroeggedeel ZA 333 Td119
Vrolikheid Noord ZA 333 Td119
Vryburg ZA 334 Uc117
Vryheid ZA 334 Ud119
Vryheid ZA 334/335 Va119
Vryheid ZA 336/337 Wd119
Vrystad ZA 351 Vd126
Vuilnek ZA 333 Td119
Vula Mehlo ZA 337 Xa120
Vulenteer NAM 313 Ra106
Vumanhlamvu ZA 337 Xa120
Vuranda ZW 320/321 Wd106
Vuthele ZA 337 Xa119
Vuursiekvlei ZA 340 Ta122
Vuyolwetho ZA 349 Uc128
Vyf Duine RB 332 Ta117

Waaihoek NAM 314 Rd109
Waaipunt ZA 341 Td124
Waenhuiskrans ZA 347 Ta130
Wag 'n Bietjie NAM 323 Rd115
Wag-'n-Bietjie NAM 315 Sc109
Wagendrift ZA 329 Wd111
Wagnog NAM 314 Rc107
Wakkerstroom ZA 336 Wc118
Waldhöh NAM 315 Sb109
Walkraal ZA 340 Tb125
Wallekraal ZA 338/339 Sa123
Waltervaldiepgar NAM 331 Sa116
Walton ZA 336 Wb120
Walvis Bay NAM 322 Qc111
Wanda ZA 342 Uc122
Wanezana Ranch ZW 320/321 Wd108
Wanstead ZA 344 Wb123
Waqu ZA 350/351 Vc126
Warburton ZA 336/337 Wd116
Warden ZA 336 Wa119
Warmbad Noord ZA 332 Sc120
Warmley ZW 319 Vd108
Warmquelle NAM 302/303 Qb104
Warmvlei ZA 332 Sd119
Warrensvlakte ZA 334 Uc117
Warrenton ZA 334 Uc119
Wartburg ZA 345 Wd121
Wasbank ZA 336 Wc120
Wasserfall NAM 331 Rd117
Waterbank NAM 313 Qd109
Waterboersdam ZA 333 Td120
Waterfall ZA 345 Wd121
Waterford ZA 349 Ud127
Water-Fouché ZA 323 Ua116
Waterhoek ZA 344/345 Wc121
Waterhoutkloof ZA 328 Vd113
Waterkloof ZA 342/343 Va121
Waterkloof ZA 320 Wc110
Waterkop ZA 341 Td122
Waterloo ZA 343 Vc123
Watermeyer ZA 333 Td119

Waterpoort ZA 328/329 Wc111
Watershed ZA 335 Vc116
Waterval ZA 341 Ua123
Waterval ZA 343 Vb123
Waterval ZA 343 Vb123
Waterval ZA 343 Vc124
Waterval ZA 328 Wb114
Waterval Boven ZA 329 Wd115
Watford ZA 350/351 Vc127
Watyoka ZW 310/311 Wd103
Wavecrest ZA 351 Wa127
Waveren ZA 346 Sc128
Waverley ZA 340/341 Tc123
Webb ZA 334/335 Va117
Weeber ZA 336/337 Wd118
Weenen ZA 334 Ud116
Weenen ZA 336 Wc120
Weerlig NAM 313 Qd106
Wegdraai ZA 334 Uc116
Wegkruip NAM 330/331 Rc116
Weilbach ZA 335 Vd118
Weilenrode NAM 324 Sc115
Weissenborn NAM 330 Rb116
Weiveld ZA 335 Vc117
Welbedacht ZA 336/337 Wd118
Welbekend ZA 336 Wa116
Welecke NAM 323 Rd114
Welgedacht ZA 342 Uc124
Welgedacht ZA 336 Wa116
Welgeleë ZA 335 Vb119
Welgelegen ZA 350 Va128
Welgelegen ZA 336 Wa116
Welgelegen ZA 336 Wc117
Welgeluk NAM 314 Rd107
Welgemeend NAM 303 Ra105
Welgemoed ZA 334 Uc117
Welgevonde NAM 304/305 Rd104
Welgevonde ZA 341 Td121
Welgevonden ZA 341 Td123
Welgevonden ZA 341 Ua121
Welgevonden ZA 349 Uc128
Welgevonden ZA 327 Va114
Welgevonden ZA 335 Vb116
Welgevonden ZA 327 Vc113
Welgevonden ZA 336/337 Wd116
Welgewaag NAM 324 Sc114
Welkom NAM 312/313 Qc106
Welkom NAM 330/331 Rc117
Welkom RB 332 Ta117
Welkom ZA 340 Sd122
Welkom ZA 335 Vb119
Wellington ZA 346 Sc128
Welmoed NAM 315 Sb108
Welspas ZA 334 Uc117
Weltevrede NAM 314 Rc108
Weltevrede NAM 331 Rd117
Weltevrede NAM 323 Sa113
Weltevrede NAM 331 Sb118
Weltevrede NAM 324 Sc112
Weltevrede ZA 346/347 Sd129
Weltevrede ZA 348 Tc127
Weltevrede ZA 328 Wb114
Weltevreden ZA 328 Vd112
Weltevreden ZA 344/345 Wc121
Welvanpas ZA 341 Ua124
Welverdiend RB 332/333 Tb117
Welverdiend ZA 332/333 Tb118
Welverdiend ZA 334/335 Va117
Welverdiend ZA 343 Vc123
Wembley ZA 336 Wc120

Wenela NAM 307 Ua102
Wengezi ZW 311 Xc105
Werda NAM 304 Rc104
Werda ZA 333 Tc117
Werda ZA 341 Ua123
Wereldend NAM 322/323 Rb114
Wesley ZA 350/351 Vc128
Wesselsbron ZA 335 Vb119
Wesselton NAM 314 Rc107
Wesselton ZA 336 Wc117
West Hanahai RB 316/317 Tc109
West Nicholson ZW 320 Wb107
Westbank ZA 346 Sc128
Westbourne ZA 333 Td118
Westerberg ZA 341 Td121
Westfield ZA 323 Ua118
Weston ZA 344/345 Wc121
Westonaria ZA 335 Vc116
Westville ZA 345 Wd122
Whatton ZA 342 Uc125
Whitby ZA 323 Ua117
Whitmore ZA 343 Wd125
Whittlesea ZA 350 Wb126
Wilde NAM 305 Sb104
Wildealsfontein ZA 334 Ub118
Wildealsput ZA 342 Ub123
Wildebeespan ZA 334 Ud117
Wildeck NAM 303 Qc105
Wilderness ZA 348 Td129
Wildfontein ZA 342 Uc124
Wildpark NAM 323 Rd113
Wildsdraai ZA 341 Ua121
Wildwasser NAM 314/315 Sa108
Wilgerboomput ZA 342 Uc121
Wilgerbosspruit ZA 336 Wc118
Wilgerfontein ZA 348 Tb128
Wilkins SD 336/337 Wd117
Willem se Opdam ZA 340 Sd121
Willemshoop ZA 334/335 Va119
William Porter ZA 320 Wb110
Williesvreugde ZA 335 Vd118
Williston ZA 340 Tb125
Willow Park ZA 327 Va115
Willow Slopes ZA 349 Uc126
Willowdale ZA 344 Wb123
Willowvale ZA 351 Wa126
Wilmardi NAM 305 Sa104
Wilowvale ZA 343 Wb122
Wilton ZA 320 Wb110
Wilton ZW 311 Xb103
Wilzenau ZA 326 Ua115
Winburg ZA 335 Vb120
Windhoek NAM 314 Rc110
Windsorton Road ZA 334 Uc120
Winkelhaak ZA 334 Ud120
Winterhoek ZA 346 Sc128
Winterhoek ZA 342 Ub122
Winterhoek ZA 334 Ud116
Wintershoek ZA 334/335 Va120
Winterskraal ZA 336 Wc118
Wintersvlei Ranch ZA 334/335 Va119
Winterton ZA 336 Wb120
Winton ZA 333 Td118
Witbank NAM 315 Sc109
Witbank ZA 334 Ub119
Witbank ZA 328 Wb115
Witberg ZA 333 Tc120
Witberg ZA 333 Td118
Witcons ZA 336 Wb116
Witdam NAM 323 Sa114
Witdam ZA 341 Ua122
Witdraai ZA 332 Ta117
Witgras NAM 324 Sd114
Witgras ZA 340/341 Tc124
Withuis NAM 323 Sa115
Witkalk ZA 340 Tb122
Witkloof ZA 337 Xa119
Witkop NAM 332 Sd119
Witkop ZA 343 Vb124
Witkop ZA 327 Vc112
Witkoppies ZA 333 Tc120
Witkrans NAM 324 Sb111

Witmos ZA 350 Va127
Witpan NAM 332 Sc117
Witpan ZA 339 Sb124
Witpan ZA 334 Ub116
Witpoort ZA 341 Ua122
Witputs NAM 323 Rd112
Witputs ZA 340 Sd123
Witputs ZA 332 Ta118
Witputs ZA 333 Td117
Witrandsfontein ZA 335 Vb117
Witsand ZA 348 Tb130
Witteklip ZA 349 Ud129
Wittenberg ZA 336/337 Wd118
Witvlei NAM 332 Sd118
Witvlei NAM 315 Sb110
Witvlei ZA 340 Ta121
Witwater NAM 322/323 Rb114
Witwater ZA 339 Sb123
Witwater ZA 341 Ua121
Wolfkop ZA 340 Sd123
Wolfkop ZA 340 Tb121
Wolfsschlucht NAM 331 Sa118
Wolftoon NAM 324 Sc112
Wolmaransstad ZA 334/335 Va118
Wolplaas NAM 332 Sc119
Wolseley ZA 346 Sc128
Woltemade NAM 314 Rd108
Wolwedans ZA 346 Sc128
Wolwefontein ZA 348 Tb128
Wolwekoppie ZA 327 Va115
Wolwekraal ZA 342 Ub124
Wolwekraal ZA 349 Uc128
Wolwekraal ZA 328 Wa114
Wolwespruit ZA 334 Ud120
Wolwevlei ZA 342 Ud125
Wonderboom NAM 315 Sb109
Wonderboom ZA 343 Vb122
Wonderfontein ZA 334 Ud117
Wonderheuwel ZA 340/341 Tc124
Wonderheuwel ZA 335 Vc118
Wonderhoek ZA 328/329 Wc115
Wonderkop ZA 335 Vc119
Wonderpan ZA 341 Td122
Wonderput ZA 342 Ub121
Woodbine ZA 327 Va115
Woodgrange ZA 345 Wd123
Woodlands ZA 334 Ub116
Woodlands ZA 349 Ub129
Woodlands ZA 334 Uc119
Woodlands ZA 342 Uc121
Woodlands ZA 337 Xa120
Wooldridge ZA 350/351 Vc128
Worcester ZA 346/347 Sd128
Wormald ZA 333 Td119
Wortel NAM 322 Qc111
Woudend ZA 328 Vd111
Wouterpan ZA 341 Ua121
Wuppertal ZA 346 Sc126
Wxamatsaa RB 318 Uc108
Wyford ZA 336 Wb120
Wyllie's Poort ZA 328/329 Wc111

Xade RB 317 Td110
Xalanga ZA 343 Vc125
Xangoro RB 317 Td106
Xao RB 318/319 Va106
Xaoxwe RB 307 Tc103
Xaudum RB 306/307 Tb103
Xawela RB 329 Wd112
Xaxa Waterhole RB 317 Ua109
Xaxasana ZA 344 Wa123
Xene RB 307 Td105
Xhamxxana RB 318 Ud106
Xhana RB 317 Ub106
Xhekedao RB 307 Tc105
Xhooga RB 318 Ud106
Xhoro RB 307 Td105

Xhorodomo RB 318 Uc108
Xhugana RB 318/319 Va106
Xhumaga RB 318 Uc106
Xintsoraga RB 318 Uc108
Xlalajena RB 319 Vb108
Xoa RB 318 Ud108
Xolobe ZA 350/351 Vc126
Xorotsaa RB 307 Tc104
Xoutsago RB 318/319
Xuruee RB 307 Tc105
Xwatshaa RB 318 Uc107
Xwee RB 317 Ub106

Yanandutu NAM 303 Ra102
Ybeep ZA 338/339 Sa122
Ysterputs NAM 331 Sa119
Ysterrante ZA 348 Td126
Yzerfontein ZA 346 Sb128

Zaaimansdal ZA 348/349 Ua128
Zaderbergshoop ZA 340 Tb122
Zais NAM 322/323 Rb112
Zaka ZW 321 Xb106
Zamdela ZA 335 Vd117
Zandpan ZA 328 Wa113
Zandspruit ZA 327 Vc113
Zandspruit ZA 328 Vd113
Zandvoort ZA 342/343 Va121
Zania NAM 324 Sb112
Zankuyo RB 308 Ub105
Zanyane SD 337 Xb116
Zara RB 306/307 Tb104
Zara ZA 336 Wa118
Zaris NAM 322/323 Rb114
Zaudaus NAM 324 Sb114
Zave ZW 310 Wc101
Zazana RB 318 Ud106
Zebrafontein NAM 330/331 Rc119
Zeekoebaard ZA 340/341 Tc121
Zeekoegat ZA 341 Td123
Zeekoegat ZA 328 Wa111
Zeekoegat ZA 328/329 Wc113
Zeekoeister ZA 332 Sd120
Zeerust ZA 327 Va115
Zelda NAM 315 Sd110
Zendelingshoek NAM 324 Sb114
Zenka ZW 310 Wa104
Zerwick ZA 334 Ub116
Zhombe ZW 310 Wb103
Zibelini ZA 343 Vb125
Zilverhout ZA 337 Xa119
Zimba Z 308/309 Va101
Zimuto ZW 311 Xa105
Zinkwazi Beach ZA 345 Xa121
Ziska ZA 320/321 Wd110
Zitapile ZA 344 Wa123
Zithabiseni Resort ZA 328 Wb115
Zithri Zepho NAM 305 Sb105
Zoar ZA 348 Tb128
Zoetfontein ZA 328 Wa111
Zola ZA 350 Va126
Zomba ZW 310 Wa102
Zonderwater ZA 328 Wa115
Zorgvliet Z 309 Vb101
Zoutpan ZA 334 Ud119
Zuid Brabant ZA 327 Vc113
Zumbara ZW 310 Wc102
Zunis NAM 314 Rd106
Zutshwa RB 325 Tb113
Zvamatobwe ZW 311 Xa104
Zvarota ZW 310/311 Wd105
Zvipane ZW 310 Wb101
Zvipiripiri ZW 311 Xc105
Zvishavane ZW 320 Wc106
Zwartlaagte ZA 334/335 Va120
Zwelisha ZA 336 Wb120
Zwelitsha ZA 350/351 Vc127
Zwingli ZA 327 Va114

A
|Ai-|Ais Richtersveld Transfrontier Park 134
Addo Elephant Park 186
Algoa Bay 185
Aloen 127
Augrabies Falls National Park 134

B
Bakkrans Nature Reserve 140
Bangweulusümpfe 16
Baobabs 32
Basotho 262
Berlin Falls 231
Bethanie 127
Betty's Bay 168
Bloemfontein 199
Blouberg Beach 167
Blyde River Canyon 230 ff.
Bontebok National Park 145
Botsuana 36 ff.
 - Geschichte 51
Boulders Beach 167
Brandberg Mountain 86 f.
Brillenpinguine 167
Büffel 16
Bulawayo 30
Buren 205
Burnt Mountain 80
Bwabwata National Park 64

C
Camdeboo National Park 190
Camps Bay 160
Cango Caves 183
Cape Agulhas 175
Cape Cross 92
Cape of Good Hope Nature Reserve 165
Cape St. Francis 185
Cape Town s. Kapstadt
Cape Winelands 171
Caprivi 65
 - Vögel 68
Cederberg Mountains 140
Chobe National Park 36, 267
Chobe River 67
Clifton 160

D
Damaraland 79
De Hoop Nature Reserve 175
Desert Express 105
Diamanten 134
Diamantenküste 129
Dorob National Park 93
Drakensberge 236 ff.
Duesternbrook Private Game Reserve 100
Durban 235
Duwisib Castle 124
Dwesa-Cwebe Marine Protected Area 195

E
East London 192
Elefanten 187
Epupa Falls 58
Erindi Game Reserve 90
Erongo Mountains 87
Etosha National Park 70 ff., 274
 - Tierwelt 74

F
Farmleben 102
Feenkreise 125
Felsmalereien 129, 239
Fish River Canyon 128
Franschhoek 170

G
Gaborone 50 f.
 - Gaborone Game Reserve 50
Garden Route 180
Garden Route National Park 185
George 182
Geparde 247
Giants' Playground 127
Ginsterkatze 53
Giraffen 47
Goegap Nature Reserve 138
Golden Gate Highlands National Park 198
Great Karoo 144
Grootfontein 76
Groß-Simbabwe 35

H
Haie, Weiße 195
Harare 30
Hartbeespoort Dam Reservoir 206
Hartmann Mountains 57
Herero 91
Hermanus 168
Himba 60
Hlane Royal National Park 254
Hluhluwe-iMfolozi Park 246, 281
Hoanib-Rivier 82
Hoarusib 83
Hout Bay 161
Huab-Rivier
Hwange National Park 26
Hyänen 21

I
iSimangaliso Wetland Park 250, 280
Ithala Game Reserve 246

J
Johannesburg 201 ff.
 - Museen 202
 - Townships 202

K
Kafue National Park 21
Kalahari 46
 - Tierwelt 48
Kaokoveld 56
Kap der Guten Hoffnung 164
Kap-Halbinsel 147
Kapama Game Reserve 217
Kapstadt 146 ff.
 - Bo-Kaap 153
 - Castle of Good Hope 150
 - Geschichte 150
 - Long Street 150
 - South African Museum 150
 - Strandleben 160
 - Tafelberg 157
 - Two Oceans Aquarium 156
 - Victoria & Alfred Waterfront 153
 - Victoria Wharf Mall 156
Karibasee 26
Karoo National Park 144
Kasanka National Park 16
Keetmanshoop 127
Kgalagadi Transfrontier National Park 46
Khami 31
Khomas-Hochland 100
Khumib 83
Khutse Game Reserve 53
Kimberley 135
Knysna 178
Knysna Forest 179
Kogelberg Biosphere Reserve 168
Kokerboomwoud 126
Kolmanskop 125
Kommetjie 164
Kruger National Park 216 ff., 284 ff.
 - Lanner Gorge 216
 - Lepelle River 220
 - Letaba River 217
 - südlicher Teil 221
Kuiseb-Canyon 106
Kuiseb-Fluss 106
Kunene River 56

L
Lamberts Bay 142
Leoparden 101
Lesotho 258 ff.
Linyanti-Sümpfe 36
Little Karoo 176
Liuwa Plain National Park 21
Livingstone 22
Livingstone, David 23
Lodges 222
Löwen 218
Lower Zambezi National Park 22
Lüderitz 124
Lusaka 22

M

Madikwe Game Reserve 208
Magoebaskloof 212
Mahango Game Reserve 65
Makalali Game Reserve 212
Makgadikgadi Pans National Park 44
Maletsunyane Gorge 258
Malolotja Nature Reserve 254
Maltahöhe 124
Mamili National Park 66
Mana Pools National Park 26
Mandela, Nelson 153
Mapungubwe 211
Mapungubwe National Park 211
Marakele National Park 211
Marienfluss 56
Matobo National Park 34
Matusadona National Park 26
Maun 41
Milwane Wildlife Sanctuary 254
Moremi Game Reserve 40, 273
Mossel Bay 178
Mount Etjo 90
Mountain Zebra National Park 190
Mountain Zebra Park 108
Mudumu National Park 66

N

Nahoon Beach 192
Nama 109
Namaqua National Park 138
Namaqualand 138
Namib 110 ff.
  - Dünen 111
  - Pflanzen 117
  - Tierwelt 118
Namib-Naukluft National
  Park 110 ff., 276 ff.
  - Sossusvlei 116
  - Dead Vlei 116
Namibia 54 ff.
NamibRand Nature Reserve 121
Naukluft-Gebirge 108
Ndebele 213
Ndumo Game Reserve 250
Nilkrokodile 226
Nubib-Berge 121
Nyanga National Park 30

O

Okahandja 100
Okavango 41
Okavangodelta 40, 270 ff.
Omaruru 90
Opuwo 62
Oranje 128
Organ Pipes 79
Oryxantilopen 121
Otjihaenamaparero 90
Oudtshoorn 182
Outeniqua Choo-Tjoe 179
Ovambo 67

P

Paarl 171
Palmwag Concession 82
Petrified Forest 78
Phinda Game Reserve 246
Pietermaritzburg 234
Pilanesberg National Park 206
Plettenberg Bay 182
Pongola Nature Reserve 250
Popa Falls 64
Port Elizabeth 186
Pretoria 204 f.
  - Ditsong National Museum of
    Natural History 205
  - Voortrekker Monument 205

R

Rhodes, Sir Cecil 30
Richtersveld 139
Robben Island 157
Robertson 174
Royal Natal National Park 242
Ruacana Falls 62
Rugged Glen Nature Reserve 242

S

Sabi Sabi Game Reserve 226
Sabi Sands Game Reserve 227
Sabie River 226
Salzgewinnung 93
Sambesi 24
Sambia 16 ff.
San 35, 129
Sani Pass 258
Savuti Game Reserve 36
Schiffswracks 96
Shakaland 243
Shamwari Game Reserve 186
Simbabwe 26 ff.
Skeleton Coast National Park 92
South & North Luangwa
  National Parks 17 ff.
Soweto 202
Spitzkoppe 86
Spitzmaulnashorn 81
Stellenbosch 170
Stellenbosch Wine Routes 172
Stilbaai 178
Strauße 183
Südafrika 130 ff.
  - Eastern Cape 184 ff.
  - Eastern Free State 199
  - Free State 198 ff.
  - KwaZulu-Natal 234 ff.
  - Limpopo 210 ff.
  - Mpumalanga 226 ff.
  - North West 200 ff.
  - Northern Cape 134 ff.
  - Vogelwelt 228
  - Western Cape 142 ff.
Sukkulenten 83
Sun City 206
Swakopmund 98

Swartberg Nature Reserve 145
Swartland 142
Swasiland 254 ff.
Swellendam 174

T

Tafelberg 157 ff.
Tembe Elephant Park 251
Timbavati Game Reserve 224
Transkei 193
Tsitsikamma National Park s. Garden
  Route National Park
Tsodilo Hills 36
Tsondab Valley 108
Tsumeb 76
Tswapong Hills 53
Tulbagh 142
Twelve Apostles 160
Twyfelfontein 80

U

Ugab Valley 77
Ugab-Rivier 77
uKhahlamba-Drakensberg Park 238
  - Cathedral Peak 239
  - Giant's Castle Game Reserve 238
Ulusaba Game Reserve 224
Uniab Valley 80

V

Valley of Desolation 190
Van Zyl's Pass 62
Victoriafälle 28, 266
Vredefort Dome 201

W

Walvis Bay 99
Wasserböcke 27
Waterberg National Park 76
Wein 170 ff.
Welwitschien 114
West Coast National Park 142
Whale Watching 169
»Wiege der Menschheit« 207
Wild Coast 195
Wilderness National Park 182
Windhoek 102 ff.
  - Alte Feste 105
  - Christuskirche 104
  - Katatura 105
Wüstenelefanten 84

X/Z

Xhosa 193
Zebras 191
Zederberge s. Cederberg Mountains
Zemba 63
Zulu 243

A = Alamy
C = Corbis
G = Getty
M = Mauritius Images

Cover: Vorderseite: G/Rafael Rojas (bei Keetmanshoop, Namibia), C/Thorsten Milse (Leopard); Rückseite: C/Frans Lanting (Zebraherde), G/Alexander Nesbitt (Epupafälle, Namibia), C/ Wolfgang Kaehler (Wüstenelefanten); Buchrücken: Look/age fotostock (Ndebele).
S. 2/3 C/Martin Harvey, S. 4/5 C/Ann & Steve Toon, S. 6/7 C/Ocean, S. 8/9 C/George Steinmetz, S. 12/13 C/Hoberman Collection, S. 14/15 G/Westend61, S. 14/15 C/Richard du Toit, S. 16 G/Mark Carwardine, S. 16 Look/age fotostock, S. 17 Look/Rolf Frei, S. 17 C/Frans Lanting, S. 17 C/Fabian von Poser, S. 18 G/Roy Toft, S. 18 M/ Alamy, S. 18 G/Thomas Retterath, S. 18/19 C/ Frans Lanting, S. 19 Look/age fotostock, S. 20 A/ Africa Media Online, S. 20 G/Adam Jones, S. 21 C/Herbert Kratky, S. 21 C/Herbert Kratky, S. 22 G/Hulton Archive, S. 22 C/Michele Westmorland, S. 22/23 M/Alamy, S. 24/25 G/M. Gebicki, S. 25 M/Cultura, S. 26 C/David Fettes, S. 26 G/ Christian Heinrich, S. 27 Look/NordicPhotos, S. 27/28 C/David Fettes, S. 27 C/Roy Toft, S. 28 G/ Steve Corner, S. 28/29 L/Le Figaro Magazine, S. 30 C/Hulton-Deutsch Collection/CORBIS, S. 30 M/Alamy, S. 30 G/G. Sioen, S. 31 Look/TerraVista, S. 32/33 G/Paul Bruins Photography, S. 32/33 G/Panoramic Images, S. 34 M/Alamy, S. 34 G/Anthony Bannister, S. 35 C/Andrew McConnell, S. 36 C/Ocean, S. 37 C/Paul Souders, S. 37 G/Andoni Canela, S. 37 C/Ijaz Bhatti, S. 38/39 C/Paul Souders, S. 39 G/Beverly Joubert, S. 40 C/ Paul Souders, S. 40/41 C/Peter Johnson, S. 40 C/ Richard Du Toit, S. 41 G/Thorsten Milse, S. 42/43 C/Richard Du Toit, S. 43 C/Martin Harvey, S. 43 C/George Steinmetz, S. 43 C/Richard du Toit, S. 43 C/Martin Harvey, S. 44/45 G/Dave Hamman, S. 45 G/Wim van den Heever, S. 46/47 G/Michael Lewis, S. 46 C/Richard Du Toit, S. 46 Look/ Sabine Lubenow, S. 48/49 G/Heinrich van den Berg, S. 49 G/Richard Du Toit, S. 49 C/Hoberman Collection, S. 49 A/imagebroker, S. 49 G/Comstock, S. 49 Look/age fotostock, S. 50 C/Vincent Grafhorst, S. 50 C/Vincent Grafhorst, S. 50 M/ Alamy, S. 51 M/Alamy, S. 52/53 Look/Michael Boyny, S. 52 M/Ivan Kuzmin, S. 53 C/Vincent Grafhorst, S. 53 C/Vincent Grafhorst, S. 54/55 Look/Franz Marc Frei, S. 56 G/Nigel Pavitt, S. 56/57 C/Lee Frost, S. 57 C/Thorsten Milse, S. 57 G/Chad Henning, S. 58/59 G/Alexander Nesbitt, S. 59 G/Chad Henning, S. 60/61 C/Michele Westmorland, S. 61 G/Stephane de Sakutin S, S. 62 G/ Eric Lafforgue, S. 62 A/Jason Gallier, S. 62 G/Eric Lafforgue, S. 63 G/Chad Henning, S. 63 G/Stephane de Sakutin, S. 64 G/Richard Du Toit, S. 64 A/AfriPics.com, S. 64 A/WoodyStock, S. 65 L/ Christian Heeb, S. 65 W. Kunth, S. 66 L/Reiner Harscher, S. 66/67 G/Richard du Toit, S. 66 A/ Prisma Bildagentur AG, S. 67 M/Alamy, S. 68/69 G/Richard Du Toit, S. 69 A/PhotoKratky - Wildlife, S. 69 L/Christian Heeb, S. 69 L/Christian Heeb, S. 69 M/Christian Heeb, S. 70 G/Pol Rebaque, S. 70 W. Kunth, S. 70 W. Kunth, S. 71 W. Kunth, S. 72 G/Planet Observer, S. 73 G/Peter Groenendijk, S. 74/75 C/Gally Images, S. 75 G/ Richard Du Toit, S. 76 C/Frans Lanting, S. 76 M/ Prisma, S. 76/77 C/Eric and David Hosking, S. 77 M/Hartmut Röder, S. 78 A/CuboImages srl, S. 78 A/Chris Howes, S. 78 C/Markus Obländer, S. 79 G/Michael Poliza, S. 80 C/Martin Harvey, S. 80 A/ Burger, S. 81 M/age, S. 81 A/bildagentur-online.com, S. 82 M/Alamy, S. 82 C/Frans Lanting, S. 82/83 G/Ben Cranke, S. 82 M/Alamy, S. 83 W. Kunth, S. 84/85 C/Wolfgang Kaehler, S. 85 C/Nigel J. Dennis, S. 85 L/Christian Heeb, S. 86 G/ Panoramic Images, S. 86/87 C/Carson Ganci, S. 86 G/Hannes Steyn, S. 87 C/Chris Stenger, S. 88/89 M/Hartmut Röder, S. 89 G/Panoramic Images, S. 90 C/Hoberman Collection, S. 90 G/ Eric Lafforgue, S. 90 G/Eric Lafforgue, S. 91 A/ Chris Wildblood, S. 91 A/imagebroker, S. 92 G/ Lanz von Horsten, S. 92 C/George Steinmetz, S. 92 C/Fotofeeling, S. 93 C/Andy Rouse, S. 93 Look/age fotostock, S. 94/95 Geospace/EDC, S. 95 C/George Steinmetz, S. 97 G/Daryl Balfour, S. 96/97 G/Paul Souders, S. 98 G/Panoramic Images, S. 98 G/Panoramic Images, S. 99 W. Kunth, S. 99 M/Dieter Herrmann, S. 100 C/Thorsten Milse, S. 100/101 A/Steve Bloom Images, S. 102 W. Kunth, S. 102 M/Alamy, S. 104 G/Tom Cockrem, S. 104 G/Panoramic Images, S. 104 C/Chris Bradley, S. 105 C/Anthony Asael, S. 106/107 C/ George Steinmetz, S. 107 Look/Andreas Strauss, S. 108 M/Dirk Bleyer, S. 108 M/Alamy, S. 109 C/ Frans Lanting, S. 109 C/Gabe Rogel, S. 110 C/ Michael & Patricia Fogden, S. 110 G/John Beatty, S. 110/111 G/Stocktrek, S. 112/113 G/Sergey Gorshkov, S. 113 C/Martin Harvey, S. 114/115 M/Alamy, S. 115 C/Michael & Patricia Fogden, S. 116/117 G/Chris Simpson, S. 116 A/Maria Adelaide Silva, S. 116/117 C/Martin Harvey, S. 118/119 C/Frank Lukasseck, S. 119 G/Gallo Images, S. 120 C/George Steinmetz, S. 120 G/ Martin Harvey, S. 120/121 L/Christian Heeb, S. 122/123 C/Lee Frost, S. 122/123 G/Michael Poliza, S. 123 G/Lucyna Koch, S. 124 L/Heiko Meyer, S. 124 M/Alamy, S. 124 M/Reiner Harscher, S. 125 G/Ben Cranke, S. 125 C/Simon Kreitem, S. 126 A/John Warburton-Lee Photography, S. 126/127 M/Christian Heeb, S. 126 G/Rafael Rojas, S. 128/129 M/Alamy, S. 128 C/Horst Klemm, S. 128 C/Barry Lewis, S. 128 M/United Archives, S. 129 G/Daryl Balfour, S. 130/131 G/Andy Nixon, S. 132/133 M/Alamy, S. 134 G/Heinrich van den Berg, S. 134 C/Piotr Naskrecki, S. 135 M/ Dirk Bleyer, S. 135 C/Herve Collart, S. 135 G/ Hein von Horsten, S. 136/137 C/Frans Lanting, S. 137 C/Guenter Fischer, S. 138 G/Guenter Fischer, S. 138 G/Rodger Shagam, S. 139 G/Ariadne Van Zandbergen, S. 139 C/Piotr Naskrecki, S. 138/139 M/Alamy, S. 140 C/Hoberman Collection, S. 140 G/Hougaard Malan, S. 140/141 G/ Denver Hendricks, S. 141 C/Piotr Naskrecki, S. 142 G/Ariadne Van Zandbergen, S. 142 Look/ age fotostock, S. 142 C/Thorsten Milse, S. 142 Look/age fotostock, S. 142 Look/Hendrik Holler, S. 143 M/Alamy, S. 143 G/Hein von Horsten, S. 144 G/Heinrich van den Berg, S. 144/145 G/Neil Overy, S. 144 C/Richard Du Toit, S. 145 C/James Hager, S. 146 G/Martin Harvey, S. 147 G/Sabine Lubenow, S. 147 G/Franz Marc Frei, S. 148/149 G/Chad Henning, S. 148/149 G/John Snelling, S. 149 M/Alamy, S. 150 G/Ariadne Van Zandbergen, S. 151 M/Dirk Bleyer, S. 151 C/Richard T. Nowitz, S. 151 M/United Archives, S. 152/153 G/ Jan Greune, S. 152 C/David Turnley, S. 152 Look/ travelstock44, S. 153 G/Hein von Horsten, S. 153 C/Sergio Pitamitz, S. 154/155 M/Alamy, S. 155 G/Siegfried Layda, S. 156/157 C/Jon Hicks, S. 156 M/Alamy, S. 156 C/Gideon Mendel, S. 157 Look/travelstock44, S. 158 M/Alamy, S. 158 M/ Alamy, S. 159 M/Alamy, S. 159 M/Alamy, S. 158/159 G/Steve Corner, S. 159 G/Steve Corner, S. 160 G/Hougaard Malan, S. 160/161 G/Johan Sjolander, S. 161 G/Hougaard Malan, S. 161 Look/age fotostock, S. 162/163 G/Louis Hiemstra, S. 163 G/Andy Nixon, S. 164/165 G/Mint Images - Art Wolfe, S. 164 G/Jo-Ann Stokes, S. 164 Look/Jan Greune, S. 165 M/Ulrich Doering, S. 166 G/Peter Chadwick, S. 166/167 Look/Jan Greune, S. 167 C/Michael Edwards, S. 167 Look/ Hendrik Holler, S. 168 M/Reinhard Dirscherl, S. 168 C/Sohns, S. 169 C/Sami Sarkis, S. 168/169 C/ Martin Harvey, S. 170 G/Jan Greune, S. 170 Look/Photononstop, S. 170/171 Look/Hendrik Holler, S. 171 G/Jon Arnold Images, S. 172/173 Look/Photononstop, S. 173 G/Panoramic Images, S. 174 G/Peter Chadwick, S. 174/175 M/ Prisma, S. 174 G/Steve Corner, S. 175 G/Peter Chadwick, S. 176/177 G/Gallo Images, S. 177 G/ Andy Nixon, S. 178/179 M/Michael Müller, S. 178 M/Africa Media Online, S. 178 C/Jon Hicks, S. 179 G/M-Net Local Productions, S. 180/181 Look/Jan Greune, S. 180/181 M/Michael Müller, S. 181 M/Michael Müller, S. 182 G/Homebrew Films Company, S. 182 Look/travelstock44, S. 183 M/Africa Media Online, S. 182/183 M/Africa Media Online, S. 184/185 G/Peter Chadwick, S. 184 G/Homebrew Films Company, S. 185 G/ HPH Image Library, S. 185 G/Heinrich van den Berg, S. 186 C/Suzi Eszterhas, S. 186 G/Allan Baxter, S. 187 C/Luciano Candisani, S. 187 G/ Ariadne Van Zandbergen, S. 188/189 C/Ann & Steve Toon, S. 189 C/Steve & Ann Toon, S. 189 C/ James Hager, S. 189 G/J Dennis Nigel, S. 189 G/ George Brits, S. 189 C/James Hager, S. 189 C/ James Hager, S. 190 G/Nigel Dennis, S. 190 G/ James Campbell, S. 191 M/Alamy, S. 190/191 A/ James Osmond, S. 192 M/Dirk Bleyer, S. 192/193 G/Emil von Maltitz, S. 192 G/Hein von Horsten, S. 194/195 G/Peter Chadwick, S. 194 C/Keren Su, S. 195 G/Peter Chadwick, S. 196/197 C/Horst Klemm, S. 198 M/Africa Media Online, S. 198 G/ Morgan Trimble, S. 198 G/Paul Bruins Photography, S. 199 G/Hein von Horsten, S. 200 M/Universal Images Group North America LLC /A, S. 201 G/THEGIFT777, S. 202 G/Lonely Planet Images, S. 202/203 G/THEGIFT777, S. 203 G/ THEGIFT777, S. 203 C/Ian Trower, S. 204 M/Africa Media Online, S. 204 M/Josef Puchinger, S. 204 M/Florian Kopp, S. 205 C/Hoberman Collection, S. 205 M/Alamy, S. 206 G/Mark Harris, S. 206 G/Eric Nathan, S. 207 C/Doroszewicz & Clausen, S. 207 Look/age fotostock, S. 208/209 C/Graham De Lacy, S. 209 C/Fred de Noyelle, S. 210/211 C/Andy Rouse, S. 210 C/Tim Hauf, S. 211 C/Richard Du Toit, S. 212 G/Glowimages, S. 212 Look/age fotostock, S. 212 Look/Photononstop, S. 212/213 G/Hougaard Malan, S. 214/215 G/Heinrch van den Berg, S. 215 G/Hougaard Malan, S. 216 C/Strauss/Curti, S. 216 C/Blaine Harrington III, S. 216 G/Nigel Dennis, S. 217 C/ jspix, S. 218/219 G/William Davies, S. 219 G/Luis Davilla, S. 220/221 G/Heinrich van den Berg, S. 220 C/Joe McDonald, S. 220/221 G/Wim van den Heever, S. 222/223 C/Hoberman Collection, S. 223 Look/age fotostock, S. 223 Look/Photononstop, S. 223 Look/age fotostock, S. 223 C/ Barry Lewis, S. 224 C/Horst Klemm, S. 224 G/ Adam Jones, S. 224/225 G/Robert C Nunnington, S. 226 C/Horst Klemm, S. 226/227 G/Martin Harvey, S. 227 C/Martin Harvey, S. 227 C/Paul A. Souders, S. 228 G/Hein von Horsten, S. 228 G/ Davor Lovincic, S. 229 G/Martin Willis, S. 229 G/ Daryl Balfour, S. 229 G/Roy Toft, S. 228/229 G/ Martin Willis, S. 229 G/James Hager, S. 230 G/E.A. Janes, S. 230/231 G/Wolfgang Steiner, S. 230 M/Alamy, S. 231 C/Topic Photo Agency, S. 232/233 G/Hougaard Malan, S. 233 M/Dirk Bleyer, S. 234 G/Emil Von Maltitz, S. 234 Look/ Franz Marc Frei, S. 234 C/Great Stock, S. 235 G/ THEGIFT777, S. 236/237 G/Emil von Maltitz, S. 237 G/Emil Von Maltitz, S. 238/239 G/Emil von Maltitz, S. 238 C/Tim Hauf, S. 238 M/Alamy, S. 239 G/George Brits, S. 240/241 G/Martin Harvey, S. 241 G/Emil von Maltitz, S. 242 C/Roger de La Harpe, S. 242 C/Martin Harvey, S. 242 G/ Emil Von Maltitz, S. 242/243 G/Emil Von Maltitz, S. 243 C/Roger De La Harpe, S. 244/245 G/Vincent Grafhorst, S. 245 G/Emil Von Maltitz, S. 246 C/Richard Du Toit, S. 246/247 C/Richard Du Toit, S. 248/249 Look/age fotostock, S. 249 Look/age fotostock, S. 249 Look/age fotostock, S. 250 C/ Jelger Herder, S. 250 G/Emil Von Maltitz, S. 251 G/Roger de la Harpe, S. 251 M/Alamy, S. 251 C/ Gerry Ellis, S. 252/253 C/Niels van Gijn, S. 255 Look/Michael Boyny, S. 254/255 M/Alamy, S. 256/257 M/Ulrich Doering, S. 257 C/Ann & Steve Toon, S. 257 A/Ann and Steve Toon, S. 258 M/ Dirk Bleyer, S. 258 M/Alamy, S. 258/259 C/Tim Graham Picture Library, S. 259 C/Anna Peisl, S. 260/261 G/Jacques Marais, S. 261 G/Joe Alblas, S. 262/263 G/Ariadne Van Zandbergen, S. 263 G/Ariadne Van Zandbergen, S. 263 G/Ariadne Van Zandbergen, S. 264/265 C/Martin Harvey, S. 268/269 C/Roger De La Harpe, S. 269 G/Richard Du Toit, S. 270/271 C/Sergio Pitamitz, S. 271 C/ Gerry Ellis, S. 271 G/Image Source, S. 271 G/ Chris Schmid, S. 273 C/Theo Allofs, S. 274/275 G/David Tipling, S. 276/277 G/Nikki Bidgood, S. 277 G/Dennis Walton, S. 282/283 G/Shaen Adey, S. 283 G/James Hager, S. 283 G/Herbert Kratky, S. 284 C/Richard Du Toit, S. 285 C/Frans Lanting, S. 286/287 C/Sean Russell, S. 287 G/ Panoramic Images, S. 288/289 Look/Jan Greune, S. 290/291 C/Hartmut Loebermann, S. 291 C/ George Steinmetz, S. 292 C/Martin Harvey, S. 292 L/Christian Heeb, S. 292 C/Carson Ganci, S. 292 W. Kunth, S. 292 G/Alexander Nesbitt, S. 292 M/Alamy, S. 293 C/Martin Harvey, S. 293 M/ Christian Heeb, S. 293 W. Kunth, S. 293 G/ Thorsen Milse, S. 293 C/Paul Souders, S. 293 G/ Steve Corner, S. 293 G/Beverly Joubert, S. 293 G/ Andoni Canela, S. 294 G/Edward Duckitt, S. 295 M/Africa Media Online, S. 295 C/Ann & Steve Toon, S. 295 M/Prisma, S. 295 M/Alamy, S. 295 G/HPH Image Library, S. 295 G/Mint Images - Art Wolfe, S. 295 Look/Jan Greune, S. 295 C/ Martin Harvey, S. 295 G/Jan Greune, S. 295 G/ Allan Baxter, S. 296 C/Richard du Toit, S. 297 M/ Florian Kopp, S. 297 C/jspix, S. 297 G/Wim van den Heever, S. 297 C/David Fettes, S. 297 C/David Fettes, S. 297 C/Doroszewicz & Clausen, S. 297 G/THEGIFT777, S. 297 C/Robert Harding, S. 298/299 Look/The Travel Library.

© 2018 Kunth Verlag GmbH & Co KG, München
St.-Cajetan-Straße 41
81669 München
Telefon +49.89.45 80 20-0
Fax +49.89.45 80 20-21
www.kunth-verlag.de
info@kunth-verlag.de

Printed in the EU

Text: Daniela Schetar